国家自然科学基金项目 (编号：71774144) 资助

虞晓芬　等著

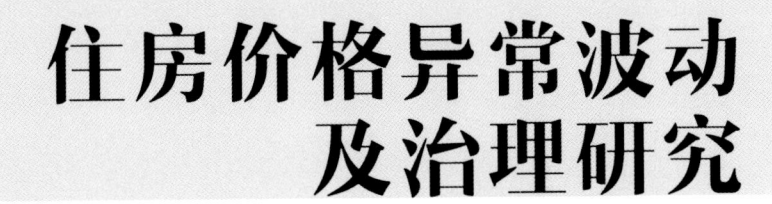

住房价格异常波动及治理研究

Studies on Abnormal Housing Price Fluctuation and Its Management

中国财经出版传媒集团

经济科学出版社

Economic Science Press

图书在版编目（CIP）数据

住房价格异常波动及治理研究／虞晓芬等著．－－北京：经济科学出版社，2021.12
ISBN 978-7-5218-3338-6

Ⅰ.①住… Ⅱ.①虞… Ⅲ.①房价-物价波动-研究-中国 Ⅳ.①F299.233.5

中国版本图书馆 CIP 数据核字（2021）第 265804 号

责任编辑：杜　鹏　胡真子
责任校对：郑淑艳
责任印制：邱　天

住房价格异常波动及治理研究

虞晓芬　等著

经济科学出版社出版、发行　新华书店经销
社址：北京市海淀区阜成路甲 28 号　邮编：100142
编辑部电话：010-88191441　发行部电话：010-88191522
网址：www.esp.com.cn
电子邮箱：esp_bj@163.com
天猫网店：经济科学出版社旗舰店
网址：http://jjkxcbs.tmall.com
固安华明印业有限公司印装
710×1000　16 开　22.5 印张　380000 字
2021 年 12 月第 1 版　2021 年 12 月第 1 次印刷
ISBN 978-7-5218-3338-6　定价：118.00 元
（图书出现印装问题，本社负责调换．电话：010-88191510）
（版权所有　侵权必究　打击盗版　举报热线：010-88191661
QQ：2242791300　营销中心电话：010-88191537
电子邮箱：dbts@esp.com.cn）

前　言

　　价格波动是市场的基本特征，但价格异常波动则可能带来诸多问题。因此，防范市场价格异常波动成为一些大宗商品市场、国计民生产品市场和包括股票市场在内的市场监管的主要内容。1997年我国就出台了《价格法》，旨在规范价格行为，发挥价格合理配置资源的作用，稳定市场价格总水平，保护消费者和经营者的合法权益，促进社会主义市场经济健康发展。

　　住房是民生必需品，居住是住房首要的属性。住房制度改革以来，伴随着商品市场的繁荣，我国一直被城市住房价格过快上涨困扰。对北京、上海、深圳、杭州等城市住房价格的波动幅度统计表明，这些城市过去20多年价格异常波动幅度特别是向上异常波动幅度明显高于发达国家的大城市，价格异常波动进一步强化了住房的投资属性、经济属性和金融属性，从而出现过度市场化、过度金融化现象，隐藏着巨大的社会风险和经济风险。而事实上，从2005年国家下发《关于切实稳定住房价格的通知》调控文件开始，我国就多次出台调控房地产市场的政策，从2006年《关于调整住房供应结构稳定住房价格意见的通知》、2010年《关于促进房地产市场平稳健康发展的通知》、2013年《关于继续做好房地产市场调控工作通知》到2017年以来实施"一城一策"的长效机制，虽然取得了一定的成效，但市场仍没有进入相对稳定状况，大城市住房价格异常波动的动力仍很大。引发我们思考的是，为什么我国住房价格出现经常性的异常波动？引发价格异常波动的宏观因素和微观因素是什么？政府怎么治理价格异常波动？

　　对价格异常波动的研究意义可能要大于房价泡沫。从理论上看，房价异常波动与房价泡沫是量变与质变的关系，泡沫从产生到破灭必定经历价格异常波动的过程，价格异常波动的积累必定形成泡沫。但由于泡沫难以识别，而价格异常波动更容易识别，因此，可以通过对价格异常波动的治理达到对泡沫的预警和预防。从现实意义看，我国住房市场已处于价格既不能涨也不能跌的困境，当前最重要的是防止房价进一步出现异常波动，包括向上异常波动和向下异常波动，这是防止泡沫进一步积聚和防范泡沫破灭的重要前提。

因此，近年来，我们在国家自然科学基金（项目编号：71774144）的资助下，较为系统地开展了房价异常波动的识别研究，探索了城市房价异常波动的空间扩散效应，分析了引起我国城市住房价格异常波动的主要宏观因素和微观因素，跟踪研究了长沙、北京、上海、杭州、重庆房地产调控政策及其效果，对2010~2014年引发温州住房价格大幅异常波动的原因进行了剖析，梳理、借鉴了新加坡治理住房市场的做法与经验，在此基础上，提出加快完善治理房价异常波动的国家制度体系和城市制度体系，形成了本书稿。在研究期间，我们也承担了住房和城乡建设部委托的22个热点城市房地产调控效果的评价课题，结合理论研究成果，多次为国家完善房地产市场调控政策建言献策，得到住房和城乡建设部的重视与采用。

本书是课题组集体研究智慧的结晶，特别是张燕江博士做了大量工作。我主要撰写了第一章、第六章、第八章，第二章由许士杰、徐筱瑜共同撰写，第三章由湛东升、朱余良共同撰写，第四章由许士杰撰写，第五章、第七章由张燕江撰写，全书由我统稿。在本书写作过程中，我和张燕江博士指导的周家乐、张金源、王羽丰、张俊子、樊虹怡、刘清灵、邢单妮、章聪颖、陈露娴等同学在文献查阅整理、资料和数据整理、数据分析支撑、格式排版等方面做了大量的工作，深表感谢。

价格是任何一个市场研究的核心问题，住房的特殊性更是决定了住房价格研究的重要意义。尽管我们也试图努力去探寻房价异常波动的规律和触发因素，进而为精准治理提供更科学的依据，但受作者水平所限，本书研究还是初步的，许多方面还有待进一步深入，也敬请同行和读者批评指正。

虞晓芬

2021年11月11日

目　　录

第一章　导论 ··· 1
　　第一节　研究背景 ··· 1
　　第二节　治理房价异常波动研究的意义 ······································ 7
　　第三节　全书主要内容与创新点 ··· 13
第二章　房价异常波动的内涵与测度 ··· 18
　　第一节　房价异常波动的概念界定 ··· 18
　　第二节　房价异常波动与房价泡沫的区别 ··································· 23
　　第三节　房价异常波动的测度方法 ··· 25
　　第四节　我国城市房价异常波动的识别 ····································· 30
　　第五节　本章小结 ··· 40
第三章　房价异常波动的空间扩散效应 ··· 42
　　第一节　研究综述 ··· 42
　　第二节　研究设计 ··· 43
　　第三节　全国 70 个大中城市房价指数的空间分布特征 ······················ 46
　　第四节　全国 70 个大中城市房价异常波动的空间分布特征 ·················· 49
　　第五节　全国 70 个大中城市房价指数的影响因素 ·························· 53
　　第六节　全国 70 个大中城市房价指数异常波动的影响因素 ·················· 62
　　第七节　本章小结 ··· 70
第四章　房价异常波动的宏观驱动机制 ··· 71
　　第一节　房价异常波动宏观驱动因素分析 ··································· 71
　　第二节　房价波动与宏观经济波动间的联动关系 ····························· 77
　　第三节　房价波动与宏观经济波动间的互动关系 ····························· 90
　　第四节　本章小结 ·· 105
第五章　房价异常波动的微观驱动机制 ·· 106
　　第一节　房价异常波动的微观驱动因素 ···································· 106

第二节　2020~2021年学区调整与房价异常波动 …… 112
  第三节　流言、预期与房价异常波动 …… 129
  第四节　住房限购政策漏洞与房价异常波动 …… 133
  第五节　非饱和供地与房价异常波动 …… 147
  第六节　本章小结 …… 158

第六章　我国控制房价异常波动的地方经验 …… 160
  第一节　长沙市：充足土地供应和全方位房地产调控体系建设 …… 161
  第二节　上海市：严控人口缓解人地矛盾、房地产调控积极 …… 177
  第三节　北京市：严控人口缓解人地矛盾、房地产调控政策得当 …… 193
  第四节　杭州市：重需求轻供给管理的房地产调控 …… 205
  第五节　重庆市：人地协同、房价平稳 …… 219
  第六节　温州市：2011~2015年房地产市场大幅波动原因 …… 233
  第七节　本章小结 …… 247

第七章　新加坡住房体系与治理房价异常波动经验 …… 249
  第一节　新加坡二元住房体系 …… 249
  第二节　新加坡住房市场的优点 …… 259
  第三节　2009~2018年房地产调控政策 …… 263
  第四节　新加坡经验借鉴 …… 270

第八章　完善治理房价异常波动的制度体系 …… 275
  第一节　主要研究结论 …… 278
  第二节　加快构建完善治理房价异常波动的国家制度体系 …… 280
  第三节　加快构建完善治理房价异常波动的城市制度体系 …… 289

附录 …… 301

参考文献 …… 335

第一章 导 论

波动是任何一个市场的固有特征。但是，房地产价格波动的幅度和频次超出正常范围后就属于异常波动。各国多次的历史教训已经表明，房价异常波动可能带来诸多风险和严重问题。例如，加剧价格扭曲引致资源配置扭曲，并埋下长期经济增长结构性失衡的种子，致使长期经济增长动力不足和短期波动性加剧；影响社会稳定，因为住房是家庭重要的资产，价格的暴涨与暴跌将扰乱社会心态，影响社会安全；引发金融系统性风险，由此进一步引致全局性经济危机。住房制度改革以来，我国城市房价多次出现大的波动，且城市间差异较大，这引发思考：（1）什么是房价波动的正常范围？如何去鉴别城市房价的异常波动？这是政府决策是否需要采取相应的调控措施的重要依据，但目前缺乏研究。（2）为什么中国城市尤其是大城市房价总是容易出现异常波动现象？是什么因素造成城市房价的异常波动？分清诱因，是政府采取针对性措施的前提。（3）当前全国房价基本稳定，但部分城市的房价仍然波动较大，住房市场的调控如何因地制宜、"一城一策"？基于此，本专著依托国家自然科学基金项目"我国城市商品住房价格异常波动、形成机理与长效治理机制"，定义了房价异常波动的概念并阐述了治理房价异常波动的理论和现实意义，分析了房价异常波动的宏观和微观形成机制，并结合国内外治理房价异常波动的经验分析，深入讨论治理房价异常波动对回归住房居住属性以及解决大城市住房问题的重要性及政策思路。

第一节 研究背景

住房制度改革以来，我国大城市住房市场一直存在房价波动过大等问题。以 2007 年为例，全国 70 个大中城市新建住宅销售价格平均同比上涨 11.4%、环比 0.3%。而且，城市间差异大，房价上涨最快的城市同比增长 25.3%、环比增长 4.4%，上涨最慢的同比增长 4.2%、环比增长 -3.7%。2008 年出现价格回调，平均同比下跌 0.8%，跌幅最大的城市同比下降高达 18.1%，而同时涨幅最大的城市同比依然增长 9.1%。2009 年再次出现房价快速上升，国家统计局公布的 2009 年 12 月 70 个大中城市新建商品住宅销售价格平均同比增长为 9.1%，其中，涨幅最大的城市为 19.9%，涨幅最小的城市为 2.3%，见表 1-1。2013 年 12 月 70 个大中城市新建商品住宅销售价格同比上涨 9.7%，北京新建住房房价同比涨幅高达 21%，上海更是达到 21.7%。2014 年平均房价下跌 -4.5%，其中，跌幅最大的城市达到 10.2%。2015 年市场发生逆转，平均房价上升 0.3%，其中，涨幅最大的城市达到 47.5%。房价大幅波动，无疑加大了政治风险、经济风险和金融潜在风险。因此，政府不断加强调控，调整优化住房制度，应对由此产生的各类住房问题。例如，2011 年《国民经济和社会发展"十二五"规划纲要》明确了住房供应体系结构，即"十二五"时期要加快构建以政府为主提供基本保障、以市场为主满足多层次需求的住房供应体系。2012 年住建部发布了《公共租赁住房管理办法》。2014 年 12 月，住建部等六部委发布《关于试点城市发展共有产权性质政策性商品住房的指导意见》，为缓解居民住房消费压力提供新的思路。2016 年，国务院发布的《关于加快培育和发展住房租赁市场的若干意见》指出，以建立租购并举的城镇住房制度为主要方向，健全以市场配置为主、政府提供基本保障的住房

表 1-1　　　　　2007~2020 年 70 个大中城市新建商品
住宅销售价格同比增长率　　　　　　单位:%

项目	2007 年 12 月	2008 年 12 月	2009 年 12 月	2010 年 12 月	2011 年 12 月	2012 年 12 月	2013 年 12 月
全国平均	11.4	-0.8	9.1	7.6	1.6	-0.1	9.7
最大	25.3	9.1	19.9	47.5	5.5	2.4	21.9
最小	2.4	-18.1	2.3	0.1	-7.4	-11.4	-2.8
项目	2014 年 12 月	2015 年 12 月	2016 年 12 月	2017 年 12 月	2018 年 12 月	2019 年 12 月	2020 年 12 月
全国平均	-4.5	0.3	10.8	5.8	10.6	6.8	3.7
最大	2.1	47.5	46.5	13.2	22.4	15.9	11.4
最小	-10.3	-5.3	-2.9	-3	-0.4	-2.2	-3

资料来源：国家统计局。

租赁体系。2017年党的十九大报告中明确提出"坚持房子是用来住的、不是用来炒的定位，加快建立多主体供给、多渠道保障、租购并举的住房制度，让全体人民住有所居"，为我国住房制度的建立完善指明了方向。2018年以来，国家以稳地价、稳房价、稳预期为目标，不断建立和完善住房市场平稳健康发展长效机制，加快建立"多主体供给、多渠道保障、租购并举"的住房制度，加快实现让全体人民群众住有所居、住有宜居的目标。2020年政府工作报告再一次提到"坚持房子是用来住的、不是炒的定位，因城施策，促进房地产市场平稳健康发展"。

除住房制度调整外，主管部门始终围绕治理房价异常波动展开密集的住房市场调控。1997年出台的《中华人民共和国价格法》第31条规定，当市场价格总水平出现剧烈波动等异常状态时，国务院可以在全国范围内或者部分区域内采取临时集中定价权限、部分或者全面冻结价格的紧急措施，为调控房地产价格提供了法律依据。2005年3月，国务院下发《关于做好稳定住房价格工作的意见》，提出"保证中小套型住房供应""打击炒地""期房禁止转让"等，将住房价格调控上升至政治高度。4月，国务院又出台《加强房地产市场引导和调控八条措施》来加强住房市场的引导和调控。2006年1月国家发展改革委实施《市场价格异常波动预警和应急监测工作实施办法》，规定在市场价格出现异常波动征兆或已发生明显波动以及市场价格异常波动已发生时，国务院或地方政府依法实行价格干预措施，国务院依法在全国或部分区域实行价格紧急措施，按本办法实施价格预警和应急监测工作。2010年4月，国务院下发《关于坚决遏制部分城市房价过快上涨的通知》，提出"坚决抑制不合理的住房需求""实行更为严格的差别化住房信贷政策""严格限制各种名目的炒房和投机性购房"。2013年2月，国务院发布的《关于继续做好房地产市场调控工作的通知》（"新国五条"）要求各直辖市、计划单列市和除拉萨外的省会城市要按照保持房价基本稳定的原则，制定并公布年度新建商品住房价格控制目标，建立健全稳定房价工作的考核问责制度。2016年底，国家推动建立"因城施策""一城一策"长效机制。2018年12月，中央经济工作会议上提出"要构建房地产市场健康发展长效机制，坚持房子是用来住的、不是用来炒的定位，因城施策、分类指导，夯实城市政府主体责任，完善住房市场体系和住房保障体系"，"因城施策""一城一策"重点将热点城市房价波动（年同比涨幅）控制在±5%以内。与前面调控不同的是，中央赋予了城市政府更大的自主性，同时强调了城市政府的主体责任，对城市政府在稳定住房市场方面进行考核。

然而，上述住房制度优化和调控仍未彻底消除住房市场异常波动。如表1-1所示，2016年全国70个大中城市新建商品住宅销售价格平均同比上涨10.8%，其中，房价上涨最快的城市同比增长46.5%，上涨最慢的同比下降2.9%。对比美国大城市的房价波动，我国波动的幅度明显更大。2015~2020年，厦门、北京、上海、深圳四个城市新建商品住房价格年波动幅度分别在-0.60%~43.90%、-4.40%~29.17%、-5.43%~36.80%、-3.17%~57.67%；而2015~2020年美国纽约—泽西—白原都市区、波士顿都市区、芝加哥—内珀维尔—埃文斯顿都市区、洛杉矶—长滩—格伦代尔都市区的统计数据显示，年房价波动区间分别在1.87%~8.87%、3.63%~12.39%、2.33%~8.91%、2.09%~11.91%。2015~2020年上述八大城市（或都市区）房价波动见图1-1。

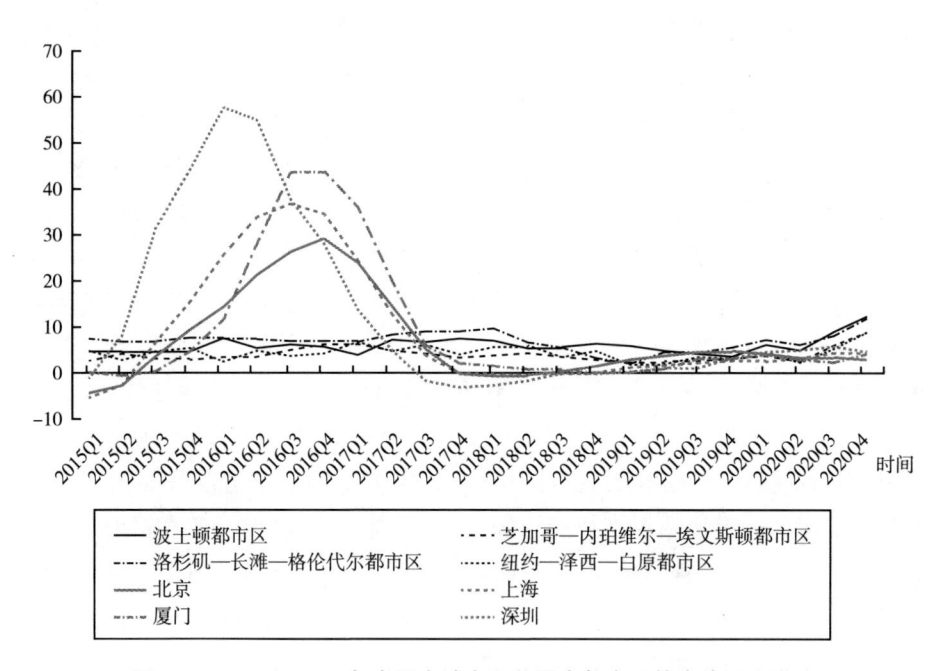

图1-1 2015~2020年中国大城市和美国大都市区的房价同比增速

资料来源：国家统计局，美国联邦住房金融局（Federal Housing Finance Agency, FHFA）。

此外，对比我国22个热点城市新建商品住宅价格指数（同比），可发现城市房价波动存在时空差异性。就单个城市的纵向时间变化来看，2015~2020年，22个热点城市的房价均出现大幅上涨（见图1-2）。就同一时间截面的各城市对比来看,2015年6月,深圳房价在其他城市相对疲软的时候大幅上涨,表现为瞬时的异常调整;2020年6月和12月,济南、郑州房价在其他城市普遍上涨的时候异常下跌。从整体水平看,通过对比波动幅度以及拐点时间,以22个热点城市为代表的城市房价波动存在幅度以及时间差异。从最大波动幅度看,深圳在2015年12月出现了47.5%的波动幅度,而波动幅度小的城市,如长春,最大波动幅度为11.8%,出现在2018年12月,前者的波动幅度是后者的4倍之多。从波动拐点时间看,大部分热点城市的最大波动幅度拐点时间出现在2016年12月,而深圳较有提前,出现在2015年12月,相比之下,成都最大波动幅度拐点的出现延迟了2.5年,13%的涨幅出现在2019年6月。

22个热点城市新建商品住宅价格变动对比

时间	北京	成都	福州	广州	杭州	合肥	济南	南京	宁波	青岛	厦门
2020年12月	2.3	6.3	4.4	5.2	4.5	3.6	-1.0	4.9	4.4	2.8	4.5
2020年6月	3.6	10.0	3.7	0.5	5.2	1.4	-3.1	6.1	6.0	2.5	3.1
2019年12月	4.8	10.6	4.2	4.7	5.0	3.9	0.5	4.1	8.3	4.2	3.9
2019年6月	3.9	13.0	10.8	10.5	9.1	7.7	14.5	4.3	8.4	10.8	1.2
2018年12月	2.3	12.7	8.5	8.3	5.6	4.2	15.9	0.7	6.1	13.3	-0.4
2018年6月	-0.1	5.3	-0.5	1.5	0.3	-0.2	3.9	-1.8	4.2	7.0	0.7
2017年12月	-0.2	-0.6	-1.7	5.5	-0.6	-0.2	0.9	-1.4	5.1	4.2	2.2
2017年6月	11.5	2.1	14.1	17.9	14.6	15.4	15.9	13.6	10.0	11.5	14.7
2016年12月	28.4	5.6	27.6	24.3	28.6	46.5	19.4	41.0	12.2	13.4	41.9
2016年6月	22.3	3.7	13.9	19.4	17.4	29.1	5.8	31.5	8.9	4.1	34.0
2015年12月	10.4	0.6	1.8	9.2	5.8	1.4	0.8	7.9	3.6	-2.4	6.5
2015年6月	-1.4	-6.2	-7.1	-2.8	-5.6	-3.3	-4.6	-3.0	-3.3	-9.2	-0.5

时间	上海	深圳	沈阳	苏州	天津	无锡	武汉	长沙	长春	郑州	重庆
2020年12月	4.2	4.1	5.0	-0.4	1.1	6.3	4.5	5.0	2.3	-0.8	4.6
2020年6月	3.7	5.3	8.7	5.6	0.0	9.0	7.9	5.4	7.2	-0.4	5.2
2019年12月	2.3	3.6	9.3	6.3	1.4	8.7	11.8	4.5	9.4	1.7	8.1
2019年6月	2.0	1.3	11.3	6.9	2.2	10.4	14.6	8.8	10.2	7.5	12.1
2018年12月	0.4	0.1	15.3	26.2	1.7	5.2	10.8	11.1	11.8	9.4	11.6
2018年6月	-0.2	-1.3	9.8	13.2	1.2	-2.2	2.3	10.6	3.2	5.7	7.7
2017年12月	0.2	-3.0	11.5	-5.6	0.1	-1.1	0.6	6.1	9.0	-0.7	10.0
2017年6月	10.0	-0.4	9.0	-0.4	12.9	5.2	14.9	18.5	7.0	20.2	12.1
2016年12月	31.7	23.8	3.3	47.3	25.4	35.7	25.5	18.2	3.9	28.4	7.2
2016年6月	33.7	47.4	1.5	65.7	14.6	9.7	13.8	4.9	1.3	9.4	3.4
2015年12月	18.2	47.5	-0.9	28.6	3.4	-1.5	4.5	-0.5	-1.8	2.7	-1.0
2015年6月	0.2	15.9	-8.4	8.1	-3.5	-4.6	-4.2	-7.9	-6.2	-1.6	-7.0

图1-2 2015~2020年22个热点城市新建商品住宅价格变动对比

注:图中数字代表新建商品住宅价格指数同比变动幅度,深色柱状代表价格指数增长幅度,浅色柱状代表价格指数减少幅度,苏州因新建商品住宅价格指数缺失采用商品住宅价格数据,因此,在分析过程中不考虑苏州。

资料来源:国家统计局。

近年来,为有效治理房价异常波动,热点城市直接以稳定住房价格为目标进行调控,如新房限价、对二手房价格进行指导。2016年,北京为抑制房价快速上涨出台"930新政",规定"在严控地价的同时,对项目未来房价进行预测,试点采取限定销售价格并将其作为土地招拍挂条件的措施"。新政实施后,当年效果即初步显现,房价稳中略降。国家统计局公布的北京市2016年10月、11月价格指数环比涨幅分别为0.6%、0,在全国70个大中城市分别排37位、56位，12月新建商品住房成交均价为3.82万/平方米，较9月的3.88万/平方米小幅下降。广州曾是一线城市中的楼市洼地，但从2020年起，市场开始过热，连涨数月后，2021年3月广州一手房、二手房涨幅均居全国首位，环比涨幅分别为1%、1.4%，为有效抑制房价过快上涨，广州频传"限价"风声，截至本书成稿时，虽无正式文件，但限价政策已在广州全市推开，相关监管机构明确要求，拿过预售证的项目再次取证时，备案均价需较上一期推盘均价下调3%。2021年3月31日，西安住建局发布了《西安市人民政府办公厅关于建立房地联动机制促进房地产市场平稳健康发展的通知》，就土拍、限购、限售、金融、市场监管等全方面升级了调控。全市商品住宅、共有产权住房用地执行"限房价、定品质、竞地价"，在拍地环节已明确规定了项目最高售价，对西安房价调控起到立竿见影的效果，同时，也防止了因限制房价而出现降低建筑品质的情况。此外，西安规定"逐步建立二手住房交易参考价格发布机制，规范中介机构房源信息发布行为"，防止挂牌虚高造成购房恐慌。2021年2月，深圳住房和建设局发布《关于建立二手住房成交参考价格发布机制的通知》，旨在促进二手住房市场信息透明，理性交易。深圳市房地产和城市建设发展研究中心以二手房网签价格为基础，参考周边新房价格，综合形成官方指导价格，定期发布于官方平台。目前，已发布的二手房官方指导价格部分相当于实际成交价格的40%～80%。例如，深圳湾恒裕滨城在房产中介平台显示的成交价已超过30万/平方米，但官方指导价却只有13.2万/平方米；华润城市场成交价在18万/平方米左右，官方指导价也只有13.2万/平方米。由此看来，各地对新房进行限价、指导二手房价格，意在让住房市场回归理性，治理房价异常波动，尤其是防止房价过快上涨。

此外，党中央将共同富裕提到了新高度，党的十九届五中全会对扎实推动共同富裕做出重大战略部署，"十四五"规划和2035年远景目标纲要提出支持浙江高质量发展建设共同富裕示范区。2021年5月，中共中央、国务院印发《关于支持浙江高质量发展建设共同富裕示范区的意见》，围绕构建有利于共同富裕的体制机制和政策体系，提出6方面、20条重大举措，其中包含"持续改善城乡居民居住条件"，强调"坚持房子是用来住的、不是用来炒的定位，完善住房市场体系和住房保障体系，确保实现人民群众住有所居"。房地产业影响投资和消费，事关民生和发展。据社科院研究报告，房地产与经济增长的影响存在倒"U"型关系。当房价收入比高于9时，房地产将对经济产生反作用。基于国家统计局数据计算得到，2018年我国平均房价收入比达到了9.3，已经超过了临界点，可以看出房地产的经济增长效应已经进入一个拐点。而治理房价异常波动的关键在于弱化住房的金融属性，理性对待房地产的经济增长功能。除了采用限购、限售等行政手段外，还要综合运用税收、金融等市场经济手段进行调控，各地可根据实际情况因城施策，精准发力。治理房价异常波动，稳定市场预期，合理释放购房需求，缓解房价大幅上涨或下降压力，让住房回归其居住属性，有利于促进住房市场平稳健康发展，实现共同富裕。

上述说明，从地方到中央，治理房价异常波动愈发得到重视。2020年7~8月，国家连续召开了三场高规格房地产会议：7月24日，国家召开了高级别房地产工作座谈会，共有北京、上海、广州、深圳、南京、杭州、沈阳、成都、宁波、长沙10个城市参加；8月20日，央行、住建部召开了重点房地产企业座谈会，共有碧桂园、恒大、万科、融创、中梁、保利、新城、中海、华侨城、绿地、华润和阳光城12家房企参加；8月26日，住建部又召开了部分城市房地产工作会商会，共有沈阳、长春、成都、银川、唐山、常州6个城市参加。短短一个月的时间，国家先后召集16个城市、12家房企连续召开三场高规格房地产会议，会议上都重申了"坚持稳地价、稳房价、稳预期、因城施策、确保住房市场平稳健康发展"，可见国家把治理房价异常波动提到了前所未有的高度。居者有其屋，安居才能乐。如今，随着居民住房消费水平不断提高，住房成为家庭资产和消费的重要组成部门，甚至是中国经济的"晴雨表"，解决住房问题已是人民群众对美好生活的共同追求，本书也是基于上述背景对房价异常波动展开研究。

第二节 治理房价异常波动研究的意义

一、治理房价异常波动的政治意义

首先，住房制度和政策设计既是一个国家政治制度的体现，又服从于国家政治制度的安排，在我国建设共同富裕现代化强国中，有效管理好房价波动具有深刻的政治意义。历史已经证明，中国选择走中国特色的社会主义道路，是正确的、伟大的选择，为当代中国的一切发展进步奠定了根本政治前提和制度基础。而共同富裕是社会主义制度优越性所在，是社会主义的本质要求，也是人民群众对美好生活的共同期盼，早在1953年《中共中央关于发展农业生产合作社的决议》中就明确提出"共同富裕"的概念。

改革开放以来，我国通过制度改革和体制改革，极大地解放和发展了社会生产力，人民摆脱了贫困，富裕起来。住房制度改革以来，居民的居住条件发生了翻天覆地的变化。城镇居民人均住房建筑面积从1978年的6.7平方米提高到了2019年的39.8平方米，住房也已成为家庭最主要的资产。[①] 2019年央行的中国城镇居民家庭资产负债情况调查数据显示，我国城镇居民住房资产占家庭总资产的比重为59.1%。但是，住房领域不平衡、不充分矛盾异常突出：一方面，富裕起来的家庭，拥有多套住房，且利用房价的波动，把住房作为重要的投资品，进一步激化房价波动；另一方面，大量新市民、青年人居住拥挤，住房消费支出压力大，在工作的大城市拥有一套自有产权住房的难度越来越大，门槛越来越高。房价的过快上涨，极大地扩大了有房家庭与无房家庭之间的财富差距。李天祥和苗建军（2011）将房地产财富效应模型化，发现房价上涨在有房者和无房者之间的影响是截然不同的，房价上涨使得财富从无房者向有房者集聚，导致无房者的福利水平下降。张平等（Zhang et al.，2021）基于1995~2018年中国城市的数据揭示了不同的房屋所有权对财富不平等的影响机制，发现2008年之后住房拥有率下降导致财富分配集中，且是由所有者和非所有者之间日益扩大的贫富差距驱动的，不仅是因为无法获得房屋所有权，还因为房价上涨存在强化效应。如果放任这种情况继续，将进一步扩大家庭之间财富差距，激化社会矛盾，违背我党以人民为中心的执政理念。

党的十九大明确了新时代的主要矛盾为"人民日益增长的美好生活需要和不平衡不充分的发展之间的矛盾"，明确了到2035年基本实现社会主义现代化，到21世纪中叶，把我国建成富强民主文明和谐美丽的社会主义现代化强国的目标。十九届六中全会提出不断推动共同富裕取得更为明显的实质性进展。而治理房价异常波动，减少住房投资投机，有效地保护好居民积累的财富，在共同富裕社会中扮演着非常重要的一个角色。

其次，我国是人多地少的国家，住宅用地供给有限，极易产生价格异常波动，需要政府干预。住房市场必然是供应弹性不足的市场，不是一个

---

① 资料来源：2021年8月31日国新办召开的"努力实现全体人民住有所居"发布会。

"完全竞争"的市场。市场的特殊性很容易导致投机，很容易被资本操控。从近年来我国大城市住房市场的表现看，住房市场已成为资本的逐利场，大量资本进入房地产市场。但是，住房本身属性应该是满足人们居住这一基本需求的消费品，是涉及所有居民生产、生活甚至是生存的刚需产品。一旦完全由自由市场分配、没有政府干预，住房的金融属性和稀缺性特点将导致住房价格波动过大，尤其是住房价格上涨过快，势必造成部分家庭无法获得生活必要的住房，从而影响他们的生活，很可能会干扰社会稳定。这一特性决定了住房市场应该是一个有计划、有管理的有限市场，政府需要参与住房的生产、分配，需要有效管制住房价格，并尽可能剥离住房过强的金融属性，让住房回归其居住属性。明确上述认识，将有助于增进对我国住房市场运行和发展的理解，并进一步加深对政府干预我国生产、分配稀缺且重要的民生资源的理解。

最后，住房发展的国际经验表明，住房市场应该是一个被政府规制的市场。第一，随着自由市场的弊端不断呈现，如市场失灵、金融危机等，现代监管型国家开始兴起，国家干预经济的范围不断扩大（郑永年，2021）。陈昕和陆晓琴（2011）以市场失灵理论为依据论证了政府干预住房市场的必要性。从微观角度来看，住房市场具有一定程度的垄断性、外部性和信息不对称性，住房市场的市场失灵时常发生；从宏观角度来看，住房保障的社会责任、宏观经济的周期循环、住房价格的剧烈波动、住房市场的非均衡运行都是引发政府干预的必要条件（王松涛等，2009）。第二，政府对住房市场的干预、管控，在一些国家和地区取得了较好的成效，无论是德国等的租金价格管控，韩国对市场过热城市的限价限购，还是新加坡祖屋/私人住宅的二元住房制度。这些实践经验足以证明，对于住房这一兼具商品和资产双重属性的民生产品，加强政府对住房市场的干预是一个普遍和正确的做法。第三，我国的市场是一个"制内市场"，即市场并非是完全的自主的、自我调节型的秩序，而是一个以国家为中心和主导的秩序的组成部分，它服从于国家治理、服务于社会民生的规制（郑永年，2021）。在这样的体制环境下，尽管住房市场的内部运行遵从市场经济的基本规则，但住房市场整体上需要接受国家的规制，以使其经济、社会产出最大化。

基于上述认识，治理房价异常波动，尽可能让住房回归其居住属性，是政府管理住房市场的核心着力点之一，这也为近年来政府出台限地价、限房价（包括新房和二手房）政策提供了理论依据。

二、治理房价异常波动的经济意义

首先，房价异常波动可能引发系统性金融风险，由此进一步引致全局性经济危机。纵观世界房地产发展史和金融危机史，80%~90%的金融危机与资产价格异常波动有关，其中，房价异常波动引发金融危机的次数最多，对经济金融的影响也最深远。美国的次贷危机就是房地产泡沫通过不断的资产证券化融入金融市场，风险进一步被扩散到全世界（王莹等，2010；姜沛言，2015）。房价快速上涨致使房地产升值的财富效应通过投资与融资两大渠道以及政府债务链导致整个金融系统资源配置过度房地产化，并通过挤出效应、流动性效应、杠杆效应在金融体系各子系统间形成风险的累积、扩散与放大，最终演变为系统性金融风险（彭俊华和许桂华，2020）。当资产价格出现异常波动时，会引发系统性金融风险，乃至全球性金融危机。刘祥熹和陈昇鸿（Liu and Chen，2016）利用台湾地区1985年1月至2009年3月的月度数据，探讨房价、利率与股市价格之间的非线性关系及波动溢出效应，发现房价波动影响银行不良贷款数量，而利率的变化直接影响个人和企业支付贷款利息的能力，当利率由房价或股市收益主导时，房价波动就引领股市收益情况。王瑞和罗行（Wang and Luo，2020）以2007~2016年日本133家商业银行为样本，考察了房地产价格波动对银行风险承担的影响，发现房价增长、房价偏离基本面及市场周期性对银行部门稳定性有显著影响，此外，不断上涨的房价加剧了异常信贷增长对银行稳定性的破坏性影响。王景斌等（Wang et al.，2021）采用带有随机波动的时变参数向量自回归模型（time varying parameter-stochastic volatility-vector auto regression，TVP-VAR-SV），分析了不同宏观调控政策背景下房价波动对银行金融风险的时变影响，结果表明，在不同时间点，房价波动对银行风险的影响均为正，且表现出先上升后下降的趋势。

随着我国房价的持续上涨，房地产企业的开发贷款与个人住房按揭贷款逐渐增加，至2020年末，我国房地产贷款余额占银行业贷款的28.70%，此外还有大量保险资金、信托资金等进入房地产市场。[①] 不仅如此，房地产作为一种履行债务的良好的担保品，是金融系统中认同度最高的抵押贷款标的物，也是我国商业银行最为主要的抵押担保品。房价异常上涨带来的抵押品

[①] 资料来源：中国人民银行。

升值，将改善商业银行的资产质量和金融约束，银行可能因此扩大贷款规模，增加发放以房产品作抵押的贷款。一旦房价下跌，包括自有房地产在内的银行资本的经济价值相应降低，影响银行抵押品价值和自有资本金，部分借款人也会因房价下跌发生违约，进一步侵蚀银行资本金，导致银行信贷资产质量恶化和盈利能力降低，削弱银行信贷能力。企业或家庭面对资产贬值、贷款能力减弱、融资成本上升和信贷收缩等一系列困境，更多房地产被抛售，推动房价的进一步下降。如此循环放大，迫使银行不断收缩信贷额度和提高利率，并向整个金融信贷系统及其他经济部门扩散，从而引发更大范围的金融危机、经济危机。尽管并非每一次房价异常波动都会导致金融市场的系统性危机，但是其风险不容忽视。典型例子包括1977年的西班牙、20世纪90年代初期的日本及北欧三国（芬兰、挪威、瑞典）、1997年的泰国和马来西亚以及始于2008年9月的美国次贷危机，这些都与房地产价格的剧烈波动密切相关。毫无疑问，金融系统是社会经济的基础和核心，如果金融系统出现问题，其产生的后果无法想象。为了维护金融体系稳定、防范化解金融风险、确保我国宏观经济平稳健康发展，必须抑制房价异常波动，坚决防止房价大起大落。

其次，房价异常波动加剧价格扭曲，引致资源配置扭曲，扩大长期经济增长结构性失衡的风险，致使长期经济增长动力不足和短期波动性加剧。研究发现，房价波动（主要是上涨）会通过影响工资和技术创新方式提高企业的要素总扭曲程度，且对要素市场扭曲的影响效果在不同类别企业间存在显著差异（许家云和张巍，2020）。而要素市场价格的扭曲会对同期总需求结构造成不同的作用效果，这种扭曲会抑制消费需求，但会对投资和出口带来影响，由此造成了消费不足以及过度投资和出口的结构问题，导致了我国长期经济增长结构性失衡（陈宝玉和李峰，2020）。要素价格扭曲的不良经济效应主要包括五个方面：长期来看，降低生产率，不利于社会的充分就业，妨碍企业创新，损害出口竞争力，抑制了高质量外国直接投资（foreign direct investment，FDI）的流入（宋大强和皮建才，2020）。这些致使我国长期经济增长动力不足和短期波动性加剧。

最后，房价异常波动会影响内需。房价异常波动会直接影响居民的购买力和购买意愿。近年来，部分地区跳跃式上涨的房价，诱导社会资金不断流向房地产市场，居民无论出于自住性需求或是投资性需求，通过长期储蓄或按揭贷款，将大部分家庭财富投入或准备投入房地产市场。购房支出挤压了其他方面的消费支出。房价变化也导致房租的同步增长，无房者负担相应加大，居住类消费占消费总支出的比重大幅增加。国家统计年鉴数据显示，我国居民最终消费率由2003年的50%，逐渐降至2020年的40%以下，而居住消费支出占消费总支出的比重，则由不足10%快速上涨到25%。抑制房价异常波动，才能稳定市场预期，才能削减居民对住房的预防性储蓄和投资性储蓄，使居民可以根据其净财富和持久收入，合理分配住房消费支出，为国内经济大循环带来持续活力。

三、治理房价异常波动的社会意义

房价异常波动会影响社会心态，影响家庭生活质量与幸福感。住房是家庭重要的资产，房价的大起大落会扰乱居民心态，影响社会心态。英国经济学家庇古（Pigou）与美国经济学家哈伯勒（Haberler）提出了财富效应（the wealth effect）。庇古认为改变居民财富会导致居民消费支出发生相应变化，哈伯勒通过研究同样证实消费品的价格增加意味着实际货币净值的减少，导致货币持有者花同样的货币只能购买更少的消费品，在这种情况下消费者通过节约个人消费最大限度地限制个人消费需要。例如，有购房计划的家庭在房价上升时会改变储蓄计划，增加储蓄减少当期消费以准备购置房屋，而租房者为了支付逐渐上涨的房租需要在寻找低房租住所与减少日常消费中做出选择，这必然打乱家庭正常的财务安排，影响家庭生活质量。2019年发布的《中国城市家庭财富健康报告》显示，住房占城镇居民家庭资产的比例达71.35%，是美国家庭住房资产占比（34.6%，2016年）的2倍之多，中国家庭超七成的资产都用来买房，当住房市场出现波动时，家庭的财富会受到巨大冲击，进一步扰乱社会心态，影响社会稳定。易成栋等（2020）利用中国综合社会调查（Chinese General Social Survey，CGSS）2005年和2015年的数据对房价、住房不平等和城市居民幸福感之间的关系进行实证研究，发现房价通过住房产权拥有来增加财富来影响幸福感，此外，房价和住房不平等会通过主观社会地位影响幸福感。奈特等（Knight et al.，2021）利用2002年和2013年中国家庭收入项目（Chinese Household Income Project，CHIP）的两次全国抽样调查数据对财富不平等进行了研究，发现将房价通胀作为实际资本收益并纳入收入的一部分时，更有助于解释中国财富差距的扩大。

房价异常波动，会加大我国实行"租购并举"住房制度的难度。近年来，我国政府基于对我国城镇住房现状的基本判断（本地户籍居民住房需求已经基本满足，主要是新市民和青年人住房困难），提出着力推动保障性租赁住房建设，多主体供给、多渠道保障增加租赁住房供给，发展"租购并举"的住房制度，化解住房突出矛盾。如果房价持续快速上涨，不仅会破坏居民对租房的认同感，也会间接破坏房租稳定。王辉龙和王先柱（2011）发现房价与房租间具有内在传导机制，房价上涨会通过挤出购房者、增加租赁需求间接导致房租上涨。

基于上述分析，治理房价异常波动具有深刻的政治意义、经济意义和社会意义。但是，如何界定房价异常波动？引发我国房价异常波动的主要因素是什么？在城市之间的传到机制又是如何的？从国家层面和城市政府层面如何有效防范房价异常波动？现有的研究是不足的、不系统的。而对这些问题开展系统研究，是研究、揭示我国城市商品住房价格异常波动的规律，分清诱因，提高房地产市场政策调控的针对性和技术上精准性，进而建立"房地产市场长效机制"的需要。不仅如此，系统研究房价异常波动问题，还有利于发展房地产价格波动理论。住房价格的波动性，一方面与市场的不确定性和风险直接相关，另一方面反映住房市场的供求关系、市场效率、交易成本、信息流动特性等，是综合反映市场行为、市场效率、市场风险最简洁和最有效的指标之一。异常波动的机理是复杂的，既包括宏观层面的经济、政治、政策等因素，也包括中观层面的城市因素，还包括微观层面的房地产公司和居民行为因素。

第三节 全书主要内容与创新点

本书共包含八章。各章节的具体内容与主要发现如下。

第一章导论。首先，详细阐述了本书的研究背景，即我国住房制度改革以来，房价异常波动频繁且幅度大，从地方到中央对治理房价异常波动越来越重视；其次，详细阐述了治理房价异常波动的政治意义、经济意义、社会意义。

第二章房价异常波动的内涵与测度。首先对房价异常波动进行概念界定，异常波动是指城市房地产价格出现幅度或频次超出一定范围的波动。分析了房价异常波动与房价泡沫的异同。比较研究了房价异常波动的三种测度方法：峰谷检测三角法、动态均线偏移法和 One-sided HP 滤波法。由于单边高通

（One-side High-Pass，One-sided HP）滤波法在保留数据基本动态关系的同时，能够更稳定地消除趋势并提供最佳分解，基于该方法对我国70个大中城市2006年第一季度至2020年第四季度新建住宅价格以及二手住宅价格进行异常波动识别，发现新建住宅价格异常上涨时期主要集中于2009Q3～2009Q4、2013Q1～2013Q4和2016Q1～2016Q4（Q1～Q4表示第一季度到第四季度，下同），异常下跌时期主要集中于2008Q1～2009Q1、2011Q2～2012Q2、2014Q2～2015Q1和2020Q1～2020Q4；二手住宅价格异常下跌期主要集中于2008Q1～2009Q1、2011Q2～2012Q2、2014Q2～2015Q1和2020Q1～2020Q4，异常上涨期主要集中于2009Q2～2010Q2、2013Q1～2013Q4和2015Q2～2016Q4。新建住宅的异常波动比二手住宅更加严重，异常期季度数比二手住宅多145个，且新建住宅的高峰期季度数远多于低谷期，二手住宅高峰期与低谷期几乎持平，说明我国70个大中城市新建住宅市场较多时间呈亢奋上涨状态，二手住宅市场相对平稳。从城市波动层面来看，不同经济水平的城市房价异常波动不尽相同，一线城市、新一线以及二线城市、三四线城市在持续时间、波动幅度上各表现出不同的波动特征。

第三章房价异常波动的空间扩散效应。基于国家统计局发布的70个大中城市新建商品住宅和二手住宅价格指数（新房指数和二手房指数），以及通过HP滤波法测算出的70个大中城市房价的异常波动值，利用描述性统计和地理信息系统（geographic information system，GIS）空间分析方法详细分析了2006～2020年70个大中城市房价指数和房价异常波动的时空变化特征，并采用空间杜宾模型进一步分析了其影响因素。结果表明：(1) 70个大中城市房价指数和房价异常波动存在着空间自相关，房价指数的莫兰指数（Moran's I）在2010～2015年达到极大值，房价异常波动的莫兰指数在2008年和近些年份正向显著；(2) 70个大中城市房价指数和房价异常波动存在显著的空间溢出效应，新房价格指数每增长1%，邻近城市的新房价格指数平均将增长0.614%，新房价格指数异常波动每增长1%，邻近城市的新房价格指数异常波动平均将增长0.649%；(3) 2020年70个大中城市房价指数异常波动存在显著空间集聚特征，新房和二手房价格异常波动低的集聚区主要集中在东南部和西南部城市；(4) 空间杜宾模型显示，人均GDP、第三产业比例、人均社会消费品零售总额、人均城市公园绿地面积、人均城市道路面积、教育和医疗公共服务是影响70个大中城市房价指数空间差异的主要因素。人均国内生产总值（gross domestic product，GDP）、第三产业比例、人均社会消费品零售总额、货币发行量和利率是影响 70 个大中城市房价异常波动空间差异的主要因素。

第四章房价异常波动的宏观驱动机制。将房价走势与波动的宏观驱动因素划分为四类，即货币信贷政策因素、土地市场因素、居民收入因素、政策类因素。首先从理论上分析了上述四类因素对房价的影响机制。基于理论分析，利用我国 2005 年第一季度至 2020 年第四季度的相关宏观经济和房价数据对住房市场波动与货币信贷、土地市场、居民收入进行联动分析。分析发现，货币信贷因素变动领先房地产需求供给变动，土地市场波动与房价波动存在逆周期性，房地产消费明显挤占其他消费等，上述发现皆与我国住房市场与宏观经济波动间的相关特征相一致。进一步地，在联动分析的基础上，构建了贝叶斯向量自回归（Bayes Vector Autoregression，BVAR）模型，综合运用格兰杰因果关系检验、脉冲响应分析和方差分解方法，研究我国住房市场和宏观经济重要指标的相关关系和波动趋势。发现货币与信贷是影响房地产价格波动的主要宏观影响因素；广义货币供应量（M2）和中长期贷款规模上涨均对房价波动产生显著的正向推动作用，而利率上调则可能抑制房地产价格上涨；居民收入水平的提高可以在一定程度上推动房价上涨，但土地市场对房价的影响尚不明确。

第五章房价异常波动的微观驱动机制。本章先从理论上讨论了驱动房价异常波动的微观机制，包括住房相关的城市配套设施变化、住房投资行为、城市土地供给和政府干预四个方面，并分别选择这四个方面的某一热点问题进行案例分析。第二节重点关注学区调整对房价的影响，研究发现新增优质公办学校可将住房价格提高 8% 左右；相对于老旧住房而言，高品质住房的教育溢价更高，这表明教育资源与住房其他便利设施存在互补性。第三节讨论住房投资行为，重点关注流言、预期等对房价的影响，以杭州学区调整为研究对象，量化了流言破灭时住房市场泡沫的破灭影响，且发现房价的主要影响部分是由住房市场的投机驱动的。第四节研究了限购调控政策漏洞对房价异常波动的影响，发现限购政策的漏洞主要有"假离婚"式购房、法拍房不限购和人才引进政策的冲击；将离异后购房行为与法拍房纳入限购范畴，并将限购调控政策与人口政策相联动，可以强化限购效果，预防房价异常上涨。第五节讨论非饱和供地对房价异常波动的影响，研究表明人地矛盾、土地供应不足将进一步推高房价、地价，政府应切实提高住宅规划用地占比、合理确定供应规模，增加热点城市集中供地次数和租赁用地供给。

第六章我国控制房价异常波动的地方经验。以长沙、重庆、上海、北京和杭州五个大城市为案例，研究了各城市"一城一策"长效机制调控房价异常波动的经验。对这五个城市实施"一城一策"调控政策的力度进行了定量，分析发现，调控越及时、力度越大，房价越平稳；城市层面，土地供给充足、人地关系协调，是预防房价过快上涨的核心；住房市场调控针对性强、及时性好、力度充分，是抑制房价过快上涨的有力补充。简言之，在货币供应量、房贷利率水平等金融环境一致的情况下，决定房价稳定性的核心是土地供给与人口增长的协调性，而住房调控政策仅仅是稳定房价的补充。此外，还对温州2011~2014年房地产市场波动进行研究，温州是我国少数经历过房价从快速上升到大幅度下跌的城市，详细分析了引起房价异常波动的原因以及阻断房价大幅下跌对实体经济负面影响的经验。

第七章新加坡住房体系与治理房价异常波动经验。本章详细分析了新加坡住房市场发展历史，从国家与住房市场的关系、产权保障房（组屋）的发展模式、组屋市场的调控方式的发展、私人住房市场的调控模式的发展等角度，分析新加坡住房市场平稳发展、房价基本稳定的原因。新加坡作为一个城市国家，同样面临人多地少的土地资源瓶颈，其住房市场体量和市场管理经验，对治理我国城市房价异常波动具有很好的借鉴意义。

第八章完善治理房价异常波动的制度体系。从国家层面，包括采取精准、合理适度的货币信贷政策；构建并长期持续执行房地产金融审慎管理制度，强化房地产企业资金监测和融资管理；长期稳定地严格执行差异化个人购房贷款政策；完善房地产开发、交易、持有三个方面税制设计，确定合理税率；建立对地方政府"稳地价、稳房价、稳预期"负主体责任的考评体系。城市层面应建立房地产市场监测制度、建立职住平衡的住宅用地充足供给保证制度、实行土地竞拍价格管控制度、抑制住房过度投资过度消费制度、建立市场行为规范的制度和综合协调机制，多措并举，治理房价异常波动。

本书主要的创新点：一是系统地定义了房价异常波动的概念、与房价泡沫的区别，提出识别房价异常波动的三种定量方法。二是运用房价异常波动识别方法，揭示了我国大城市房价异常波动的特征，并运用空间计量经济学研究了我国城市房价异常波动在城市间的扩散效应，发现存在显著的空间溢出效应。三是揭示了影响房价异常波动的宏观与微观驱动因素，发现货币与信贷是影响房地产价格波动的主要宏观因素，城市配套设施变化、住房投资行为、土地供给不足、城市政府调控不力都会成为引起房价异常波动的微观因素。四是通过剖析长沙、重庆、上海、北京、杭州、新加坡政府治理房价异常波动的工具及成效，特别是对温州2010~2014年引发房价异常波动成因研究，进一步深化引起城市房价异常波动的内在原因和治理举措。五是比较系统地从国家和城市政府两大维度提出治理房价异常波动建议。本书的研究有助于深刻认识大城市房价波动规律，丰富住房价格理论，也为进一步治理我国城市住房价格异常波动、防范风险提供一些思路。

第二章 房价异常波动的内涵与测度

本章界定了房价异常波动的概念，它是指城市房地产价格出现幅度或频次超出正常范围的波动。房价异常波动是一种现象上的定义，与房价泡沫既有联系又有区别。房价泡沫是指由房地产投机等因素所引起的房地产价格脱离市场基础的持续上涨，严重偏离住房"真实"价值最后发生暴跌的现象。房价泡沫形成与破灭的过程，肯定是房价异常波动的过程，但房价有异常波动，未必一定形成泡沫。本章比较分析了房价异常波动的三种测度方法（峰谷检测三角法、动态均线偏移法和 One-sided HP 滤波法），并使用 One-sided HP 滤波法测算了我国 70 个大中城市 2006 年第一季度至 2020 年第四季度新建住宅价格以及二手住宅价格的异常波动情况。

第一节 房价异常波动的概念界定

我们从现象出发，将异常波动定义为涨跌幅度超过了正常的、一定范围的变动，如股票价格的大幅上涨或下跌、房价的快速涨跌等。进一步地，基于博尔吉等（Borgy et al., 2014）检测资产价格暴涨和萧条的研究经验，本书将城市房地产价格出现幅度或频次超出一定范围的波动定义为房价的异常波动。

异常波动常应用于证券交易市场管理。我国的证券市场从 1998 年 6 月 5 日开始对单只股票的异常波动作了定义，主要从股票价格、成交量的变化幅度考虑，而且当出现异常波动时，交易所对股票实施临时停牌。例如，当某只股票出现连续三个交易日达到涨幅限制或跌幅限制，或价格的振幅连续三个交易日达到 15%，或日成交量与上月日均成交量相比连续五个交易日放大 10 倍，认定为交易异常波动。类似的还有个股基于价格涨跌幅的熔断机制等。

股票市场的价格异常波动是最早被关注到的。自从格罗斯曼等（Grossman et al., 1981）与勒罗伊和波特（LeRoy and Porter, 1981）通过实证检验发现股票价格存在着超越其波动边界的异常波动之后，人们开始重视异常波动研究，并认识到除了基本面因素推动资产价格变动之外，还有一系列非基本面因素在影响着资产价格异常波动。坎贝尔等（Campbell et al., 2001）以美国的资料分析，认为公司微观层面的波动比市场层面、行业层面的波动来得频繁和剧烈。国内学者对中国股票市场异常波动成因展开了较多的研究（温思凯，2010），包括上市公司重大信息披露与股价异常波动问题（陈小庆，2016；刘志东和杨竞一，2016；张国庆和张万祥，2021；朱琳等，2021）、兼并收购事件对股票市场异动影响的实证研究（雷雅怡，2014；许巧雅，2020）以及我国投资者情绪、与股价异常波动（毕玉国，2014；张迟盼，2015；郭建华，2016；何柏彬，2021）等。邹辉文（2009）、张迟盼（2015）、刘爱国（2021）等发现，从众行为、对股市政策或消息的过度反应以及操纵股价行为会带来股价异常波动。

我国农产品价格受各种因素影响出现的持续上涨、周期涨跌、波动幅度过大等异常波动问题，引起了政策制定者和学术界的重视。相关研究主要关注蔬菜、生猪等主要农产品价格异常波动的预警、异常波动特点、原因、产生的影响以及政策应对的研究（陈灿煌等，2011；虞华等，2011；罗冬晖等，2015）。常伟（2011）将我国农产品价格异常波动区分为暴发型、持续型价格异常波动两大类，并指出自然灾害、流通环节过多、货币超发、信息不对称、投机炒作等是引致异常波动的主要因素。易青等（2012）运用移动平均法和HP滤波法，发现北京市小宗农产品受生产、流通和游资炒作等因素影响，存在价格异常波动的特征。康艺之等（2014）利用自回归滑动平均模型（autoregressive moving average model, ARMA）建模、参数估计与模型检验，提出以重要农产品价格波动率为警情指标，建立我国重要农产品价格异常波动预警模型并展开预警分析。宋靖（2015）基于灾变灰预测理论构建了农产品价格异常波动预警模型。周昌仕等（2017）基于灾变灰模型建立了牡蛎的价格风险预警系统。马宏阳和赵霞（2021）以大蒜为例，利用价格分解法、协方差分析法和自回归条件异方差（autoregressive conditional heteroskedasticity, ARCH）类模型分析了2004～2019年的大蒜价格波动特征，发现我国大蒜价格主要受到成本消耗变动的影响，同时还存在显著的集簇性，即当一次价格波动发生后，会诱发新的价格波动，且二者的剧烈程度正相关。

关于房价异常波动尚未有统一的广泛接受的定义。综观国内外相关文献，国外文章虽然也有用异常波动（abnormal fluctuation）类似词汇，但更倾向于使用价格高峰与价格低谷（boom and bust）来描述房地产价格异常情况。价格异常波动界定的逻辑基本上按照将点与估计的历史（平均）水平做比较这个思路。典型方法有：博尔多和珍妮（Bordo and Jeanne，2002）的认定方法是，如果资产价格的三个时间点的移动平均增长率超出历史序列的置信区间（这个区间由历史序列的一阶矩或二阶矩来定义）则判定为异常波动。鲍里奥和洛（Borio and Lowe，2002）则用偏离其趋势一个特定门槛值（比如3%）来界定。德肯和斯梅茨（Detken and Smets，2004）的方法是经过高平滑参数的 HP 滤波后，房价若还超过趋势 10% 以上，就成为异常点。

近年来，随着中国房价快速上升，学者开始关注中国房地产异常价格波动。许智文和王自友（Hui and Wang，2014）认为，关注于识别中国异常房价而不是检测泡沫的研究更为合理，并采用向量误差修正模型、方差分解方法等计量方法探讨住房价格和市场基本面因素之间的相互作用关系，以识别 1998~2012 年北京和上海的房地产市场存在的房价异常现象。其结论是北京和上海的房价大部分时间都是合理的，房价异常只是偶然现象。国内对于房地产价格异常波动的直接研究整体不多，有限的研究中也仅局限于单一识别方法或单一影响因素分析，例如，张蔚（2014）采用向量自回归和脉冲响应函数系统研究了货币市场和房地产与经济波动之间的动态关系，认为房地产异常波动很可能对经济造成严重冲击，但遗憾的是没有给出异常波动警示点；虞晓芬和王瑜炜（2018）通过分离房价的高峰与低谷这一种方法来衡量房价的异常值。目前，关于房价波动的研究大致可以分为以下三类。

第一类基于房地产泡沫理论，以房价脱离经济基本面的思路来衡量房价波动的异常。吴传清和邓明亮（2019）采用改进房价收入比方法测算 1998~2016 年我国整体以及长江经济带沿线 11 省份房地产泡沫指数，发现长江经济带下游地区房地产泡沫指数明显高于全国平均水平、长江经济带上游以及中游地区水平。李伦一和张翔（2019）使用对数周期性幂律（log period power law, LPPL）模型对 2010 年 6 月至 2017 年 11 月我国 100 个城市的房地产市场价格泡沫进行测度，发现 64 个城市存在正向泡沫（房价持续上升），36

个城市存在反转泡沫（房价整体下降却存在反转点）。刘骏等（2020）利用国家统计局公布的 1998~2017 年全国 27 个省会城市及 4 个直辖市房地产均价数据进行实证研究，通过小波去噪分离出各个城市房地产真实价格以及相应泡沫值，发现房价在 2010 年之前整体呈温和上升趋势，房地产泡沫从 2010 年开始加速上升，特别是在大部分一线城市上涨迅猛。卡拉亚尼等（Caraiani et al.，2021）基于 1972 年第一季度至 2018 年第一季度的时变向量自回归模型分析了货币政策对美国房地产投资信托（real estate investment trust，REITs）行业泡沫的影响，与"传统"观点以及标准泡沫模型预测不同的是，他们发现从金融危机开始到样本期结束，收缩性货币政策与美国房地产投资信托基金中泡沫成分的增加有关。

第二类基于房价周期理论，从周期波动的特征与成因角度寻找非理性价格的关键影响因素。刘洪和钱佳蓉（2017）认为，造成房地产经济周期波动的原因复杂，宏观经济、人口红利、土地政策、固定资产投资等对引起房地产价格波动具有重要作用。黄文（2017）采用自回归分布滞后（autoregressive distributed lagged，ARDL）模型分析，表明房地产价格的波动会影响居民的财富效应，当房价上升时，投机性行为大量进入房地产市场，造成房价的异常波动。庹永贵等（2018）构建了一个包含预期因素的多部门动态随机一般均衡（dynamic stochastic general equilibrium，DSGE）模型，以 2005 年第一季度至 2017 年第四季度的数据为基础，分析了预期、房价冲击与我国经济波动之间的内在机理，发现预期是引发房价波动的重要因素，且预期会通过房价影响经济波动。陈创练和戴明晓（2018）构建了一个关于房价、杠杆率和货币政策动态关系的局部均衡模型，发现价格型货币政策对房价和杠杆率的调控效果较弱，数量型货币政策在管控房价和杠杆率上更为有效。周亮锦和夏恩君（2018）回顾了 114 篇国外房价影响因素的文献，总结出影响房价波动的非理性价格因素有消费者个体因素和政府政策因素，其中，消费者个体因素包括消费者心理和消费者行为，消费者心理因素又包含外推预期、情绪（悲观、过度乐观）、代表性心理以及新想法的"社会传染"，消费者行为的典型代表有羊群行为、正向反馈行为；政府政策因素主要包括财政政策、货币政策、土地政策以及行政干预政策等。希尔德（Sheard，2019）研究了挪威度假住宅与区域发展的关系，发现度假住宅通常位于生活水平相对较低的周边地区，季节性居民为这些地区提供收入，但度假住宅会使当地住房成本增高，并可能对当地住房、劳动力和产品市场产生负面影响。伍文中和周阿立（2021）研究发现，政府对土地财政的依赖会影响房价波动，且这种影响具有城市差异性，三线城市更加依赖土地财政。张明和刘瑶（2021）构建了研究我国房价走势与波动的分析框架，将影响房价的变量划分为需求类、供给类、金融类与政策类，实证分析了2005~2017年我国31个省份70个大中城市房价的驱动因素，除去供需类的基本面变量驱动因素，两位学者发现金融类变量中个人住房贷款利率的降低对房价的抬升作用最大，一、二线城市房价走势与波动受金融因素驱动更为显著，政府调控在一定程度内可以导致房价反向波动。

第三类基于经济预警理论，在观测房价波动规律的基础上，试图建立房价异常波动监测预警机制。房地产预警系统研究虽然没有直接给出"异常波动"的直接定义，但大多以"过冷/热""非理性波动"这种概念出现。许汀汀等（2016）基于GIS技术的房价监测系统以重庆市两江新区为实验区域，将该辖区内实时交易的网签数据与空间分布的楼盘点数据进行挂接，在"项目—组团—行政区划"的多层级监测体系的基础上对房价进行空间上的监测。李佩珈和梁婧（2018）通过回顾分析美国、日本等国家发生房地产泡沫风险时主要房地产金融指标的变动情况，构建了宏观审慎视角下的房地产风险预警模型，重点考虑了居民负债能力，主要选择房价增长率、房地产贷款增长率、居民债务偿还能力变化率、住房抵押贷款/GDP变化率这四个指标，并赋予其不同权重以构建房地产市场预警指数。阿南森（Anundsen，2019）提出了一个包含四种房地产泡沫检测方法的工具包，可以用来监测美国、芬兰和挪威房价的发展，美国房价与经济基本面保持一致，芬兰存在失衡，挪威没有出现泡沫的迹象。贝克等（Bekker et al.，2021）对符拉迪沃斯托克（原名海参崴）房地产市场进行了专门的监测研究，在充分考虑市一级房地产市场的具体情况下，开发了房价预测模型，根据对符拉迪沃斯托克至2025年社会经济发展基本情况的了解，确定了价格变化的一般趋势，并对时间趋势进行了评估，对住宅房地产价格变化进行了预测。

通过对现有研究价格波动的文献阅读整理，可以看出价格异常波动的研究在股票市场与农产品市场已经得到了较为广泛的研究和应用，其研究思路、研究方法为住房价格异常性波动提供了有益的借鉴。但因对象的不同，住房价格异常波动的特点及其形成原因有其特殊性。2000年以来，房价异常波动问题也已得到国内外学者的一些关注，出现了如何界定异常波动的文献，但是总体看成果不多，缺乏统一和广泛接受的定义，尤其是对中国城市房价异常波动问题专题研究的成果少之又少，尚未形成系统的成果。

第二节 房价异常波动与房价泡沫的区别

市场经济条件下，波动是常态。住宅价格波动是住宅价格在总供给和总需求的共同作用下，出现的价格随着时间推移而变化的现象（杜凤霞，2014）。价格波动分为正常波动与异常波动。从影响因素看，正常波动是由随机原因引起的波动，异常波动是由异常因素造成的，这些因素并不大量存在，一旦存在将有显著变动。从表现形式看，正常波动符合随机游走且通常幅度较小，异常波动会表现出其他统计特征（宋光辉，2013）。我们将城市房地产价格出现幅度或频次超出一定范围的波动定义为房价的异常波动，这是从房价现象出发的一种定义。

房价异常波动与房价泡沫既有联系又有区别。房价泡沫是指由房地产投机等因素引起的房地产价格脱离市场基础的持续上涨，严重偏离住房"真实"价值最后发生暴跌的现象。房价泡沫形成与破灭的过程，肯定是房价异常波动的过程，价格异常波动的积累必定是泡沫，但房价出现异常波动，未必一定形成泡沫。由于泡沫难以识别，而价格异常波动更容易识别，因此，可以通过对价格异常波动的治理达到对泡沫的预警和预防。从现实意义看，我国住房市场已处于价格既不能涨也不能跌的困境，当前最重要的是防止房价出现进一步异常波动，包括向上异常波动和向下异常波动，这是防止泡沫进一步积聚和防范泡沫破灭的重要前提。

关于价格泡沫的文献主要集中在金融市场上。资产定价的主要理论是股票价格等于预期贴现股息的总和，当市场价格高于此基本价值（基本面）时，就可能存在"泡沫"。关注住房市场泡沫主要有四个原因：第一，住房是家庭投资组合中的主要资产（Englund et al., 2002；Flavin and Yamashita, 2002）。第二，从住房的资产规模看，其价格变动的财富效应大于金融资产的财富效应（Benjamin et al., 2004；Case et al., 2005）。第三，房价泡沫破裂对经济的影响比股市泡沫破裂要大得多。例如，赫尔伯林和特罗内斯（Helbling and Terrones, 2003）研究发现，1970~2002年，房价暴跌对社会产出的影响是股价暴跌的2倍。此外，住房市场崩溃后的经济放缓持续时间大约是股市崩溃后的 2 倍。第四，考虑到住房存在高交易成本、异质性和流动性不足的特点，套利将受到限制，因此，对房价偏离真实价值的修正需要一个漫长的过程，任何"低效"定价（脱离价值基本面则视为"低效"定价）都将持续很长时间，而且这段时间往往是不确定的（Black et al.，2006）。

潮涌交易（momentum trading）是形成房价泡沫的重要机制之一（Black et al.，2006）。潮涌交易是指投资者行为通常受价格变化影响较大，即看到房价上涨时买入，在房价下跌后卖出（Barberis et al.，1998；DeLong et al.，1999；Cagli，2019；Humphrey，2020）。因为投资者表现出顺周期的预期，即当房价上涨（下跌）时，他们往往预计房价将继续上涨（下跌）。这种交易行为将使得住房价格偏离基本面，通常被当作反对市场有效性的证据。

因此，房价异常波动与房价泡沫既有联系又有着本质区别：首先，成因方面，异常波动的产生，既可以是由于影响价值的基本面的突然变化，也可以是由非理性的因素驱动，从而导致住宅价格在总供给和总需求的共同作用下，出现价格随时间推移而波动的现象；房价泡沫主要是受到与住房真实价值无关因素的影响，例如，非理性行为（Tirole，1985；野口悠纪雄，2005）使房价偏离了基本面，出现价格泡沫。其次，结果方面，异常波动本身即为结果和现象，但价格泡沫未必能被直接观察到，通常只有破灭时才被证实。例如，某一城市房价比较长期稳定在某一水平，近年来房价突然呈较快上涨态势。一种情况是由于政府近年来土地供给不足，给投机或炒作提供了空间，房价快速上升，这其中就含有泡沫，而对于许多不了解实际情况的人来说，或许会被表象迷惑，未能察觉到这一危机，反而可能追涨，进一步刺激房价泡沫。另一种情况是近年来城市经济发展快速，就业薪资较快增长，居民购房能力提高，有效需求拉动房价上升，这种价格上升是与经济基本面相匹配的，不存在泡沫。因此，当房价出现异常波动时，可能含有房价泡沫，也未必就是房价泡沫。需要注意，一是房价泡沫一定是经过大涨到大跌的过程，都先表现为房价的异常波动；二是在各国各地都十分重视宏观经济和区域经济平稳发展的背景下，出现因经济快速发展而拉动房价出现异常波动的概率越来越小，大多数情况下房价的异常波动就隐含着房价泡沫。

第三节 房价异常波动的测度方法

一、峰谷检测三角法

(一) 基本原理

布莱和博尚 (Bry and Boschan, 1971) 认为，研究经济周期并非一定要通过构建参数模型实现，时间序列趋势线就已经携带着大量的信息，从而提出了通过时间序列的走势波形来判断经济周期的方法。在此基础上，哈丁和帕甘 (Harding and Pagan, 2006) 补充完善了图形分析法，开发了定位转折点法用于周期性度量，并在经济景气循环、产品需求走势等领域得到了广泛应用。布雷克 (Bracke, 2011) 在尝试描绘房价的景气循环时，首次将该方法引用到房地产研究上并得到了较好的研究结果。定位转折点法认为，一个完整的经济周期可以分为向上走势段（低谷—高峰）和向下走势段（高峰—低谷），各单项趋势段的特征则从时间跨度（D_i）、振幅（A_i）和强度（C_i）三个方面进行刻画。图 2-1 左侧展示了一个典型的向上走势，其中，A 点代表峰值，C 点代表低谷，AB 段代表低谷至峰值的持续时间（D_i），BC 段代表低谷至峰值的振动幅度（A_i）。那么，由实际时间序列"弧线 AC"形成的闭合扇形面积即为由低谷至峰值的累积增长值，然而时间跨度 D_i 与振幅 A_i 往往不等长，扇形 ABC 的面积难以计算。因此，采用三角形面积来逼近单项趋势段的累计增长值，从而反映出该波段的波动强度（$C_i = 0.5 \times A_i \times D_i$）。

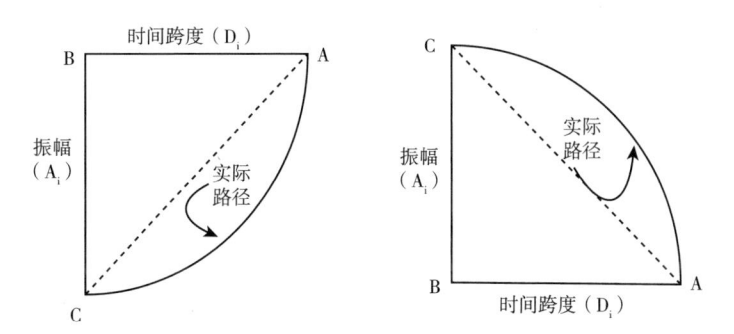

图 2-1 上升/下跌阶段示意

采用三角形面积来近似拟合实际房价曲线所包络的面积，尽管可以有效识别出房价长期大幅下降或上升的异常阶段，但对于房价瞬时的大幅波动或短期的较小波动却因总面积较小而无法识别。因此，实际应用过程中，还需在哈丁和帕甘（Harding and Pagan，2006）的基础上增加一个过滤条件，即在峰顶与低谷形成的三角形中，当其振幅与时间跨度之间的夹角（∠BAC）大于60°时，也应认为是价格异常。

（二）识别步骤

借鉴哈丁和帕甘（Harding and Pagan，2006）的方法，并进一步借鉴汉森和普雷斯科特（Hansen and Prescott，2005）研究中选取相对较高的平滑系数（$\lambda = 10\,000$）[①]对季节性调整后的房价数据进行HP滤波分解的思路，得到城市i的周期项序列$Fc_{i,t}$和趋势项序列$Ft_{i,t}$；同时，进一步将城市i在时点t的值X_{it}定义为周期项$Fc_{i,t}$和趋势项$Ft_{i,t}$的比值，这种去势化处理既可保留图像特性，又能将房价的绝对值转换成可比较的相对值。在此基础上，根据峰谷检测三角法的识别原理，再进行以下处理步骤。

（1）将$\Delta X_{it} > 0$，$\Delta X_{it+1} < 0$的点定义为局域峰值点，$\Delta X_{it} < 0$，$\Delta X_{it+1} > 0$的点为局域谷值点。根据峰值与谷值的位置，基本可以将时间序列划分为向上（Cu）和向下（Cd）走势。

（2）各单向趋势段的波动强度$C_i = 0.5 \times A_i \times D_i$，其中，$D_i$为时间跨度，$A_i$为振幅。

（3）识别高峰与低谷。借鉴阿涅洛和舒克奈特（Agnello and Schuknecht，2011）的识别方法，将房价高峰量化为强度大于第三个四分位数值的阶段，将房价低谷量化为强度值小于第一个四分位数值的阶段。

（4）补充高峰与低谷。正如前面所述，房价异常波动不仅体现在高强度上还体现在波动速度上，因此还需进一步计算振幅与时间跨度之间的夹角，若夹角大于60°则补充为价格异常。

二、动态均线偏移法

（一）基本原理

时间序列是指按某一现象所发生的数量变化随时间推移表现出的发展规

[①] 此处设定高平滑系数，一方面符合房地产价格周期持续时间长的特点；另一方面能够确保过滤掉那些不是因为关键经济要素引发的轻微房价波动。

律，预测现象发展的方向及其数量。移动平均法是分析时间序列发展规律的一种较为经典的简单平滑预测技术，能够有效地消除预测过程中的随机波动，直观地显示出事件的发展方向与趋势（即趋势线），然后依趋势线分析预测序列的长期趋势。

（二）识别步骤

博尔多和珍妮（Bordo and Jeanne，2002）曾经多次尝试通过改进的移动平均法来识别价格高峰与价格低谷，最终提出了对数转化的方式来计算价格增长率的动态均线，具体步骤如下。

（1）计算房地产价格实际增长率的年度移动平均值 $g_{i,t}$。城市 i 连续四季度内的住宅价格实际增长率记为：$g_{i,t} = \frac{100}{3} \log\left(\frac{P_{i,t}}{P_{i,t-3}}\right)$，其中，$P_{i,t}$ 为城市 i 的当期价格指数。

（2）设定置信区间的上下临界值。将 $\bar{g}$ 计为 70 个城市的平均增长率，v 为所有城市增长率 $g_{i,t}$ 的标准偏差，则置信区间的向上临界值为 $\bar{g} + xv$，向下临界值为 $\bar{g} - xv$。

（3）判断各城市的房价异常期。如果 $g_{i,t} > \bar{g} + xv$，那么就认为在该段时间内为价格高峰期；如果 $g_{i,t} < \bar{g} - xv$，那么就认为在该段时间内为价格低谷期。其中，设定 x = 1，解释为高（低）于所有城市平均增长率的一倍标准偏差以上为价格高峰（低谷）期。

三、One-sided HP 滤波法

（一）基本原理

HP 滤波法作为经济周期分析的常用方法，基本原理就是采用对称的数据移动平均方法，通过近似的高通滤波器（high-pass filter）分解出频率较高的短期周期性成分 $\{Y_t^C\}$ 和频率较低的长期趋势成分 $\{Y_t^T\}$。然而，由于 HP 滤波器的权重在数据样本的末端附近快速变化，导致分离出的周期性趋势存在较严重的失真现象，且缺乏原时间序列间动态关系的支撑，促使许多的经济学家开始对 HP 滤波进行改良与优化。斯托克和沃森（Stock and Watson，1999）率先提出了 One-sided HP 滤波的使用，认为当以预测为研究目的时，One-sided HP 比双边高通（Two-sided High-Pass，Two-sided HP）更科学。汉

密尔顿（Hamilton，2018）总结了 HP 滤波的缺陷后，也认为 One-sided HP 滤波器在保留数据基本动态关系的同时，能够更稳定地消除趋势并提供最佳分解，是一种更好的选择。简单来说，单侧 HP 滤波对趋势的估计值类似于卡尔曼滤波模型中对"τ_t"的估计值：

$$y_t = \tau_t + \varepsilon_t \tag{2-1}$$

$$(1 - L)^2 \tau_t = \eta_t \tag{2-2}$$

其中，y_t 为原时间序列的对数值；τ_t 为无法直接观测的趋势部分，$\{\varepsilon_t\}$ 与 $\{\eta_t\}$ 是具有相对方差 $q = var(\eta_t)/var(\varepsilon_t)$ 的互不相关的白噪声序列。根据斯托克和沃森（1999）的测算经验，对于月度数据，相对方差 q 取值为 0.75×10^{-6}；对于季度数据，相对方差 q 为 0.675×10^{-3}。

（二）识别步骤

德肯和斯梅茨（Detken and Smets，2004）认为，房价波动是一个长期积累的过程，因此，将房价异常波动定义为房价指数超出递归趋势值10%以上的阶段，且用住宅价格每季度的差值来代替每季度增长率，以放大房价的偏离趋势。然而各季度差值的10%递归趋势值不尽相同，无法将置信区间以趋势线为中心进行上下均匀扩散，因此，笔者借鉴了塞鲁蒂和达格尔（Cerutti and Dagher，2017）的研究成果，使用连续两个季度低于趋势值1倍标准偏差来界定异常波动，具体操作步骤如下。

（1）通过平滑系数 λ 为 10 000 的 One-sided HP 滤波器，将 70 个城市的住宅价格指数分离成房价周期项序列 $Fc_{i,t}$ 和趋势项序列 $Ft_{i,t}$。

（2）计算各城市的房价趋势序列 $Ft_{i,t}$ 两季间的波动值，即：$\Delta Ft_{i,t} = Ft_{i,t} - Ft_{i,t-1}$。

（3）计算各城市的房价指数序列 $S_{i,t}$ 两季间的波动值，即：$\Delta S_{i,t} = S_{i,t} - S_{i,t-1}$。

（4）计算各城市的房价实际波动与房价趋势波动之间的差值，即：$D_{i,t} = \Delta S_{i,t} - \Delta Ft_{i,t}$，代表实际波动与趋势波动间的偏离程度。

（5）计算 $\Delta Ft_{i,t}$ 的标准偏差为 $V_{i,t}$，将价格高峰期定义为连续两个季度房价高于趋势值一倍标准偏差（$D_{i,t} > V_{i,t}$）的阶段，将价格低谷期定义为连续两个季度低于趋势值一倍标准偏差（$D_{i,t} < -V_{i,t}$）的阶段。

需要说明的是，此处以城市房价当期差值与自身趋势值对比（见图2-2）。

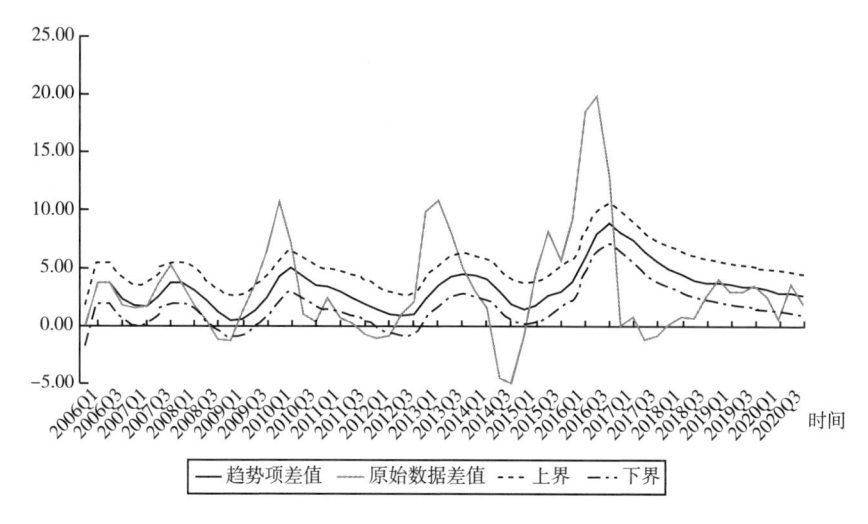

图 2-2　One-sided HP 滤波法置信区间示意（以北京新建住宅为例）

四、三种方法的比较分析

峰谷检测三角法无法避免房价异常波动测算误差的问题。峰谷检测三角法由实际时间序列形成的闭合扇形面积即为由低谷至峰值的累积增长值或峰值至低谷的累积减少值，然而时间跨度与振幅往往不等长，扇形的面积难以计算，即使扇形面积可以计算，其值也与实际累积增长/减少值有偏差。当采用近似三角形面积代替扇形面积时，虽三角形面积能够逼近单项趋势段的累计增长/减少值，但三角形与扇形面积未重叠部分还是无法计入，计算出来的波动整体偏小，误差还是难以避免。

动态均线偏移法虽有算法简便且便于实时处理非平稳数据等特点，但其参数选取存在一定的主观性和任意性。动态均线偏移法是将某一城市房价的当期增长率与所选样本的整体平均水平进行比较，是局部与全局的相对情况，无法做到跟自身趋势值进行对比。

One-sided HP 滤波法由 Two-sided HP 滤波法改进而来，克服了权重在数据样本的末端附近快速变化而导致分离出的周期性趋势存在失真现象的问题，且改进了缺乏原时间序列间动态关系的支撑的问题。One-sided HP 滤波法在保留数据基本动态关系的同时，能够更稳定地消除趋势并提供最佳分解，同时能够跟自身趋势值进行对比。与上述两种方法相比，它避开了异常波动测量误差及参数选择主观性的问题。

综合以上考虑，我们采用了 One-sided HP 滤波法对我国城市房价的异常波动进行测算，研究区间确定为 2006 年第一季度至 2020 年第四季度，原始数据来自国家统计局大中城市（70 城）新建住宅和二手住宅销售价格指数。以 2006 年 1 月为基期（100），环比计算得到各城市当月房价指数，取 3 个月均值为当季房价指数。

第四节 我国城市房价异常波动的识别

一、新建住宅价格异常波动识别

（一）整体波动特征

One-sided HP 滤波法是将城市房价的当期差值与自身趋势值进行对比，能够根据自身历史房价准确地识别出超过安全置信区间的异常波动。One-sided HP 滤波法识别出的各异常波动段具有较高的一致性且界线更加明确（见图 2-3~图 2-6），整体来看，各城市异常上涨时期主要集中于 2009Q3~2009Q4、2013Q1~2013Q4 和 2016Q1~2016Q4，异常下跌时期主要集中于 2008Q1~2009Q1、2011Q2~2012Q2、2014Q2~2015Q1 和 2020Q1~2020Q4。进一步观察可以发现，2017Q2~2018Q2 表现出异常上涨与下跌共存的情况，其中，秦皇岛、呼和浩特、包头、丹东、锦州、吉林、牡丹江、桂林、北海、海口、三亚、泸州、南充、遵义、大理、西宁、银川、乌鲁木齐等三四线及以下城市表现出异常上涨，上海、南京、无锡、杭州、合肥、厦门、泉州、济南、郑州、武汉、长沙、广州、深圳、惠州等一、二线城市则表现出异常下跌。而 2015Q2~2016Q4 的异常波动则呈现出阶梯状削减趋势：北京、天津、上海、南京、无锡、杭州、宁波、金华、合肥、武汉、长沙等一、二线城市在 2016Q4 前后逐渐结束异常上涨情况，但秦皇岛、包头、丹东、锦州、吉林、牡丹江、泸州、南充、遵义、大理、西安、西宁、银川、乌鲁木齐等三、四线及以下城市直到 2018Q4 仍在持续大幅上涨。由此可以初步判断，2015~2016 年的异常上涨在城市间的传导效应加剧。进一步统计识别结果的异常期数，可发现低谷期有 811 个，高峰期有 906 个，正常期有 2 483 个，异常期占 40.9%，且异常期里的 52.8% 为高峰期。

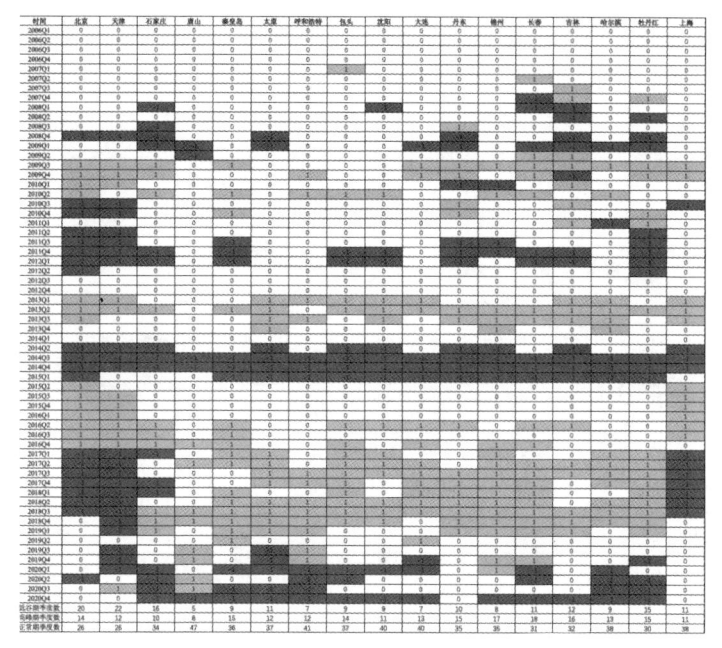

图 2-3　基于 One-sided HP 滤波法的新建住宅价格异常波动情况

注：图中1代表高峰异常期并用浅灰色填充；-1代表低谷异常期并用深灰色填充；0代表正常期，无颜色填充。

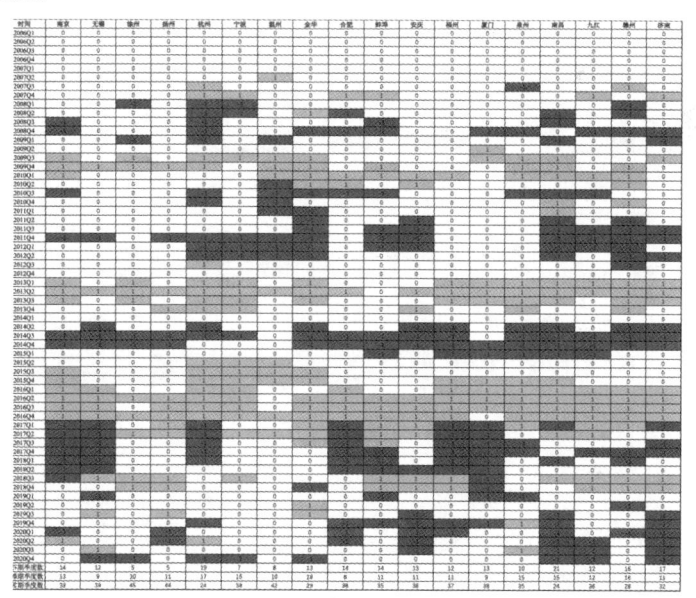

图 2-4　基于 One-sided HP 滤波法的新建住宅价格异常波动情况

注：图中1代表高峰异常期并用浅灰色填充；-1代表低谷异常期并用深灰色填充；0代表正常期，无颜色填充。

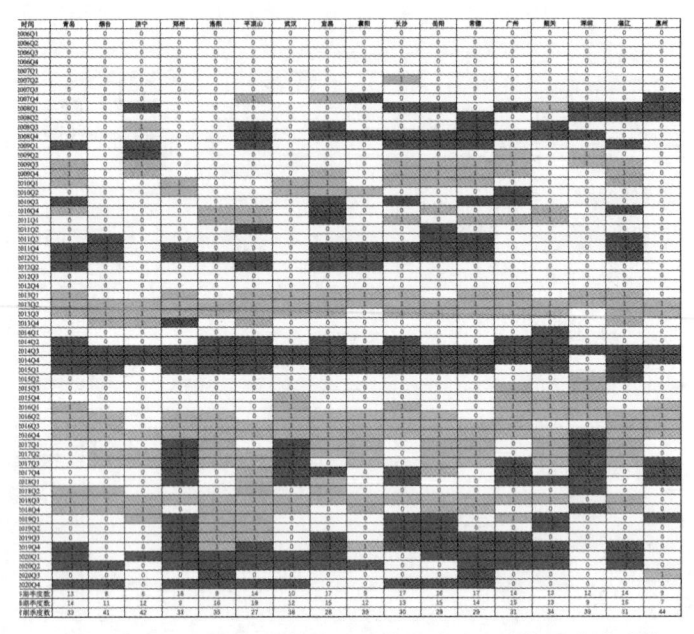

图 2-5　基于 One-sided HP 滤波法的新建住宅价格异常波动情况

注：图中 1 代表高峰异常期并用浅灰色填充；-1 代表低谷异常期并用深灰色填充；0 代表正常期，无颜色填充。

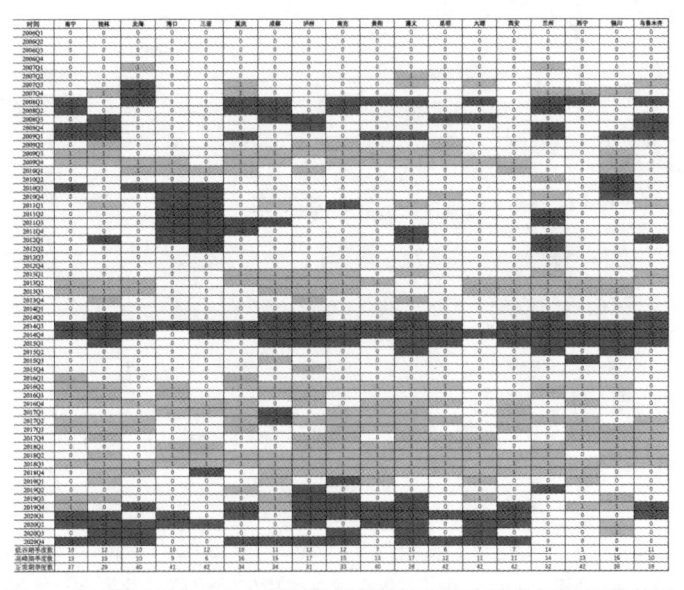

图 2-6　基于 One-sided HP 滤波法的新建住宅价格异常波动情况

注：图中 1 代表高峰异常期并用浅灰色填充；-1 代表低谷异常期并用深灰色填充；0 代表正常期，无颜色填充。

（二）城市波动特征

本部分选取九个代表性城市进行说明，其余城市的识别结果详见附录 A.1 中包含 70 个大城市中除典型城市外的城市新建住宅价格异常波动识别结果。典型城市新建住宅价格异常波动的识别结果如图 2-7 所示，2016 年几乎是所有异常上涨阶段中最剧烈的阶段，深圳异常上涨稍有提前，2015 年房价即开始大幅上涨。西宁从 2016 年开始直至 2019 年一直处于波动上升阶段。海口较为特殊，在 2010 年第一季度前后达到异常波动顶峰，之后十年基本处于正常波动范围。进一步分析可以发现，经济环境较好的一线城市，利用 One-sided HP 滤波法过滤出的波动趋势几乎保持一致，2006~2015 年一直处于波动上升阶段，在 2016Q3 前后达到顶峰，之后处于下降阶段。实际房价波动从先前缓慢的波动上升并在 2016Q3 前后达到顶峰后，突然暴跌出正常波动范围，并持续了差不多两年时间，最近两年才慢慢回归到正常波动范围。2020 年受新冠肺炎疫情的影响，年初后各城市房价普遍处于下跌阶段，但大部分处于合理波动范围，少数城市跌出了这一范围，如青岛、杭州、石家庄。对比九个代表性城市异常波动识别结果图，可发现海口这一城市与其他城市相比较为特殊，近年来只有 2010Q1 发生了一次异乎寻常的暴涨并超出正常波动范围，其余时间几乎都维持在合理的波动范围，究其原因，受海南国际旅游岛建设热潮的影响，2010 年 1~3 月海口房屋销售价格同比指数呈跳跃式大幅上涨，涨幅为近些年所罕见，3 月同比涨幅高达 64.8%，[①] 为全年最高涨幅，此后，海南对外来购房等实施严格管制。

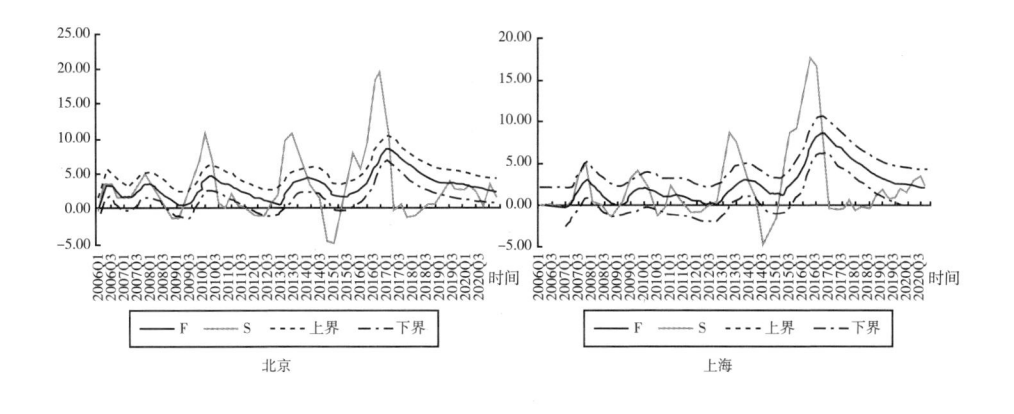

[①] 资料来源：国家统计局 70 个大中城市新建商品住宅销售价格指数（上年同月 = 100）。

深圳

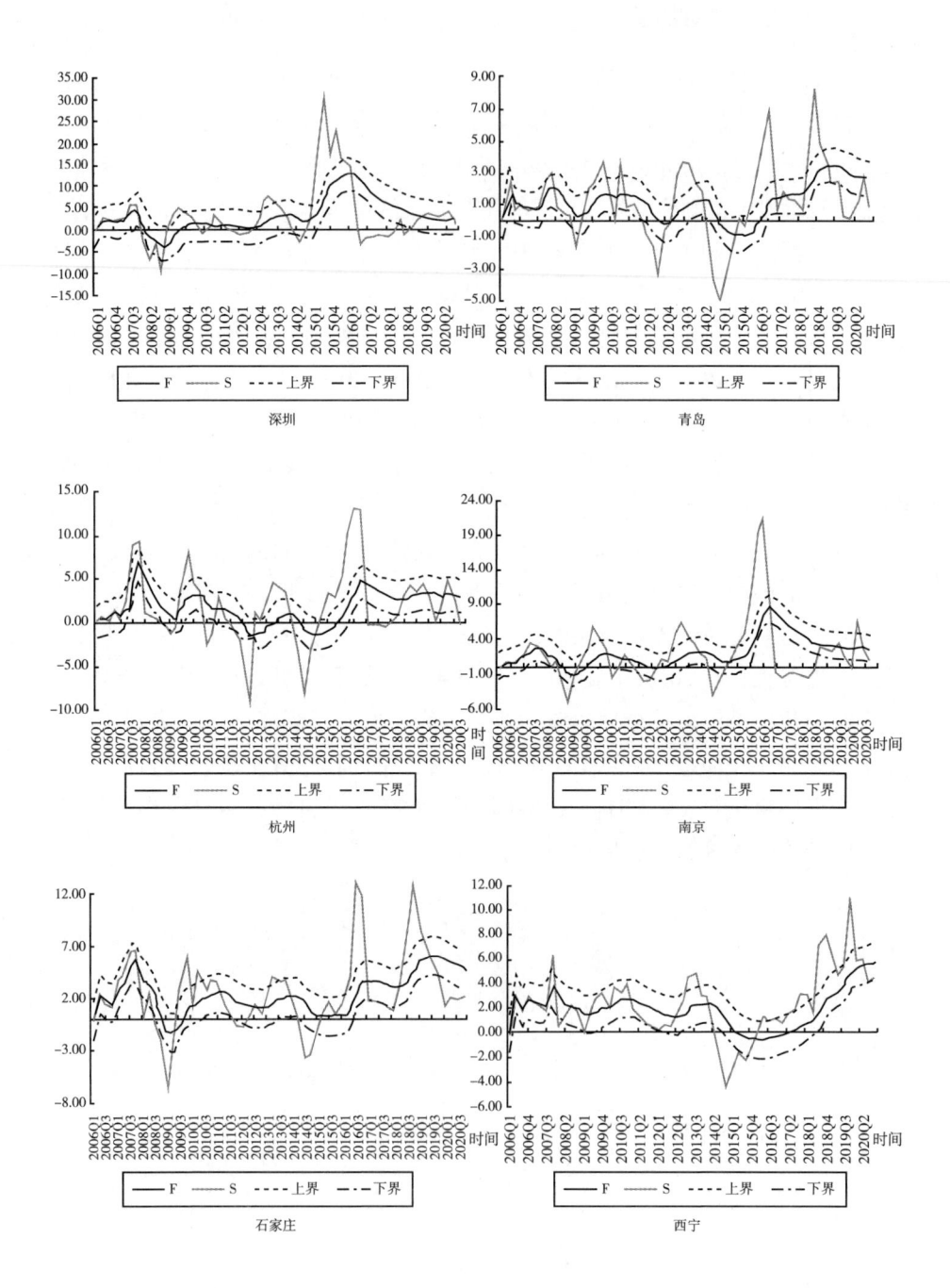

青岛

杭州

南京

石家庄

西宁

海口

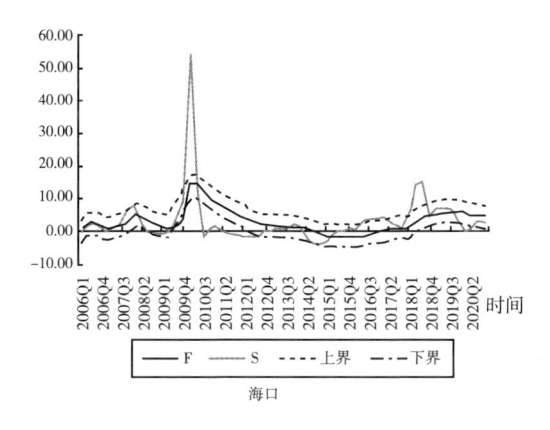

图 2-7 典型城市新建住宅价格异常波动识别结果

注：图中 F 代表趋势项差值，S 代表原始数据差值。

二、二手住宅价格异常波动识别

（一）整体波动特征

One-sided HP 滤波法对 70 个大中城市二手住宅价格的异常识别结果如图 2-8～图 2-11 所示，异常下跌期主要集中于 2008Q1～2009Q1、2011Q2～2012Q2、2014Q2～2015Q1 和 2020Q1～2020Q4，异常上涨期主要集中于 2009Q2～2010Q2、2013Q1～2013Q4 和 2015Q2～2016Q4。其中，2014Q2～2015Q1 下跌城市的面最广，2015Q2～2016Q4 异常上涨的持续时间最长。进一步统计识别结果的异常期数，可发现低谷期有 789 个，高峰期有 783 个，正常期有 2 628 个，异常期占 37.4%[①]。根据新建住宅和二手住宅价格异常波动识别结果可以发现（见图 2-3～图 2-11），新建住宅和二手住宅的价格波动并非完全一致。从异常波动期数的统计结果可以看出（见表 2-1），新建住宅的异常波动比二手住宅更加严重，异常期季度数比二手住宅多 145 个，且新建住宅的高峰期季度数远多于低谷期。对比新建住宅价格异常波动期数，二手住宅价格异常波动期数不管是低谷期还是高峰期均低于新建住宅，且与新建住宅不同的是，二手住宅价格异常波动低谷期与高峰期期数几乎持平，低谷期略多于高峰期，说明我国 70 个大中城市整体二手住宅市场基本平衡，但存在一些三、四线城市，如唐山、包头、丹东、锦州、平顶山、

---

① （低谷期+高峰期）/（低谷期+高峰期+正常期）=（789+783）/（789+783+2628）=37.4%。

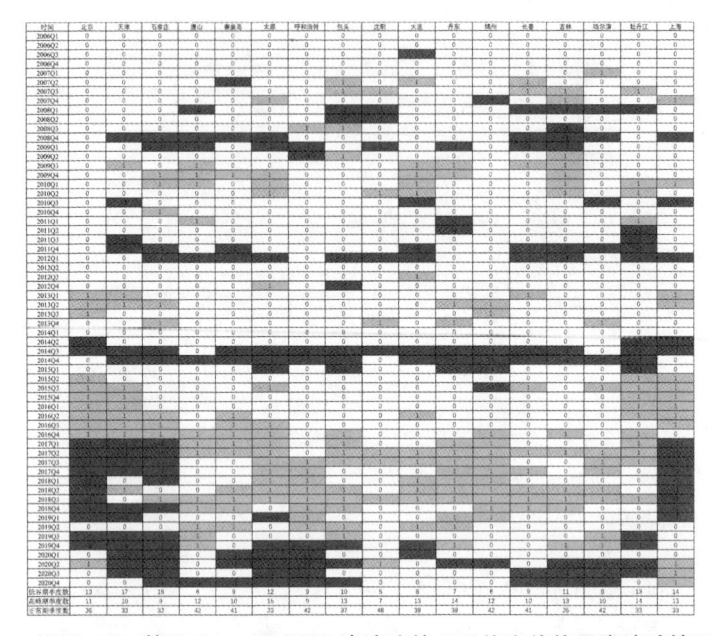

图 2-8　基于 One-sided HP 滤波法的二手住宅价格异常波动情况

注：图中 1 代表高峰异常期并用浅灰色填充；-1 代表低谷异常期并用深灰色填充；0 代表正常期，无颜色填充。

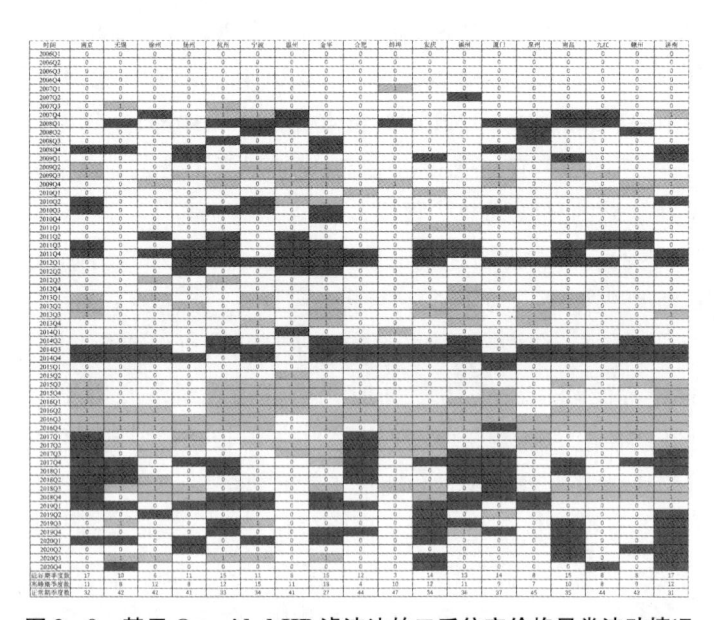

图 2-9　基于 One-sided HP 滤波法的二手住宅价格异常波动情况

注：图中 1 代表高峰异常期并用浅灰色填充；-1 代表低谷异常期并用深灰色填充；0 代表正常期，无颜色填充。

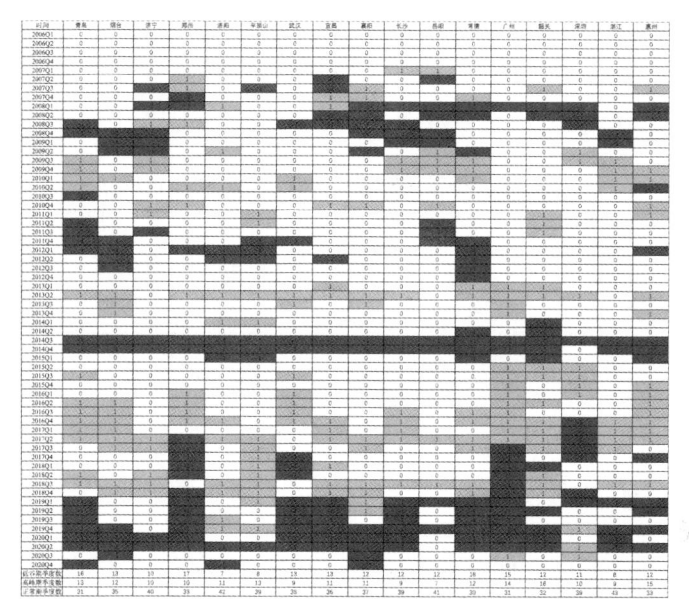

图 2 – 10　基于 One-sided HP 滤波法的二手住宅价格异常波动情况

注：图中 1 代表高峰异常期并用浅灰色填充；–1 代表低谷异常期并用深灰色填充；0 代表正常期，无颜色填充。

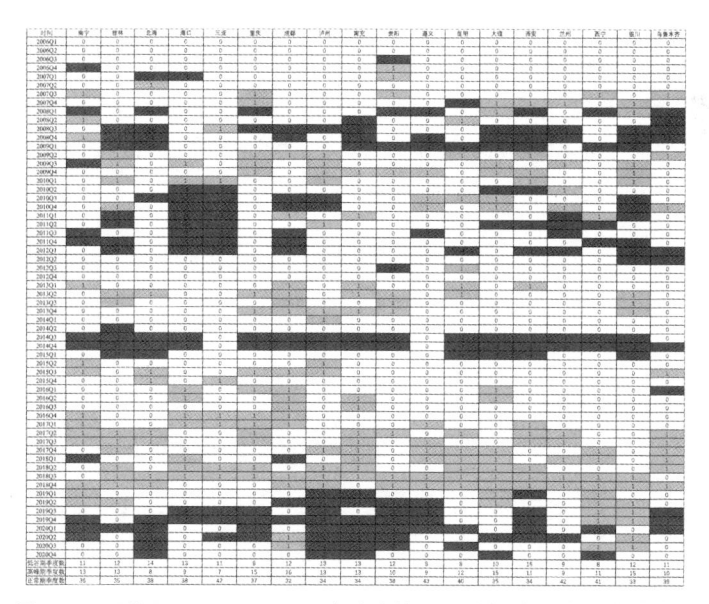

图 2 – 11　基于 One-sided HP 滤波法的二手住宅价格异常波动情况

注：图中 1 代表高峰异常期并用浅灰色填充；–1 代表低谷异常期并用深灰色填充；0 代表正常期，无颜色填充。

韶关等，高峰异常期多于低谷异常期，表明这些城市与平均水平相比已经是亢奋上涨状态。北京、天津、南京、合肥、武汉、长沙、郑州、青岛等一、二线城市低谷异常期多于高峰异常期。

表 2-1　　　　　　新建住宅和二手住宅异常波动期数对比情况

类别	新建住宅	二手住宅
低谷期季度数	811	789
高峰期季度数	906	783
正常期季度数	2 483	2 628

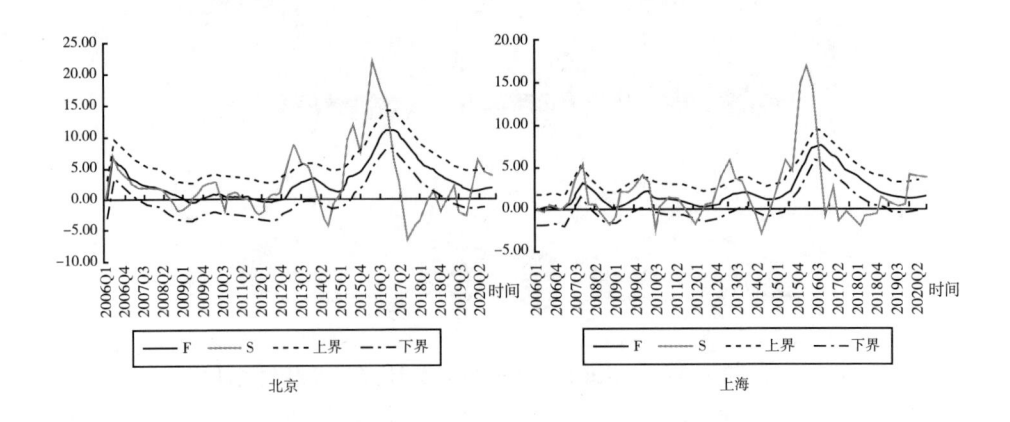

（二）城市波动特征

典型城市二手住宅价格异常波动识别结果如图 2-12 所示，其余城市详见附录 A.2。2012 年以前，北京、上海两个一线城市二手住宅没有出现过异常波动情况，深圳在 2009Q3 前后短暂出现过异常上涨。青岛的二手住宅市场在 2016 年和 2018 年异常上涨，在 2014 年和 2019 年异常下跌；杭州在 2009 年和 2016 年异常上涨，在 2011 年异常下跌；南京也在 2009 年与 2016 年异常上涨，但在 2010 年、2014 年、2017 年异常下跌。三、四线城市如石家庄、西宁、海口二手住房市场短暂出现过异常波动，大部分时间都在正常波动范围内。石家庄异常波动出现在 2016Q3 前后，西宁在 2019Q1 前后，海口在 2010Q1 前后。

北京

上海

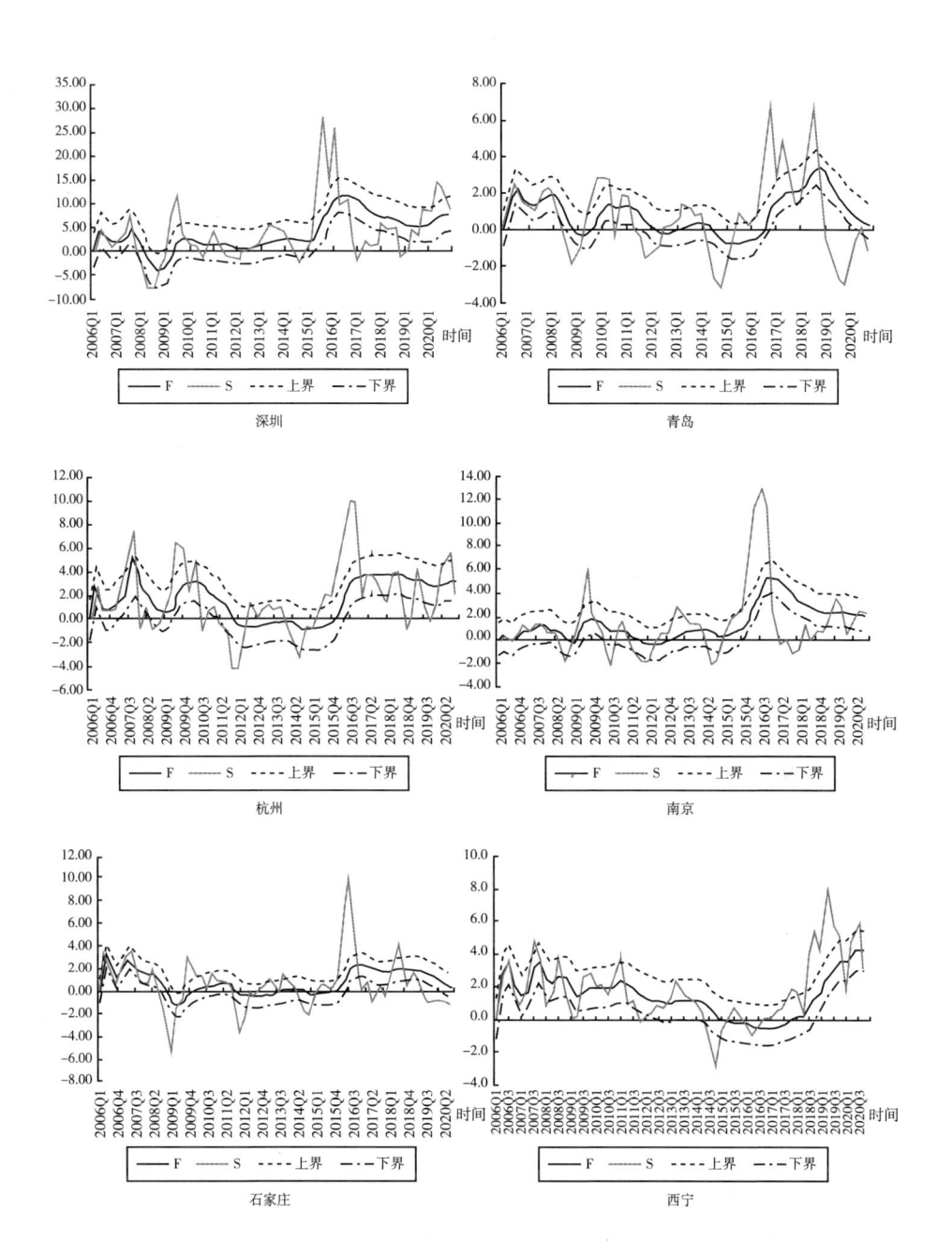

第二章　房价异常波动的内涵与测度　　39

深圳

青岛

杭州

南京

石家庄

西宁

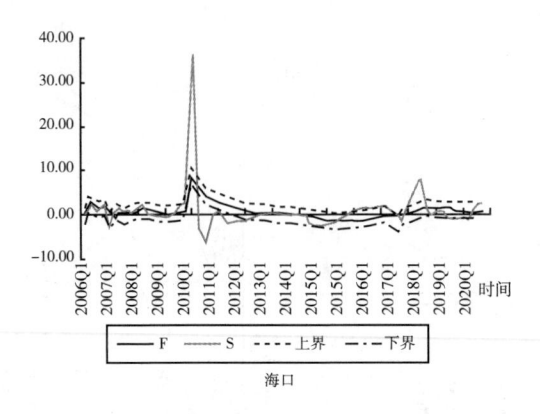

图 2–12　典型城市二手住宅价格异常波动识别结果

注：图中 F 代表趋势项差值，S 代表原始数据差值。

第五节　本章小结

　　本章聚焦于房价异常波动的内涵与测度，结合国内外有关房地产价格波动、异常波动概念和测度方法的理论基础，利用我国 70 个大中城市 2006 年第一季度至 2020 年第四季度新建住宅价格指数、二手住宅价格指数对我国房价异常波动进行测度。总结了房价异常波动常用的三种方法：峰谷检测三角法、动态均线偏移法和 One-sided HP 滤波法。对比三种测度方法，可发现峰谷检测三角法由实际时间序列形成的闭合扇形面积难以计算，在采用类似三角形面积代替时存在误差；动态均线偏移法的参数选取存在一定的主观性和任意性，且无法做到与自身趋势对比；One-sided HP 滤波法既解决了 Two-sided HP 滤波法存在的权重在数据样本末端附近快速变化而导致分离出的周期性趋势存在失真现象的问题，且在保留数据基本动态关系的同时，能够更稳定地消除趋势并提供最佳分解，做到跟自身趋势值进行对比。基于以上考虑，我们采用了 One-sided HP 滤波法对我国 70 个大中城市房价异常波动进行测量。

　　测量结果表明，70 个大中城市的新建住宅价格异常上涨时期主要集中于 2009Q3～2009Q4、2013Q1～2013Q4 和 2016Q1～2016Q4，异常下跌时期主要集中于 2008Q1～2009Q1、2011Q2～2012Q2、2014Q2～2015Q1 和 2020Q1～2020Q4；70 个大中城市的二手住宅价格异常上涨期主要集中在 2009Q2～

2010Q2、2013Q1~2013Q4 和 2015Q2~2016Q4；异常下跌期主要集中在 2008Q1~2009Q1、2011Q2~2012Q2、2014Q2~2015Q1 和 2020Q1~2020Q4，其中，2014Q2~2015Q1 下跌城市的覆盖面最广，2015Q2~2016Q4 异常上涨的持续时间最长。对比新建住宅和二手住宅的价格异常波动判定结果可知，新建住宅和二手住宅的价格异常波动并不存在一致性，新建住宅的异常波动明显比二手住宅更加大，异常期季度数比二手住宅高出 145 个季度数，且新建住宅的高峰期季度数远高于低谷期。研究结果表明，我国房地产市场存在价格异常波动情况，且新建住宅市场价格异常波动比二手住宅市场更加严重。研究结果同时也表明，2017 年以来异常波动明显频次减少，说明以城市政府负主责、一城一策的房地产调控取得了成效。

第三章 房价异常波动的空间扩散效应

地理学第一定律认为，任何事物都是与其他事物相关的，地理位置越相近的事物之间联系越紧密（Tobler，1970）。大量研究表明，世界各国城市房价及其波动均可能存在不同程度的空间溢出效应。本章主要测度了全国70个大中城市房价异常波动程度的空间溢出效应，并运用空间计量模型对70个大中城市房价异常波动水平的空间分异影响因素进行了详细分析，同时还分析了全国70个大中城市房价指数的空间溢出效应及其影响因素。研究结果对于揭示全国城市房价异常波动的空间集聚模式和科学实施稳定房地产市场健康发展的调控对策具有参考价值。

第一节 研究综述

国内外学者对房价的空间分异格局和影响因素方面有丰富的研究成果。在空间尺度方面，学者们围绕城市内部、区域和全国等不同空间尺度的房价差异进行了充分的实证研究（Li et al.，2021；沈体雁等，2020；韩艳红等，2018；王少剑等，2016）。但受到数据可得性的影响，国内研究主要从城市内部尺度对房价进行分析（党艺等，2020；Wen et al.，2019；宋伟轩等，2018），关于全国城市房价尤其是大尺度城市房价的空间差异分析还不够充分。在房价影响因素方面，研究表明，不同的研究区域房价差异的影响因素也不尽相同。供需因素、金融、经济发展、环境污染和公共服务等影响因素均被很多学者证实对房价的区域差异产生显著影响（Zhang et al.，2021；湛东升等，2020；况伟大，2010；戴其文等，2019；袁东等，2016；梁军辉等，2016；张少尧等，2017）。还有学者分析了住房空置率对35个重点城市房价的影响（王洁和张继良，2020），但专门关注中国70个大中城市房价指数影响因素的研究还较为欠缺。在研究方法方面，特征价格模型及其延伸的空间特征价格模型是城市房价差异影响因素分析最为常用的方法（Huang et al.，2017；温海珍等，2010），由于这类方法只适用于单一时间的截面数据，难以解决遗漏变量和变量之间内生性的问题，基于空间数据的空间面板模型方法能克服上述问题，但应用相对较少（Mussa et al.，2017）。

鉴于上述讨论，本章基于全国70个大中城市的房价指数数据，利用空间探索性分析方法，详细分析了70个大中城市房价指数及波动的时空变化特征，采用空间杜宾模型进一步解释70个大中城市房价指数差异及波动差异的影响因素，以期揭示中国70个大中城市房价指数波动时空变化特征与影响因素，为主管部门提供有益的决策启示。

第二节 研究设计

一、数据来源和房价异常波动测度

本书研究对象为全国70个大中城市，房地产价格指数来自国家统计局网站，使用的数据区间为2006～2020年月度数据。为了计算方便，实际分析按照月度平均方法，最后转换为2006～2020年的季度数据。全国70个大中城市房价异常波动的影响因素数据主要来自2007～2020年《中国城市统计年鉴》。鉴于本书成稿时，2021年《中国城市统计年鉴》尚未发布，影响因素分析部分暂未考虑2020年房价指数及其异常波动数据。

房价异常波动测度方法按照最为常用的HP滤波分析方法进行测度，房价指数异常波动的计算公式为：

房价指数异常波动值 = 房价指数实际值 − 房价指数趋势值

房价指数异常波动值的符号代表波动的方向，符号为正表示向上波动，符号为负表示向下波动；房价指数异常波动值趋于0，表示异常波动程度越小，反之，则表明异常波动程度越大。

二、空间统计方法

（一）全局空间自相关

全局空间自相关是对属性值在整个研究区域内的空间特征描述，用以检验空间单元属性值与邻近单元属性值的相关性。Moran's I 统计量是测度全局空间自相关的最常用指标，计算公式为（王劲峰等，2019）：

$$I = \frac{n \sum_{i=1}^{n} \sum_{j=1}^{n} w_{ij}(x_i - \bar{x})(x_j - \bar{x})}{\sum_{i=1}^{n} \sum_{j=1}^{n} w_{ij} \sum_{i=1}^{n} (x_i - \bar{x})^2} \qquad (3-1)$$

其中，n 为研究区域城市数量；x_i 和 x_j 分别为研究区域城市 i 和 j 的房价指数值或房价异常波动程度；$\bar{x}$ 为整个研究区域城市房价指数值或房价异常波动程度的平均值；w_{ij} 为空间邻接矩阵。Moran's I 的取值范围为 [-1,1]，数值绝对值越大，表示研究区域城市房价指数值或房价异常波动程度的空间关联程度越强。如果 Moran's I > 0，表示观测城市与邻近城市房价指数值或房价异常波动程度的趋势相同；如果 Moran's I < 0，表示观测城市与邻近城市房价指数值或房价异常波动程度的趋势相反；如果 Moran's I = 0，表示研究区域城市房价指数值或房价异常波动程度并不存在空间相关性。

（二）局域空间自相关

局域空间自相关反映空间对象属性值与其临近区域属性值的空间关联程度，用于探寻空间对象属性值在局部空间的集聚程度，且能够捕捉空间对象分布的异质性。局域空间自相关测度可以用 LISA 表示。计算公式为：

$$I = Z_i \sum_{j=1}^{n} W_{ij} Z_j, Z_i = \frac{x_i - \bar{x}}{\sqrt{\frac{1}{n} \sum (x_i - \bar{x})^2}} \qquad (3-2)$$

其中，Z_i 和 Z_j 表示标准化后的研究区域城市房价指数值或房价异常波动程度，其他字母的含义同上。

LISA 的统计检验结果一般包括"高高（high-high，HH）、高低（high-low，HL）、低高（low-high，LH）和低低（low-low，LL）"四种类型。其中，HH 分布表示观测城市和邻近城市的房价指数值或房价异常波动程度都较高，LL 分布的意义正好相反；HL 分布表示观测城市的房价指数值或房价异常波动程度较高，但邻近城市的房价指数值或房价异常波动程度较低，LH 分布与之相反。HH 和 LL 分布类型表明全国 70 个大中城市房价指数值或房价异常波动程度具有空间正相关，提示局部空间房价指数值或房价异常波动程度的空间集聚和相似性。HL 和 LH 分布类型表明全国 70 个大中城市房价指数值或房价异常波动程度存在空间负相关,反映局部空间城市房价指数值或房价异常波动程度具有空间异质性。

三、空间计量模型

常用面板数据分析的空间计量模型包括空间滞后模型(spatial lag model, SLM)、空间误差模型(spatial error model, SEM)和空间杜宾模型(spatial durbin model, SDM)等。空间滞后模型反映空间相邻的因变量之间存在空间扩散或溢出效应。计算公式为:

$$y = \rho Wy + \beta X + \mu \tag{3-3}$$

其中,y为被解释变量,也就是房价指数值或房价异常波动程度;W为空间权重矩阵;ρ为空间相邻对象之间的空间扩散或溢出强度;X为解释变量;μ为正态分布的随机误差项。

空间误差模型反映的是由于模型忽略某些变量而导致的空间误差之间存在空间自相关。计算公式为:

$$y = \beta X + \varepsilon \tag{3-4}$$

$$\varepsilon = \lambda W\varepsilon + \mu \tag{3-5}$$

其中,ε为随机误差项;λ为表示误差项的空间相关系数;其他字母的含义同上。

空间杜宾模型是比空间滞后模型和空间误差模型更一般化的空间面板形式,同时考虑了内生效应和外生效应,并在空间计量研究中得到了更广泛的应用。计算公式为(赵雪雁等,2018):

$$Y_{it} = \rho \sum_{j=1}^{n} W_{ij} Y_{jt} + \beta X_{it} + \sum_{j=1}^{n} W_{ij} X_{jt} \gamma + \mu_i + \lambda_t + \varepsilon_{it} \tag{3-6}$$

其中,Y_{it}为因变量,也就是i城市t时间的房价指数值或房价异常波动程度;Y_{jt}为邻近j城市t时间的房价指数值或房价异常波动程度;ρ为因变量的空间滞后系数,表示邻近城市对本地房价指数值或房价异常波动程度的空间溢出方向和强度;γ为自变量的空间效应系数;W_{ij}为空间权重矩阵;μ_i为空间固定效应,表示控制了所有空间固定且不随时间变化的变量;λ_t为时间固定效应,表示控制了所有时间固定且不随空间变化的变量;ε_{it}为随机误差项。当γ=0时,空间杜宾模型可以转化为空间滞后模型(SLM);当γ+ρβ=0时,空间杜宾模型可以转化为空间误差模型(SEM)。

第三节　全国70个大中城市房价指数的空间分布特征

一、全国70个大中城市房价指数空间格局

为了描绘我国城市房价指数空间格局特征，本书先以2005年12月为基期（各城市2005年12月房价指数=100），转化为定基指数，再采用ArcGIS 10.8软件的自然间断分类方法对2006年、2010年、2015年和2020年等不同时间节点的全国70个大中城市房价指数进行5分类展示。

房价指数高，意味着该城市的房价累计涨幅高。从2006~2020年全国70个大中城市新房价格指数空间格局看，不同年份全国70个大中城市新房价格指数高值区域分布有所差异，整体上新房价格指数高值区分布呈现出"东部城市集聚为主—空间均衡化发展—区域经济中心城市再度集聚"的发展态势。

分年份来看，2006年新房价格指数高值区域主要分布在深圳市、厦门市、福州市和南昌市，新房价格指数均超过了105；2010年新房价格指数高值区域主要为北京市、济宁市、海口市和三亚市，新房价格指数均高于146；2015年北京市、深圳市、海口市和三亚市4个城市新房价格指数最高，均超过了171；2020年北京市、深圳市、海口市和三亚市等城市领涨，新房价格指数均超过了252，此外，新房价格指数次高值区域扩散到了上海市、杭州市、合肥市和南京市，新房价格指数均高于191。

从2006~2020年全国70个大中城市二手房价格指数空间格局看，全国70个大中城市二手房价格指数高值区域分布较为均衡，整体上呈现出东部西部地区空间分散化发展的趋势。另外，从价格指数增长幅度来看，全国70个大中城市的二手房价格指数平均水平要明显低于新房价格指数，说明中国城市新房价格增长幅度相对于二手房更大。

分年份来看，2006年二手房价指数高值区域主要为北京市、深圳市、厦门市、南昌市和九江市，二手房价格指数均高于105；2010年二手房价格指数高值区域扩散到了杭州市、温州市、长沙市和岳阳市，二手房价格指数均高于128.5；2015年二手房价格指数高值区域扩散到了郑州市、蚌埠市、襄

阳市和常德市，二手房价格指数均高于144.7；2020年二手房价格指数高值区域扩散到了上海市、合肥市、南京市和武汉市，二手房价格指数均超过了159.4。

二、全国70个大中城市房价指数的全局空间自相关

表3-1为全国70个大中城市新房价格指数的全局空间自相关结果。可以看出，全国70个大中城市新房价格指数的空间集聚特征明显，2006~2020年，除2006年、2019年和2020年新房价格指数的Moran's I不显著外，其他年份的Moran's I均通过了10%水平的显著性检验。这说明2007~2018年全国70个大中城市房价指数与邻近城市新房价格指数呈正相关。

表3-1　全国70个大中城市新房价格指数的全局空间自相关结果

年份	Moran's I	Z值	P值
2006	-0.0264	-0.502	0.261
2007	0.0181*	1.568	0.050
2008	0.0281*	1.966	0.050
2009	0.0389**	2.308	0.040
2010	0.0425**	2.870	0.010
2011	0.0457**	2.991	0.012
2012	0.0599**	3.845	0.010
2013	0.0578**	3.589	0.010
2014	0.0581**	0.709	0.011
2015	0.0450**	2.931	0.010
2016	0.0182*	1.707	0.071
2017	0.0262**	2.072	0.040
2018	0.0201**	1.837	0.030
2019	0.0023	0.931	0.190
2020	-0.0116	0.224	0.361

注：*表示 $p<0.1$；**表示 $p<0.05$；***表示 $p<0.01$。

表3-2 为全国70个大中城市二手房价格指数的全局空间自相关结果。结果显示，除了2007年和2008年二手房价格指数的Moran's I不显著外，其他年份的Moran's I均通过了10%水平的显著性检验。2009~2020年二手房价格指数的Moran's I均为正值，说明2009年以来全国70个大中城市二手房价格指数均呈现出空间正相关特征。与新房价格指数结果相似，2011~2015年二手房价格指数的Moran's I达到了极大值，Moran's I均在0.025以上，说明2011~2015年全国70个大中城市房价指数与邻近城市的房价指数存在显著的正相关。从时间变化趋势来看，Moran's I变化呈现出先增加后降低的倒"U"型结构。其中，2014和2015年对应的Moran's I最大，均为0.0376；而2009年、2019年和2020年的Moran's I相对较小，均低于0.014。

表3-2 全国70个大中城市二手房价格指数的全局空间自相关结果

年份	Moran's I	Z值	P值
2006	-0.0387*	-1.115	0.069
2007	0.0176	-0.057	0.488
2008	0.0057	1.179	0.121
2009	0.0137*	1.656	0.061
2010	0.0182**	2.021	0.029
2011	0.0268**	2.543	0.021
2012	0.0362**	3.048	0.019
2013	0.0372**	3.264	0.018
2014	0.0376***	3.305	0.009
2015	0.0376**	3.109	0.018
2016	0.0132*	1.634	0.059
2017	0.0142*	1.645	0.091
2018	0.0141*	1.644	0.071
2019	0.0112*	1.551	0.068
2020	0.0096*	1.535	0.079

注：*表示p<0.1；**表示p<0.05；***表示p<0.01。

三、全国 70 个大中城市房价指数的局部空间自相关

局部空间自相关可以进一步揭示全国 70 个大中城市房价指数分布的空间依赖性和空间异质性特征。从全国 70 个大中城市新房价格指数局部空间自相关结果看,不同年份新房价格指数的高高(HH)集聚区和低低(LL)集聚区空间分布并不稳定,只有海南省和三亚市是 2010 年以来的持续高高(HH)集聚区。

分年份来看,2006 年新房价格指数的高高(HH)集聚区为青岛市和徐州市,2010 年新房价格指数的高高(HH)集聚区为湛江市、三亚市、湛江市和南宁市,2020 年新房价格指数的高高(HH)集聚区扩展到海口市、三亚市、湛江市和惠州市。2015 新房价格指数在长三角部分城市出现了低低(LL)集聚区,与 2011~2015 年房地产调控有密切关系。

全国 70 个大中城市二手房价格指数局部空间自相关。结果同样显示,不同年份二手房价格指数的高高(HH)集聚区和低低(LL)集聚区空间分布并不稳定。分年份来看,2006 年和 2015 年没有出现二手房价格指数的高高(HH)集聚区,2010 年二手房房价格指数的高高(HH)集聚区只有海口市,2020 年二手房价格指数的高高(HH)集聚区仅为广州市。2006 年和 2020 年没有出现二手房价格指数的低低(LL)集聚区,2010 年二手房价格指数的低低(LL)集聚区只有太原市、呼和浩特市和包头市,2015 年二手价格指数的低低(LL)集聚区只有烟台市。

第四节 全国 70 个大中城市房价异常波动的空间分布特征

一、全国 70 个大中城市房价异常波动空间格局

本书同样采取 ArcGIS 10.8 软件的自然间断法,对全国 70 个大中城市房价异常波动空间格局进行 5 分类处理,从 2006~2020 年全国 70 个大中城市新房价格指数异常波动空间格局看,不同年份不同城市的新房价格指数异常波动程度有所差异。

分年份来看，2006年新房价格指数向下波动城市主要为大连市、吉林市、广州市和长沙市，新房价格指数异常波动程度低于-0.2；新房价格指数向上波动城市主要为襄阳市、北海市、烟台市、乌鲁木齐市、岳阳市、贵阳市和秦皇岛市等，新房价格指数异常波动程度超过0.2。2010年新房价格指数向下波动城市主要为惠州市、乌鲁木齐市、南宁市和济宁市，新房价格指数异常波动程度低于-0.4；新房价格指数向上波动城市主要为海口市、三亚市、金华市、北京市、呼和浩特市、温州市和丹东市，新房价格指数异常波动程度高于4。2015年新房价格指数向下波动城市主要为海口市、三亚市、湛江市、乌鲁木齐市和岳阳，新房价格指数异常波动程度低于-15；新房价格指数向上波动城市只有深圳市、上海市和厦门市，新房价格指数异常波动程度均大于1.7。2020年新房价格指数向下波动城市主要为深圳市、厦门市、上海市、北京市、天津市和郑州市，新房价格指数异常波动程度低于-6；新房价格指数向上波动城市主要为西安市、西宁市、银川市、徐州市和唐山市等，新房价格指数异常波动程度均大于20。

从全国70个大中城市二手房价格指数异常波动空间格局看，二手房价格指数异常波动城市的空间分布较为分散，向上或向下波动城市的分布均相对均衡。分年份来看，2006年二手房价格指数向下波动城市主要为郑州市、大连市、昆明市、沈阳市、贵阳市和包头市，二手房价格指数异常波动程度低于-0.5；二手房价格指数向上波动城市主要为洛阳市、湛江市和济宁市，二手房价格指数异常波动程度超过0.5。2010年二手房价格指数向下波动城市主要为襄阳市、长沙市、长春市和福州市，二手房价格指数异常波动程度低于-5；二手房价格指数向上波动城市主要为三亚市、海口市、温州市和大连市，二手房价格指数异常波动程度高于5。2015年二手房价格指数向下波动城市主要为三亚市、湛江市、牡丹江市和遵义市，二手房价格指数异常波动程度低于-15；二手房价格指数向上波动城市只有深圳市、北京市、上海市和南京市，二手房价格指数异常波动程度均大于0。2020年二手房价格指数向下波动城市主要为郑州市、北京市、天津市、上海市和武汉市，二手房价格指数异常波动程度低于-6；二手房价格指数向上波动城市为唐山市、西宁市、沈阳市和济宁市等，二手房价格指数异常波动程度均大于14。

二、全国 70 个大中城市房价异常波动的全局自相关

表 3-3 展示了全国 70 个大中城市新房房价异常波动的全局空间自相关结果。结果显示，全国 70 个大中城市新房房价的异常波动值仅在 2008 年、2015~2017 年、2019~2020 年等年份呈现出显著的空间自相关，Moran's I 为 0.0093~0.1230，说明这些年份全国 70 个大中城市新房房价的异常波动存在显著的空间正相关。但从空间自相关强度来看，全国 70 个大中城市新房房价的异常波动程度并不算强。

表 3-3　全国 70 个大中城市新房房价异常波动的全局空间自相关结果

年份	Moran's I	Z 值	P 值
2006	-0.0071	0.447	0.230
2007	-0.0049	0.417	0.287
2008	0.0347**	2.206	0.027
2009	-0.0100	0.182	0.375
2010	-0.0120	0.204	0.378
2011	-0.0150	0.019	0.452
2012	0.0001	0.685	0.163
2013	-0.0120	0.143	0.391
2014	-0.0124	0.119	0.401
2015	0.0093*	1.127	0.086
2016	0.0503**	3.127	0.012
2017	0.1230***	6.495	0.001
2018	-0.0030	0.584	0.236
2019	0.0388**	2.519	0.015
2020	0.0382**	2.402	0.030

注：* 表示 $p<0.1$；** 表示 $p<0.05$；*** 表示 $p<0.01$。

表 3-4 为全国 70 个大中城市二手房价异常波动的全局空间自相关结果。结果表明，全国 70 个大中城市二手房价异常波动的空间依赖性方向并不稳定。其中，2007 年和 2018 年的二手房价异常波动呈现出显著的空间负相关，对应的 Moran's I 分别为 -0.0410 和 -0.0585；而 2016~2017 年、2019~2020 年的全

国 70 个大中城市二手房价异常波动呈现出显著的空间正相关，Moran's I 为 0.0194~0.0694，说明不同年份的全国 70 个大中城市二手房价异常波动表现出不同方向的空间依赖特征。

表 3-4　全国 70 个大中城市二手房价异常波动的全局空间自相关结果

年份	Moran's I	Z 值	P 值
2006	-0.0008	0.897	0.151
2007	-0.0410*	-1.322	0.071
2008	-0.0100	0.190	0.441
2009	-0.0330	-0.816	0.162
2010	0.0120	0.331	0.321
2011	-0.0230	-0.299	0.371
2012	-0.0250	-0.580	0.251
2013	-0.0205	-0.312	0.361
2014	-0.0079	0.341	0.306
2015	-0.0053	0.572	0.258
2016	0.0218*	1.789	0.081
2017	0.0694***	4.091	0.009
2018	-0.0585**	-2.225	0.028
2019	0.0424**	2.225	0.021
2020	0.0194**	1.425	0.081

注：* 表示 $p<0.1$；** 表示 $p<0.05$；*** 表示 $p<0.01$。

三、全国 70 个大中城市房价异常波动的局部自相关

全国 70 个大中城市新房价格指数异常波动局部空间自相关结果显示，不同年份各城市新房价格指数异常波动的高高（HH）集聚区和低低（LL）集聚区分布仍不够稳定。2006 年新房价格指数异常波动的高高（HH）集聚区仅为宜昌市，2010 年新房价格指数异常波动的高高（HH）集聚区包括湛江市、海口市和三亚市，2015 年新房价格指数异常波动的高高（HH）集聚区包括扬州市、无锡市、宁波市、泉州市和广州市，2020 年新房价格指数异常波动的高高（HH）集聚区包括包头市、兰州市和大连市。从新房价格指数

异常波动的低低（LL）集聚区分布来看，2006 年仅有包头市；2015 年包括北海市、湛江市、海口市和三亚市；2020 年涉及城市数量较多，包括常德市、安庆市、南昌市、杭州市、温州市、福州市、泉州市、赣州市、韶关市、桂林市、广州市、惠州市和深圳市。

从全国 70 个大中城市二手房价格指数异常波动局部空间自相关结果可以看出，全国 70 个大中城市二手房价格指数异常波动的高高（HH）集聚区和低低（LL）集聚区分布也较为零散。从二手房价格指数异常波动的高高（HH）集聚区分布来看，2006 年仅为南昌市，2010 年包括海口市和三亚市，2015 年包括广州市和惠州市，2020 年包括长春市、吉林市、锦州市、丹东市和乌鲁木齐市。从新房价格指数异常波动的低低（LL）集聚区分布来看，2006 年为吉林市和丹东市，2010 年仅有宜昌市，2015 年只有北海市，2020 年包括武汉市、宜昌市、常德市、岳阳市、长沙市、重庆市、遵义市、韶关市和海口市。

第五节 全国 70 个大中城市房价指数的影响因素

一、影响因素选择

供需理论（Fortura and Kushner，1986）和住房特征价格理论（Rosen，1974）是解释住房价格区域差异的主要理论。参照该理论，本节从供给、需求、金融、经济发展、污染和公共服务 6 个维度，选取了研究 70 个大中城市新房和二手房价格指数变动（因变量，简称 XFZS 和 RSFZS）的影响因素，见表 3-5。第一，供给因素。房地产开发投资规模越大，城市的住房供给量越多，进而影响房地产市场价格；房地产行业本身作为资产密集型产业，其投资规模将影响着房地产市场的发展。由于房地产开发商的资金主要来源于公司经营资金和银行放贷，且房地产公司的资产负债率在各行业中处于较高水平，银行贷款是其主要的资金来源途径，故选取房地产开发投资额（INV）、人均金融机构贷款余额（LOAN）表示住房供给因素。第二，考虑需求因素。人口总量的增加和城市居民消费能力的提高会推动整个城市房地产市场需求增加和价格上升。因此，选取人口密度（POPDENS）、城镇居民人均可支配收入（INC）、常住人口增长率（POP）和人均社会消费品零售总额（CONSUM）来表示住房需求因素。第三，金融因素。货币和利率作为重要的金融工具，会对房地产市场供需和价格产生直接的影响（况伟大，2010），我们选取货币投放量 M2 环比增长率（M2）和利率（Ir）来表示金融因素。第四，经济发展因素。城市经济水平与居民收入和住宅土地出让价格有着较显著的相关性，一般会对房价指数有正向影响，故选取人均 GDP（PGDP）作为经济发展因素之一。此外，产业结构高级化程度代表城市经济发展质量，良好的产业结构会带动房价指数的上升，选取第三产业比例（TID）表示另一个经济发展因素。第五，环境污染因素。环境污染会对城市吸引力和城镇化等产生负面影响，从而可能抑制房地产市场需求和价格指数上升（Zhang et al., 2021），选择 PM2.5 浓度（PM2.5）指标衡量城市环境污染的程度。第六，公共服务因素。城市公共服务质量越高，其人口吸引力越强，容易推动房价指数的上涨，故选取每万人普通小学数（SCH）、每万人医疗机构床位数（BED）、人均道路面积（ROAD）、每万人公共汽车数（BUS）和人均城市公园绿地面积（GA）表示城市公共服务因素。

表 3-5　　　　　70 个大中城市房价指数解释变量选择

维度	解释变量	单位	变量代码
供给	人均金融机构贷款余额	元/人	LOAN
	房地产开发投资额	万元	INV
需求	人口密度	人/平方公里	POPDENS
	城镇居民人均可支配收入	元/人	INC
	常住人口增长率	%	POP
	人均社会消费品零售总额	元/人	CONSUM
经济水平	人均 GDP	元/人	PGDP
	第三产业比例	%	TID
金融	利率	%	Ir
	货币发行量 M2 环比增长率	%	M2
环境污染	PM2.5 浓度	微克/立方米	PM2.5
公共服务	每万人普通小学数	所/万人	SCH
	每万人医疗机构床位数	张/万人	BED
	人均城市道路面积	平方米/人	ROAD
	每万人公共汽车数	辆/万人	BUS
	人均城市公园绿地面积	平方米/人	GA

为了消除通货膨胀和数据异方差的影响，本节以 2006 年为基期对 70 个大中城市的新房价格指数（XFZS）、二手房价格指数（RSFZS）、房地产开发投资额（INV）、人均金融机构贷款余额（LOAN）等社会经济变量做了平减处理，表 3-6 展示了各个解释变量描述统计结果。

表 3-6　2006~2019 年 70 个大中城市房价指数解释变量描述性统计

变量描述	变量	观测值	均值	标准差	最小值	最大值
新房指数	XFZS	980	144.32	32.909	97.89	279.31
二手房指数	RSFZS	980	134.89	27.653	89.75	287.256
人均金融机构贷款余额	LOAN	980	61 819	54 255.03	2 704.315	293 688.1
房地产开发投资额	INV	980	5 009 092	6 018 629	120 412.2	33 212 171
人口密度	POPDENS	980	657.257	745.408	63.822	6 729.494
城镇居民人均可支配收入	INC	980	21 256.6	8 092.016	7 766.798	53 436.584
常住人口增长率	POP	980	0.909	1.839	-17.997	13.925
人均社会消费品零售总额	CONSUM	980	18 436.82	11 263.86	1 093.745	95 891.762
人均 GDP	PGDP	980	44 792.32	29 410.16	5 280.457	141 221.3
第三产业比例	TID	980	46.71	10.934	24.921	83.52
利率	Ir	980	3.736	0.823	2.048	4.911
货币发行量 M2 环比增长率	M2	980	15.023	4.39	8.3	24.132
PM2.5 浓度	PM2.5	980	38.999	15.332	8.67	85.855
每万人普通小学数	SCH	980	1.353	0.793	0.253	3.715
每万人医疗机构床位数	BED	980	47.636	14.928	13.983	99.668
人均城市道路面积	ROAD	980	5.628	3.478	0.513	19.193
每万人公共汽车数	BUS	980	5.306	4.218	0.427	29.730
人均城市公园绿地面积	GA	980	5.016	3.413	0.382	20.987
	lnLOAN	980	10.584	1.032	7.903	12.590
	lnINV	980	14.782	1.190	11.699	17.318
	lnPGDP	980	10.521	0.607	8.572	11.858
	lnINC	980	9.894	0.376	8.958	10.886
	lnCONSUM	980	9.626	0.664	6.997	11.471

二、模型结果分析

由于房价指数（XFZS 和 RSFZS）的空间相关性检验表明它们自身存在着空间关联，因此在研究房价指数的影响因素时，不可忽视地理空间要素。空间面板模型的运用恰好能解决这一问题，但在开始模型估计前，需要结合拉格朗日乘数（LM）与稳健拉格朗日乘数（Robust LM）进行检验，见表 3-7。结果表明，采用空间面板模型更合适。对空间面板模型固定效应和随机效应的 Hausman 检验结果显示，采用固定效应更合适。使用 LR 检验方法，对 SDM 模型和 SLM 模型检验，以及对 SDM 模型和 SEM 模型检验，结果见表 3-8，检验结果说明 SDM 模型要更优。因此，我们把 SDM 模型作为研究房价指数空间扩散特征的模型进行分析。

表 3-7　　　　　房价指数空间面板模型 LM 检验结果

检验方法	统计值	p 值
LM-Spatial error	219.77	0.000
Robust LM-Spatial error	59.135	0.000
LM-Spatial lag	161.697	0.000
Robust LM-Spatial lag	1.063	0.303

表 3-8　　　　　房价指数空间面板模型 LR 检验结果

模型	SDM 和 SLM 模型		SDM 和 SEM 模型	
检验方法	统计值	p 值	统计值	p 值
LR 检验	31.71	0.0044	51.75	0.0000

表 3-9 为 SDM 模型对因变量新房价格指数（XFZS）的参数估计结果。70 个大中城市新房价格指数的空间自相关系数为 0.614，并通过了 0.01 置信水平的显著性检验，验证了 70 个大中城市新房价格指数存在显著的空间溢出效应。在控制其他变量不变的前提下，本城市的新房价格指数每增长 1%，邻近城市的新房价格指数平均将增长 0.614%。各个变量的影响系数表明，在主效应方面，城市污染程度、万人医疗机构床位数和人均社会消费品零售总额对 70 个大中城市的新房价格指数具有显著的负向影响，而人口密度、人

均 GDP、第三产业比例和人均城市公园绿地面积具有显著的提升作用；在溢出效应方面，人均城市公园绿地面积对邻近城市新房价格指数有显著的正向影响。

表 3-9　　空间杜宾模型对因变量（XFZS）的参数估计结果

解释变量	主效应 系数	p 值	空间溢出效应 系数	p 值
POPDENS	0.00877***	0.000	-0.0147	0.313
POP	-0.185	0.470	0.949	0.312
TID	0.393**	0.008	0.622	0.29
Ir	0.219	0.780	-0.371	(.)
M2	0.236	0.389	-0.161	(.)
PM2.5	-0.320***	0.000	0.113	0.608
SCH	0.462	0.773	1.825	0.769
BED	-0.321***	0.000	-0.496	0.231
ROAD	0.424	0.347	-5.345	0.118
BUS	-0.601	0.233	-1.972	0.406
GA	2.477***	0.000	6.296*	0.022
lnLOAN	-0.559	0.675	-0.476	0.823
lnINV	3.356	0.061	0.498	0.944
lnPGDP	14.87***	0.000	-2.251	0.762
lnINC	1.414	0.848	39.14	0.119
lnCONSUM	-16.11***	0.000	-3.537	0.823
ρ（W×XFZS）	0.614***	0.000	Likelihood L	-3 863.381

注：*、**、*** 分别表示在 0.1、0.05 和 0.01 置信水平上显著。

由于 SDM 模型包含被解释变量和解释变量滞后性的反馈效应（本地城市新房价格指数通过影响邻近城市新房价格指数而反过来影响本地城市新房价格指数），模型参数并不能充分地解释各个解释变量的边际作用。本节采用偏微分方法将总效应进一步分解为直接效应和间接效应。其中，直接效应表示本地解释变量对本地新房价格指数的直接影响，间接效应表示本地解释变量对邻近城市新房价格指数的影响,即溢出效应。表 3-10 为解释变量的效应分解结果。

表 3-10　　　　　　　解释变量的直接估计效应与间接估计效应

解释变量	直接效应 系数	p 值	间接效应 系数	p 值	总效应 系数	p 值
POPDENS	0.00858 ***	0.000	-0.0211	0.612	-0.0125	0.767
POP	-0.165	0.516	2.337	0.425	2.172	0.471
TID	0.436 **	0.003	2.331	0.151	2.767	0.098
Ir	0.209	0.791	-0.731	0.638	-0.522	0.821
M2	0.236	0.388	-0.0654	0.897	0.171	0.824
PM2.5	-0.320 ***	0.000	-0.255	0.677	-0.575	0.361
SCH	0.581	0.744	6.574	0.738	7.156	0.727
BED	-0.347 ***	0.000	-1.962	0.090	-2.309	0.050
ROAD	0.28	0.546	-14.68	0.194	-14.4	0.209
BUS	-0.686	0.195	-7.023	0.368	-7.708	0.333
GA	2.740 ***	0.000	22.95 *	0.034	25.69 *	0.020
lnLOAN	-0.501	0.720	-2.271	0.650	-2.772	0.581
lnINV	3.361	0.055	7.247	0.719	10.61	0.598
lnPGDP	15.37 ***	0.000	20.97	0.237	36.33 *	0.041
lnINC	2.297	0.742	105	0.111	107.3	0.104
lnCONSUM	-16.48 ***	0.000	-34.95	0.430	-51.43	0.252

注：* 表示 $p<0.1$；** 表示 $p<0.05$；*** 表示 $p<0.01$。

在直接效应方面,人均 GDP 对 70 个大中城市新房价格指数有显著的正向影响,弹性系数为 15.37 且最大。该系数折算后,从实际经济意义看,人均 GDP 若增加 1%,新房房价同比上涨 5% 左右。这说明中国大中城市经济发展水平是城市间新房价格指数差异的主要决定因素。人均城市公园绿地面积对 70 个大中城市新房价格指数有显著的正向影响,弹性系数为 2.74,同样有较大的影响效应,这说明城市宜居环境质量越高对新房价格指数提升的影响越大。此外,第三产业比例和人口密度同样对其有正向影响,弹性系数分别为 0.436 和 0.00858。人均社会消费品零售总额对 70 个大中城市新房价格指数存在显著的负向作用,弹性系数为-16.48。该系数折算后,从其实际经济意义看,人均社会消费品零售总额若提高1%,伴随着新房房价同比降低5.3%左右。这说明人均社会消费品零售总额越高,其新房价格指数越低。污染程度对城市新房价格指数有显著的抑制作用,弹性系数为-0.32,说明减少环境污染程度有助于提升新房价格指数。尽管供给因素和金融因素已经被大量研究证明是研究城市房价的重要因素,但就城市间新房价格指数的差异比较而言,房地产开发投资额、人均金融机构贷款余额、Ir 和 M2 的作用并不显著。

在间接效应方面,人均城市公园绿地面积对邻近城市新房价格指数有显著的正向溢出效应,弹性系数为 22.95,说明本地人均城市公园绿地面积越多,越会对邻近城市新房价格指数产生正向的影响。

表 3-11 为 SDM 模型对因变量二手房价格指数(RSFZS)的参数估计结果。70 个大中城市房价指数的空间自相关系数为 0.523,并通过了 0.01 置信水平的显著性检验,验证了 70 个大中城市二手房价格指数存在显著的空间溢出效应。在控制其他变量不变的前提下,本城市的二手房价格指数每增长1%,邻近城市的二手房价格指数平均将增长 0.523%。各个变量的影响系数表明,在主效应方面,人均城市公园绿地面积、万人医疗机构床位数、货币发行量和人口密度对 70 个大中城市的二手房价格指数具有显著的提升作用,而 PM2.5 浓度对其具有显著的负向作用;在溢出效应方面,人均城市公园绿地面积和第三产业比例对邻近城市二手房价格指数有显著的促进作用,而人均社会消费品零售总额、万人普通小学数、万人医疗机构床位数和人均城市道路面积对邻近城市二手房价格指数产生显著的抑制作用。

表 3-11　　空间杜宾模型对因变量(RSFZS)的参数估计结果

解释变量	主效应		空间溢出效应	
	系数	p 值	系数	p 值
POPDENS	0.0541***	0.000	-0.0176	0.474
POP	-0.304	0.165	0.255	0.734
TID	0.0949	0.412	1.445**	0.002
Ir	0.144	0.841	-0.157	(.)
M2	0.531*	0.014	-0.0928	(.)

续表

解释变量	主效应 系数	主效应 p 值	空间溢出效应 系数	空间溢出效应 p 值
PM2.5	-0.391***	0.000	0.187	0.359
SCH	1.123	0.412	-17.42**	0.001
BED	0.337***	0.000	-0.783*	0.015
ROAD	0.462	0.164	-6.495**	0.003
BUS	0.0288	0.881	-0.813	0.512
GA	3.023***	0.000	7.843***	0.000
lnLOAN	0.139	0.878	-1.67	0.283
lnINV	-2.688	0.060	10.35	0.052
lnPGDP	2.039	0.366	8.98	0.112
lnINC	9.851	0.112	21.33	0.268
lnCONSUM	-2.281	0.394	-52.31***	0.000
ρ（W×RSFZS）	0.523***	0.000	Likelihood L	-3707.009

注：*、**、***分别表示0.1、0.05和0.01置信水平上显著。

表3-12为二手房价格指数（RSFZS）解释变量的效应分解结果。在直接效应方面，人均城市公园绿地面积对70个大中城市二手房价格指数有显著的正向影响，弹性系数为3.231且最大，说明人均城市公园绿地面积是城市间二手房价格指数城市间差异的主要决定因素之一，和新房价格指数的模型结果一致。货币发行量对70个大中城市二手房价格指数有显著的正向影响，弹性系数为0.538。这说明货币发行量对二手房价格指数提升有显著的影响。此外，万人医疗机构床位数和人口密度对二手房价格指数有正向影响，弹性系数分别为0.323和0.0545。污染程度（PM2.5）对70个大中城市二手房价格指数存在着负向作用，弹性系数为-0.389，说明城市污染程度越高，其二手房价格指数越低。尽管供需因素已经被大量研究证明是研究城市房价的重要因素，但就城市间二手房价格指数的差异比较而言，房地产开发投资额（INV）和人均金融机构贷款余额（LOAN）等供需维度指标的作用并不显著。

表 3-12　　　　　解释变量的直接估计效应与间接估计效应

解释变量	直接效应 系数	直接效应 p值	间接效应 系数	间接效应 p值	总效应 系数	总效应 p值
POPDENS	0.0545***	0.000	0.03	0.582	0.0845	0.128
POP	-0.311	0.146	0.183	0.913	-0.128	0.941
TID	0.14	0.208	3.072**	0.002	3.212**	0.001
Ir	0.138	0.845	-0.207	0.804	-0.0692	0.964
M2	0.538*	0.012	0.388	0.102	0.926*	0.030
PM2.5	-0.389***	0.000	-0.035	0.934	-0.424	0.334
SCH	0.753	0.605	-35.60**	0.002	-34.85**	0.004
BED	0.323***	0.000	-1.252**	0.049	-0.929	0.154
ROAD	0.35	0.291	-13.16*	0.011	-12.81*	0.014
BUS	0.0121	0.951	-1.596	0.556	-1.584	0.568
GA	3.231***	0.000	20.44***	0.001	23.67***	0.000
lnLOAN	0.167	0.862	-3.399	0.276	-3.232	0.329
lnINV	-2.559	0.068	19.27	0.097	16.71	0.159
lnPGDP	2.397	0.304	21.40*	0.047	23.80*	0.028
lnINC	10.19	0.085	51.05	0.177	61.24	0.113
lnCONSUM	-3.525	0.206	-112.6***	0.000	-116.1***	0.000

注：* 表示 $p<0.1$；** 表示 $p<0.05$；*** 表示 $p<0.01$。

在间接效应方面，人均城市公园绿地面积对邻近城市二手房价格指数有显著的正向溢出效应，弹性系数为 20.44 且最大，说明本地人均城市公园绿地面积越多，越会对邻近城市二手房价格指数产生正向的空间溢出效应。人均 GDP 和第三产业比例对邻近城市二手房价格指数有正向的空间溢出效应，弹性系数分别为 21.4 和 3.072，说明本地经济水平会促进邻近城市二手房价格指数的增长。万人普通小学数、人均城市道路面积和万人医疗机构床位数对邻近城市二手房价格指数有负向的影响，弹性系数分别为 -35.6、-13.16 和 -1.252。人均社会消费品零售总额对邻近城市二手房指数有显著的负向的空间溢出效应，弹性系数为 -112.6，说明本城市的人均社会消费品零售总额对其邻近城市的二手房价格指数会有抑制作用。

第六节 全国70个大中城市房价指数异常波动的影响因素

一、影响因素选择

参考房价指数影响因素，本节选取了6个维度的指标，作为研究70个大中城市新房和二手房价格指数异常波动（因变量，简称XFBD和RSFBD）的影响因素，包括供给、需求、金融、经济发展、污染和公共服务（见表3-13）：(1) 供给因素，包括"房地产开发投资额（INV）""人均金融机构贷款余额（LOAN）"；(2) 需求因素，包括"人口密度（POPDENS）""城镇人均可支配收入（INC）""常住人口增长率（POP）""人均社会品零售总额（CONSUM）"；(3) 金融因素，包括"货币投放量M2环比增长率（M2）""利率（Ir）"；(4) 经济发展因素，包括"人均GDP（PGDP）"和"第三产业比例（TID）"；(5) 环境污染因素，包括"PM2.5浓度（PM2.5）"；(6) 公共服务因素，包括"每万人普通小学数（SCH）""每万人医疗机构床位数（BED）""人均道路面积（ROAD）""每万人公共汽车数（BUS）""人均城市公园绿地面积（GA）"。为了消除通货膨胀和数据异方差的影响，本节以2006年为基期对70个大中城市的房地产开发投资额（INV）、人均金融机构贷款余额（LOAN）等社会经济变量做了平减处理，描述性统计见表3-14。本节对绝对数较大的变量做了自然对数处理。

表3-13　　70个大中城市房价指数异常波动解释变量选择

维度	解释变量	单位	变量代码
供给	人均金融机构贷款余额	元/人	LOAN
	房地产开发投资额	万元	INV
需求	人口密度	人/平方公里	POPDENS
	城镇居民人均可支配收入	元/人	INC
	常住人口增长率	%	POP
	人均社会消费品零售总额	元/人	CONSUM

续表

维度	解释变量	单位	变量代码
经济水平	人均 GDP	元/人	PGDP
	第三产业比例	%	TID
金融	利率	%	Ir
	货币发行量 M2 环比增长率	%	M2
环境污染	PM2.5 浓度	微克/立方米	PM2.5
公共服务	每万人普通小学数	所/万人	SCH
	每万人医疗机构床位数	张/万人	BED
	人均城市道路面积	平方米/人	ROAD
	每万人公共汽车数	辆/万人	BUS
	人均城市公园绿地面积	平方米/人	GA

表 3-14　　2006~2019 年 70 个大中城市房价指数异常波动解释变量描述性统计

变量描述	变量	观测值	均值	标准差	最小值	最大值
新房价格指数异常波动	XFBD	980	0.526	7.887	-27.816	58.996
二手房价格指数异常波动	RSFBD	980	-0.376	6.793	-20.052	52.924
人均金融机构贷款余额	LOAN	980	61 819	54 255.03	2 704.315	293 688.1
房地产开发投资额	INV	980	5 009 092	6 018 629	120 412.2	33 212 171
人口密度	POPDENS	980	657.257	745.408	63.822	6 729.494
城镇居民人均可支配收入	INC	980	21 256.6	8 092.016	7 766.798	53 436.584
常住人口增长率	POP	980	0.909	1.839	-17.997	13.925
人均社会消费品零售总额	CONSUM	980	18 436.82	11 263.86	1 093.745	95 891.762
人均 GDP	PGDP	980	44 792.32	29 410.16	5 280.457	141 221.3
第三产业比例	TID	980	46.71	10.934	24.921	83.52
利率	Ir	980	3.736	0.823	2.048	4.911
货币发行量 M2 环比增长率	M2	980	15.023	4.390	8.300	24.132
PM2.5 浓度	PM2.5	980	38.999	15.332	8.67	85.855
每万人普通小学数	SCH	980	1.353	0.793	0.253	3.715
每万人医疗机构床位数	BED	980	47.636	14.928	13.983	99.668
人均城市道路面积	ROAD	980	5.628	3.478	0.513	19.193

续表

变量描述	变量	观测值	均值	标准差	最小值	最大值
每万人公共汽车数	BUS	980	5.306	4.218	0.427	29.730
人均城市公园绿地面积	GA	980	5.016	3.413	0.382	20.987
人均金融机构贷款余额的对数	lnLOAN	980	10.584	1.032	7.903	12.590
房地产开发投资额的对数	lnINV	980	14.782	1.190	11.699	17.318
人均GDP的对数	lnPGDP	980	10.521	0.607	8.572	11.858
城镇居民可支配收入的对数	lnINC	980	9.894	0.376	8.958	10.886
人均社会消费品零售总额的对数	lnCONSUM	980	9.626	0.664	6.997	11.471

二、模型结果分析

由于新房和二手房价指数异常波动（分别简称XFBD和RSFBD）的空间相关性检验表明它们自身存在着空间关联，因此，在研究房价指数异常波动的影响因素时，不可忽视地理空间要素。空间面板模型的运用恰好能解决这一问题，但在开始模型估计前，需要结合拉格朗日乘数（LM）与稳健拉格朗日乘数（Robust LM）进行检验（见表3-15）。结果表明，采用空间面板模型更合适。通过对LM检验参数的比较，可知空间面板模型要好于混合OLS模型。对空间面板模型固定效应和随机效应的Hausman检验结果显示，采用固定效应更合适。使用Hausman、LR检验方法，对SDM模型和SLM模型检验，以及对SDM模型和SEM模型检验，检验结果见表3-16，结果表明SDM模型要更优。因此，本节把SDM模型作为研究房价指数异常波动空间效应的模型进行分析。

表3-15　房价指数异常波动空间面板模型LM检验结果

检验方法	统计值	p值
LM-Spatial error	0.834	0.361
Robust LM-Spatial error	1.43	0.232
LM-Spatial lag	2.762	0.097
Robust LM-Spatial lag	3.359	0.067

表 3-16　房价指数异常波动空间面板模型 Hausman 和 LR 检验结果

检验方法	SDM 和 SLM 模型		SDM 和 SEM 模型	
	统计值	p 值	统计值	p 值
Hausman 检验	52.10	0.0000	38.22	0.0008
LR 检验	28.87	0.0109	35.28	0.0013

表 3-17 为 SDM 模型对因变量新房价格指数异常波动（XFBD）的参数估计结果。70 个大中城市新房价格指数异常波动的空间自相关系数为 0.649，并通过了 0.01 置信水平的显著性检验，验证了 70 个大中城市新房价格指数异常波动存在显著的空间溢出效应。在控制其他变量不变的前提下，本城市的新房价格指数异常波动每增长 1%，邻近城市的新房价格指数异常波动平均将增长 0.649%。各个变量的影响系数表明，在主效应方面，万人医疗机构床位数对 70 个大中城市的新房价格指数异常波动具有显著的负向影响，而利率和货币发行量具有显著的提升作用；在溢出效应方面，城镇居民人均可支配收入、人均 GDP 和第三产业比例和对邻近城市新房价格指数异常波动有显著的促进作用，而人均社会消费品零售总额对邻近城市新房价格指数异常波动产生显著的抑制作用。

表 3-17　空间杜宾模型对因变量（XFBD）的参数估计结果

解释变量	主效应		空间溢出效应	
	系数	p 值	系数	p 值
POPDENS	0.00204	0.214	-0.00243	0.849
POP	0.0569	0.618	0.0249	0.949
TID	-0.00313	0.959	0.727**	0.005
Ir	0.800*	0.036	-0.267	(.)
M2	0.356**	0.002	-0.124	(.)
PM2.5	-0.0173	0.564	0.0249	0.814
SCH	0.859	0.228	1.627	0.553
BED	-0.124**	0.001	-0.206	0.210
ROAD	0.294	0.090	-0.767	0.505
BUS	-0.0209	0.835	0.541	0.403
GA	-0.0528	0.720	0.0289	0.980

续表

解释变量	主效应 系数	主效应 p值	空间溢出效应 系数	空间溢出效应 p值
lnLOAN	-0.12	0.800	-0.0354	0.965
lnINV	1.038	0.164	-1.898	0.494
lnPGDP	0.252	0.830	5.913*	0.044
lnINC	1.647	0.610	21.61*	0.028
lnCONSUM	-0.753	0.590	-14.91*	0.027
ρ (W×XFBD)	0.649***	0.000	Likelihood L	-3072.368

注：*、**、***分别表示在0.1、0.05和0.01置信水平上显著。

表3-18为新房价格指数异常波动（XFBD）解释变量的效应分解结果。在直接效应方面，利率对70个大中城市新房价格指数异常波动有显著的正向影响，弹性系数为0.807且最大，说明利率是城市间新房价格指数异常波动差异的主要决定因素。货币发行量对70个大中城市新房价格指数异常波动有显著的正向影响，弹性系数为0.361。这说明货币发行量对新房价格指数异常波动提升有显著的影响。万人医疗机构床位数对70个大中城市新房价格指数异常波动存在着负向作用，弹性系数为-0.134，说明每万人拥有医疗机构床位数越多，其新房价格指数异常波动越小。尽管供需因素和污染程度已经被大量研究证明是研究城市房价的重要因素，但就城市间新房价格指数异常波动的差异比较而言，房地产开发投资额（INV）、人均金融机构贷款余额（LOAN）、人口因素（POPDENS、POP）和污染程度（PM2.5）的作用并不显著。

在间接效应方面，城镇居民人均可支配收入对邻近城市新房价格指数异常波动有显著的正向溢出效应，弹性系数为62.19且最大，说明本地城镇居民收入水平越高，会对邻近城市新房价格指数异常波动产生显著的正向空间溢出作用。人均GDP和第三产业比例对邻近城市新房价格指数异常波动有正向的空间溢出效应，弹性系数分别为17.84和2.014，说明本地区经济发展水平会对邻近城市新房价格指数异常波动产生正向空间溢出作用。人均社会消费品零售总额对邻近城市新房价格指数异常波动有显著的负向空间溢出效应，弹性系数为-43.01，说明本城市的人均社会消费品零售总额对其邻近城市的新房价格指数异常波动会有抑制作用。

表 3-18　　解释变量的直接估计效应与间接估计效应

解释变量	直接效应 系数	p 值	间接效应 系数	p 值	总效应 系数	p 值
POPDENS	0.0021	0.247	0.0000548	0.999	0.00215	0.954
POP	0.0542	0.632	0.161	0.893	0.215	0.861
TID	0.0281	0.634	2.014**	0.003	2.043**	0.004
Ir	0.807*	0.034	0.711	0.321	1.518	0.158
M2	0.361**	0.002	0.304	0.131	0.665*	0.029
PM2.5	-0.0154	0.614	0.0482	0.874	0.0327	0.917
SCH	0.95	0.221	6.377	0.461	7.327	0.414
BED	-0.134***	0.000	-0.825	0.075	-0.959*	0.043
ROAD	0.29	0.101	-1.623	0.640	-1.333	0.705
BUS	-0.00048	0.996	1.593	0.411	1.593	0.420
GA	-0.0596	0.724	0.181	0.959	0.122	0.973
lnLOAN	-0.0896	0.859	-0.301	0.891	-0.39	0.867
lnINV	0.952	0.196	-3.373	0.680	-2.42	0.772
lnPGDP	0.54	0.658	17.84*	0.024	18.38*	0.022
lnINC	2.313	0.456	62.19*	0.025	64.50*	0.023
lnCONSUM	-1.295	0.375	-43.01*	0.018	-44.31*	0.016

注：* 表示 $p<0.1$；** 表示 $p<0.05$；*** 表示 $p<0.01$。

表 3-19 为 SDM 模型对因变量二手房价格指数异常波动（RSFBD）的参数估计结果。70 个大中城市二手房价格指数异常波动的空间自相关系数为 0.471，并通过了 0.01 置信水平的显著性检验，验证了 70 个大中城市二手房价格指数异常波动存在显著的空间溢出效应。在控制其他变量不变的前提下，本城市的二手房价格指数异常波动每增长 1%，邻近城市的二手房价格指数异常波动平均将增长 0.471%。各个变量的影响系数表明，在主效应方面，城镇居民人均可支配收入、货币发行量、利率和人口密度对 70 个大中城市的二手房价格指数异常波动具有显著的提升作用，而每万人医疗机构床位数对其具有显著的负向作用；在溢出效应方面，人均 GDP 和第三产业比例对邻近城市二手房价格指数异常波动有显著的促进作用，而人均社会消费品零售总额对邻近城市二手房价格指数异常波动有显著的抑制作用。

表 3-19　　空间杜宾模型对因变量（RSFBD）的参数估计结果

解释变量	主效应 系数	p 值	空间溢出效应 系数	p 值
POPDENS	0.00458 **	0.001	0.00416	0.713
POP	0.101	0.314	-0.0598	0.862
TID	-0.0112	0.833	0.831 ***	0.000
Ir	1.119 **	0.001	-0.155	(.)
M2	0.362 ***	0.001	-0.0445	(.)
PM2.5	-0.0285	0.279	0.112	0.228
SCH	0.699	0.263	-2.967	0.214
BED	-0.0743 *	0.025	-0.0789	0.575
ROAD	0.261	0.085	-0.349	0.728
BUS	0.0854	0.331	0.545	0.340
GA	-0.0293	0.821	0.408	0.682
lnLOAN	-0.0226	0.957	-0.276	0.698
lnINV	-0.477	0.467	-4.713	0.055
lnPGDP	0.742	0.472	5.900 *	0.022
lnINC	8.702 **	0.002	6.887	0.423
lnCONSUM	0.843	0.491	-15.77 **	0.007
ρ（W×RSFZS）	0.471 ***	0.000	Likelihood L	-2939.546

注：*、**、*** 分别表示在 0.1、0.05 和 0.01 置信水平上显著。

表 3-20 为二手房价格指数异常波动（RSFBD）解释变量的效应分解结果。在直接效应方面，城镇人均可支配收入对 70 个大中城市二手房价格指数异常波动有显著的正向影响，弹性系数为 8.798 且最大，说明中国大中城市居民收入水平是城市间二手房价格指数异常波动差异的主要决定因素。利率和货币发行量对 70 个大中城市二手房价格指数异常波动有显著的正向影响，弹性系数分别为 1.125 和 0.365。这说明银行间的拆借利率和货币发行量对二手房价格指数异常波动提升有显著的影响。此外，人口密度同样对其有正向影响。万人医疗机构床位数对 70 个大中城市二手房价格指数异常波动存在着负向影响，弹性系数为 -0.0764，说明每万人拥有医疗机构床位数对二手房价格指数异常波动有抑制作用。尽管供给因素和污染程度已经被大量研究证明是研究城市房价波动的重要因素，但就城市间二手房价格指数异常波动

的差异比较而言，房地产开发投资额（INV）、人均金融机构贷款余额（LOAN）和污染程度（PM2.5）的作用并不显著。

在间接效应方面，人均GDP对邻近城市二手房价格指数异常波动有显著的正向溢出效应，弹性系数为12.19且最大，说明本地经济水平会对邻近城市二手房价格指数异常波动产生显著的正向空间溢出效应。第三产业比例对邻近城市二手房价格指数异常波动有正向的空间溢出效应，弹性系数为1.534，说明本地城市产业结构会对邻近城市二手房价格指数异常波动产生正向空间溢出作用。利率和货币发行量对邻近城市二手房价格指数异常波动有正向的影响，弹性系数分别为0.712和0.242。人均社会消费品零售总额对邻近城市二手房指数有显著的负向空间溢出效应，弹性系数为-28.63，说明本城市的人均社会消费品零售总额对其邻近城市的二手房价格指数异常波动会有抑制作用。

表3-20　　　　　　解释变量的直接估计效应与间接估计效应

解释变量	直接效应 系数	p值	间接效应 系数	p值	总效应 系数	p值
POPDENS	0.00477**	0.002	0.0139	0.510	0.0186	0.387
POP	0.0963	0.324	-0.0426	0.951	0.0537	0.940
TID	0.00977	0.847	1.534***	0.000	1.544***	0.000
Ir	1.125**	0.001	0.712*	0.035	1.837**	0.003
M2	0.365***	0.000	0.242*	0.026	0.607**	0.001
PM2.5	-0.0254	0.334	0.192	0.267	0.166	0.357
SCH	0.655	0.324	-5.155	0.283	-4.499	0.371
BED	-0.0764*	0.016	-0.218	0.405	-0.294	0.272
ROAD	0.272	0.072	-0.394	0.842	-0.122	0.952
BUS	0.0977	0.273	1.16	0.300	1.257	0.271
GA	-0.0284	0.839	0.865	0.665	0.837	0.683
lnLOAN	0.0017	0.997	-0.549	0.666	-0.548	0.684
lnINV	-0.61	0.339	-9.313	0.052	-9.923*	0.042
lnPGDP	0.923	0.386	12.19**	0.009	13.11**	0.005
lnINC	8.798**	0.001	19.14	0.227	27.94	0.084
lnCONSUM	0.548	0.665	-28.63**	0.007	-28.08**	0.009

注：*表示$p<0.1$；**表示$p<0.05$；***表示$p<0.01$。

第七节 本章小结

本章通过空间统计分析得到，全国70个大中城市房价指数及其异常波动存在一定程度的空间相关性，但不同年份的空间自相关强度或方向却略有差异。进一步地，通过对全国70个大中城市房价指数的影响因素分析发现，人均GDP和人均城市公园绿地面积可以显著促进新房价格指数的上升。人均GDP、第三产业比例、人均城市公园绿地面积、货币发行量、万人普通小学数、人均城市道路面积和人均社会消费品零售总额对二手房价格指数有显著影响，其中，人均GDP、第三产业比例、人均城市公园绿地面积和货币发行量的增加促进了二手房价格指数的上升，而万人普通小学数、人均城市道路面积和人均社会消费品零售总额的上升会抑制二手房价格指数的上升。

全国70个大中城市房价指数异常波动影响因素分析表明，货币发行量、人均GDP、城镇居民人均可支配收入、第三产业比例、万人医疗机构床位数和人均社会消费品零售总额对新房价格指数异常波动影响显著，其中，货币发行量、人均GDP、城镇人均可支配收入和第三产业比例的上升容易加剧新房价格指数异常波动，而万人医疗机构床位数和人均社会消费品零售总额的上升可以抑制新房价格指数异常波动。货币发行量、利率、人均GDP、第三产业比例、房地产开发投资额和人均社会消费品零售总额对二手房价格指数异常波动影响显著，其中，货币发行量、利率、人均GDP和第三产业比例的增长加剧了二手房价格指数异常波动，而房地产开发投资额和人均社会消费品零售总额的上升可以抑制二手房价格指数异常波动。

第四章 房价异常波动的宏观驱动机制

宏观经济扩张能推动房价快速上涨,同时又从快速上涨的房价得到支撑。随着近年来房价剧烈波动给宏观经济造成的冲击程度加大(如日本泡沫经济、亚洲金融危机、美国次级抵押贷款危机等),政府部门在宏观经济调控中所扮演的角色逐渐成为研究热点。一直以来,宏观经济与房地产价格之间的内在关系,受到政府和学界的广泛关注(Reichert, 1990; Andersen et al., 2012)。对于影响房地产市场的宏观经济因素的理论和实证研究大量出现(高波和王先柱, 2009; Cerutti et al., 2017)。然而,现有研究集中于货币市场对房地产价格的冲击,忽视了对宏观产出、居民消费及土地出让等其他宏观因素的分析,也无法解释各种冲击的相互作用,更无法区分上述因素对房价的独特影响。

与发达国家经济体相比,中国宏观经济和房地产市场发展表现出了诸多显著不同的特征。这些特征是专门研究我国经济发展和房地产市场的重要依据,也是进一步构建房地产价格异常波动分析框架和理论模型的重要基础。本章从信贷和货币、土地市场、居民收入等方面对我国房地产市场与宏观经济的波动特征进行了较为全面的梳理,并利用结构向量自回归(structural vector autoregression, SVAR)模型进一步挖掘了中国房地产市场与宏观经济的联动特征。

第一节 房价异常波动宏观驱动因素分析

引起房价异常波动的因素有很多。基于住房的商品属性,房价波动受到市场供求关系的影响;基于住房的投资属性,房价波动受到投资者投资行为的影响;作为家庭实现最大化效用的消费品,房价受到与之相关的住房特征影响。同时,房价又深受国家政策调控的影响。房价波动既受到土地、建安成本等成本因素的影响,也受到货币与信贷政策调节下的房地产市场供求关系的影响，同时体制及制度等外在的经济、社会和政策因素也会对其产生影响。综合考虑，我们重点梳理中国房价走势与波动的三类驱动因素：第一类为货币信贷因素；第二类为土地市场因素；第三类为经济增长、居民收入及人口因素。这三类因素基本囊括了影响中国房价走势的主要成因（张明和刘瑶，2020）。

一、货币信贷因素

宏观因素中，对房价影响最大的被认为是货币因素（monetary market）。货币市场对房价的影响主要通过利率、货币供给量、信贷等方式实现，传统的研究认为宽松的货币政策、信贷政策和财政政策将刺激房价上涨（Baks and Kramer，1999）。根据信贷约束理论（Stein，1995），房地产市场和货币市场相互关联，家庭在买房时受到信贷约束，会综合考虑首付款、利率和偿债的负担能力，最终确定是否会通过贷款来购房。早期的研究如赖克特（Reichert，1990）已经发现在全国范围内对房地产价格影响最大的是利率。在美国次贷危机后，学术界也达成了共识：货币市场中的金融创新有效地放松了抵押信贷约束，降低了利率，进而放大了外生冲击造成的房地产价格与宏观经济波动（Matteo，2015；Ramey，2016；武康平和胡谍，2010）。资产价格周期中的财政收益会产生棘轮效应，导致繁荣时政府开支不断增长，萧条时政府债务不断提高，从而强化波动（Bordo and Jeanne，2002；王晓明，2010）。不仅如此，货币市场的冲击可以通过"金融加速器"机制被放大，并对房地产市场产生持久的影响（Aoki et al.，2004；Cheng and Yang，2020）。通过这一机制，货币政策冲击被放大和传播，对住房投资、住房价格和居民消费产生长期影响。

国外有关货币因素对房地产市场波动影响的研究已经较为深入。青木等（Aoki et al.，2004）在家庭部门引入BGG模型的金融加速器机制，假定房产既是消费品，又是抵押品标的物，从而可以降低借款的交易成本，研究发现房产本身会放大和传播货币政策冲击对房价、房产投资和消费的影响。亚科维耶洛和米内蒂（Iacoviello and Minetti，2008）实证检验了金融加速器效应在房地产市场的应用，认为信贷约束的存在扩大了房地产价格变化对宏观经济的影响，受抵押贷款约束的购房者具有明显的亲周期购房行为特征。诺塔皮特罗和西维耶罗（Notarpietro and Siviero，2015）运用DSGE模型研究了欧元区房地产价格的金融加速器效应,认为如果中央银行的政策目标是稳定经济,那么房价冲击将不会提高社会福利;如果货币当局的目标是社会福利最大化,那么最优政策选择需要考虑控制房价波动。戴维斯和朱海斌(Davis and Zhu, 2011)认为,商业地产价格和信贷的相互影响作用显著又强烈。他们研究发现,银行信贷会影响购房者和开发商,当银行信贷扩张时,市场需求增大,房价上涨。同时,银行信贷的规模增大也会助长新建筑的建设投资,房价最终会因为供应的改善而向下调整。但是,由于地产行业供给滞后,就会产生房价先涨后跌,形成波动。现有实证研究对欧盟、美国、加拿大以及英国的分析表明,货币市场的波动能对房价产生相似的长期影响。

国内学者也发现我国货币信贷政策与房地产价格存在紧密的相关性。周京奎(2006)利用1998~2005年的数据进行了实证研究,结果表明银行拆借利率和贷款额在资产价格波动中扮演着重要角色。韩冬梅等(2007)认为,信贷政策可以有效地调控房地产供给和需求,宽松的信贷政策是推动房价上涨的重要因素,房地产调控应该以信贷政策为主,特别是在房地产泡沫时期,应严控信贷流入房地产市场。王来福和郭峰(2007)选取1998~2007年的季度数据进行研究,发现货币供应量变化对房地产价格有长期的持续正向影响,利率变化对房地产价格有负向影响,货币供应量变化对房地产价格变化的影响大于利率变化对房地产价格变化的影响。高波和王先柱(2009)通过协整检验和脉冲响应函数分析探讨中国房地产市场货币政策传导机制的有效性,发现货币供给量的增加刺激了房地产投资和商品房销售额的增长,导致了房地产价格上涨。李健和邓瑛(2011)通过对美国、日本及中国三个国家房价高涨时期的数据进行对比分析,发现三个国家货币量与房价之间均具有显著的双向联系,在资产泡沫积聚时期,实体经济因素对房价的促进作用较弱,巨额的货币量是造成房价上涨的重要原因。贾俊雪等(2014)构建了包含房地产价格和实际汇率波动的财政和货币政策反应模型,利用中国1992~2011年的数据进行研究,发现低利率和货币超发成为20世纪90年代末尤其是2008年以来房地产价格快速上涨的重要原因。顾海峰和张元姣(2014)、徐淑一等(2015)、李成等(2020)的实证研究都得到了相似的结论。

有观点认为,房价的波动会反作用于利率和货币供给。格拉赫和彭文生(Gerlach and Peng, 2005)发现房价影响贷款,但没有发现银行贷款影响房价。布里西米斯和弗拉索普洛斯(Brissimis and Vlassopoulos, 2009)发现,在长期内房价影响贷款,但在短期内两者互为因果。方意(2015)分别用传统向量自回归（vector autoregression，VAR）模型、因素增强型向量自回归（factor-augmented vector autoregression，FAVAR）+平方根法（cholesky factorization）、FAVAR+有向无环图（direct acyclic Graph，DAG）三种模型进行研究，发现紧缩的货币政策对于抑制中国房地产价格上涨作用不大，认为中国房地产市场价格长期上涨的预期促使货币政策的实施难度加大。陈玺任（2021）认为，房地产价格波动会影响居民对银行信贷的需求，影响房地产开发企业对银行信贷的需求，影响银行对贷款的供给，并进一步影响银行信贷规模，同时，房地产价格的波动还会对银行信贷质量产生较大影响。肖颖（2021）基于长三角地区 2010~2018 年共 51 家城市商业银行和农村商业银行的数据研究发现，在房地产价格上涨时，商业银行会计提更多的贷款损失拨备，且住宅商品房价格的上涨对商业银行贷款损失拨备影响更大。

另外，有研究发现，同一金融政策下，不同地区房价波动也会表现出差异。卡利诺和德菲纳（Carlino and Defina，1998）对美国 48 个州的房价进行实证研究，指出不同州的房地产市场走势明显不同，影响因素也不相同，欧阳和沃尔（Owyang and Wall，2004）也得出了类似结论。国内学者，如徐妍和沈悦（2015）利用我国 31 个省份的相关数据构建动态面板模型进行实证研究，发现房地产信贷对不同类型房地产价格、不同地区房地产价格的效果有明显的不同，针对不同种类、不同地域实行差异化的房地产信贷政策，才能发挥出最佳的调控效果。王庆芳（2015）构建面板误差修正模型，利用我国 2004~2011 年 285 个地级及以上城市面板数据进行研究，发现房地产价格、人均 GDP 和银行信贷之间的格兰杰双向因果关系在短期内成立而长期不成立，但东中部地区房价、经济增长与银行信贷扩张之间的长短期因果关系都成立。辛枚颖（2019）通过回顾历年信贷政策的具体调控内容和我国房地产市场的现状，基于 2009~2018 年全国以及 31 个省份的季度数据进行研究，发现不同区域的房地产市场对信贷政策的响应存在差异，信贷政策的工具不同，产生的影响结果也不同，东中西部地区受到政策工具的影响程度各有不同。

二、土地市场因素

土地政策如土地供应规划、土地出让制度以及土地用途管制等会对房价产生影响。土地供应规划和土地用途管制限制了土地可供开发的数量，使得土地供应缺乏弹性，从而导致住房供应不足，引发房价上涨（Ihlanfeldt，

2007；Paciorer，2013；Kok et al.，2014；Burnett，2016）。土地供应规划直接通过影响地价和住房供应数量来影响房价（Bramley and Leishman，2005；Hilber and Vermeulen，2016；Jackson，2018）。格拉泽等（Glaeser et al.，2008）考察了土地监管和地理位置的稀缺性对住房供应的影响，进而对房价波动产生影响，因为短期供给比长期供给更缺乏弹性，所以即使在供给有弹性的市场中，房价仍旧会出现大幅的波动；他们还发现，投资泡沫在越具有供给弹性的市场中越小。乔科和萨默斯（Gyourko and Summers，2006）研究了土地利用监管环境对房价的影响，并且发现美国土地开发监管最严地区的房价中位数几乎是监管宽松地区房价中位数的两倍。土地开发监管最严的地区，如新英格兰、大西洋中部和西海岸的住房供给是无弹性的，因此不能够快速消化外生需求的冲击，导致房价异常波动。理论上，住房供给弹性高应该对应较低的房价泡沫。但格林等（Green et al.，2005）发现，美国佛罗里达州的坦帕和亚利桑那州的凤凰城土地供给弹性也很高，其2000年以来的房价增速比全国平均高出30%。国内有关土地或住房供给弹性与房价波动的研究较晚。刘春花（2019）基于2005~2018年中国70个大中城市的面板数据样本进行研究，发现在面临生产率和公共物品冲击时住房供给缺乏弹性的城市房价上涨比例高于同等级供给富于弹性的城市。严金海和丰雷（2019）通过研究发现，我国不同区域住房供给弹性具有差异，中央中西部优先的土地配额管制政策导致东部城市住房供给弹性低于中西部城市。同时，他们还发现，住房供给弹性决定了房价周期波动，并具有非对称性效应：在市场景气繁荣阶段，供给弹性越小，房价涨幅就越大；在市场不景气阶段，房价跌幅与供给弹性的关系不确定。

　　土地是房屋供给最主要的影响因素，无论人口迁移状况和经济水平有无变化，土地价格都会直接影响到房地产价格的波动。土地价格对房地产价格的影响主要包括两个方面：一是房地产价格的成本中本身就包含土地成本；二是由于土地是稀缺资源，会使得房地产市场成为一种不完全竞争市场从而间接作用于房价的波动。格拉泽和乔科（Glaeser and Gyourko，2002）认为，土地管制造成供给缺乏弹性，是带动高房价的主因。埃文斯（Evans，2003）认为，土地供给者行为也会影响房价、地价，地价并非完全取决于房价。针对我国房价快速上升的情况，况伟大（2005）利用格兰杰因果关系方法检验了土地价格与住房价格之间的关系，发现在短期内，住房价格与土地价格相互影响，在长期内土地价格决定住宅价格。李森等（2020）基于2001~2016

年全国 31 个省份数据进行实证研究，发现土地财政对房价波动有一定影响。短期来看，房地产开发商相对购房者明显处于有利位置，其可以在相当大程度上通过抬高商品房售价，把交付给地方政府的土地出让金转嫁给购房者，由此导致商品房价格向上波动。

三、经济增长、居民收入及人口因素

国外早期研究大多认为经济发展和人口波动是导致房地产价格波动的两大重要因素。肯尼（Kenny，2003）认为，传统实证研究强调住宅价格均衡是供需作用的自然结果，因此，长期住宅供需的相互作用决定住宅价格。杜达和郑思齐（Duda and Zheng，2006）分析美国的情况后，指出收入差距拉大会提高房价。马蒂宁和特维奥（Määttänen and Terviö，2011）对波士顿等六大都市区进行实证分析，认为居民收入与房价正相关、收入不平等与房价负相关。曼丘和威尔（Mankiw and Weil，1989）通过资产供给—需求动态模型分析了美国住房价格在"婴儿潮"带来的人口结构变动下所受到的冲击。乔科和纳曼（Gyourko and Linneman，1993）指出，不同区域和收入阶层居民之间的收入差距过大是致使住房市场扭曲、房价出现短期波动的重要因素。加布里埃尔等（Gabriel et al.，1993）对加利福尼亚州最大的两个城市住宅价格的变化模式进行深入的研究。结果表明，地区之间的人口大规模迁移是导致房地产价格波动的主要影响因素，同时，地区间经济水平的差异又会反过来影响人口的迁移。凯斯和席勒（Case and Shiller，2003）指出，从长期来看，房价的增长趋势通常与人均名义收入的增长趋势一致，然而，在这些趋势中可能存在大量短期波动，并且在同一时期部分城市会出现房价增长远远超过其收入增长的现象。

国内学者如张夕琨和缪小林（2007）通过实证发现，房价与人均可支配收入存在长期正相关，但当房价和人均可支配收入均快速增长时，房价收入比却趋于下降。袁博和刘园（2014）构建可变参数的状态空间模型进行了研究，对我国 1998~2012 年房地产销售价格指数与国内信贷、货币供给、城镇可支配收入、房地产土地价格指数、经济增长（GDP）建立长期动态可变参数协整模型，发现房地产价格波动存在棘轮效应，货币信贷投放、土地交易成本、城镇居民可支配收入和经济增长共同推动了房地产价格持续上涨。任伟和王亚晓（2021）通过构建我国商品住宅系统动力学模型，仿真了社会系

统中人口规模和结构变化对住宅价格的影响程度及其差异性，发现我国商品房的供给和需求受经济、人口、政策等多种因素的影响，整体呈上升趋势，人口规模或者人口结构变化后增加的刚性需求是新增住宅需求的主要来源，且不能通过减少投资性需求来进行平衡。张传勇（2014）以房价和居民收入分配为内生变量，同时选取多个外生变量建立了联立方程模型，通过对 2000~2010 年我国 27 个省份的样本进行实证分析后发现，房价与居民收入分配之间存在明显的内生关系，且收入分配对房价的作用效果要强一些。收入差距进一步拉大又使得少数富有者的富余资金越多，流向资本市场及房地产市场的资金就越多，有可能进一步推动房价的上涨。段佳君（2020）基于西安市 2004~2018 年相关数据构建多元线性回归模型和曲线回归模型，实证分析了收入、人口密度与房价之间的相互关系，研究发现，居民收入的提高、人口的增长均对房价有一定程度的正向推动作用。曾燕妮等（2021）利用 1970~2017 年的跨国数据，采用动态面板模型研究了在外资流入背景下，人口结构变化（主要是人口老龄化）对房价的影响以及外资进入所引起的调节效应和区域异质性。研究发现，人口老龄化对房价具有抑制作用，但外资的流入一定程度上能够缓解这种负向影响；人口结构变化对房价的影响具有明显的区域异质性，亚洲国家受到的冲击要更大一些；相对于发展中国家，发达国家老龄化对房价的负向影响更大，而属于儒家文化圈的国家，人口老龄化程度的提升对于房价负向影响效果十分微弱。从文献研究整体情况来看，基本达成共识的是经济、收入、人口是推动房价波动的重要因素，但更需值得关注的是不平等的收入增长、区域人口密集度、人口集散的速度、人口的年龄结构等细项对房价波动的影响。

第二节　房价波动与宏观经济波动间的联动关系

与发达国家经济体相比，我国宏观经济和房地产市场发展过程中表现出诸多显著不同的特征。这些特征是研究我国经济发展和房地产市场的重要依据，也是进一步构建房地产价格异常波动分析框架和理论模型的重要基础。基德兰德和普雷斯科特（Kydland and Prescott，1982）对经济周期进行研究分析后认为，主流的研究范式为运用模型拟合经济数据的一阶矩特征（即趋势成分），在此基础上力求模型能够解释经济数据的二阶矩特征（即周期波动成分)。为此,本节首先介绍了获得时间序列数据周期性因素的计量方法,包括周期成分提取、波动性测度、联动性测度估算等;其次介绍了我国宏观经济及房地产市场时间序列数据的基本特点以及所有数据的来源及处理过程;最后在此基础上从信贷和货币、土地市场、居民收入等方面对我国房地产市场与宏观经济的波动特征进行了较为全面的梳理,并进一步挖掘了我国房地产市场与宏观经济的波动特征。

一、波动性、联动性测度方法

时序变量由长期趋势、周期趋势、季节因素和噪音构成,按照卢卡斯(Lucas,1977)对经济周期的定义:产出水平相对于其长期增长趋势的偏离。因此,在经济周期分析中往往只关注时序变量的周期成分,通过对时序变量进行处理,即可将其周期成分提取出来,从而获得经济的长期趋势。对于经济数据的周期性波动分析,常用的方法有一阶差分法、HP 滤波法、带通(band-pass,BP)滤波法等,本节对房地产市场和宏观经济变量的处理均采用 HP 滤波法。在数学中,HP 滤波方法涉及从频域角度分解时间序列,由傅立叶变换和谱的定义给出最优线性滤波的表达式,完成对时间序列的分解。本书限于篇幅,不再对傅立叶变换和谱的定义进行介绍,有关提取时序数据的周期成分所用的 HP 滤波方法含义和性质的说明参见第二章。

本节对于经济变量波动性、联动性的测度,按照文献中的标准经济周期研究方法:以经济变量 X 的标准差 $\hat{\sigma}_x$ 表示其波动性,标准差越大说明该变量的周期性波动幅度越大。$\hat{\sigma}_x$ 的计算过程为:

$$\hat{\sigma}_x = \sqrt{\frac{1}{T-1}\sum_{t=1}^{T}(x_t - \bar{x})^2} \qquad (4-1)$$

其中,$\bar{x} = \frac{1}{T}\sum_{t=1}^{T}x_t$,T 为样本量。

以经济变量 X 和 Y 的相对标准差 $\hat{\sigma}_\gamma$ 表示 X 相对于 Y 波动的相对波动程度。$\hat{\sigma}_\gamma$ 的计算过程为:

$$\hat{\sigma}_\gamma = \frac{\hat{\sigma}_x}{\hat{\sigma}_y} \qquad (4-2)$$

以经济变量 X 和 Y 的相关系数 $\hat{\rho}_{xy}$ 表示其联动性(co-movement)。相关系数

$\hat{\rho}_{xy}$ 表示常用于描述经济变量间的相关性，取值范围为 -1~1。其计算方式为：

$$\hat{\rho}_{xy} = \frac{\sum_{t=1}^{T}(x_t - \bar{x})(y_t - \bar{y})}{\sqrt{\sum_{t=1}^{T}(x_t - \bar{x})^2 \sum_{t=1}^{T}(y_t - \bar{y})^2}}, k > 0 \qquad (4-3)$$

利用时差相关分析，可以将变量 X 相对 Y 向前或者向后移动 k 期，分别计算移动后的序列相关系数 $\hat{\rho}_{xy}(k)$，在其中选取绝对值最大的 $\hat{\rho}_{xy}(k)$ 作为时差相关系数，其相对应的时差数 k 即为变量 X 相对于变量 Y 的超前或滞后期数，也反映了变量 X 和变量 Y 波动最接近时的联动关系。其计算方式为：

$$\hat{\rho}_{xy}(k) = \frac{\sum_{t=1}^{T-k}\left(x_t - \frac{1}{T-k}\sum_{t=1}^{T-k}x_t\right)\left(y_{t+k} - \frac{1}{T-k}\sum_{t=k+1}^{T}y_t\right)}{\sqrt{\sum_{t=1}^{T-k}\left(x_t - \frac{1}{T-k}\sum_{t=1}^{T-k}x_t\right)^2 \sum_{t=1}^{T-k}\left(y_{t+k} - \frac{1}{T-k}\sum_{t=k+1}^{T}y_t\right)^2}}, k > 0$$

$$k = 0, \pm 1, \pm 2, \pm 3, \cdots, \pm L, \quad t = \begin{cases} 1 & l \geq 0 \\ 1-l & l < 0 \end{cases} \qquad (4-4)$$

其中，k 为超前或滞后期，被称为时差或延迟数。k = 0 时表示变量 X 与变量 Y 同步，k > 0 表示变量 X 滞后于变量 Y，k < 0 表示变量 X 领先于变量 Y；L 表示最大延迟数。$\hat{\rho}_{xy}(0) > 0$ 表示相对于变量 Y，变量 X 为顺周期波动；$\hat{\rho}_{xy}(0) < 0$ 则表示相对于变量 Y，变量 X 为反周期波动。

二、数据来源与处理

我国房地产市场的已有研究大多采用微观调查数据和宏观经济数据，这些数据来源虽然能够解释我国房地产市场及宏观经济的一些现象，但也存在不同程度的问题。若要采用目前国际上宏观经济研究的理论模型和框架，必须对我国经济数据进行系统整理和调整。

在地产数据方面，本节所采用的是"CREIS 中指数据—中国房地产大数据信息平台"[①]，该数据内容较为丰富，为房地产市场的研究提供了较为全面

[①] 中房指数系统（China Real Estate Index System，CREIS）是一套以价格指数形式反映全国及各主要城市房地产市场发展变化轨迹和当前市场状况的指标体系和分析方法。该指数系统由城市综合指数、城市住宅指数、写字楼指数、商铺指数、主城区二手住宅销售及租赁价格指数、物业服务价格指数和别墅价格指数组成。

的数据，也能提供部分时间序列数据，能较为完整地反映我国房地产市场的动态特征。

在宏观经济数据方面，对我国房地产市场与宏观经济波动已有研究的时间序列数据基本来自两大数据库：浙江同花顺公司（iFinD）数据库和上海万德公司（WIND）数据库，这两大数据库的主要数据来源于中国国家统计局和中国人民银行。但与国际宏观经济学研究的"标准化数据"不同，我国官方公布的宏观经济数据有其特殊之处：在季度数据中，如实际 GDP 等指标往往只公布其百分比变化数据，缺乏季度具体数据；在月度数据中，我国没有公布月度 GDP 数据，投资、房地产销售和投资等指标只公布 1 月加上 2 月的累计值，缺乏 1 月和 2 月单独的月度数据。

本节将季度数据和月度数据全部进行了季节性调整，对部分数据进行了平减处理，对 1 月和 2 月数据以季度数据为基础采用插值法估算，对波动特征使用 HP 滤波方法提取。在此给出所用数据的来源及获取时的频次，参见表 4-1。

表 4-1　　　　　　　　　变量名称与来源

变量符号	变量名称	数据频次	数据来源
G_inc	城镇居民人均可支配收入	季度数据	国家统计局
G_dp	GDP：不变价	季度数据	国家统计局
G_con	社会消费品零售额	月度数据	国家统计局
F_loan	中长期贷款余额	月度数据	中国人民银行
F_M2	M2（货币和准货币）	月度数据	中国人民银行
F_sbor	上海银行间同业拆放利率	月度数据	银行间同业拆借中心
L_are	我国土地购置面积	月度数据	国家统计局
H_inv	房地产开发投资额	月度数据	国家统计局
H_con	商品房销售面积	月度数据	国家统计局
H_pri	商品房销售单价	计算得到	国家统计局

三、我国房地产市场与宏观经济的联动特征

（一）房地产市场与货币信贷的联动特征

图 4-1、图 4-2 和表 4-2 展示了 2006 年第一季度至 2020 年第四季度

我国广义货币、商品房销售额、房地产开发投资的波动曲线和统计特征。由图 4-1、图 4-2 可见，房地产市场的供给和需求两方面均与广义货币呈顺周期关系，即伴随着广义货币波动增加，商品房销售额、房地产开发投资逐渐上涨。同期，商品房销售额（H_con）和房地产开发投资（H_inv）的波动幅度（$\hat{\sigma}_x$）分别达到 10.8257 和 11.3045，远高于广义货币（F_M2）的 4.0808，相对波动 $\hat{\sigma}_y$ 均达到 2.5 以上（见表 4-2），商品房销售额与房地产开发投资的波动幅度远大于广义货币投放量的波动。

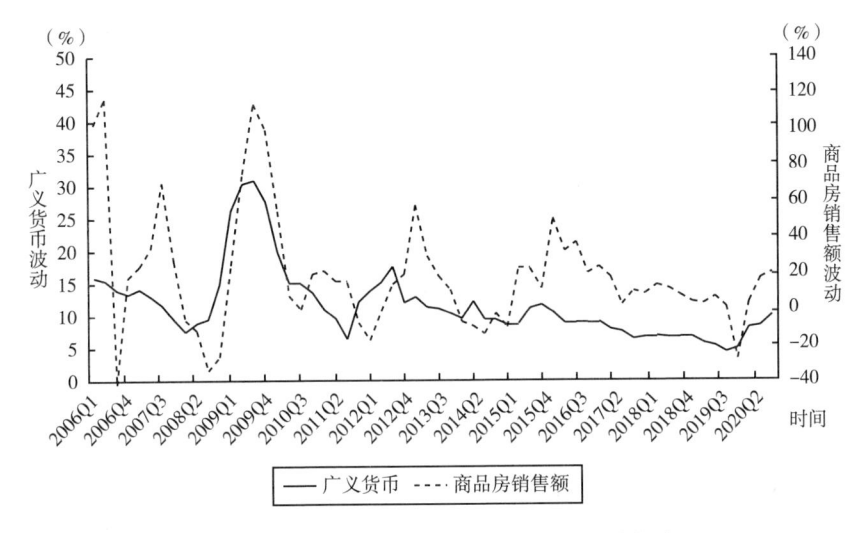

图 4-1　广义货币与商品房销售额的波动曲线

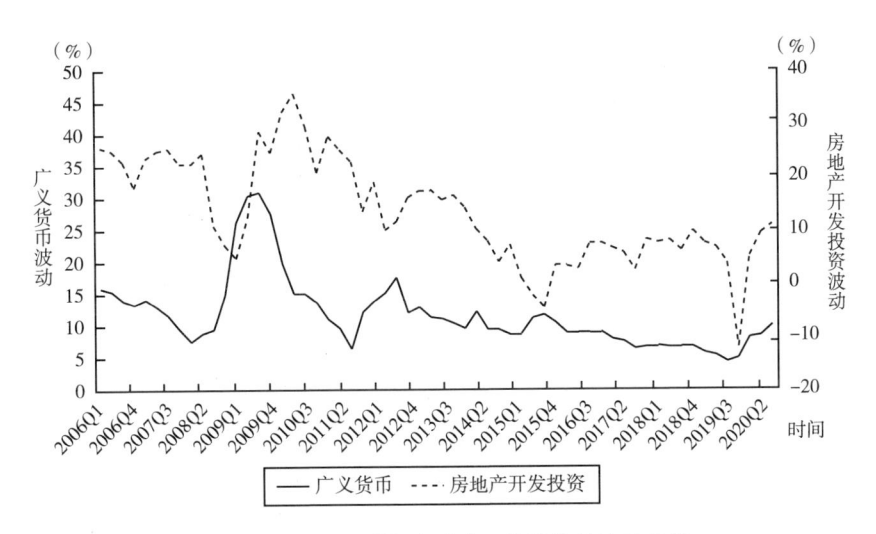

图 4-2　广义货币与房地产开发投资的波动曲线

表4-2　　广义货币、商品房销售额、房地产开发投资联动分析

变量X	$\hat{\sigma}_x$	$\hat{\sigma}_\gamma$	变量X与F_M2的相关系数						
			k=-3	k=-2	k=-1	k=0	k=1	k=2	k=3
F_M2	4.0808	1	0.9872	0.9942	0.9985	1.0	0.9985	0.9942	0.9872
H_con	10.8257	2.6528	0.7834	0.7897	0.811	0.8481	0.8299	0.7916	0.7871
H_inv	11.3045	2.7701	0.7462	0.7501	0.7508	0.7515	0.7553	0.7395	0.7308

运用时差相关分析法，计算得到广义货币（F_M2）的波动领先于房地产开发投资波动，由表4-2计算结果可知，当房地产开发投资（H_inv）滞后1期（k=1）时，与广义货币（F_M2）的相关系数最大，系数值为0.7553，表明房地产开发投资的波动滞后于广义货币的变化；而商品房销售额波动与广义货币M2波动的领先或滞后关系并不明显，见表4-2中商品房销售额（H_con）与广义货币（F_M2）的相关系数在同期（k=0）达到最大，系数值为0.8481，可以认为是同期波动。由此可见，房地产市场需求和供给两端对于货币供给的变化响应时间并不相同，货币供给通过银行信贷等形式传导至房地产开发投资需要1~2个季度的时间；而房地产需求对于货币供给的变化非常敏感，几乎是在当期共同变动。

波动特征1： 商品房销售额与房地产开发投资的波动幅度大于M2的波动。

波动特征2： 广义货币M2的波动领先于房地产开发投资的波动。

我国的资本市场尚不发达，以银行间接融资为主的金融结构，决定了银行信贷是宏观经济与房地产业市场互动联系的重要环节。一方面，银行信贷是我国货币投放的重要渠道之一，央行经过公开市场操作，通过调整法定准备金率等手段调节银行体系的流动性，进而影响银行体系的货币派生能力，再由银行通过信贷投放等信用活动影响房地产市场；另一方面，房地产市场中的投资与消费都离不开银行信贷的支持。

图4-3、图4-4和表4-3展示了2006~2020年我国中长期贷款余额和商品房销售额及房地产开发投资的波动曲线和统计特征。由图4-2可见，房地产市场的供给和需求两方面的波动与中长期贷款同样有着较高的趋势关联。同时，商品房销售额（H_con）和房地产开发投资（H_inv）的波幅也远高于中长期贷款余额（F_loan）的波动幅度（$\hat{\sigma}_x$）4.8851，相对波动$\hat{\sigma}_\gamma$达到2.0以上（见表4-3），商品房销售额与房地产开发投资的波动幅度大于中长期贷款余额的波动。

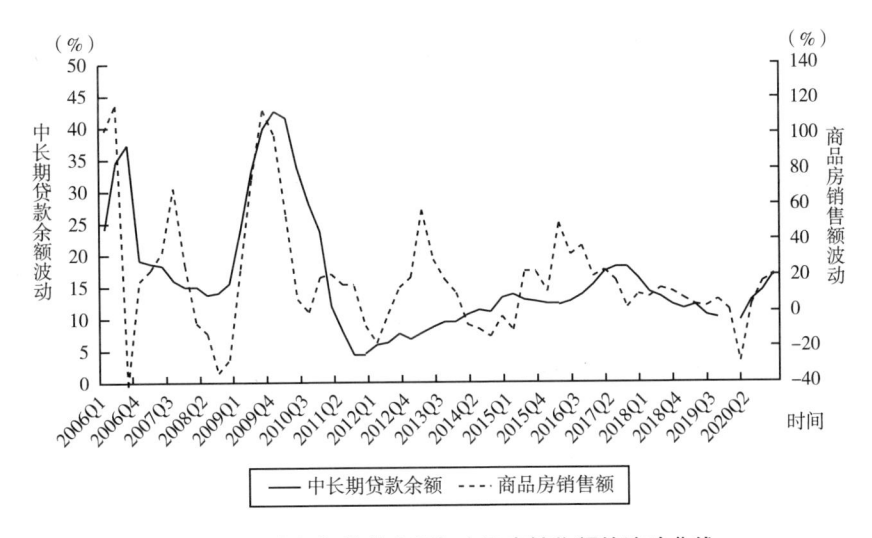

图 4-3 中长期贷款余额与商品房销售额的波动曲线

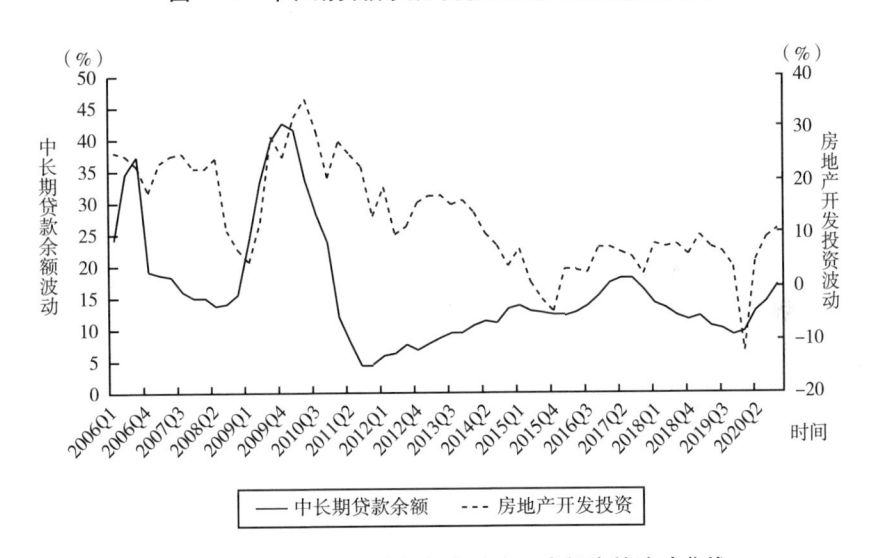

图 4-4 中长期贷款余额与房地产开发投资的波动曲线

表 4-3　中长期贷款余额、商品房销售额、房地产开发投资联动分析

变量 X	\multicolumn{9}{c}{变量 X 与 F_loan 的相关系数}
	$\hat{\sigma}_x$	$\hat{\sigma}_y$	k = -3	k = -2	k = -1	k = 0	k = 1	k = 2	k = 3
F_loan	4.8851	1	0.9507	0.9792	0.9951	1.0	0.9951	0.9792	0.9507
H_con	10.8257	2.2161	0.9425	0.9543	0.9510	0.9431	0.9279	0.9078	0.8823
H_inv	11.3045	2.3141	0.8220	0.8321	0.8364	0.8407	0.8451	0.8326	0.8161

与广义货币与房地产供给的联动关系类似,由表4-3计算结果可知,中长期贷款的波动领先于房地产开发投资的波动约1个季度,当房地产开发投资(H_inv)滞后1期(k=1)时,与中长期贷款余额(F_loan)的相关系数最大,系数值为0.8451;与广义货币与房地产需求的联动关系不同的是,中长期贷款的波动落后于房地产销售额的波动约2个季度,即当商品房销售额(H_con)领先2期(k=-2)时,与中长期贷款余额(F_loan)的相关系数最大,系数值为0.9543。从供给端角度看,投资完成、建筑周期等建设时间在一定程度上可以解释信贷领先于房地产开发投资;而从需求角度看,也可以解释信贷落后于房地产需求的现象。由此,我们给出房地产市场与宏观经济波动的两个波动特征。

波动特征3:中长期贷款的变动落后于房地产需求的变动。

波动特征4:中长期贷款的变动领先于房地产供给的变动。

图4-5、图4-6和表4-4展示了我国广义货币、中长期贷款、商品房平均价格的波动曲线和统计特征。由图4-3可见,广义货币、中长期贷款波动与商品房平均价格也有着较高的趋势关联。从表4-4中的计算结果看,商品房平均价格(H_pri)的波动幅度($\hat{\sigma}_x = 1.0501$)远小于广义货币和中长期贷款的波幅,其相对波动$\hat{\sigma}_y$在4左右(见表4-4)。

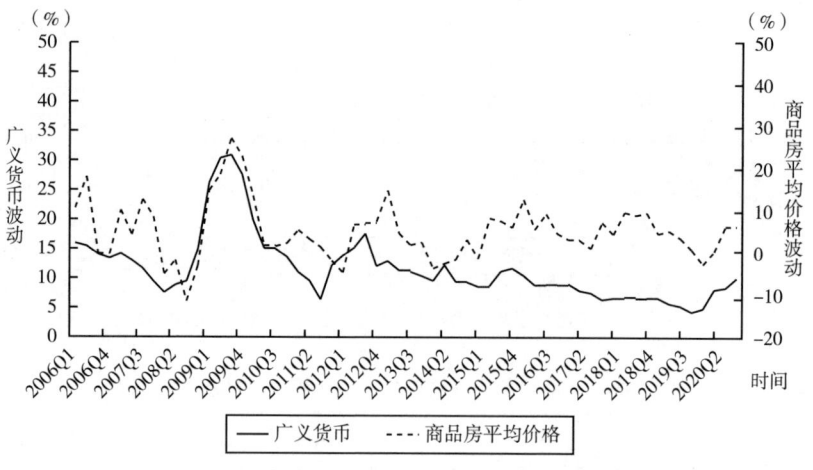

图4-5 广义货币与商品房平均价格的波动曲线

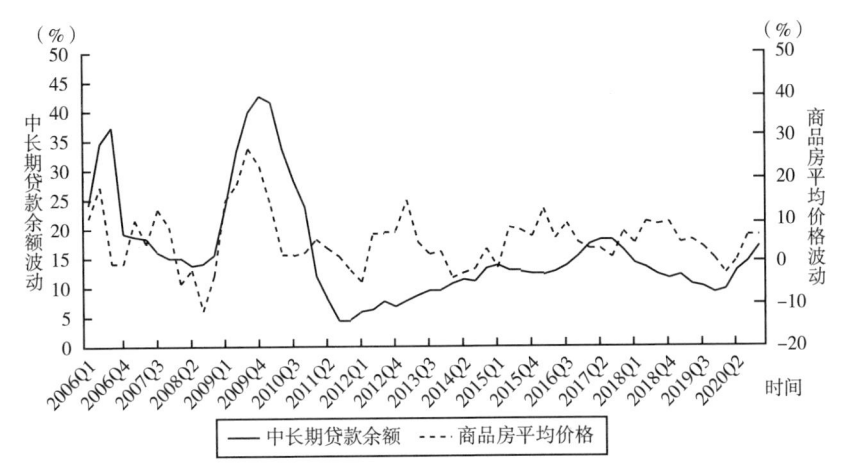

图 4-6　中长期贷款与商品房平均价格的波动曲线

表 4-4　广义货币、中长期贷款、商品房平均价格联动分析

变量 X	变量 X 与 H_pri 的相关系数							
	$\hat{\sigma}_x$	$\hat{\sigma}_\gamma$	k = -3	k = -2	k = -1	k = 0	k = 1	k = 2	k = 3
H_pri	1.0501	1	0.9479	0.9771	0.9944	1.0	0.9944	0.9771	0.9479
F_M2	4.0808	3.8861	0.714	0.7556	0.7353	0.6613	0.6275	0.5906	0.5508
F_loan	4.8851	4.6520	0.8847	0.9115	0.9319	0.9461	0.9543	0.9603	0.96

运用时差相关分析法计算得到广义货币（F_M2）的波动领先于房价波动约 2 个季度，由表 4-4 中计算结果可知，广义货币（F_M2）相对房价（H_pri）领先 2 个季度（k = -2）时，相关系数值取得最大 0.7556；而中长期贷款的波动类似其对房地产需求的影响，落后于房价的波动约 2 个季度（k = 2），相关系数值为 0.9603。

由费雪方程的原理，我们容易得到流通的广义货币可以解释经济增速和价格水平。然而，2006~2019 年，在剔除了物价上涨因素后的广义货币的季度平均增幅达到 11.65%，而同期实际 GDP 的平均增幅约为 8.31%，以平均 3% 增速超发的广义货币与房地产市场的密切联系显而易见。货币超发先是推动了商品房平均价格的上升，而房价上升又进一步刺激了信贷的增长。

波动特征 5：广义货币的变动领先于房地产价格的变动。

波动特征 6：中长期贷款的变动落后于房地产价格的变动。

（二）房地产市场与土地市场的联动特征

城市经济学关于土地供给缺乏弹性的观点被普遍接受，由于土地短期供给不足，由基本的供需关系可知建设在土地之上的商品房价格会有所上升。图4-7、图4-8和表4-5展示了我国土地开发面积、房地产开发投资、商品房价格的波动曲线和统计特征。由图4-7和图4-8可见，商品房价格、

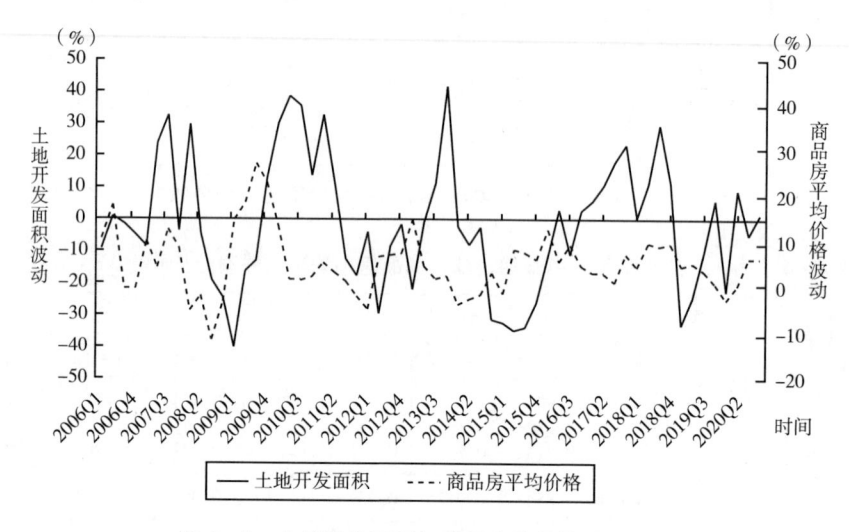

图4-7 土地开发面积与商品房价格的波动曲线

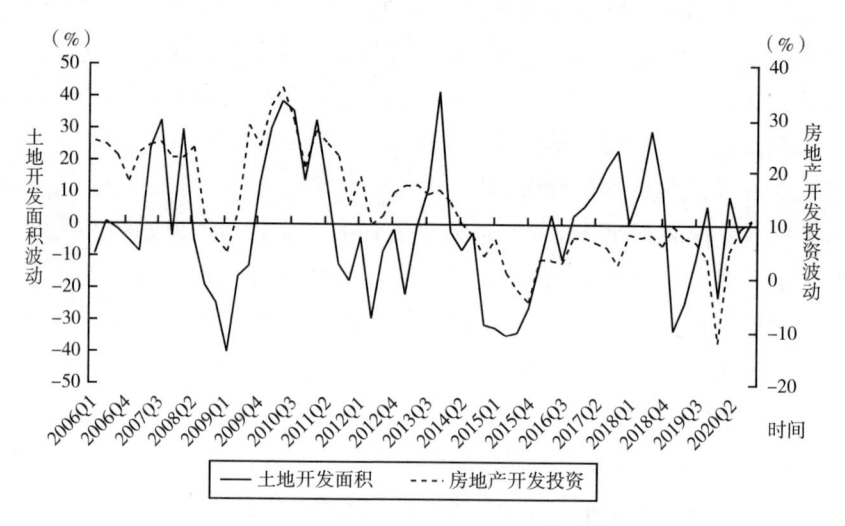

图4-8 土地开发面积与房地产开发投资的波动曲线

房地产开发投资与土地开发面积也有着较高的趋势一致性。房地产开发投资（H_inv）与土地开发面积（L_are）的波动幅度相似，相对波动值$\hat{\sigma}_\gamma$为1.3207；而商品房价格（H_pri）的波幅仅为土地开发面积（L_are）的1/8，相对波动值$\hat{\sigma}_\gamma$为0.1227（见表4-5）。

表4-5　　　土地开发面积、商品房价格、房地产开发投资统计特征

变量X	$\hat{\sigma}_x$	$\hat{\sigma}_\gamma$	k=-3	k=-2	k=-1	k=0	k=1	k=2	k=3
L_are	8.5597	1	0.9967	0.9986	0.9996	1.0	0.9996	0.9986	0.9967
H_pri	1.0501	0.1227	-0.492	-0.244	-0.227	-0.146	0.1026	0.3066	0.3121
H_inv	11.3045	1.3207	0.4369	0.4482	0.4502	0.4592	0.4415	0.4482	0.4461

由表4-5计算结果可知，房地产开发投资（H_inv）的波动和土地开发面积（L_are）是同步的，相关系数在同期（k=0）达到最大，系数值为0.4592，显然房地产投资和土地开发面积波动是密切相关的；土地开发面积与商品房价格的波动关系却相对复杂，商品房价格（H_pri）领先土地开发面积（L_are）三个季度（k=-3）时，达到绝对值最大，相关系数值为-0.4920，即土地供应与房价是逆周期波动的。另外，商品房价格（H_pri）滞后土地开发面积（L_are）三个季度时（k=3）时，相关系数值又变为0.3121，也可以解释为土地供应与房价是顺周期波动的。

这一结果，用我们已发表的其他方法研究得到的观点（虞晓芬等，2011）可以解释：由于商品房开工至竣工往往需要1~2年的建筑周期，即使我国商品房有期房预售制度，土地从开发至商品房销售仍然需要一定时间，因此，房价上涨或下跌对土地开发量的传导需要时间，而自2002年7月我国土地制度由完全土地供应计划转为"招拍挂"制度后，土地供应量的变动幅度将在很大程度上影响商品房的建设成本，进而影响商品房价格。在国有土地一级市场政府管制的情况下，土地开发数量与房地产价格之间的关系尚不明确。

波动特征7：土地开发面积与房地产投资波动同期。

波动特征8：土地开发面积与房价波动的关系尚不明确。

（三）房地产市场与居民收入的联动特征

现有研究表明，房价与人均可支配收入可能存在长期的正相关，但当房

价和人均可支配收入均快速增长时，房价收入比却趋于上升（吕江林，2010；朱诗娥和顾欣，2021）。也有研究表明，房价波动可能引发劳动力成本的增加，逆向推动居民收入增加（高虹，2014；郭娟娟等，2020）。图4-9、图4-10和表4-6展示了2006年第一季度至2020年第四季度我国城镇居民人均可支配收入、商品房价格、社会消费品零售总额的波动曲线和统计特征。从波动幅度看，商品房价格的波幅（$\hat{\sigma}_x = 1.0501$）最低，其次为人均可支配收入（$\hat{\sigma}_x = 2.2608$），社会消费品零售总额（$\hat{\sigma}_x = 5.1353$）的波动最大。

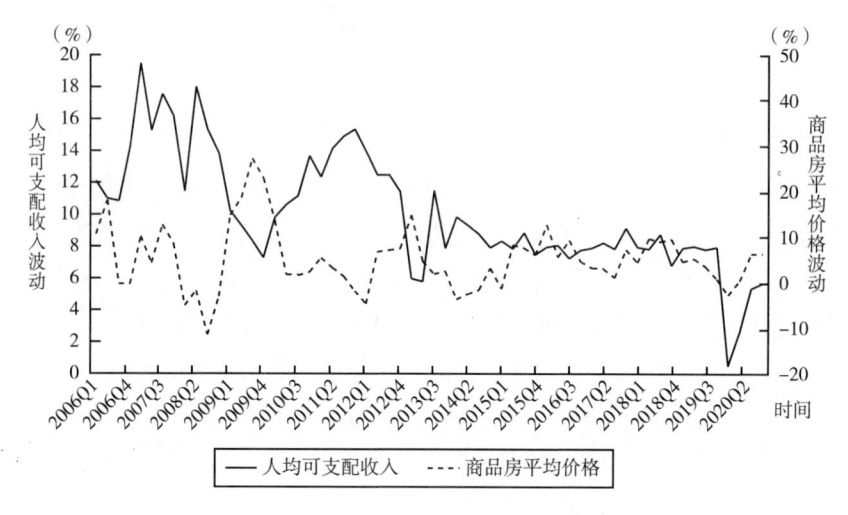

图4-9 人均可支配收入与商品房平均价格的波动曲线

图4-10 人均可支配收入与社会消费品零售总额的波动曲线

表4-6　人均可支配收入、商品房价格、社会消费品零售总额统计特征

变量X	$\hat{\sigma}_x$	$\hat{\sigma}_y$	变量X与G_inc的相关系数						
			k=-3	k=-2	k=-1	k=0	k=1	k=2	k=3
G_inc	2.2608	1	0.9979	0.9991	0.9998	1.0	0.9998	0.9991	0.9979
H_pri	1.0501	0.4645	0.7805	0.7870	0.7967	0.7924	0.7792	0.7612	0.7433
G_con	5.1353	2.2715	0.9653	0.9705	0.9748	0.9783	0.9789	0.9787	0.9775

由表4-6计算结果可知，可支配收入领先于房价波动1个季度，相关系数在同期（k=-1）达到最大，相关系数值为0.7967。居民人均可支配收入也领先于社会消费品零售总额的波动约1期，相关系数值为0.9789。

为了进一步明确居民收入及其他消费对房地产市场的影响，我们分析了社会消费品零售总额与商品房销售总额之间的关系，计算结果见表4-7。社会消费品零售总额（G_con）的波动滞后于商品房销售总额（H_con），且可能大于3期（k=-3），相关系数值为0.9567。这在一定程度上可以用居民收入被优先投入与房地产市场来解释。实际上2006年第一季度至2020年第四季度，剔除价格因素后，我国居民可支配收入平均每季增幅约为7.81%，社会消费品零售总额增幅约为8.97%，而商品房销售总额增幅则达到18.40%，居民收入增长更多地被房地产市场吸纳，居民住房负担逐渐增加。

波动特征9：居民收入波动领先于房地产价格波动。

波动特征10：房地产价格波动领先于其他消费需求波动。

表4-7　消费品零售总额与、商品房销售总额统计特征

变量X	$\hat{\sigma}_x$	$\hat{\sigma}_y$	变量X与G_con的相关系数						
			k=-3	k=-2	k=-1	k=0	k=1	k=2	k=3
G_con	5.1353	1	0.9883	0.9951	0.9988	1	0.9988	0.9951	0.9883
H_con	10.8257	2.1081	0.9567	0.9428	0.9275	0.9115	0.8996	0.8860	0.8710

四、主要结果

通过挖掘我国2006年第一季度至2020年第四季度相关数据，我们从周期特征对我国宏观经济和房地产市场发展过程中的诸多波动特征进行了分析

和挖掘。研究结果表明，房地产市场在我国宏观经济中占有比较重要的角色，与宏观经济的重要指标之间都有很强的周期联动性。整体表现出货币信贷因素波动领先于房地产需求和供给变动、土地市场波动与房价波动关系复杂、房地产消费挤占其他消费等多个波动特征。这些典型特征较为全面地刻画了我国房地产市场与宏观经济的波动特点，为下面构建 SVAR 模型进行实证和理论研究提供了经验依据。

第三节　房价波动与宏观经济波动间的互动关系

一、数据与模型

（一）变量选择及描述

宏观因素方面，遵循绝大多数的经典论述（Cheng and Yang 2020；Ramey，2016；Huabc，2005），本节选择将国内生产总值（Gdp_t）纳入模型，表征实际总产出；收入因素方面，选择城镇居民人均可支配收入（$Inco_t$）指标；土地供应因素方面，本节选择采用房地产土地出让面积（$Area_t$）指标；本节的房价（Hp_t）数据采用房地产销售额除以房地产销售面积得到的均价。①

特别需要说明的是，在货币信贷因素方面，我们参照美联储的 FRB/US 模型以及程凯和杨洋（Cheng and Yang，2020）、拉米（Ramey，2016）的普遍做法，并结合我国实际，选择广义货币量（$M2_t$）和银行间同业拆放利率（$Rate_t$）作为表征变量。由于我国央行可利用一种或多种政策工具（包括公开市场业务、再贴现率和准备金要求等）通过中介目标变量［包括货币规模和货币价格（利率）两类］作用于最终变量来实施货币政策。货币规模方面，我们选择 M2 作为衡量货币供给量的表征变量（Sun et al.，2010）。货币价格（利率）方面，我们选取中国利率体系中利率市场化程度较高且影响其他金融和经济运行较为直接的银行间同业拆借利率，并以变动最为敏感的短期（7 日）利率的加权平均为利率表征变量。

我们将上述六个变量（$M2_t$、$Rate_t$、Gdp_t、$Inco_t$、$Area_t$、Hp_t）纳入 SVAR

---

① 我们也将中国 70 个大中城市住宅销售价格的加权平均值进行了稳健性检验，具体结果可向作者索取。

模型，时间跨度确定为 2006 年第一季度至 2020 年第四季度，共 60 期，数据获取来源参见本章第二节，数据描述见表 4-8。在进行实证分析前，我们对数据分别进行剔除通货膨胀、季节性调整、定基等处理：为了剔除通货膨胀因素，对经济变量进行了平减处理，其中，实际总产出（Gdp_t）以不变价计量，货币规模（$M2_t$）、居民收入（$Inco_t$）和房价（Hp_t）则以 CPI 指数进行平减；采用 X13 方法对原始的季节数据进行处理，以去掉其中的季节因素；为了使各变量在量纲上统一，对除利率（$Rate_t$）以外的变量进行了定基化处理，并取自然对数（此后变量前以"ln"表示）。上述处理，既削减了数据的非平稳性，还保持了反映变量波动间弹性关系，这恰好是我们及当前大部分研究最为关心的。[①]

表 4-8　　　　　　　　　　变量描述

项目	中间值 (Mean)	最大值 (Maximum)	最小值 (Minimum)	标准差 (Std. Dev.)	样本数 (Obs.)
Gdp_t	102 846.60	177 609.60	46 027.33	37 464.25	60
$Inco_t$	5 178.10	8 092.80	2 662.78	1 495.58	60
$M2_t$	842 583.90	1 472 617.91	304 097.40	360 143.60	60
$Rate_t$	3.53	5.77	1.23	1.13	60
$Area_t$	8 112.38	13 729.02	1 968.62	2 665.07	60
Hp_t	4 878.20	6 873.29	3 180.21	1 016.96	60

（二）序列平稳性检验

对于时间序列数据，为确定没有随机趋势或确定趋势，防止"伪回归"问题的出现，必须先进行数据的平稳性检验。本节采用时间序列平稳（augmented dickey-fuller，ADF）检验判断各变量是否平稳。ADF 检验的结果显示，在给定 5% 的显著性水平下，实际总产出（$lnGdp_t$）、居民收入（$lnInco_t$）、新开工施工面积（$lnArea_t$）及房价（$lnHp_t$）不能拒绝 ADF 检验的原假设，即存在单位根，时间序列非平稳。对原序列非平稳的变量数据进行一阶差分处理后，变量均拒绝原假设，时间序列平稳，因此上述四个变量均为 1 阶差分平稳 I（1）。由于这些变量与其他重要变量非同阶单整，不能与其他

[①] 例如，王君斌等（2013）指出，我国货币数量控制上由货币供给规模的控制逐渐转向货币增长率控制，而国外很早就将研究重点集中在宏观变量与房价间的弹性分析上。

变量一起进行 VAR 及 SVAR 分析，因此，将所有变量均进行一阶差分处理，差分后经过 ADF 检验，发现 t – Statistic 大于临界值（Prob. < 0.05，在 5% 的水平下显著），因而认为是平稳时间序列，检验结果见表 4 – 9。

表 4 – 9　　　　　　　　　　序列平稳性检验结果

项目	原序列		一阶差分	
	t 检验值 （t-Stat）	伴随概率 （Prob.）	t 检验值 （t-Stat）	伴随概率 （Prob.）
$lnGdp_t$	– 1.0446	0.7316	– 8.9975	0.0000
$lnInco_t$	– 2.1527	0.2255	– 8.9238	0.0000
$lnM2_t$	– 3.6370	0.0078	– 4.4342	0.0007
$Rate_t$	– 3.6096	0.0085	– 5.0209	0.0001
$lnArea_t$	– 1.8514	0.3526	– 4.0787	0.0022
$lnHp_t$	– 0.8898	0.7848	– 8.7320	0.0000

（三）确定最优滞后阶数

在 VAR 及 VAR 建模过程中，滞后阶数的确定也尤为重要，既要使滞后阶数足够大，以完整反映模型的动态特征，又要约束估计参数的个数，使模型有足够的自由度。本节综合考虑了最终预测误差（final predidyion error，FPE）、赤池信息准则（Akaike Information Criterion，AIC）、结构性贝叶斯信息准则（Structural Bayesian Information Criterion，SBIC）和似然比（likelihood ratio，LR）信息准则的结果，结果如表 4 – 10 所示，并综合考虑观察点个数的限制和前面的分析，确定最优滞后阶数为 2 阶。

表 4 – 10　　　　　　　　　　最优滞后阶数检验结果

滞后阶数	LogL	LR	FPE	AIC	SBIC
0	915.5379	NA	1.74e – 22	– 33.07410	– 32.85512
1	962.4653	81.90963	1.18e – 22	– 33.47146	– 31.93859
2	990.6627	43.06524	1.64e – 22	– 33.18774	– 30.34097
3	1 032.193	54.36658	1.52e – 22	– 33.38883	– 29.22817
4	1 066.848	37.80561	2.05e – 22	– 33.33992	– 27.86538

（四）协整检验

在探究变量之间的关系前，需要对变量进行协整检验，如果变量之间是协整的，则可以进一步探究变量之间的长期关系，如果变量之间不存在协整关系，则说明所选变量间无长期均衡关系。为检验宏观变量与房地产价格波动之间是否具有动态关联，本节采用 Johansen 协整检验进行分析，检验结果如表 4-11 所示，结果无法拒绝变量间存在 1~3 个协整关系，因此，可以认为变量间是协整的。

表 4-11 协整检验结果

项目	特征根	迹统计量	5%临界值	最大特征计量	5%临界值
0 个协整向量	0.5595	141.6862	95.7537	0.0000	0.5595
1 个协整向量*	0.4597	95.7809	69.8189	0.0001	0.4597
2 个协整向量*	0.3799	61.3050	47.8561	0.0017	0.3799
3 个协整向量*	0.3010	34.5399	29.7971	0.0132	0.3010
4 个协整向量	0.1986	14.4893	15.4947	0.0705	0.1986
5 个协整向量	0.0367	2.0945	3.8415	0.1478	0.0367
6 个协整向量	0.5595	141.6862	95.7537	0.0000	0.5595

注：*表示合适的协整向量数。

二、约束识别机制

如前面所述，本书结构向量自回归模型（SVAR）由六个变量构成，即 $y_t = [\ln Gdp_t, \ln Inco_t, \ln M2_t, Rate_t, \ln Area_t, \ln Hp_y]'$，对于 6 个变量且滞后 2 阶的 SVAR 模型，需要至少约束条件 $[6 \times (6-1)]/2 = 15$（个）。本节根据经济理论及常识经验，分析各经济变量和结构冲击有意义的同期关系，对 SVAR 模型中的同期表示矩阵 A 施加限制条件，具体约束假设如下。

约束一：国内外的相关研究均指出实际总产出受到消费、投资、政府购买和净出口的综合影响，居民收入提升往往滞后于实际总产出的增长（Feldstein and Martin, 2017）。房价变化会对房地产投资、居民消费及上下游产业发展等产生影响，但都存在外部时滞性。本研究假设居民收入和房价的波动都不会对实际总产出产生当期影响，约束矩阵 $A_{12} = 0$，$A_{16} = 0$。

约束二：土地供应量及房价波动对居民收入的影响有一定滞后期，不会对居民收入产生当期影响。由此，假设约束矩阵$A_{25}=0$，$A_{26}=0$。

约束三：根据经典的凯恩斯货币理论，各国货币市场通常受到中央银行的监管，货币供应量由国家控制，是一国调控宏观经济最重要的工具之一，是外生变量。为实现政策目标（如稳定物价、促进增长等），货币当局常常综合使用几种政策工具（Zhang，2009），调整货币供给量，具有显著的政策导向性。相关研究表明，非内生性的货币政策是导致货币市场的大部分波动的原因，其都将货币供给量看作独立的外生变量（Aoki et al.，2004；Cheng and Yang，2020）。由此，本研究假设货币供应量M2不受总产出、居民收入、土地供应量、市场利率及房价波动的当期影响，即$A_{31}=0$，$A_{32}=0$，$A_{34}=0$，$A_{35}=0$，$A_{36}=0$。

约束四：中央银行的基准利率是货币当局用于调节宏观经济和金融市场运转的货币工具之一。而市场利率（如国内金融市场的上海银行间同业拆放利率Shibor、国际金融市场的伦敦银行间同业拆借利率Libor等）是货币当局通过货币政策进行调控的操作目标。例如，美联储主要通过公开市场业务调控货币供应量，引导市场利率逼近其政策目标，进而影响宏观经济。由此，本研究假设市场利率受到货币供应量的影响，但是不受总产出、居民收入、土地供应及房价的当期影响。约束矩阵$A_{41}=0$，$A_{42}=0$，$A_{43}=0$，$A_{45}=0$，$A_{46}=0$。

约束五：我国地方政府对土地市场的行政约束和财政依赖，导致土地供应量与房价波动之间的关系非常密切。而金融市场的波动，如货币规模和利率波动等，也会直接影响房地产开发的信贷约束及成本，可能影响土地供应。但是潜在宏观总产出及居民收入波动，虽然会影响房地产市场的未来预期，但不会对当期土地供应量产生直接影响。由此，约束矩阵$A_{51}=0$，$A_{52}=0$。

本研究的重点是分析影响房价波动的宏观因素，故假设房价对当期总产出波动、居民收入、货币规模、利率及房屋供应的当期波动均敏感。

虽然，古典和新古典经济学派一般认为货币供给增长率的变化将导致价格水平的相应增长，对于长期实际产出水平不会产生影响（Aiyagari et al.，1992）。但是，由于市场均衡价格的调整具有"时滞性"，至少短期内货币规模及货币价格对宏观经济的冲击不容忽视。货币市场及货币政策对宏观运行波动的因果分析是一直是国内外的研究热点，大量的研究结果也证实了货币规模及货币价格对产出、投资和物价变化等的冲击影响。故本研究假设，总产出波动、居民收入、土地供应及房价的波动，都受到货币规模和利率的同期影响。

综合上述，15 个约束正好构成约束条件，SVAR 模型是恰好识别的（just-identified），模型可以进行下一步的估计和分析，参见表 4-12。

表 4-12　　　　　　　　SVAR 模型的识别条件

项目	$lnGdp_t$	$lnInco_t$	$lnM2_t$	$Rate_t$	$lnArea_t$	$lnHp_t$
$lnGdp_t$	1	0	A_{13}	A_{14}	A_{15}	0
$lnInco_t$	A_{21}	1	A_{23}	A_{24}	0	0
$lnM2_t$	0	0	1	0	0	0
$Rate_t$	0	0	A_{43}	1	0	0
$lnArea_t$	0	0	A_{53}	A_{54}	1	A_{56}
$lnHp_t$	A_{61}	A_{62}	A_{63}	A_{64}	A_{65}	1

三、实证结果分析

（一）脉冲响应分析

脉冲响应函数反映了当 SVAR 模型某个变量受到"外生冲击"时，模型中其他变量受到的动态影响。本节利用脉冲响应函数分析各宏观经济因素的波动对房地产价格的影响，分别给不同经济因素以一个正向的冲击，采用广义脉冲方法，得到关于房价波动的脉冲响应函数图。在图 4-11 至图 4-20 中实线表示补充响应函数，纵轴表示对冲击的响应度，[①] 横轴表示冲击作用的滞后时期（季），实现代表房价对响应的宏观变量的冲击反应，虚线表示正负两倍的标准差偏离带（95.5% 的置信区间）。

如表 4-13 所示，当 GDP 上升 1 个单位，房价会很快上升 0.31 个单位，随后出现波动，经过 8 个季度才恢复到原来的水平（见图 4-11）。如表 4-14 所示，对房价的积累影响最后稳定在 13% 左右（见图 4-12）。该结果与现有研究认为实际生产力的上升会在短期内刺激处于上游的资产价格快速提高，与中间品、消费品价格依次上涨的结论基本一致（Andre et al., 2021）。

---

① 由于所有变量统一了量纲并进行了对数运算，根据相关论述，差分序列的脉冲反应与原始数据的脉冲反应相同，因此，只需考虑取对数对数据的影响，本节纵轴变动的幅度就是相对于其对数的百分比变化（即 0.1 = 1%）。

表 4 – 13　　　房价波动对宏观经济变量的脉冲响应函数

时期	lngdp	lninco	lnM2	rate	lnarea
1	0.3101	0.0434	0.3367	-0.0008	-0.1319
2	-0.1114	-0.1085	0.1507	-0.0077	0.0646
3	-0.0421	0.2802	0.6955	-0.0037	0.0005
4	-0.0366	0.0114	-0.1128	-0.0025	0.0195
5	0.0336	0.2243	0.1224	-0.0012	0.0286
6	-0.0454	-0.0153	0.0146	0.0024	-0.0146
7	0.0059	0.0254	-0.1047	0.0002	0.0053
8	0.0233	-0.0405	0.0376	0.0005	-0.0003

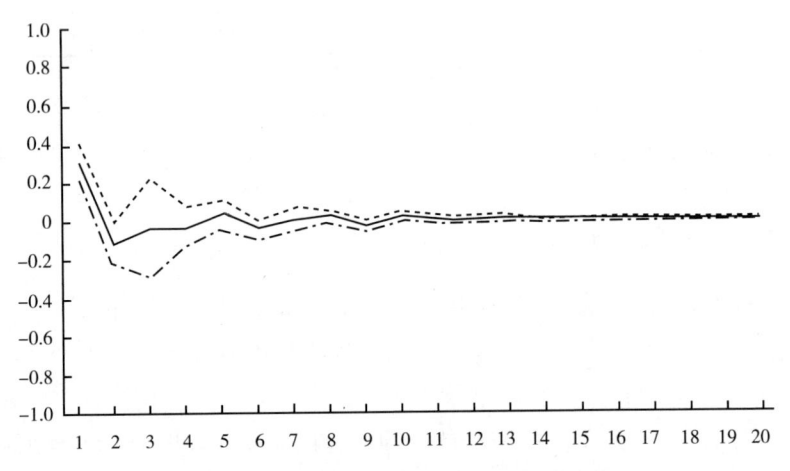

图 4 – 11　总产出冲击引起房价的响应函数

表 4 – 14　　　房价波动对宏观经济变量的脉冲响应积累函数

时期	lngdp	lninco	lnM2	rate	lnarea
1	0.3101	0.0434	0.3367	-0.0008	-0.1319
2	0.1987	-0.0651	0.4874	-0.0085	-0.0673
3	0.1566	0.2151	1.1829	-0.0122	-0.0668
4	0.1200	0.2265	1.0700	-0.0147	-0.0474
5	0.1536	0.4508	1.1925	-0.0158	-0.0188
6	0.1083	0.4355	1.2070	-0.0134	-0.0334
7	0.1142	0.4609	1.1022	-0.0132	-0.0281
8	0.1374	0.4204	1.1398	-0.0127	-0.0283

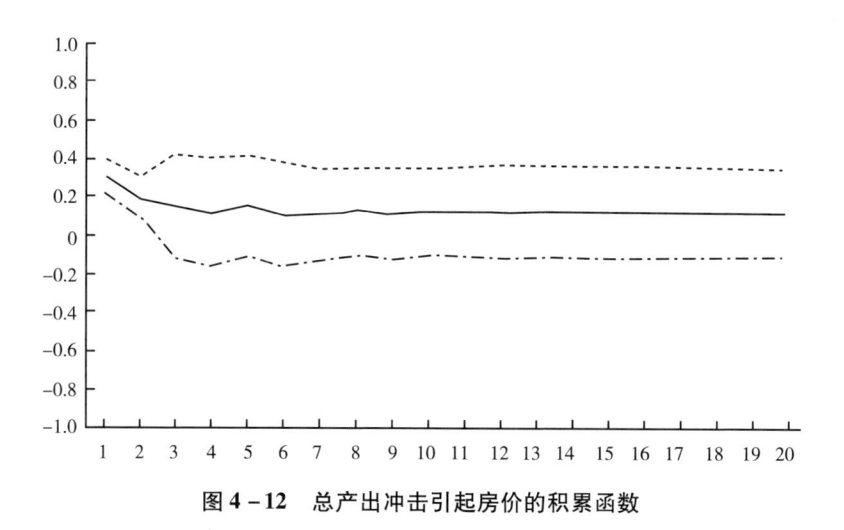

图 4-12　总产出冲击引起房价的积累函数

如表 4-13 所示，居民收入的波动对房价的影响基本符合预期，在初始 4% 的正向影响后，第 2 期开始震荡，在第 3 期达到最高 28% 的正向冲击（见图 4-13）。如表 4-14 所示，居民收入会对房价产生持续的正面推动，其积累影响稳定在 40% 左右（见图 4-14）。该结果与其他学者的意见一致（Piazzesi et al., 2007），即从长期来看房价的增长与居民收入增长趋势一致，工资水平与资产价格水平会相互促进。从我们的研究结果看，收入波动对房价的短期效应并不明显，但是长期影响显著。根据持久收入理论（permanent income hypothesis），"居民消费不取决于现期收入的绝对水平，也不取决于现

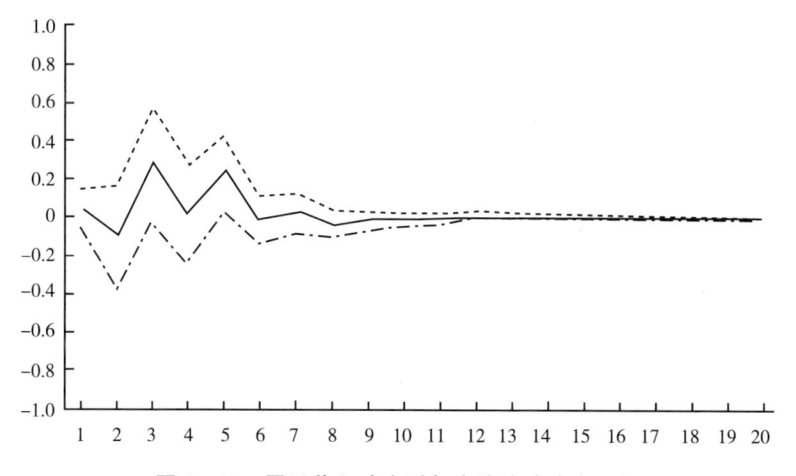

图 4-13　居民收入冲击引起房价波动响应函数

期收入和以前最高收入的关系,而是取决于居民的持久收入",居民长期且稳定的收入增长(下降)才会推升(拉低)房价。

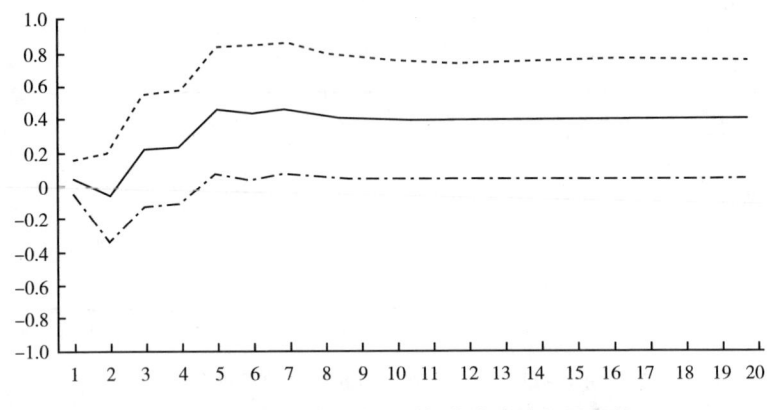

图4-14 居民收入冲击引起房价波动积累函数

如表4-13所示,由宽松类型的货币政策带来的广义货币(M2)冲击,可以推动银行的信贷扩张使得融资成本降低,房地产需求通过贷款购房等借贷方式短期内便有显著提高(Baks and Kramer, 1999; Stein, 1995; Matteo, 2015; Ramey, 2016)。M2对房价的影响在前3期均显著为正,且在第2期达到最高峰70%(见图4-15)。如表4-14所示,M2对房价的积累最后影响稳定在110%左右,即1个单位的M2增长,会导致房价上涨1.1个单位(见图4-16)。这与普遍的房价和M2同步上涨的假设相符,且与众多相关研究中货币供应规模扩张会迅速推高房价的判断一致。

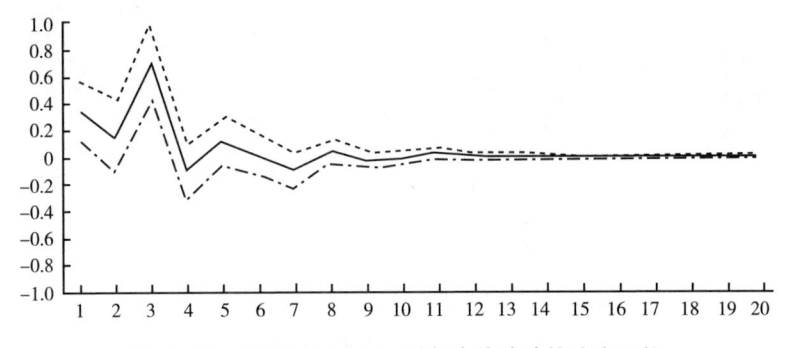

图4-15 货币供应量冲击引起房价波动的响应函数

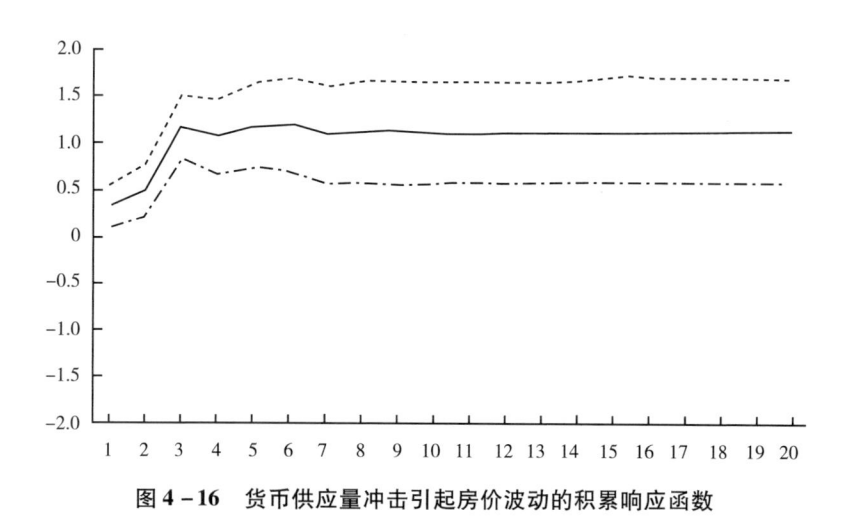

图 4-16　货币供应量冲击引起房价波动的积累响应函数

如表 4-13 所示，市场利率（rate）冲击对房价波动产生负向影响，拉低了房价，其负面效应在前 5 期显著，自第 6 期后逐渐震荡趋至于 0（见图 4-17）。如表 4-14 所示，长期积累冲击也显著为负（见图 4-18）。[①] 根据经济学常识，实际利率与固定资产价格之间存在长期稳定的负向均衡关系（Reichert, 1990）。本书的实证分析验证了这一理论。

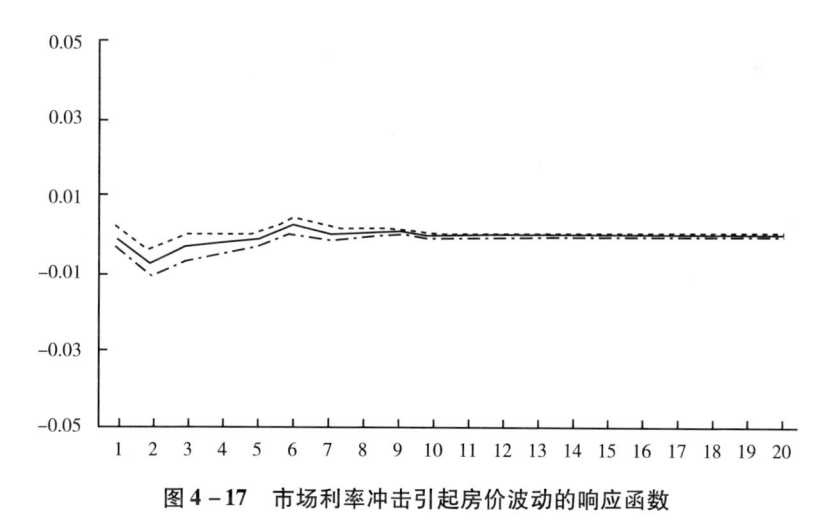

图 4-17　市场利率冲击引起房价波动的响应函数

---

① 由于当量不一致（rate 数据未进行对数处理），但近似估计可知利率每增长 1%，房价会有 1% 的下降。

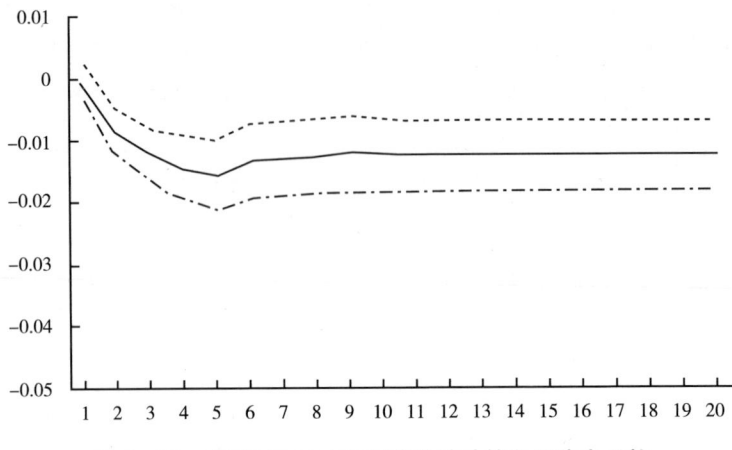

图 4-18 市场利率冲击引起房价波动的积累响应函数

如表 4-13 所示，土地市场方面，土地开发面积波动会在短期（1 期）内对房价造成较大的负面冲击（13%），出让土地数量增加可能显著拉低房价，但是长期而言，其影响在接下来的 4 期中微弱震荡趋零（见图 4-19）。如表 4-14 所示，土地数量对房价的积累影响稳定在负向的 3% 左右，即增加 1 个单位的土地会导致房价下降 0.03 个单位（见图 4-20）。土地供给量的增加促使房价上涨预期下降，但如一些研究所指出的（Burnett，2016），土地供应具有显著的区域性特征，偏远城市大规模的土地供应可能导致该地区房价下降，但对中心城市的房价波动影响有限，土地供应与土地需求的错配在一定程度上解释了土地开发面积增长但房价并未显著降低的情况。中国

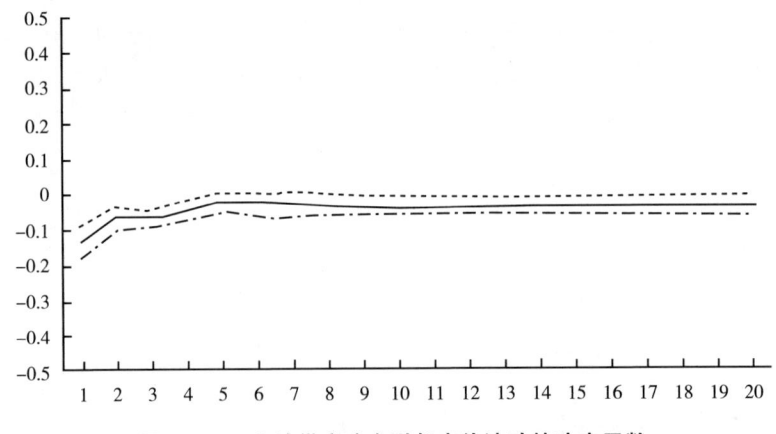

图 4-19 土地供应冲击引起房价波动的响应函数

的土地管制机制对房地产的开发强度进行了规制，导致土地开发面积与实际房屋供应间的关系并不直接相关。

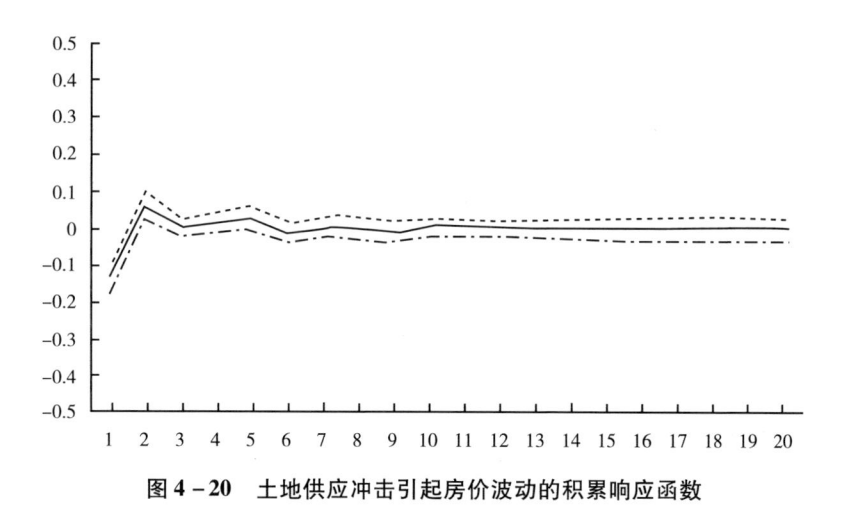

图 4-20　土地供应冲击引起房价波动的积累响应函数

（二）方差分解分析

方差分解是将任意一个内生变量的预测均方误差分解成系统中各变量冲击所作的贡献，然后计算出每一个变量冲击的相对重要性，即变量的贡献。本研究以 Cholesky 分解法对 SVAR 模型方差进行分析。由表 4-15 可以看出，房价波动受其自身惯性影响最大，初期达到 73%，经过 10 期震荡稳定在 50% 左右。金融市场中的货币供应量和利率引起的部分分别为 12% 和 9%，货币信贷市场对房地产价格波动的总影响约为 20%，其对房价影响的重要性得到进一步证实。结合之前的脉冲反应分析可知，货币政策和利率政策的变化会引起房价的大幅波动。GDP 作为宏观经济潜在生产力的表征，对房价波动变化的影响力度约为 10%，土地供应量同样对房价有重要影响，其影响力度约为 10%。值得注意的是，在 2 期后（半年后），居民收入对房价波动的影响逐渐增加，说明居民收入对房价波动的影响具有滞后性，长期收入是支撑房价长期变化的重要影响因素之一。

表 4-15　　　　　　　　　方差分解结果　　　　　　　　　单位:%

时期	S.E.	lngdp	lninco	lnM2	rate	lnarea	lnhp
1	0.0188	13.3681	0.2289	6.2080	1.5791	5.5735	73.0424
2	0.0203	14.2189	0.1727	4.9890	7.7462	4.6856	68.1876
3	0.0208	11.3415	3.3273	12.4492	8.3787	9.7103	54.7931
4	0.0209	11.2565	3.2572	12.4918	8.7648	9.6117	54.6179
5	0.0210	10.8120	4.8788	12.0940	8.6133	9.3325	54.2694
6	0.0210	10.6763	4.8515	11.9388	9.2062	9.3648	53.9625
7	0.0210	10.6498	4.8356	12.1256	9.1784	9.4764	53.7343
8	0.0210	10.6767	4.8425	12.1510	9.1824	9.4925	53.6550

(三) 反馈效应

在综合考虑宏观因素波动对房价的影响后,本部分进一步分析受到货币政策等冲击后的房地产市场对宏观经济的反馈效应 (feedback influence)。表 4-16 与表 4-17 分别报告了宏观经济变量对房价波动脉冲响应函数和响应积累函数。从结果看,房价波动会对 GDP、居民收入产生负面影响。在其他因素不变的情况下,房价每上涨 1%,当期会带来 GDP 约 0.63% 的降幅,居民收入也会下降 0.11%,此后虽小幅的上升,但上升幅度远小于之前的下降幅度。8 期(两年)后,房价波动对 GDP 和居民收入的长期负面影响依然存在,最终达到 -0.87% 与 -0.21%,显示房价波动对实体经济的挤出作用 (crowding out effect)。同时,房价上涨还会引发 2 倍以上土地开发面积增长,吸引更多的投资进入房地产市场。但是,我们也发现,房价上涨会吸收大量货币,长期而言,房价每上涨 1%,会吸收 0.31% 货币投放量,通过"蓄水池效应 (reservoir effects)"抑制通货膨胀,缓解了宽松的货币政策对经济不确定性的影响,相关结果见图 4-21。

表 4-16　　　　　宏观经济变量对房价波动的脉冲响应函数

时期	lngdp	lninco	lnM2	rate	lnarea
1	-0.5276	-0.2336	0.0000	0.0000	0.4512
2	0.0412	-0.0079	-0.3144	0.3158	0.0602
3	-0.0859	-0.1738	-0.2204	0.1318	0.0255
4	-0.0818	0.0174	-0.1064	0.0080	-0.0717

续表

时期	lngdp	lninco	lnM2	rate	lnarea
5	-0.0225	-0.0233	-0.0210	-0.0398	-0.0628
6	-0.0243	0.0073	0.0137	-0.0758	0.0289
7	-0.0201	-0.0034	0.0062	-0.0277	-0.0266
8	0.0011	-0.0207	0.0132	-0.0292	-0.0007

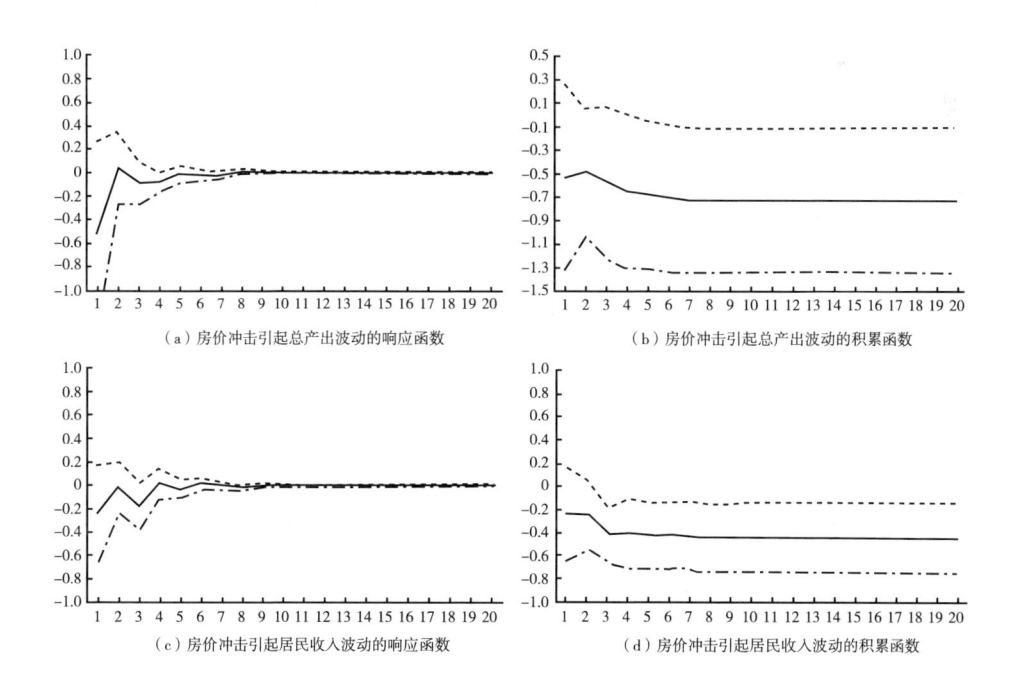

表4-17　　　宏观经济变量对房价波动的脉冲响应积累函数

时期	lngdp	lninco	lnM2	rate	lnarea
1	-0.5276	-0.2336	0.0000	0.0000	0.4512
2	-0.4864	-0.2416	-0.3144	0.3158	0.5114
3	-0.5723	-0.4153	-0.5348	0.4477	0.5369
4	-0.6541	-0.3980	-0.6412	0.4557	0.4653
5	-0.6766	-0.4214	-0.6622	0.4159	0.4025
6	-0.7010	-0.4140	-0.6484	0.3401	0.4314
7	-0.7211	-0.4175	-0.6423	0.3123	0.4049
8	-0.7200	-0.4382	-0.6290	0.2831	0.4042

(a) 房价冲击引起总产出波动的响应函数

(b) 房价冲击引起总产出波动的积累函数

(c) 房价冲击引起居民收入波动的响应函数

(d) 房价冲击引起居民收入波动的积累函数

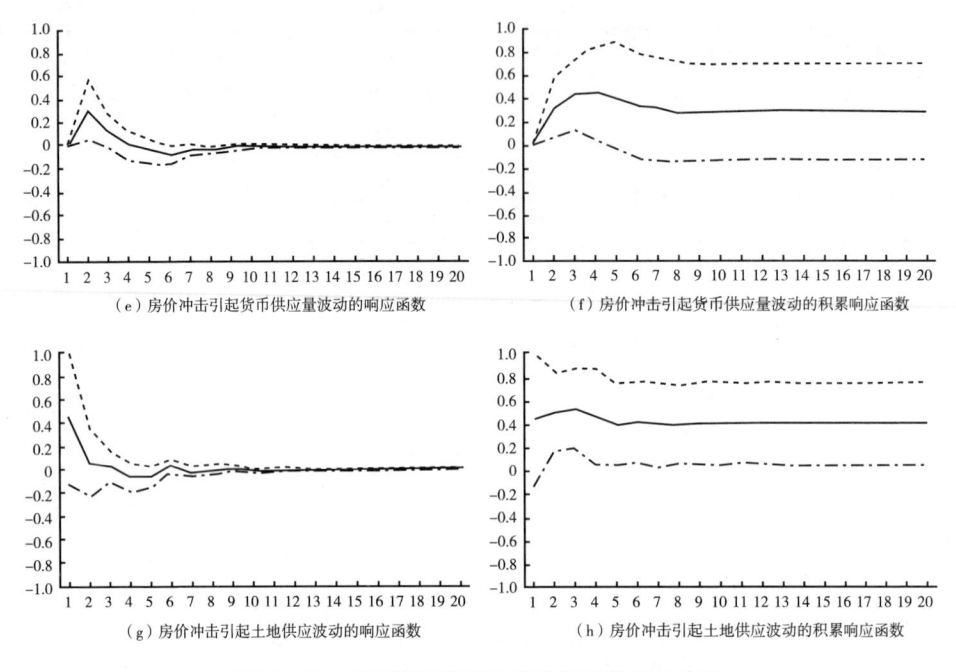

(e) 房价冲击引起货币供应量波动的响应函数　　　(f) 房价冲击引起货币供应量波动的积累响应函数

(g) 房价冲击引起土地供应波动的响应函数　　　(h) 房价冲击引起土地供应波动的积累响应函数

图 4-21　宏观经济变量对房价波动的脉冲响应

四、主要结果

本节利用中国 2006 年第一季度至 2020 年第四季度的相关数据,通过构建 SVAR 模型,综合运用脉冲响应分析和方差分解方法研究宏观经济因素与房地产价格波动之间的互动关联。结果表明,房价波动确实受到宏观经济因素的影响,房价波动又反作用于宏观经济。

货币是影响房地产价格波动最为重要的宏观因素,货币供应量和市场利率变化对房价产生直接而强烈的影响。研究表明,房价上涨吸收大量货币,缓解宽松的货币政策带来的通货膨胀。GDP 对房价的影响是正面的,生产力的提高会推动房价上涨。与暂时性的财富波动相比,只有居民的持久收入变化才能影响房价,这一影响起初可能并不明显,但是持久的收入增长会逐渐推高房价;同时,房价上涨最终会削弱 GDP 的增长,也会减少居民总体收入。土地管制会直接导致房价波动上涨,房价上涨也会显著推动土地开发面积和房地产投资。

需要指出的是，影响房地产价格的因素，除了宏观经济力量之外，还有特殊冲击，包括但不限于税率、汇率、土地使用法规、能源市场、劳动力市场和其他与经济密切相关的领域，限于篇幅，不作一一研究。

第四节　本章小结

本章以房价波动与宏观经济因素相互关系为主要研究对象，结合国内外房地产市场相关研究的理论基础，主要利用我国 2006 年第一季度至 2020 年第四季度的相关数据，从周期特征角度对我国宏观经济和房地产市场发展过程中的诸多波动特征进行分析和挖掘，发现货币信贷因素变动领先房地产需求供给变动、土地市场波动与房价波动具有逆周期性、房地产消费挤占其他消费等多个我国房地产市场与宏观经济波动间的特征。

在此基础上，本章构建了 SVAR 模型，综合运用脉冲响应分析和方差分解方法研究宏观经济因素与房地产价格波动之间的动态关联。结果表明，货币与信贷是影响房地产价格波动的主要宏观影响因素，广义货币 M2 和中长期贷款规模上涨均对房价波动产生显著的正向推动作用，市场利率上调则抑制房地产价格上涨。此外，居民收入水平的提高在一定程度上推动房价上涨，但土地市场房价短期影响明显，长期并不显著。由此可见，货币政策可以有效地调控房地产市场和宏观经济的联合波动。研究也证实，房价上涨最终会削弱 GDP 的增长，也会减低居民总体收入。

研究结论的政策意义：一是保持货币与信贷政策等宏观政策的相对稳定性对治理房地产价格异常波动有十分重要的作用。货币投放量（M2）应与实体经济的发展保持协调关系，避免宏观流动性的大放大收。保持房贷利率处于合理水平，既保护合理刚性需求，又减少投资性融资。土地投放也应保持在合理水平。二是抑制房价大幅度上涨对稳定宏观经济有十分重要的作用。房价上涨对 GDP 增长、居民收入增长都会产生负作用，政府应综合施策，控制房价在合理水平内波动。

本章研究表明，货币政策宽松对房价的刺激最为直接，信贷利率优惠有利于释放刚性需求，促进商品房交易。

第五章　房价异常波动的微观驱动机制

本章从微观层面探究房价异常波动的驱动机制。根据已有研究，本章着重讨论四类驱动我国房价异常波动的微观因素，包括住房相关的城市配套设施变化、住房投资行为、政府干预和人地关系，并在第一节中对它们的作用机制分别详细阐述。第二节探讨住房相关的城市配套设施变化驱动房价异常波动的机制，重点关注住房所捆绑的教育资源变化对房价的影响。第三节探讨住房投资行为驱动房价异常波动的机制，重点关注行政区划调整的流言对地区房地产价格的影响。第四节探讨政府干预对房价异常波动的影响，重点研究住房限购政策及其漏洞对房价波动的影响。第五节探讨城市土地供给与房价异常波动的关系，从人地矛盾入手分析住宅非饱和供地对房价异常波动的影响。研究结果表明，住房相关的城市配套设施变化、住房投资行为、政府干预和城市土地供给均会导致房价的异常波动。因此，在房地产调控和管理中要多方面兼顾、多部门协同、针对性管理。

第一节　房价异常波动的微观驱动因素

一、城市配套设施变化与房价异常波动

住房相关的城市配套设施，即住房的外部特征，包括离学校、医院、购物中心、地铁站、城市中心等的距离（Sirmans et al., 2005），还包括景观的宜人性（Brasington and Hite, 2005; Donovan and Butry, 2009; Panduro and Veie, 2013; Votsis, 2017）、环境污染程度（Greenstone and Gallagher, 2008; Bayer et al., 2011; Bin and Landry, 2013; Walsh et al., 2017）、交通可达性

(Hess and Almeida, 2007; Duncan, 2011; Hopkin, 2017）以及学校质量（Gibbon and Machin, 2008; Dhar and Ross, 2011; Mathur, 2017）等。这些外部特征的变动都会导致房价产生较大的波动。这些因素引起的变动，尽管有价值基础作支持，但因存在着价格变动空间，容易引起投资投机性的大量买入或卖出，成为进一步扩大房价波动的诱因。

具体来看，教育资源变化通常会导致房价大幅变化，已被国内外许多学者研究证实。布莱克（Black, 1999）将边界固定效应法应用到实证分析中，利用美国马萨诸塞州三个郡1993~1995年的住宅交易数据，发现考试分数提升5%，家长为住宅的支付意愿提升2.1%。布莱克和梅琴（Black and Machin, 2009）对相关文献进行了回顾，认为考试成绩每提高1个标准差，房价会上涨3%左右。为解决边界效应等问题，吉本斯等（Gibbons et al., 2013）又在此基础上利用边界不连续性回归方法，通过匹配住宅的相同属性，对交易数据进行加权处理后，发现学生成绩提高会让居民对学区房支付更高的价格。在我国，对学区房溢价的讨论热度也随学区房价格的飙升而上升。冯皓和陆铭（2010）采用半对数模型，对上海52个区域的教育资源与房价之间的关系进行研究，验证了存在教育资本化的观点，并发现上海每平方公里内增加一所重点学校，平均住房价格则上涨6.9%。胡婉旸等（2014）借助"租购异地"录取制度，利用北京市住房交易数据，在"重点小学"校区边界匹配样本，利用差分模型控制了大部分不易观测的社区特征，发现城市居民2011年重点小学学区房溢价为8.1%。毛丰付等（2014）对杭州的住房价格进行研究，得到杭州市重点中学的学区房溢价为25.5%，重点小学为12.8%。蒙彦宏和贾世军（2014）首次将小学的办学质量细化，发现省特级和高级教师数、学生与教师的比例、学生人均面积三个变量与房价成正相关。哈巍等（2015）利用二手房的重复截面数据，控制了房价微观影响因素，发现市重点和区重点学区的房地产溢价程度不同，分别是18.4%和5.4%，证明了学区住房的溢价水平会因学校等级、质量的不同而产生较大的差异。由于学校质量的变动直接影响住房价格，因此，正常出现可能新增重点学校或可能被划入重点学校学区时，合理需求与投资投机需求的汇合，拉动所在区域住房价格异常上涨。

外部环境的宜居性，会在一定程度上对房价产生影响。多诺万和布特里（Donovan and Butry, 2010）使用特征价格模型估计行道树对美国俄勒冈州波特兰市房屋销售价格和上市时间的影响，发现行道树会增加8 870

美元/套的房屋售价以及减少 1.7 天销售等待时间。潘杜罗和维（Panduro and Veie，2013）将绿地分成八种不同类型，并使用特征价格模型量化其对丹麦奥尔堡市住房价格的影响，结果发现，在可及性和维护水平方面被评为高等级的绿地类型具有较高的隐含价格。拜耳等（Bayer et al.，2011）基于在动态环境下邻域选择的可处理模型研究了消费者购买非市场设施（社区种族构成、空气污染和暴力犯罪）的边际意愿，发现静态需求模型低估了消费者为避免污染和犯罪的支付意愿，但夸大了居住在自己种族邻居附近的支付意愿。韩璇和赵波（2021）基于北京市 2014～2016 年空气质量和二手房交易的微观数据，研究空气质量对房价的影响及其异质性，实证结果显示，在控制了天气、房屋、时间、空间特征及其交叉项后，成交前 45 天，优质空气每减少一天，房价下降 0.1%～0.3%。乔彬和沈烁华（2021）基于 2005～2017 年我国各省份灯光数据，使用中介效应模型探究了环境规制调控房价的路径与作用机制，发现各省份环境规制主要通过优化产业结构、调整第二产业就业结构及城市化进程调控房价；同时，进一步研究发现，中国环境规制与房价呈"U"型关系，房价存在正向空间溢出效应，东部地区环境规制对房价为促增作用，中部地区呈倒"U"型关系。

公共交通便利性的改变，也会对房价产生较大的影响。赫斯和阿尔梅达（Hess and Almeida，2007）以美国纽约州布法罗市 14 个轻轨站半英里范围内住宅物业的评估价值为基础构建了特征模型，研究了轻轨交通站对住宅物业价格波动的影响，发现每靠近轻轨站 1 英尺，房产价值将增加 2.31 美元/平方英尺（使用地理直线距离）和 0.99 美元/平方英尺（使用网络距离）。何金财（2020）利用 2019 年重庆主城区一手房交易数据，对城市轨道交通如何影响沿线住房价格做出了比较分析，研究发现，轨道交通的开通显著提升了沿线住房价格，且该影响存在着区域差异和距离衰减特征。经济发展水平越高的区域，其住房价格受轨道交通的影响越大，距离轨道交通站点越近的住房，在轨道交通开通后，通常价格上涨越明显。

综上所述，目前国内外学者对影响住宅价格波动的因素展开了大量的研究，充分说明住房市场的复杂性、影响因素的综合性。但我们发现，引起房价一般性波动的因素研究得多，而对异常波动现象本身特征以及出现异常波动时的关键性影响因素的变化与特征研究较少。

二、住房投资投机行为与房价异常波动

房地产市场的投机行为是引起房价异常波动的重要原因（Shiller，2005；Malpezzi and Wachter，2001；Haughwout et al.，2011），席勒（Shiller，2005）在其著作《非理性繁荣》中提供了大量的证据来证明这种投机心理、强化投机心理的反馈作用以及人们的从众行为对房价波动的影响。反馈环理论（feedback loop）越来越受到经济学者的重视，其中一种最流行的做法是在需求端采用后顾式预期（backward-looking expectation）并在供给端假定供应滞后。惠顿（Wheaton，1999）通过存量—流量模型证明了在供给滞后以及投资者的后顾式预期的情况下房价波动更大。

马尔佩齐和瓦赫特（Malpezzi and Wachter，2001）建立的存量调整模型表明，当供应缺乏弹性时，供给调整滞后，房地产市场的投机行为对市场价格影响较大，是房价大幅波动的主要原因。怀曼等（Wyman et al.，2013）认为，市场参与者（开发商、银行、中介等）可能产生广泛的非理性行为，从而导致价格动荡。例如，缺乏充分的信息意味着市场参与者将处理不确定性很高的复杂问题简化为简单的决策制定，然而，这些误解和偏见在市场参与者做出决策时，可能会为市场参与者提供错误的路线图（Tversky and Kahneman，1974）。考虑到市场参与者的多样性，经济模型需要变得更加复杂，而不是像新古典模型那样越简化越好。例如，模型对羊群跟风行为的模拟，模型中一个市场参与者的行为会受到其他市场参与者行为的影响（Banerjee，1992）。在21世纪房地产市场繁荣的背景下，许多人在投资房地产，本质上，他们中的很多人是盲目地跟随着羊群在悬崖上走（Wyman et al.，2013）。

另外，外推预期（extrapolative expectation）行为会导致过度乐观或悲观的房地产市场预期，市场参与方通常利用过去的价格走势来推断预测未来的价格，尤其是在价格上涨时期，很容易导致市场过度乐观。例如，凯斯和希勒（Case and Shiller，2003）通过调查发现，因问卷开展时期处于房地产市场繁荣期，波士顿、马萨诸塞、洛杉矶、加利福尼亚、密尔沃基、威斯康星和旧金山的受访者预计调查当年后的十年的房价平均上涨幅度将从每年11.7%增长到每年15.7%。羊群行为和过度乐观这两种行为的结合，有助于解释中期投机性投资者数量的增加，同时也将推动房地产泡沫。而且，非理

性的乐观行为在买方、贷款人以及房地产市场的其他参与者中都存在。阿克洛夫和希勒（Akerlof and Shiller，2009）研究发现，随着乐观情绪的上升，银行更愿意接受更高的杠杆比率，在上升的房地产市场中愿意提供更高的贷款比例。放贷方和其他市场参与者的过度乐观态度导致贷款资质审核宽松，如给大量没有收入、没有工作、没有资产的人提供房贷，这在根本上放大了2007年次贷危机的影响，这些次级贷款的违约率大约比在同一时期美国的常规贷款违约率高出约五倍（Agarwal et al.，2010）。霍沃特等（Haughwout et al.，2011）研究发现，投资者活动在2000~2006年之间几乎翻了一番，他们观察到投资者/投机者的行为不同于那些购房用于自住的业主，因为前者更倾向于在购买时使用次级信贷，使用更高的杠杆来降低首付，并且倾向于持有物业较短时间并快速转卖。

我国房价持续上涨，也引起国内学者对住房投资投机购房引起房价波动的大量关注（邓长荣，2010；孙小琰等，2007；陈斯冰等，2009；况伟大，2012；韦晶磊，2013；吕炜等，2014）。邓长荣（2010）认为，住宅空置量是解释住宅价格波动的重要解释因素之一。孙小琰等（2007）研究投资者信念、正反馈行为与房地产价格之间的联系，发现当出现影响投资者信念的突发性政策时，投资者信念会引起投资者的正反馈行为并使房地产价格产生波动，正反馈交易是引起当前房地产价格持续上涨的重要因素。陈斯冰等（2009）将房地产价格分为资本收益为零时的房地产价格和投机性价格两部分，使用天津市2007年2月至2008年5月的数据建立回归模型，测算发现天津市房地产投机程度较高。况伟大（2012）建立了一个同时考虑预期和投机的住房市场均衡模型，发现当投资需求占主导时，上期房价越高，本期房价波动越大，说明投资者主要是依据上期房价变动来从事住房投资活动。韦晶磊（2013）通过比较国内外有关房地产投机理论的研究，得出预期因素是导致房地产投机的主要原因。吕炜等（2014）实证证明了我国财政投资与国内游资总规模和房地产投机资金之间均呈现显著的正相关关系。庞如超（2021）通过构建房地产投机模型，对我国10个城市进行实证分析，分析结果表明，可支配收入对城市住宅价格影响不显著，投机行为是推动价格上涨的主要因素。刘澄等（2010）、陈林（2013）、杨宏宇（2015）、周露娟和陈林（2019）等也对我国城市房地产投机测度、投机产生原因及抑制投机进行了研究。

三、政府干预对房价异常波动的抑制作用

政府干预是中国房地产市场动态供需结构调整和价格变化的最重要外部力量（Jiang and Wang，2020），也对稳定房价具有重要作用。由于住房具有很多特殊性，因此，世界上多数国家政府都对其进行必要的干预，即使在市场机制较为完善的发达国家也是如此（Chiu，2021）。从微观角度来看，住房市场具有一定程度的垄断性、外部性和信息不对称性，住房市场的市场失灵时常发生；从宏观角度来看，政府承担住房保障的责任、维护宏观经济的周期平稳循环、防范住房价格的剧烈波动、防止住房市场的过度非均衡运行都是引发政府干预的必要条件（王松涛等，2009）。保持房价稳定、供求平衡、实现房地产业与国民经济的协调发展、为中低收入者提供住房保障是政府干预的目标之一（宋勃，2010）。住房作为民生的基本要素，应更注重其平均化（潘伟和杜刚，2020），中国特有的土地所有制决定了政府对房住房市场干预的不可或缺（夏刚和梁川江，2015）。潘伟和杜刚（2020）从我国住房难、分配方式不均衡等问题入手，结合英国住房改革经验，表明住房分配由政府干预是必要的。徐源等（2010）从市场经济固有的缺陷和我国现在房地产业特点入手说明了政府干预房地产的必要性。陈昕和陆晓琴（2011）以市场失灵理论为依据论证了政府干预房地产市场的必要性，并在此基础上讨论中国房地产市场调控中的政府干预失效问题，论证了中国房地产市场只有在坚持以市场调控为主、政府干预为辅的前提下，有效地矫正市场失灵和政府干预失效的问题，才能使市场的自动调节与政府的政策调控达到最优效益边界，从而推动中国的房地产市场进入健康发展的轨道。

有些学者认为，只有在特定情况下才应该引入以房价为目标的政府干预，政府干预对稳定市场价格波动只能起到辅助作用。张涌（2003）认为，在正常情况下政府不应直接以房价为目标干预市场，破坏价格机制和市场供求规律发挥作用。只有当房地产市场出现泡沫经济，大量资金投入炒作，正常的市场供求规律遭到破坏时，政府才应该以房价为目标干预市场，因为只有控制价格才能抑制过度投机。华胜亚（2018）通过面板向量自回归（panel vector autoregression，PVAR）模型和脉冲响应函数对我国30个省份的房地产行业数据进行分析，发现我国房价变化具有很强的惯性，主要受市场自身调节的影响，其次受政府干预政策的影响。在常用的调节政策当中，存款准备

金率和土地供给方面的政策能够对房价和市场交易起到预期的调节效果,且调节作用能够长期维持下去,利率上调短期内能够对房价起到抑制作用,然而,长期会促进房价上涨。

中国城市房价的变化很大程度上是由政策驱动(Feng et al.,2018)的。吴意和李雨浓(Wu and Li,2018)的实证研究发现,住房限购政策虽然降低了房价和交易量,但不影响住房投资、投机,即住房政策在抑制投机性需求方面效果不理想。此外,城市之间存在异质性,调控政策对不同类型城市具有不同的影响。阎思琦等(Yan et al.,2014)发现政府对土地市场的干预会对房地产市场的结果产生深远的影响,政府加强土地市场干预且减少土地供给时,会降低新建住房供给,让住房供给弹性显著下降,抬高房价。如果政府仍然将住房部门作为调节整体经济增长率的手段,将导致住房生产、价格和成本出现更大的波动(Ha,2013)。

第二节 2020~2021年学区调整与房价异常波动

本节重点关注住房所捆绑的教育资源变化对房价的影响。具体来看,本节以杭州市各类形式的新设立公办学校为准自然实验,利用住房挂牌、租赁及杭州市相关地理信息数据等,使用双重差分模型(difference-in-difference,DID)和三重差分模型(difference in difference in difference,DDD)来研究学区变化对房价的影响。

近年来,中国城市的社会空间发生了巨大变化。快速城市化下,以城市设施配置不均衡等为主要表现的城市空间发展不均等,使得"学区房"的概念在中国越来越受到关注。教育作为居民最关心的公共品之一,对人们而言不仅仅是需要享受的权利,也是一种投资机会。在我国,为了高效分配教育资源,政府根据公平以及就近入学原则划定学区。也就是说,根据邻近原则,将某所学校附近的住宅区域划分为该学校的生源区域,且该居住区只能对应这一所学校,即"单校划片"政策(某些城市现已实行"多校划片")(王永超等,2020)。按此规定,学校入学资格与户籍和房产证挂钩,即只有当父母或爷爷奶奶拥有学区内住宅的产权,适龄儿童才能优先享用对应的公共教育资源(何兴强,2018)。

我国教育资源的分配十分不平衡,西部地区明显落后于东部,城市、农村之间的教育资源也有着明显的差距,即使在同一城市甚至是同一区域,不同学校因办学时间、资金投入、师资质量、教学历史等原因也会有很大的教学质量差异。因我国教育等公共服务依然紧缺,租赁户和自有住房者享受不同的公共服务,拥有自有住房可以保证享有更优先、充分的公共教育服务(高波等,2013)。因此,拥有优质学区的住房往往成为居民购房选择时的重点考虑对象。根据中国的教育理念,如今大多数父母在进行住房选择时,甚至愿意牺牲自己的稳定工作和收入水平以及住房质量和居住环境而优先考虑教学质量比较高的学区房,以便为孩子提供良好的教育条件(杨永春等,2012;李超和连增,2020)。

为弥补优质教育不足,从20世纪末开始,政府允许民办教育发展,一些民办学校凭借高收费、高投入以及更灵活的用人机制,迅速成为当地的名校,由于民办学校招生不针对所在区域,因此,民办学校周边的房价还相对平稳。近年来,一些城市为控制公办名校学区房价格过高和过快上涨,推出公办民办教育资源整合,一些民办学校转为公办,其结果是引起新一轮房价波动。首先,原先民办学校的招生不是按照就近原则,可以在大区范围内招生,其教育资源不会与附近住房捆绑。优质民办学校转公办后,其附近的住房就变成了该学校的学区房,拥有这些住房的产权就拥有了优先享受该校优质教育资源的权利。其次,优质民办转公办后,学费将按照公办的标准来收取,相较于民办学校更优惠,但学校失去高昂收费后能否维持过去高支出带来的优质教育水平,还有待商榷。即使如此,民办学校优质的师资力量和较高的升学率依然让各家长趋之若鹜。

一、学区调整与房价波动实证模型

我们以杭州为研究对象,2020年12月,杭州市拱墅区大关小学发布设立公告,原民办的大关小学改为公办小学,民办本部另择址新建。2021年1月,杭州市上城区教育局公布将在现杭州崇文实验学校地址新建公办崇文小学,原民办的杭州崇文实验学校迁移他址。虽不是严格意义上的"民转公",但崇文小学是上城区教育集团举办、崇文教育集团领办的,属于公民办教育资源整合(本节依然将其称为"民转公")。2021年2月,拱墅区教育局宣布成立杭州文澜教育集团,其中新设的文澜实验中学(文澜校区)打破了文澜中学"民转公"的流言,但由于新设学校紧邻文澜中学,且同属于一个高质量教育集团，本节依然称其为"民转公"。以上这些学校的变动在短时间内极大地提高了学校周边的房价。

由于这三所学校为杭州新划定的公办学校，暂未公布学区划分，无法精确匹配学区房，我们利用就近入学原则，使用地理信息系统（GIS）划定在该校一定距离范围内的住房为该校学区房。为保证研究结果的可靠性，本书将按照不同的距离划分标准来识别控制组，分别为距学校 600 米的住房（A1组）、800 米的住房（A2 组）以及 1 000 米的住房（A3 组），控制组为其他不受该"民转公"影响且配套资源没有发生重大变化的住房（A0 组）。

A0（A0′、A0″、A0‴）：控制组（A0′是除 A1 外区域内的所有住房；A0″是除 A2 外区域内的所有住房；A0‴是除 A3 外区域内的所有住房）。

A1：实验组 1（距新设公办学校 600 米以内住房）。

A2：实验组 2（距新设公办学校 800 米以内住房）。

A3：实验组 3（距新设公办学校 1 000 米以内住房）。

本书采用双重差分模型（DID），具体模型设定如下。

$$\ln P_{i,t} = \alpha_0 + \beta_1 Treat_i \times Post_t + \beta_2 X_i + \gamma Z_{i,t} + \delta + \varphi_t + \varepsilon_{i,t} \quad (5-1)$$

其中，$\ln P_{i,t}$ 是住房 i 在 t 月的二手房挂牌单价，如果住房 i 受到划定新公办学校措施的影响，则 $Treat_i$ 取 1，否则取 0；如果住房是在"民转公"措施后挂牌，则 $Post_t$ 取 1，否则取 0；X_i 是住房 i 的特征属性，如是否是房龄超过 20 年的住房或物业费是否超出平均水平（代表高服务水平）；$Z_{i,t}$ 是其他住房自身和外部区域特征的控制变量，δ 是小区固定效应，φ_t 是时间固定效应，$\varepsilon_{i,t}$ 是误差项，β_1 是本节中研究的整合公民办资源措施的影响效应系数。

为判断学区质量对不同质量住房的作用，探究学区与住房居住质量的互补关系，本节在模型（5-1）的基础上，加入住房属性的交互项，即进行三重差分模型以探究学区与住房居住质量是否存在互补关系。模型如下：

$$\ln P_{i,t} = \alpha_0 + \beta_1 Treat_i \times Post_t \times Att_i + \beta_2 Treat_i \times Post_t + \beta_3 Treat_i \times Att_i \\ + \beta_4 Post_t \times Att_i + \gamma Z_{i,t} + \delta_i + \varphi_t + \varepsilon_{i,t} \quad (5-2)$$

其中，Att_i 是住房居住质量高低的二元虚拟变量，研究中对 Att_i 分别取房龄属性、面积属性、物业管理水平属性与电梯属性，并分别进行回归。

所有回归分析采用 2018 年 1 月至 2021 年 5 月的杭州市二手房挂牌数据[①]，以

[①] 剔除了明显不合理的样本。

二手房挂牌单价为被解释变量，解释/控制变量包括该挂牌住房的房型、朝向、面积等物理特征以及相关地理位置信息，具体变量及说明见表5-1，描述性统计见表5-2。

表5-1　　　　　　　　　　　　变量及说明

项目	变量	变量说明
被解释变量	List_Uprice	挂牌单价，元/平方米（回归分析中取对数）
重要解释变量	Treat 1	距新划定公办学校600米范围取值1；范围以外取值0
	Treat 2	距新划定公办学校800米范围取值1；范围以外取值0
	Treat 3	距新划定公办学校1 000米范围取值1；范围以外取值0
	Post	民转公前取值0；民转公后取值1
	New1	房龄<20时取1；房龄≥20时取0
	New2	房龄<15时取1；房龄≥15时取0
	New3	房龄<10时取1；房龄≥10时取0
	Big1	建筑面积≥85时取1；建筑面积<85时取0
	Big2	建筑面积≥75时取1；建筑面积<75时取0
	Fee	物业费≥1.4元/平方米/月时取1；物业费<1.4元/平方米/月时取0
	Lift	有电梯取值1；无电梯取值0
其他控制变量	Size	住房建筑面积，平方米（回归分析中取对数）
	Face	朝"南"或"东南"取值1；其他朝向取值0
	Age	房龄
	Furnishment	精装修取值1；简装或毛坯取值0
	Layout	房型为"三室"或"四室"取值1；其他取值0

表5-2　　　　　　　　　　　　描述性统计

变量	样本量	均值	标准差	最小值	最大值
List_Uprice	128 854	37 114	14 470	5 434	150 000
Treat 1	128 854	0.0168	0.128	0	1
Treat 2	128 854	0.0198	0.139	0	1
Treat 3	128 854	0.0234	0.151	0	1
Post	128 685	0.192	0.394	0	1
New1	128 854	0.746	0.435	0	1
New2	128 854	0.344	0.475	0	1

续表

变量	样本量	均值	标准差	最小值	最大值
New3	128 854	0.562	0.496	0	1
Big1	128 854	0.679	0.467	0	1
Big2	128 854	0.766	0.423	0	1
Lift	128 854	0.707	0.455	0	1
Fee1	128 854	0.667	0.471	0	1
Size	128 854	95.33	32.18	10	200
Face	128 854	0.750	0.433	0	1
Age	128 854	15.19	10.75	0	121
Furnishment	128 854	0.537	0.499	0	1
Layout	128 854	0.607	0.488	0	1

二、学区溢价回归结果

表5-3第（1）列所用的数据中，实验组（受学校"民转公"影响的学区房）为距学校600米范围以内的住房（A1），控制组为其他不受该"民转公"影响且配套资源没有发生重大变化的住房（A0′、A0″、A0‴），故我们将该样本表示为A0′+A1。同理，第（2）列、第（3）列的实验组分别是距离"民转公"学校800米内、1 000米内的学区房，研究数据样本分别为A0″+A2和A0‴+A3。模型（5-1）回归结果如表5-3所示。

表5-3　　　　　　　学区对住房的溢价回归结果

变量	(1) A0′+A1	(2) A0″+A2	(3) A0‴+A3
Post × Treat	0.0622*** (0.00565)	0.0666*** (0.00509)	0.0879*** (0.00470)
lnSize	-0.102*** (0.00136)	-0.102*** (0.00136)	-0.102*** (0.00136)
Layout	0.0129*** (0.000835)	0.0129*** (0.000835)	0.0129*** (0.000834)
Lift	0.0244** (0.00135)	0.0243*** (0.00135)	0.0242*** (0.00135)

续表

变量	(1) A0′ + A1	(2) A0″ + A2	(3) A0‴ + A3
Face	0.00301 *** (0.000644)	0.00300 *** (0.000644)	0.00300 *** (0.000643)
Furnishment	0.0477 *** (0.000613)	0.0477 *** (0.000613)	0.0477 *** (0.000612)
Constant	10.49 *** (0.161)	10.49 *** (0.161)	10.49 *** (0.161)
小区固定效应	Yes	Yes	Yes
时间固定效应	Yes	Yes	Yes
样本量	128 506	128 506	128 506
R^2	0.938	0.938	0.938

注：括号中的数值为 t 统计量；* 表示在 10% 的水平下显著，** 表示在 5% 的水平下显著，*** 表示在 1% 的水平下显著。

表 5-3 中的回归结果显示，电梯（Lift）、朝向（Face）、装修（Furnishment）、房型（Layout）对住房价格都有不同程度的影响。具体来看，拥有电梯、朝南方向、更好的装修以及更好的房型（房间数量更多）会使住房单价更高。lnSize 的系数显著为负，说明挂牌单价随着房屋建筑面积的增加而边际降低。我们的实验效应（treatment effect）的系数为正，且均在 1% 的水平下显著。在第（1）列中，实验组（受学校"民转公"影响的学区房）为距学校 600 米范围以内的住房，实验效应的系数为 0.0622，说明学区内学校"民转公"会使对应学区住房房价显著提高 6.22%。第（2）列、第（3）列的结果与第（1）列基本一致，系数分别为 0.0666、0.0879，说明学区内学校"民转公"会使对应学区（800 米内和 1 000 米内）住房房价显著提高 6.66% 和 8.79%。综上所述，学校"民转公"导致的教育质量改善，会使对应范围内的学区房价格提高 6.22%~8.79%。以杭州市 2020 年二手住房成交均价 35208.73 元/平方米，每套住房平均面积 80 平方米算，则此次"民转公"将导致受影响的住房业主的住房财富增长 17 万~25 万元。

三、互补性研究结果

为证明学区与住房质量之间的互补关系，量化"民转公"措施对不同质量住房的异质性影响,本部分将基于前面所述的三重差分模型对"民转公"实施前后的二手住房挂牌价格变化进行分析。需要说明的是,本部分所选取的新设公办学校虽不在同一时间点官方宣布,但宣布时间均处于 2020 年 12 月至 2021 年 1 月,且考虑到宣布前的消息走漏、市场预期等情况,我们统一将 2020 年 12 月之前作为措施公布前的基期,即 Post = 0 的时期。

本部分将楼龄设为二元虚拟变量纳入回归模型,设定楼龄大于 20 年为老旧小区住房,即 Age ≥ 20;楼龄短于 20 年为普通住房,即 Age < 20。回归结果如表 5-4 所示。

表 5-4　　　　学区对不同房龄住房的影响结果（20 年为界）

变量	(1) A0′ + A1	(2) A0″ + A2	(3) A0‴ + A3
Post × Treat × New1	0.0308 ** (0.0122)	0.0221 ** (0.0110)	0.0512 *** (0.00980)
Post × Treat	0.0278 *** (0.00733)	0.0329 *** (0.00664)	0.0458 *** (0.00639)
Post × New1	0.0399 *** (0.00152)	0.0409 *** (0.00152)	0.0407 *** (0.00152)
Treat × New1	-0.150 *** (0.0123)	-0.167 *** (0.0113)	-0.154 *** (0.0111)
lnSize	-0.102 *** (0.00136)	-0.102 *** (0.00136)	-0.102 *** (0.00136)
Layout	0.0130 *** (0.000833)	0.0130 *** (0.000832)	0.0130 *** (0.000832)
Lift	0.0240 *** (0.00135)	0.0239 *** (0.00135)	0.0239 *** (0.00135)
Face	0.00304 *** (0.000642)	0.00304 *** (0.000642)	0.00305 *** (0.000641)
Furnishment	0.0475 *** (0.000611)	0.0475 *** (0.000611)	0.0475 *** (0.000611)
Constant	10.88 *** (0.00595)	10.88 *** (0.00595)	10.89 *** (0.00595)

续表

变量	(1) A0′ + A1	(2) A0″ + A2	(3) A0‴ + A3
小区固定效应	Yes	Yes	Yes
时间固定效应	Yes	Yes	Yes
样本量	128 337	128 337	128 337
R^2	0.938	0.938	0.938

注：括号中的数值为 t 统计量；* 表示在10%的水平下显著，** 表示在5%的水平下显著，*** 表示在1%的水平下显著。

在第（1）列中，实验组（受学校"民转公"影响的学区房）为距学校600米范围以内的住房，实验效应的系数为 0.0308 且在5%水平统计显著，说明相较于老旧住房，新近建成的、较新的住房在受到"民转公"的影响后房价多上涨 3.08%。第（2）列、第（3）列的结果与第（1）列基本一致，说明这些较新的住房在受到"民转公"措施影响后其价格上升幅度显著高于老旧住房。这也从侧面反映了我国学区与住房质量不匹配的尴尬现象：拥有同等教育资源的情况下，居民愿意为更新、环境更好、居住体验感更好的住房支付更高的价格。然而，因为现实原因的不允许，很多家庭被迫会选择居住在拥有优质教育资源的"老破小"社区，或者购买"老破小"小区并在周围租赁相对品质较好的住房用来居住。

为保证实验结果的可信度，除了以房龄20年为界划定是否为老旧住房，本部分的研究还分别以15年与10年为界进行了回归，回归结果见表 5-5 和表 5-6。两次回归的结果均与以20年为界的结果一致，证明了"民转公"措施对房价有正向影响，普通住房的房价提高幅度显著大于老旧住房这一结论的稳健性。

表 5-5　　　　学区对不同房龄住房的影响结果（15 年为界）

变量	(1) A0′ + A1	(2) A0″ + A2	(3) A0‴ + A3
Post × Treat × New2	0.108 *** (0.0199)	0.0763 *** (0.0170)	0.106 *** (0.0132)
Post × Treat	0.0634 *** (0.00551)	0.0701 *** (0.00505)	0.0786 *** (0.00482)

续表

变量	（1） A0′ + A1	（2） A0″ + A2	（3） A0‴ + A3
Post × New2	0.0394 *** (0.00140)	0.0400 *** (0.00141)	0.0402 *** (0.00141)
Treat × New2	0.108 ** (0.0490)	0.0795 *** (0.0279)	-0.0603 *** (0.0159)
lnSize	-0.102 *** (0.00136)	-0.102 *** (0.00136)	-0.102 *** (0.00136)
Layout	0.0129 *** (0.000833)	0.0129 *** (0.000833)	0.0129 *** (0.000832)
Lift	0.0244 *** (0.00135)	0.0244 *** (0.00135)	-0.0243 *** (0.00134)
Face	0.00309 *** (0.000642)	0.00309 *** (0.000642)	0.00310 *** (0.000641)
Furnishment	0.0473 *** (0.000611)	0.0473 *** (0.000611)	0.0473 *** (0.000611)
Constant	10.89 *** (0.00595)	10.88 *** (0.00595)	10.88 *** (0.00594)
小区固定效应	Yes	Yes	Yes
时间固定效应	Yes	Yes	Yes
样本量	128 337	128 337	128 337
R^2	0.938	0.938	0.938

注：括号中的数值为 t 统计量；* 表示在10%的水平下显著，** 表示在5%的水平下显著，*** 表示在1%的水平下显著。

表5-6　　　　学区对不同房龄住房的影响结果（10年为界）

变量	（1） A0′ + A1	（2） A0″ + A2	（3） A0‴ + A3
Post × Treat × New3	0.235 *** (0.0389)	0.131 *** (0.0313)	0.0523 ** (0.0244)
Post × Treat	0.0613 *** (0.00532)	0.0671 *** (0.00485)	0.0881 *** (0.00453)

续表

变量	(1) A0′ + A1	(2) A0″ + A2	(3) A0‴ + A3
Post × New3	0.0426 *** (0.00152)	0.0431 *** (0.00152)	0.0440 *** (0.00152)
Treat × New3	— —	— —	— —
lnSize	-0.102 *** (0.00136)	-0.102 *** (0.00136)	-0.102 *** (0.00136)
Layout	0.0129 *** (0.000833)	0.0130 *** (0.000833)	0.0129 *** (0.000832)
Lift	0.0245 *** (0.00135)	0.0244 *** (0.00135)	0.0244 *** (0.00135)
Face	0.00302 *** (0.000642)	0.00301 *** (0.000642)	0.00301 *** (0.000641)
Furnishment	0.0473 *** (0.000611)	0.0473 *** (0.000611)	0.0473 *** (0.000611)
Constant	10.89 *** (0.00595)	10.89 *** (0.00595)	10.89 *** (0.00594)
小区固定效应	Yes	Yes	Yes
时间固定效应	Yes	Yes	Yes
样本量	128 337	128 337	128 337
R^2	0.938	0.938	0.938

注：括号中的数值为 t 统计量；* 表示在 10% 的水平下显著，** 表示在 5% 的水平下显著，*** 表示在 1% 的水平下显著。

我国老旧小区普遍存在单套住房面积小、没有电梯、物业管理水平较低等特点，因此，除了用房龄作为标准判断住房质量，本部分还以住房面积大小、是否有电梯以及物业费高低（一般物业水平与物业费成正比）为衡量标准，较全面地探究学区与住房质量的互补关系。

将单套住房面积设为二元虚拟变量纳入回归模型，以住房平均面积 85 平方米为界，面积≥85 平方米时，Big 取 1，反之取 0，回归结果见表 5-7。

表 5-7　　　　学区对不同面积住房的影响结果（85 平方米为界）

变量	(1) A0′ + A1	(2) A0″ + A2	(3) A0‴ + A3
Post × Treat × Big1	0.0513 *** (0.0108)	0.0473 *** (0.00976)	0.0424 *** (0.00894)
Post × Treat	0.0420 *** (0.00678)	0.0482 *** (0.00618)	0.0673 *** (0.00590)
Post × Big1	0.0310 *** (0.00145)	0.0313 *** (0.00145)	0.0316 *** (0.00145)
Treat × Big1	-0.00822 (0.00699)	-0.00902 (0.00674)	0.000231 (0.00582)
lnSize	-0.105 *** (0.00137)	-0.105 *** (0.00137)	-0.105 *** (0.00137)
Layout	0.0117 *** (0.000836)	0.0117 *** (0.000836)	0.0117 *** (0.000835)
Lift	0.0245 *** (0.00135)	0.0244 *** (0.00135)	0.0244 *** (0.00135)
Face	0.00298 *** (0.000643)	0.00298 *** (0.000643)	0.00299 *** (0.000642)
Furnishment	0.0475 *** (0.000612)	0.0475 *** (0.000612)	0.0475 *** (0.000611)
Constant	10.90 *** (0.00600)	10.90 *** (0.00600)	10.90 *** (0.00599)
小区固定效应	Yes	Yes	Yes
时间固定效应	Yes	Yes	Yes
样本量	128 337	128 337	128 337
R^2	0.938	0.938	0.938

注：括号中的数值为 t 统计量；* 表示在 10% 的水平下显著，** 表示在 5% 的水平下显著，*** 表示在 1% 的水平下显著。

第（1）列至第（3）列分别显示了以 600 米、800 米以及 1 000 米为学区边界时，学区对较大住房与较小住房的影响差异。结果表明，较大的住房在"民转公"后，其价格上涨幅度比面积较小的住房高出 4.24% ~ 5.13%。表 5-8 是以 75 平方米为界时的回归结果，与表 5-7 所得类似，可得到结论：在受到公民教育资源整合措施即"民转公"影响后，较大住房的价格上升幅度显著大于较小住房。即在拥有同等优质教育资源的情况下，人们往往更愿意选择居住体验感更好的较大面积的住房。

表 5-8　学区对不同面积住房的影响结果（75平方米为界）

变量	(1) A0′ + A1	(2) A0″ + A2	(3) A0‴ + A3
Post × Trea × Big2	0.0486 *** (0.0105)	0.0528 *** (0.00957)	0.0562 *** (0.00887)
Post × Treat	0.0409 *** (0.00732)	0.0438 *** (0.00665)	0.0577 *** (0.00645)
Post × Big2	0.0371 *** (0.00160)	0.0373 *** (0.00161)	0.0374 *** (0.00161)
Treat × Big2	-0.00729 (0.00657)	-0.00905 (0.00640)	-0.00523 (0.00600)
lnSize	-0.106 *** (0.00138)	-0.106 *** (0.00138)	-0.106 *** (0.00138)
Layout	0.0120 *** (0.000834)	0.0120 *** (0.000834)	0.0120 *** (0.000834)
Lift	0.0244 *** (0.00135)	0.0244 *** (0.00135)	0.0244 *** (0.00135)
Face	0.00296 *** (0.000643)	0.00295 *** (0.000642)	0.00296 *** (0.000642)
Furnishment	0.0474 *** (0.000612)	0.0475 *** (0.000612)	0.0475 *** (0.000611)
Constant	10.90 *** (0.00600)	10.90 *** (0.00600)	10.90 *** (0.00599)
小区固定效应	Yes	Yes	Yes
时间固定效应	Yes	Yes	Yes
样本量	128 337	128 337	128 337
R^2	0.938	0.938	0.938

注：括号中的数值为 t 统计量；* 表示在10%的水平下显著，** 表示在5%的水平下显著，*** 表示在1%的水平下显著。

将是否有电梯设为二元虚拟变量纳入回归模型，有电梯取1，反之取0，回归结果见表5-9。

表 5-9　学区对不同质量住房的影响结果（以是否有电梯为质量标准）

变量	(1) A0′ + A1	(2) A0″ + A2	(3) A0‴ + A3
Post × Treat × Lift	0.0699*** (0.0108)	0.0620*** (0.00976)	0.0683*** (0.00893)
Post × Treat	0.0391*** (0.00681)	0.0461*** (0.00623)	0.0569*** (0.00609)
Post × Lift	0.0415*** (0.00155)	0.0418*** (0.00155)	0.0417*** (0.00155)
Treat × Lift	-0.0304*** (0.00929)	-0.0287*** (0.00881)	-0.0242*** (0.00838)
lnSize	-0.102*** (0.00136)	-0.102*** (0.00136)	-0.102*** (0.00136)
Layout	0.0128*** (0.000833)	0.0128*** (0.000833)	0.0128*** (0.000832)
Face	0.00296*** (0.000642)	0.00297*** (0.000642)	0.00298*** (0.000641)
Furnishment	0.0474*** (0.000611)	0.0474*** (0.000611)	0.0474*** (0.000611)
Constant	10.89*** (0.00596)	10.89*** (0.00596)	10.89*** (0.00595)
小区固定效应	Yes	Yes	Yes
时间固定效应	Yes	Yes	Yes
样本量	128 337	128 337	128 337
R^2	0.938	0.938	0.938

注：括号中的数值为 t 统计量；* 表示在 10% 的水平下显著，** 表示在 5% 的水平下显著，*** 表示在 1% 的水平下显著。

表 5-9 中以 600 米、800 米、1 000 米为学区边界得到的实验效应的系数分别为 0.0699、0.0620、0.0683，且均在 1% 的水平下显著，说明"民转公"实施后，在拥有同等优质教育资源的情况下，有电梯的住房价格上升程度显著大于无电梯住房。

将物业费设为二元虚拟变量纳入回归模型，设定物业费大于 1.4 元/平方米/月时 Fee 取 1，反之取 0。学区对不同物业费住房的影响结果如表 5-10 所示。

表 5 – 10　　　　学区对不同物业费住房的影响结果（以 1.4 元/平方米/月为界）

变量	(1) A0′ + A1	(2) A0″ + A2	(3) A0‴ + A3
Post × Treat × Fee	0.0286 *** (0.0110)	0.0403 *** (0.0100)	0.0249 *** (0.00932)
Post × Treat	0.0557 *** (0.00658)	0.0569 *** (0.00595)	0.0824 *** (0.00554)
Post × Fee	0.0397 *** (0.00149)	0.0399 *** (0.00149)	0.0412 *** (0.00149)
Treat × Fee	—	—	—
lnSize	-0.102 *** (0.00136)	-0.102 *** (0.00136)	-0.102 *** (0.00136)
Layout	0.0129 *** (0.000833)	0.0129 *** (0.000833)	0.0129 *** (0.000832)
Lift	0.0246 *** (0.00135)	0.0245 *** (0.00135)	0.0245 *** (0.00135)
Face	0.00297 *** (0.000642)	0.00298 *** (0.000642)	0.00298 *** (0.000642)
Furnishment	0.0475 *** (0.000611)	0.0475 *** (0.000611)	0.0475 *** (0.000611)
Constant	10.88 *** (0.00595)	10.88 *** (0.00595)	10.88 *** (0.00595)
小区固定效应	Yes	Yes	Yes
时间固定效应	Yes	Yes	Yes
样本量	128 337	128 337	128 337
R^2	0.938	0.938	0.938

注：括号中的数值为 t 统计量；* 表示在 10% 的水平下显著，** 表示在 5% 的水平下显著，*** 表示在 1% 的水平下显著。

第（1）列至第（3）列分别显示了以 600 米、800 米以及 1 000 米为学区边界时学区对不同物业收费标准住房的影响差异。结果表明，物业费较高的住房在受到"民转公"措施影响后，其价格上升幅度显著高于物业费较低的住房，由于物业服务水平一般与物业费成正比，因此，该结果说明，在拥有同等优质教育资源的情况下，人们愿意支付更多的金钱获得更好的物业服务和小区质量。

以上双重差分模型与三重差分模型回归结果说明，学区与住房质量存在互补性，即：（1）学区质量的提高可以产生显著的学区房溢价；（2）学区溢价对不同质量住房的影响存在显著的差异性：质量较好的住房在"民转公"后，其房价上升幅度显著大于质量较差的住房，住房质量好的学区房往往比质量较差的住房拥有更高的溢价效应。也就是说，居民在可以获得相同优质教育资源的条件下倾向于支付更多的额外费用以获得更好的居住体验，即学区与住房质量存在互补性。

四、稳健性检验

平行趋势是使用双重差分模型的前提条件，为证明在"民转公"实施前实验组与控制组对住房挂牌价格有相同的价格趋势，该部分将对模型（5-1）中实验组与控制组的平行趋势进行检验。同样，这里考虑到措施公布实施前的消息走漏、市场提前反应等情况，将2020年12月之前设置为post=0时期，平行趋势检验直观图见图5-1。

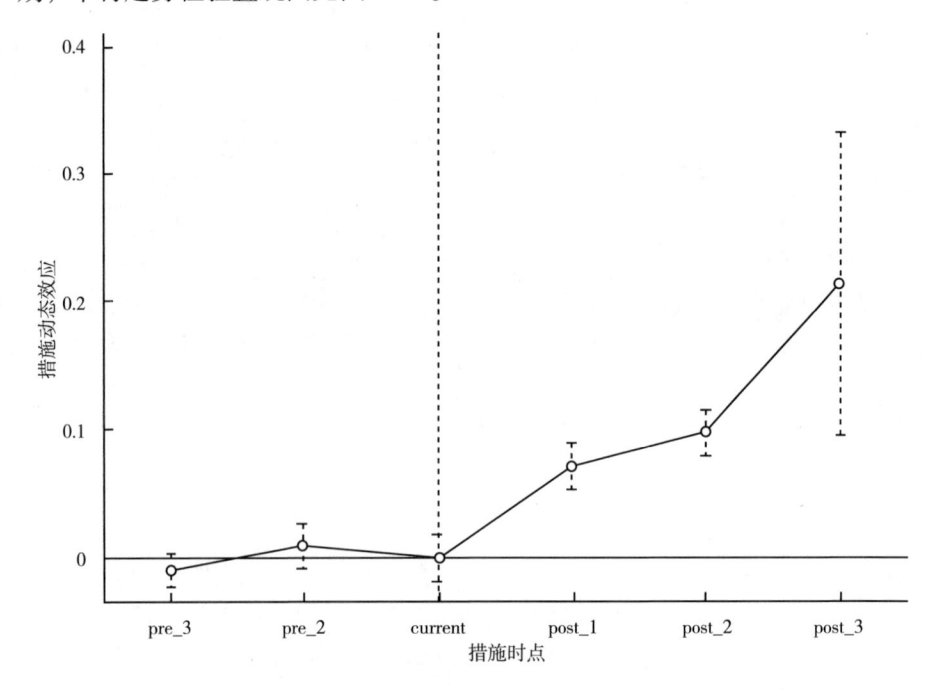

图 5-1 平行趋势检验直观图

如图 5-1 所示，交互项的系数在"民转公"前并不显著异于 0，这说明，在"民转公"实施前，实验组与控制组之间不存在显著差异，即满足平行趋势假设；而在"民转公"实施后交互项系数显著为正，说明在"民转公"实施后产生了显著的正效应。

接下来，我们实施安慰剂检验。在我国教育政策与户籍制度的背景下，适龄学生的入学资格通常与户籍和房产证挂钩，因此，"民转公"的实施只会对购房市场产生影响，而不会对租房市场产生太大影响。故该部分将采用 2019 年 1 月至 2021 年 5 月的租房数据进行式（5-1）的模型回归。若实验组的租房单价水平显著提高，则说明产生的住房价格差异很可能是由于其他因素的影响，那么前面所述的结论不可信；如果实验组的房租单价水平相对控制组没有显著提高，则说明原来的结果可信，实验组的房价上涨是由学区教育资源改善导致。

需要说明的是，因租房存在整租与合租模式，两种模式的房租单价存在较大的差异，故该部分回归在正常控制小区固定效应与时间固定效应的基础上只使用了整租方式的数据。租房数据回归结果见表 5-11。

表 5-11　　　　　　　租金双重差分模型回归结果

变量	(1) $A0' + A1$	(2) $A0'' + A2$	(3) $A0''' + A3$
Post × Treat	-0.0228* (0.0136)	-0.0194 (0.0125)	-0.00873 (0.0111)
lnSize	-0.439*** (0.00434)	-0.439*** (0.00434)	-0.439*** (0.00434)
Face	-0.000934 (0.00293)	-0.000921 (0.00293)	-0.000926 (0.00293)
Furnishment	0.123*** (0.00196)	0.123*** (0.00196)	0.123*** (0.00196)
Layout	0.0486*** (0.00405)	0.0486*** (0.00405)	0.0485*** (0.00405)
Constant	5.677*** (0.0176)	5.677*** (0.0176)	5.677*** (0.0176)

续表

变量	(1)	(2)	(3)
	A0′ + A1	A0″ + A2	A0‴ + A3
小区固定效应	Yes	Yes	Yes
时间固定效应	Yes	Yes	Yes
样本量	34 018	34 018	34 018
R^2	0.886	0.886	0.886

注：括号中的数值为 t 统计量；* 表示在 10% 的水平下显著，** 表示在 5% 的水平下显著，*** 表示在 1% 的水平下显著。

在表 5-11 的结果中，我们可以看到，当以 600 米为学区边界时，实验效应的系数为负，且在 10% 的水平下显著；当以 800 米与 1 000 米为界时，无显著差异。这可能是由于租房市场的其他因素而导致租金波动，表明没有其他因素导致前面所述房价的上涨，即我们关于学区资源改善导致房价上涨的结论成立。

五、结论

本节采用杭州市二手房挂牌数据和租房成交数据，估计了杭州市公民办教育资源整合措施（"民转公"）对不同质量学区房的溢价影响。我们发现，当政府实施"名校托管"或"民转公"等整合公民办教育资源整合措施后，学区内住房价格会显著提高，且该措施造成的学区溢价在不同居住品质的住房上呈现出显著的差异：居住品质较好的房屋溢价水平显著大于较差的住房。这说明学区与住房质量存在互补性，杭州市通过公民办教育资源整合措施引进的优质教育集团资源会显著提高人们对学校质量的评价，从而导致住房学区溢价的提高，且因居民对更好居住体验的追求，相对于老旧住房而言，较新住房的房价提高更为明显。

杭州市学区溢价在样本研究期间呈现出的随住房质量不同的异质性在一定程度上证明了学区与住房质量的互补性：（1）学校教育质量的提高促进了周边房价的上涨；（2）面对相同质量的教育资源，拥有更高住房质量的较新房溢价水平显著高于住房质量较次的老旧住房。这为现今学区与住房质量"不互配"现象的评估和推进老旧小区改造的方向提供了一定的参考。

第三节 流言、预期与房价异常波动[*]

一、概述

流言、预期是影响房地产价格以及引起房价异常波动的驱动因素之一。在这一节中，我们研究行政区划调整的流言对地区房地产价格的影响，以河北省"北三县"为案例进行分析。更具体地说，我们考察"北三县并入北京通州"这一流言的兴起到最终破灭后一段时间内"北三县"的房地产价格波动，研究该流言的盛衰如何影响"北三县"房价的波动。本节接下来的部分，首先具体介绍了关于河北省"北三县"并入北京通州这一流言的一系列背景事件，解释流言兴起和破灭的原因；其次厘清"北三县"流言影响房价的理论机制和实际市场表现。

二、"北三县"并入北京通州的流言

北京是中国的首都，拥有全国最好的医疗、教育和社会保障等城市资源，这些资源同时与住房和户口严格捆绑。2020 年北京的房价水平在中国所有城市中列深圳之后，排名第二。为了控制人口流入，北京采用全国最严格的户籍制度。落户北京主要有五种途径：考取公务员、事业单位等非京籍应届毕业生可以落户；中华技能大奖获得者、享受国务院政府特殊津贴的高技能人才、北京市有突出贡献的高技能人才、世界技能大赛铜牌以上获奖选手及其教练组组长、国家和市级一类技能大赛第一名获奖选手等人才可通过人才引进的方式落户；依靠积分落户，积分落户的申请条件是持有本市居住证、不超过法定退休年龄、无刑事犯罪记录，且在北京连续缴纳社会保险 7 年（补缴记录累计不超过 5 个月）；投靠落户，其中夫妻投靠和老人投靠对申请人的年龄和结婚年数都有严格要求，并且被投靠人需是本市非农业户口，子女投靠要求投靠人为不满 18 岁的未成年人，父或母户口在京且有住房；留学生落

---

[*] 本节的思想和部分内容引用借鉴自本书参与者的工作论文：Zhang F, Zhang Y, Song J. The Rise and Fall of a Rumor: Evidence from Regional Housing Markets in China [EB/OL]. http://dx.doi.org/10.2139/ssrn.3837195.

户，出国留学一年以上，获得中国教育部承认的国外高校硕士或以上学历，与在京用人单位签订人事劳动关系的申请人可以在入境回国的两年内提交申请。没有户口和住房，人们就无法享受北京优越的公共服务，这使得北京的户口以及住房稀缺而宝贵。

"北三县"是地处北京市与天津市交界处的三个隶属于河北省廊坊市的县级行政区，分别是三河市（我们关注下辖的燕郊镇）、大厂回族自治县和香河县。这三个县市由于地处京津之间，成为河北省经济发展速度最快的地区之一，具有"北京后花园"的美誉。"北三县"在地理上与北京通州相接壤，"北三县"的居民到北京市中心区域非常方便（乘坐公交不超过 2 小时）。

2016 年，"'北三县'会被划入北京，成为北京市下属的一个行政区"再次在社会上流传①。事实上，关于将"北三县"并入北京的流言，早在 10 年前就有。流言的兴起，主要原因有三方面。

（1）从地缘上来说，"北三县"与通州，原本就属于通县专区，1956~1957 年通县的一部分（即现在的通州区）划入了北京市。

（2）从土地和住房供需角度看，"北三县"纳入北京能够缓解北京外来人口持续流入导致的土地资源匮乏和房价租金上涨的压力。

（3）从政策动向上来说，"暗示""北三县"入京的动作越来越多。2015年，为分担北京中心城区人口过于集中的压力，北京计划在"十三五"时期推进 297 个重大项目建设，将大学和医院等城市公共设施搬离市中心，建设城市行政新副中心。2016 年 6 月 17 日，北京市委发布《关于全面深化改革提升城市规划建设管理水平的意见》，首次明确通州区（现北京市政府所在的北京市新副中心）和河北省廊坊市"北三县"的协调发展。"北三县"并入北京通州区的流言在此之后愈演愈烈。

然而，这一流言在 2017 年初被官方否认，北京市规划和国土资源管理委员会澄清了这一说法，明确了"北三县"不会并入北京，通州与"北三县"实行跨区域的统一规划、统一政策、统一管控。此外，2017 年 4 月 1 日，中央政府决定在河北省设立雄安新区，承担北京的一些市政公共设施和功能，以缓解北京的拥堵问题。自此，支撑流言的两大政策支柱崩塌。

长期以来"北三县"的房价大幅低于北京。伴随着该流言的兴起和破灭，"北三县"的房地产市场在短时间内经历了繁荣和萧条。以香河县为例，

---

① 王红茹. 专家："北三县"不会并入通州，未来或并入北京 [J]. 中国经济周刊，2016 (26).

2016年房价飞速上升，但到了2017年3月，香河县的房价惨遭"腰斩"，房价回到一年前水平。短时间内"北三县"的房价出现大起大落，不少投资客面临是否断供的艰难抉择，一度出现投资客集体断供的新闻报道。

三、"北三县"流言影响房价的理论机制和市场表现

流言作为一种描述市场的信息，其形成、扩散和衰落都会被资本化为价格，并引起市场价格波动（Kosfeld，2005；He and Manela，2016；Andrei and Cujean，2017；Schmidt，2020），相关研究通常关注信息扩散的方式（Banerjee，2011；Han and Yang，2013；Rantala，2019）对价格的影响。

投资者的非理性行为会放大流言相关信息对价格波动的影响。大部分关于投机对市场动态影响的研究认为，信息充分的投资者充当中间人，交易并消除套利机会，稳定市场；而信息不充分的投资者往往是价格波动或羊群效应交易者，他们相信随其他投资者做出交易决定是基于更有优势的信息，这种羊群行为会增加价格波动（Bayer et al.，2011；Fu and Qian，2014；Chinco and Mayer，2016；Fu et al.，2016；DeFusco et al.，2017；Deng et al.，2018；Bayer et al.，2021）。

投资者有限的注意力也会导致流言通过影响投资者行为来影响市场波动。资本市场是信息的海洋，但投资者的注意力却是一种稀缺资源，行为金融学认为投资者的注意力是有限的。面对资本市场中种类繁多的信息时，投资者只能通过有限的注意力来关注其中的一部分信息，并进行加工处理，这一过程又被称为选择性注意。在股票市场，越来越多的研究证实了投资者受到有限注意力的限制和选择性注意的影响，在短期内对信息的反应不足或反应过度，导致信息融入股价的速度变慢或过快，形成了动量效应等一系列股价异象（Peng and Xiong，2005；Nieuwerburgh and Veldkamp，2010）。类似地，一个理性的人在做房地产投资决策时，势必会接收来自房地产市场的一系列信息。人们不仅会考察区位、房屋质量、周边环境等现有因素，而且会格外关注房屋未来的交通配套改善、教育资源改善等预期因素，这些预期有一部分是确定预期，也有一部分是流言。房产投资者受到选择性注意和有限注意的限制，无法对信息做出准确判断，过度地听信流言，从而导致了房价异常的波动。以"北三县"纳入北京的流言为例，从直觉上看，如果"北三县"并入北京，不仅当地居民或房主会获得北京户口，享受北京优越的便利条件，

"北三县"也能从资本流入中受益。根据空间一般均衡理论,上述两个因素都有可能大幅地推高当地的房价(Roback,1982)。因此,随着越来越多"利好政策"的公布,关于"北三县"纳入北京的信息流持续不断出现,投资者越来越相信这一说法,表现出对这一信息的过度反应,在短期市场供给不变的情况下,投资需求快速上升,造成了"北三县"房地产市场的异动。当流言被澄清后,投资者见入京无望,需求量迅速减少,市场供给增加,引发了"北三县"房价的暴跌。

关于"北三县"并入北京的流言为房地产市场应对流言崩溃的实验提供了一个独特的背景。我们采集了通州、燕郊/大厂三地2015年5月至2019年12月的一整套二手房挂牌交易数据。每一套上市房源,都有详细的相关信息,如挂牌时间、挂牌单价等。我们在分析房价波动时,主要使用房屋挂牌价格而非合同价格。我们排除了缺失值过多的个体和商业用途属性的记录,最终留下了48 900个住房挂牌记录的有效样本。

表5-12按区域分类报告了样本的描述统计结果,样本数据来自国内某大型房屋中介机构的挂牌记录。可以看到,有49.1%的挂牌记录来自"北三县",我们将其作为处理组。在处理组中,有70.4%的房屋挂牌记录是发生在流言瓦解后的,其余的是在流言瓦解前发生的。处理组的平均房屋挂牌单价为20 334元/平方米。对于我们的控制组通州,有65.3%的房源挂牌记录是在流言瓦解后产生的,总体的房屋挂牌单价为43 464元/平方米。

表5-12 样本的描述统计

项目	样本量	平均值	标准差	最小值	最大值
"北三县"单价	23 992	20 334	5 515	5 197	73 059
通州单价	24 098	43 464	11 408	5 027	130 000

为了直观地比较"北三县"和通州在流言崩溃前后的房价变化,图5-2绘制了处理组和控制组房屋挂牌均价和中位数的定基指数动态变化图,以2015年5月为基期(=100)。流言的盛衰伴随着"北三县"房价的盛衰。"北三县"的平均房价在2017年1月达到30 034元/平方米的峰值,在2017年1月1日流言破灭后的6个月内降至22 851元/平方米。类似地,"北三县"房屋挂牌单价的中位数在2017年3月达到31 816元/平方米的峰值,然而同年12月"北三县"房屋挂牌单价的中位数跌至21 533元/平方米。

如图5-2所示,比较实验组和控制组的房屋挂牌价格指数的变化幅度,可以看到，流言崩溃前，"北三县"和通州区房屋挂牌单价均值的变化趋势在 2016 年前基本一致，但是随着流言的传播，以及新的政策动作导致流言被越来越多人相信，"北三县"的房价上涨速度超过通州区的房价增速。而在流言崩溃后，"北三县"房价均值的下跌速度和幅度明显更快更大，表现出明显的异常波动。

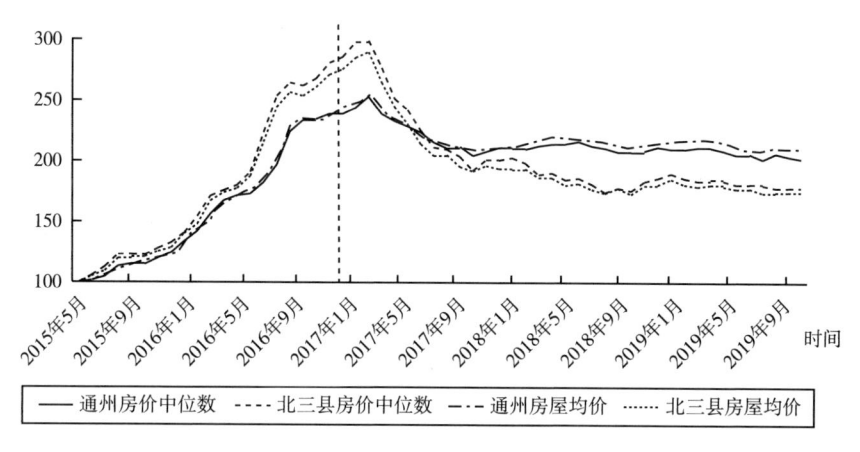

图 5-2　通州区、"北三县"房屋挂牌价格指数变化图（2015 年 5 月 = 100）

基于上述理论和数据分析，我们认为"北三县"的房价剧烈波动，是由三重驱动因素导致的。第一，流言本身会被资本化到"北三县"的房价中，其形成和破灭会带来价格波动。第二，相关政策如支持"北三县"与北京通州协同发展的政策，强化了流言的可信度，使流言被资本化为更高的房价，加剧房价波动。第三，流言的传播、非理性的羊群效应叠加投机炒房行为，加速且放大了流言对房价波动的影响。

第四节　住房限购政策漏洞与房价异常波动

一、住房限购政策内容

住房限购政策是政府通过对购买房屋的数量和购房资格条件等进行限制，调控房地产市场需求的工具。2017 年是"调控年"，我国调控政策密集出台，一线城市、环京及环雄安城市、热点二三线城市都发布了住房限购政策，旨在直接抑制过热的购房需求，特别是将投机性和投资性需求挤出市场，防止房价过快上涨。我国各地住房限购政策的着力点主要包括购房数量、购房资格、购房区域三个方面，以前两个方面为主。

（1）对购房数量的限制。住房限购政策的核心之一是对家庭或个人在当地名下住房数量进行限制。以杭州市为例，2016年9月再度重启限购政策，在限购区域内对已拥有2套及以上住房的本地户籍家庭和已拥有1套及以上住房的非本地户籍家庭暂停出售新建商品住房和二手住房，即本市户籍家庭限购2套，非本市户籍家庭限购1套；而本地户籍单身（含离异）人士限购1套住房。当前实行限购调控的城市在购房数量上的限制大同小异。

（2）住房限购政策的核心内容是对不同居民家庭的购房资格做出限制。根据各地颁布的住房限购政策，对购房资格的限制主要根据户籍和在当地缴纳社保/所得税年限。唯有在当地连续缴纳规定年限的个人所得税或社保非本地户籍人士，方能获得购房资格。以深圳市为例，2016年10月出台楼市新政，非深户居民家庭、深户成年单身人士（含离异）需提供购房之日前在该市连续缴纳5年及以上个人所得税或社会保险证明方可购买商品住房。此外，少数城市对投靠落户者、新落户者、单身人士（含离异）等户籍家庭或个人购房也有一定资格限制。2020年7月深圳市又提高限购条件，要求落户未满3年的居民家庭或单身人士购房需提供在该市连续缴纳5年及以上个人所得税或社会保险证明；夫妻离异购房自离异之日起3年内，其拥有住房套数按离异前家庭总套数计算。杭州市要求，以父母投靠成年子女方式落户的个人，须满3年方可作为独立家庭购房。

（3）限购区域范围的大小也能在一定程度上反映当地限购调控的松紧程度。当前多数城市的限购区域为市区或主城区，市区或主城区经济发达，交通便捷，教育资源充足，房地产市场热度较高，住房价格上涨较快；非限购区域则多为郊区和下辖县或县级市，该类区域购房需求较低，房价较为平稳。以杭州市为例，2006年开始实行的限购区域为主城区、萧山区、余杭区等产业配套完善、人口涌入较多、购房需求较高、房价上涨过快的区域；2017年3月起把富阳区、大江东产业集聚区也纳入限购范围。目前，非限购区域包括临安、桐庐、建德、淳安四县（市），这些区域房价较为平稳。此外，少数城市实行全市限购，如北京、上海和深圳。该类城市房地产市场火热、购房需求高、房价上涨快，甚至外溢到周边城市，因此有必要实行全市限购。限购区域的划定，一方面能够抑制区域内过热的购房需求，控制住房价格异常波动；另一方面能够将部分购房需求导向区域外，平衡非限购区域的房地产市场，促进区域地产市场发展更加均衡、健康。

二、住房限购政策抑制房价异常波动的机制

加强住房限购能在短期内抑制房价过快上涨。住房限购政策主要从购房数量和资格的限制出发，能够有效地将拥有购买能力而无购买资格的需求群体挤出住房市场。这类群体需求主要可分为两类：一类是投资、投机性需求。各大城市限购区域内的住房市场都较为火热，涨价预期和投资回报预期较高，吸引大批投机者买房炒房。另一类则是预防性购房需求，即为防止房价上涨而导致购房成本增加而提前购房，例如，家庭为防止房价快速上涨，提前为未成年子女购买房产。住房限购政策出台后，上述群体部分被挤出住房市场，短期内总需求减少，而房屋建设周期较长，当期政策对住房数量的供给影响有限，短期内供给量变化较小，从而改变供求形势并抑制房价上涨。2011年2月15日，北京市率先出台住房限购政策，取消拥有两套及以上住房的户籍家庭、拥有一套及以上住房的非户籍家庭和在本地连续缴纳个人所得税或社会保险未满5年的非户籍家庭的购房资格。《北京统计年鉴》和国家统计局数据显示，当年北京市城镇常住人口增加54.3万人，较2010年增长了3.22%，但房地产开发企业住宅销售套数下降至102 908套，减少了10 044套，较2010年下降8.89%，且住宅商品房平均销售价格较上年降低9.52%，可见限购政策抑制住房价格上升效果显著。

在房价趋于平稳的情况下，住房限购政策可能被松绑甚至取消。例如，自2014年9月起，部分城市开始相继放松甚至取消住房限购政策，截至2016年1月，除北京、上海、深圳、广州、三亚五个城市外，其余城市全部放松或取消了限购政策，随后伴随一系列去库存政策的实施，一二线城市房价开始快速上涨。2016年，北京、天津、上海、南京、杭州、合肥、厦门、济南、郑州、武汉、长沙、广州、深圳、成都等城市的住宅商品房平均销售价格较上年同比涨幅均超10%。其中，南京、深圳和厦门同比涨幅甚至超过了30%，分别达到了58.83%、35.17%和33.41%。①

综上所述，住房限购政策在短期内可以减小购房总需求，抑制房价上涨，

---

① 资料来源：国家统计局。

促进房地产市场平稳发展。但从长期上,受执行和监管力度不足的影响,限购漏洞仍可能造成房价的异常上涨。

三、住房限购政策漏洞或政策冲突与房价异常波动

我们重点讨论三类住房限购政策的漏洞或政策冲突:(1)购房资格限制上的漏洞,以假离婚式购房为代表,即通过离婚获得新购房资格;(2)房源限制上的漏洞,以法拍房不限购为代表;(3)与人口政策的冲突,以人才引进政策为代表。

(一)假离婚购房

(1)假离婚购房突破住房限购。假离婚购房是由住房限购政策催生的一类社会现象。假离婚为何可以突破住房限购?住房限购政策多以家庭为限购单位,这为住房限购政策留下了假离婚购房的政策漏洞。在限购政策限制下,已拥有一套或者多套住房的夫妻家庭很可能失去购房资格,为了能够继续购房投资,夫妻双方协议离婚并分割财产,将一方名下的所有房屋转移给另一方,达到离婚后原夫妻一方获得新购住房资格,从而规避住房限购政策,在交易完成后复婚。由于婚姻属于人的基本权利,在法律意义上也并不存在"假离婚"概念,甄别假离婚行为十分困难。但是,假离婚本身也产生了诸多社会问题,最典型的是夫妻双方容易从假离婚变成真离婚,则"净身出户"的一方在财产分割上明显受害,引发纠纷。

限购政策经历了出台、收紧、放松、再收紧并进一步堵上假离婚漏洞的过程。由表 5-13 可知,自 2010 年起,为抑制房价过快上涨,我国依次出台了"新国十条"[①]"国八条"[②]以及 2013 年更为严格的"国五条"[③],其中,2010 年 4 月 17 日中央出台的"新国十条"首次提出了限购,并授权地方政府开展限购调控。直到 2014 年 9 月,第一轮限购调控结束,部分城市开始放松或者取消限购调控。2016 年 10 月前后,各大城市开始自主出台新一轮严

[①] 国务院《关于坚决遏制部分城市房价过快上涨的通知》,提出十条举措,被业内称为房地产"新国十条"。

[②] 《国务院办公厅关于进一步做好房地产市场调控工作有关问题的通知》,称为房地产"国八条"。

[③] 2013 年 2 月 20 日,国务院常务会议明确了五项房地产市场调控具体政策措施,即"国五条"。

格的住房限购政策,并逐渐修补限购漏洞。例如,成都于 2018 年 5 月 15 日提出"夫妻双方离异后,任一家庭成员两年内购买商品住房或二手住房的,其拥有住房套数按离异前家庭总套数计算",提高了假离婚购房所需要的等待时间及风险,较强地打击了假离婚购房,修补了政策漏洞。

表 5-13　　　　　　　　住房限购政策历史发展及说明

阶段	阶段说明	住房限购政策	发布时间	主要内容
第一轮限购 (2010 年 1 月 ~ 2014 年 9 月)	中央统一调控,要求地方政府限购	新国十条	2010 年 4 月 17 日	首次提出限购,并授权地方政府实行限购
		国八条	2011 年 1 月 26 日	取消拥有两套及以上住房的户籍家庭、拥有一套及以上住房的非户籍家庭和无法提供一定年限当地纳税证明或社会保险缴纳证明的非当地户籍居民家庭的购房资格
		国五条	2013 年 2 月 20 日	要求严格购房资格审查;取消无法连续提供一定年限当地纳税证明或社会保险缴纳证明的非当地户籍居民家庭购房资格
限购松绑及取消 (2014 年 9 月至 2016 年 10 月)	除北京、上海、广州、深圳和三亚外,其余城市相继取消	限购松绑及取消	2014 ~ 2015 年	部分城市相继放松或者取消限购
第二轮限购 (2016 年 10 月至今)	地方自主调控,尝试修补漏洞	重启限购	2016 年 10 月	一、二线城市房价快速上涨,新一轮限购开始;各地相继出台限购措施
		例如:成都限制离婚式购房	2018 年 5 月 15 日	夫妻双方离异后,任一家庭成员两年内购买商品住房或二手住房的,其拥有住房套数按离异前家庭总套数计算

住房限购政策催生假离婚现象十分明显。根据图 5-3,结合住房限购政策,比较离婚人数变化情况,发现住房限购政策的实施伴随着离婚数的增加。2010 ~ 2011 年,六大城市先后出台住房限购政策,同时,各城离婚人数开始快速上涨。2011 年深圳、郑州和成都离婚人数较之前开始上涨,较上年分别

增加了 1 678 对、3 675 对和 8 916 对，分别增长了 20.58%、23.55% 和 18.11%。南京和北京的离婚人数则在 2013 年迎来了爆发式增长，分别较上年增加了 14 788 对和 16 035 对，分别增长了 63.90% 和 33.01%。杭州的离婚对数增长率也在该年达到了 14.01%。2014~2015 年，除北京市和深圳市，其余四个城市陆续取消限购，离婚人数增速放缓或者回落。2014 年，成都市的离婚人数增速开始放缓，增速较上年降低 15.85 个百分点。2015 年，南京和郑州的离婚人数开始回落，较上年分别减少了 4 424 对和 836 对，同比降低了 11.66% 和 2.86%，同年杭州的离婚人数增速也开始放缓，增速较上年降低 10 个百分点。2016~2017 年，新一轮限购调控开始，各城重启并出台更严格的住房限购政策，离婚人数再次快速上升，多个城市的离婚人数在 2017 年达到峰值。2017 年，杭州、南京、郑州、成都的离婚人数较上年分别增长了 17.62%、15.72%、24.83%、11.95%，达到了历史新高。

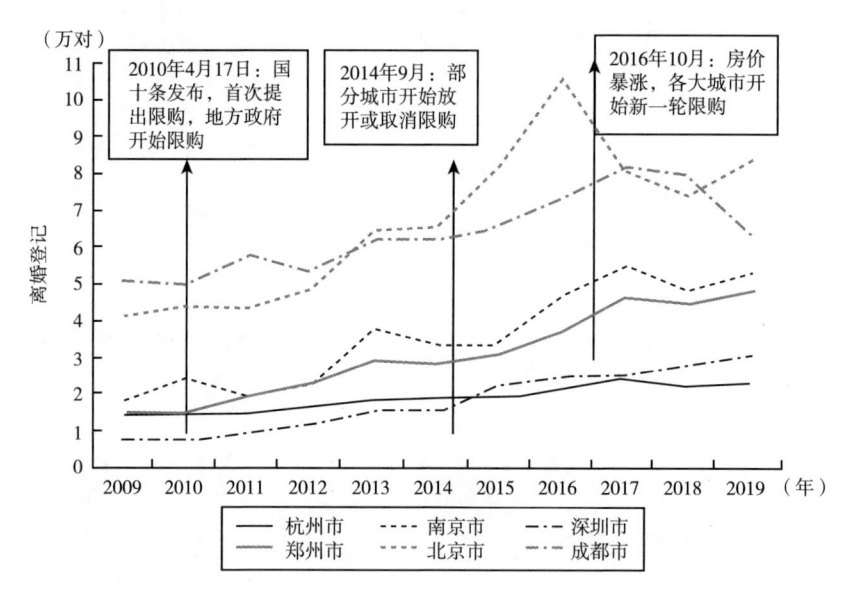

图 5-3　六大城市 2009~2019 年离婚人数变化

注：离婚登记数来自各城市统计年鉴。

此外，北京市在 2017 年针对离婚后购房出台了"限贷"政策，规定"对于离婚一年以内的房贷申请人，各商业银行应参照二套房信贷政策执行"，缩减了假离婚购房的信贷优惠。北京当年离婚人数大幅下降，较 2016 年共减少了 25 109 对，降低了 23.73%。此后，2018 年成都修补限购政策漏洞后，当年成都市离婚人数自 2013 年起首次出现下降，较上年减少了 2 224

对,降低了 2.71%,并保持快速下降趋势,2019 年成都市离婚人数同比下降 20.95%。总体来看,住房限购政策对假离婚现象具有明显刺激作用,假离婚购房行为普遍存在,修补这一漏洞能更好地落实住房限购政策。

(2) 堵住假离婚漏洞可进一步抑制房价异常上涨。假离婚购房行为在推高城市居民离婚人数的同时,突破了住房限购政策对家庭购房数量与资格的限制,投资、投机性需求继续涌入市场,刺激房价上涨。南京、杭州、济南、长沙等城市近几年的居民离婚情况与房价变化在一定程度上证明了假离婚购房对房价的刺激作用。如图 5-4 所示,2016 年 9 月南京重启住房限购后,2017 年居民离婚登记数大幅增加了 7 417 对,较上年增长了 15.79%,新建商品住宅销售价格指数与二手住房销售价格指数分别随之上涨了 12.37% 和 13.38%;2018 年居民离婚登记数减少了 6 031 对,较上年降低了 11.10%,住房价格随之降低,新建商品住宅销售价格指数与二手住房销售价格指数分别同比下降了 1.21% 和 0.41%。2019 年居民离婚登记数再次增加,较上年增长了 10.40%,新建商品住宅销售价格指数与二手住房销售价格指数分别随之上涨了 4.02% 和 3.34%。

图 5-4 南京市 2016~2019 年离婚情况与房价变化

注:新建商品住宅销售价格指数与二手住宅销售价格指数对应主纵坐标(左侧);离婚登记数对应次纵坐标(右侧)。

资料来源:新建商品住宅销售价格指数(2015 年 = 100)和二手住宅销售价格指数(2015 年 = 100),数据来源于国家统计局;离婚登记数据来源于历年南京市统计年鉴。

如图 5-5 所示,2016 年 9 月杭州重启住房限购,2017 年 3 月加强住房限购,2017 年居民离婚登记数增加 3 707 对,较上年增长了 17.62%,新建商品住宅销售价格指数与二手住房销售价格指数分别随之上涨了 11.31% 和 14.27%。2018 年居民离婚登记数减少了 2 410 对,住房价格涨幅放缓,新建商品住宅销售价格指数与二手住房销售价格指数涨幅分别降至1.43%和6.19%。2019年居民离婚登记数再次增加，较上年增长了3.77%，新建商品住宅销售价格指数与二手住房销售价格指数分别随之上涨了7.27%和3.43%。

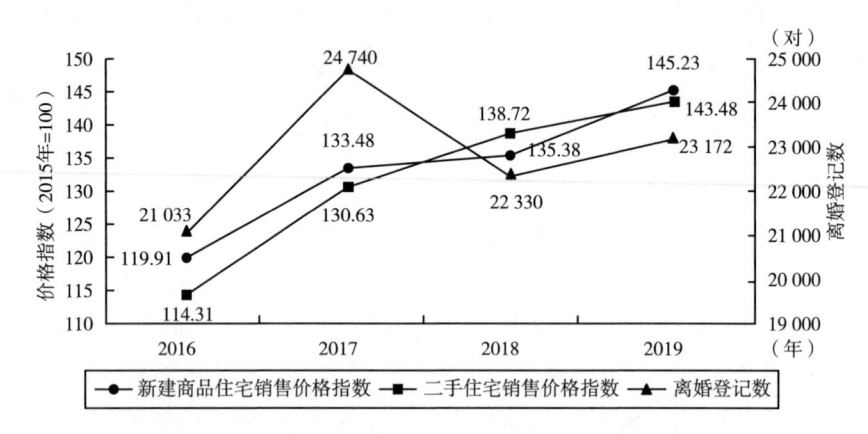

图5-5　杭州市2016~2019年离婚情况与房价变化

注：新建商品住宅销售价格指数与二手住宅销售价格指数对应主纵坐标（左侧）；离婚登记数对应次纵坐标（右侧）。

资料来源：新建商品住宅销售价格指数（2015年=100）和二手住宅销售价格指数（2015年=100），数据来源于国家统计局；离婚登记数据来源于历年杭州市统计年鉴。

如图5-6所示，2016年10月济南重启住房限购，2017年1月加强住房限购，2017年居民离婚登记数大幅增加了5 576对，较上年增长了20.72%，新建商品住宅销售价格指数与二手住房销售价格指数分别随之上涨了11.12%和11.84%。2018年居民离婚登记数稍有减少，较上年降低了2.71%，减少了880对，住房价格涨幅放缓，新建商品住宅销售价格指数与二手住房销售价格指数涨幅分别降至6.84%和4.11%。2019年居民离婚登记数再次增加，较上年增长了13.67%，新建商品住宅销售价格指数与二手住房销售价格指数分别随之上涨了10.85%和5.83%。

如图5-7所示，2017年3月长沙重启住房限购，该年居民离婚登记数大幅增加了4 252对，较上年增长了21.15%，新建商品住宅销售价格指数与二手住房销售价格指数分别随之上涨了14.65%和16.66%。2018年居民离婚登记数稍有减少，较上年降低了0.98%，同比减少了238对，住房价格涨幅稍有放缓，新建商品住宅销售价格指数与二手住房销售价格指数涨幅分别降至7.70%和7.41%。2019年居民离婚登记数继续减少，较上年降低了3.08%，住房价格上涨继续放缓，新建商品住宅销售价格指数与二手住房销售价格指数涨幅分别降至 7.40% 和 3.00%。

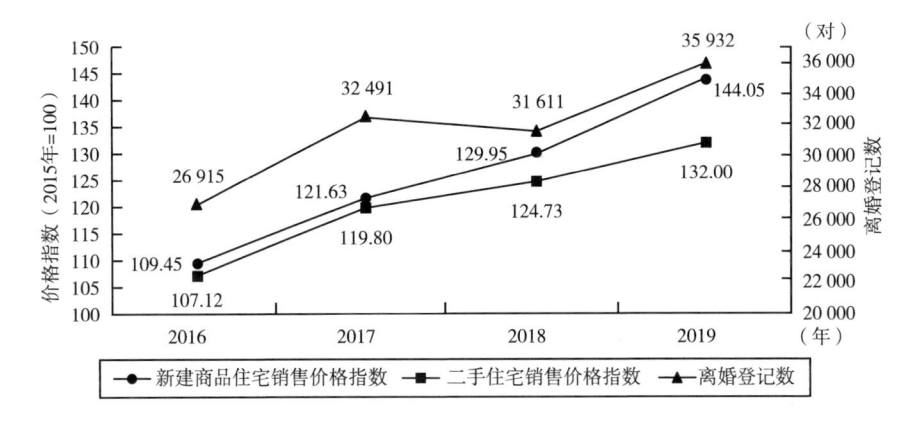

图 5-6　济南市 2016~2019 年离婚情况与房价变化

注：新建商品住宅销售价格指数与二手住宅销售价格指数对应主纵坐标（左侧）；离婚登记数对应次纵坐标（右侧）。

资料来源：新建商品住宅销售价格指数（2015 年 = 100）和二手住宅销售价格指数（2015 年 = 100），数据来源于国家统计局；离婚登记数据来源于历年济南市统计年鉴。

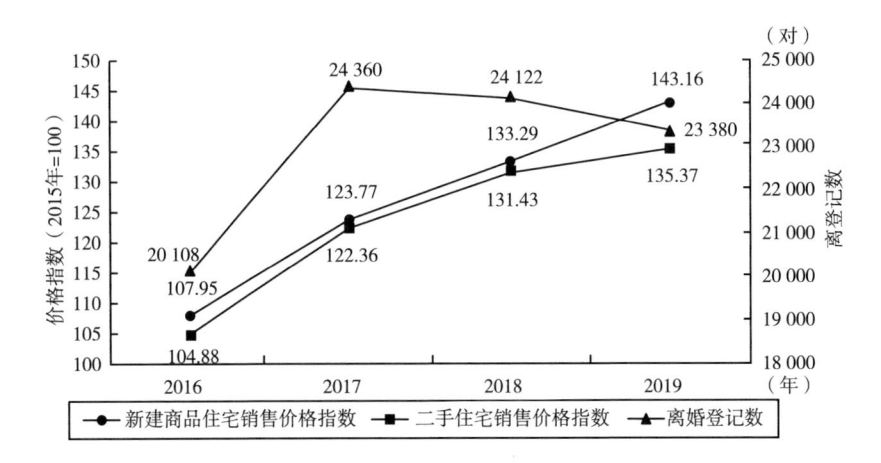

图 5-7　长沙市 2016~2019 年离婚情况与房价变化

注：新建商品住宅销售价格指数与二手住宅销售价格指数对应主纵坐标（左侧）；离婚登记数对应次纵坐标（右侧）。

资料来源：新建商品住宅销售价格指数（2015 年 = 100）和二手住宅销售价格指数（2015 年 = 100），数据来源于国家统计局；离婚登记数据来源于历年长沙市统计年鉴。

为遏制假离婚购房对住房限购的冲击，我国部分城市主动尝试修补漏洞，并取得了一定的成效。其中，北京市于 2017 年 3 月 24 日率先针对假离婚购房行为创造性地使用"限贷"工具进行限制，规定对于离婚一年以内的房贷申请人，各商业银行应参照二套房信贷政策执行，申请住房公积金贷款的，按二套住房公积金贷款政策执行。该政策虽然没能修补假离婚购房突破购房数量限制的漏洞，但在限制家庭通过离婚谋取首套房优惠方面做出了有利尝试。在该政策影响下，北京市离婚人数结束了连续5年的上涨，首次出现下降。2017年北京市离婚人数仅8.06万对，较上年下降了23.82%，减少了2.52万对。同时，二手住房销售价格结束了长久的持续上涨，逐渐降温。此前半年，二手住房销售价格指数连续上涨5.80%，此后半年二手住房价格下降了4.21%。

在限购背景下，房价上涨与假离婚是相互作用的过程，房价上涨带来的获利空间会激发部分家庭假离婚，假离婚人口进入购房市场，扩大需求，又刺激房价。近年来，越来越多的城市将离婚后购房纳入住房限购范围，修补假离婚购房漏洞，也表明一些家庭通过假离婚购房成为刺激热点城市房价上涨的一个因素。继2018年5月成都规定夫妻双方离异后，任一家庭成员2年内购买商品住房或二手房的，其拥有住房套数按离异前总套数计算政策后，2020年深圳、南京、无锡、宁波等城市相继出台类似办法，其中，深圳将规定年限提高为3年。2021年1月上海出台类似政策，将规定年限定为3年。

（二）法拍房不限购的漏洞

法拍房是指由法院强制执行司法拍卖的房产。当债务人无力偿还债务时，由债权人经由各项司法程序向法院提出申请，由法院强制执行拍卖债务人名下房产，将拍卖所得金额用于偿还债务。由于法院司法拍卖房产依据国家法律执行，受法律保护，而住房限购政策仅是行政规范管理型文件，不属于行政法规、地方规章。按照我国的立法体制，法院拍卖房产依据的法律位阶更高，不受住房限购政策限制。此外，住房限购政策在各地出台初始，也并未对法拍房做出明确限制。法拍房不限购的特点，使其成为住房限购政策宏观调控房地产市场的一个漏洞，成为家庭规避限购调控限制进行住房买卖的有效手段。

（1）法拍房影响限购调控效力。法拍房最具吸引力的特点便是不受限购调控影响。在该特点下，甚至出现假诉讼、真买卖的行为。例如，房屋拥有者和购房者私下达成协议，然后由购房者向法院控告房屋拥有者恶意欠款，胜诉后申请对房屋拥有者名下的房产进行司法拍卖，而当房屋出现流拍时，便能依据《最高人民法院关于人民法院民事执行中拍卖、变卖财产的规定》

第十九条"拍卖时无人竞买或者竞买人的最高应价低于保留价,到场的申请执行人或者其他执行债权人申请或者同意以该次拍卖所定的保留价接受拍卖财产的,应当将该财产交其抵债"实现以物抵债后,成功实现买卖,购房者顺利获得房产,同时绕开了限购令。

此外,部分法拍房本身还具有较高的投资价值。法拍房由于信息不对称(购房者较难获得住房背后的实际权属等关系链条),其起拍价格往往低于市场价,对于充分了解该法拍房信息的投资者而言,可以"捡漏"。同时,部分法拍房的区位条件十分优越,具有稀缺性,平日里少有房源售卖,市场交易不充分,可能引起价格偏低。通过低价竞得法拍房,再进入二手房市场交易套现,往往能够获得较高的利润。

(2)法拍房限购漏洞的填补。正如前面所述,由地方政府行政部门单方面将法拍房纳入限购,往往会造成司法权和行政权的冲突。为解决上述问题,我国一些城市做出了积极尝试。深圳、北京、广州等城市地方政府和法院协商后,对法拍房限购达成了共识,采用司法拍卖前由住建部门前置审查购房人资格的模式解决"法拍房"与住房限购政策之间的矛盾。这一做法需要政府部门之间通过网络共享房产登记、税务征收、户籍登记等涉及限购资格的相关信息,对城市政府部门信息化建设及共享合作具有较高的要求。

法拍房市场虽然相比二手房市场总量较小,但是由于住房市场本身交易不频繁、流动性较低,少量交易即可对房价产生较大的影响。不仅如此,近年来随着线上司法拍卖的发展,法拍房的知晓度也在不断提高,其市场份额也在相应不断扩大,发展势头迅猛。根据阿里平台公开数据显示,2017年底平台挂牌房产约9 000套,2019年底达到了50万套,2020年6月达到了116万套,仅仅30个月全国法拍房数量暴涨了128倍。住宅类法拍房流拍现象大幅减少,部分房源甚至出现高溢价成交。例如,2020年9月28日,位于杭州拱墅区九龙仓碧玺轩的一套262.02平方米的洋房,在阿里司法拍卖网经过547轮竞价,最终以2 514万元的价格成交,超出起拍价近1 214万元。2020年9月10日,位于杭州滨江区西兴街道明月江南的一套185平方米的法拍房以1 258万元拍出,经过55次竞价,最终溢价率高达21.5%。2020年12月23日,6人竞拍156轮以总价9 191万元拍出一套位于深圳福田区香蜜湖的别墅,溢价率高达77%,引发24 455人次围观。2021年1月19日,位于成都高新区天府一街上的一套135.57平方米的住宅经历188次竞价后以高于起拍价400万元的价格拍出,溢价高达178%,引发舆论热议。

法拍房高溢价会通过两种方式来抬高本地房价，削弱住房限购的调控效果。第一，强化市场对房价上涨的预期，吸引投资需求进入市场，刺激住房价格上涨。因为法拍房的价格反映着一套住房被市场所接受的真实价格，法拍房价格越高，带来的价格示范效应越大，就可能出现以某套法拍房价格给整个小区甚至片区确立一个价格新标杆，拉动房价上涨。第二，法拍房不限购的话，变相增加了有资格购房者，这些购房者难以通过正常途径购房，必定愿意为获得限购城市的住房付更高的价格，进一步扩大了热点城市住房供不应求的程度，推高房价。

随着法拍房的热度不断攀升，越来越多的城市将法拍房纳入限购范围，巩固"房住不炒"的原则。2021年1月，继深圳、北京、广州之后，最后一个一线城市上海也正式实行法拍房限购，修补了住房限购政策中长久存在的漏洞。此后，无锡、杭州、成都、东莞等城市相继正式出台规定，将法拍房纳入住房限购范畴。

（三）人才引进与限购的冲突

人才引进政策包括（全面）放宽人才落户、放松人才认定、给人才发放购租房补贴、优先向高层次人才供给房源等一系列手段，导致热点城市的（常住和户籍）人口快速增加，大大增加有效购房需求，抵消住房限购政策，抑制住房市场过热的效果。

（1）放开落户冲击住房限购，刺激房价上涨。人才引进政策的核心是人才落户。在住房限购背景下，落户意味着获得购房资格，是享受城市优渥的公共资源的入门券。由于落户直接同住房限购政策挂钩，降低人才落户的门槛，将推动部分非户籍家庭转化为户籍家庭，获得购房资格。以杭州市为例，2019年6月11日，杭州市放宽人才落户限制，年龄35周岁以下的全日制大学专科（含高职）学历及45周岁以下全日制本科学历人才，在杭工作并由用人单位正常缴纳社保的，可申请办理落户。通过落户，该类人才可以轻松绕过住房限购政策对非户籍家庭购房需连续缴纳2年以上个人所得税或社会保险的限制，直接购房，甚至最多可购买两套住房。由此可见，人才落户门槛的降低，不仅增加了新增人口的购房刚性需求，也为外来人口投资购房打开了方便之门。

因此，人才引进是对住房限购政策的松绑，在吸引大量人口涌入城市、增加住房刚性需求的同时，部分被限购挡在门外的投机性需求也借此绕过了限制回到了市场，刺激购房总需求持续快速增加。人才引进政策对住房限购政策影响的传导机制为：人才引进政策落实（人才落户门槛降低）→城市人口增加→落户人口增加→住房总需求增加→住房供给弹性较小，住房价格上涨→限购调控受到冲击，限购效果削弱。

2017年7月18日，成都市发布《成都实施人才优先发展战略行动计划》，大力引进人才，放宽人才落户要求，具体见表5-14，具有普通全日制大学本科及以上学历的青年人才凭毕业证即可申请办理落户手续。2017年成都城镇常住人口较上年增加29.7万人，增长了2.64%[①]，住宅商品房平均销售价格上涨了16.51%[②]。2018年5月24日，福州市出台进一步放宽人才落户，取消人才落户就业创业限制，并将本科学历毕业落户年龄上限放宽至35周岁。2018年福州城镇常住人口较上年增加12.1万人，增长了2.27%[③]，住宅商品房平均销售价格同比上涨了36.35%[④]。2019年5月16日，青岛放宽高校毕业生落户门槛至专科学历，40周岁以下专科学历毕业生可申请落户。2019年城镇常住人口较上年增加12万人，增长了1.74%[⑤]，住宅商品房平均销售价格同比上涨了10.51%[⑥]。2019年7月11日，武汉市出台引才育才10项重点措施，进一步推行人才落户零门槛，不满45周岁专科学历者即可办理落户。2019年城镇常住人口较上年增加12.8万人，增长了1.43%[⑦]，住宅商品房平均销售价格同比上涨了9.11%[⑧]。

表5-14　　　　　　　　部分城市人才引进政策

城市	人才引进政策	发布时间	主要内容
成都	《成都实施人才优先发展战略行动计划》	2017年7月18日	（1）鼓励青年人才落户。具有普通全日制大学本科及以上学历的青年人才，凭毕业证来蓉即可申请办理落户手续。在本市同一用人单位工作2年及以上的技能人才，可凭单位推荐、部门认定办理落户手续。 （2）保障人才住房，提供人才公寓，为来蓉应聘者免费提供7天住宿。 （3）提高人才医疗待遇，提供创业补贴，发放人才绿卡，提供免费技术培训等

---

① 资料来源：《成都统计年鉴》。
②④⑤⑧ 资料来源：国家统计局。
③ 资料来源：《福州统计年鉴》。
⑥ 资料来源：《青岛统计年鉴》。
⑦ 资料来源：《武汉统计年鉴》。

续表

城市	人才引进政策	发布时间	主要内容
福州	《关于进一步吸引引进人才和高校毕业生来榕落户的五条措施》	2018年5月24日	（1）放宽高校毕业生落户年龄限制，本科毕业生年龄放宽至35周岁以下，硕士研究生及以上不设年龄限制。 （2）取消高校毕业生及引进人才落户就业创业限制。 （3）高校毕业生及引进人才落户可自行选择落户地址。 （4）全面建立就业和人事人才中心集体户供引进人才落户。 （5）简化落户申请材料
青岛	青岛市人社局新闻通气会再推四项引才新举措	2019年6月5日	（1）自5月16日起，放宽高校毕业生落户门槛至专科学历，40周岁以下即可办理落户。 （2）发放住房补贴和安家费。每月分别向本科生、硕士和博士发放500元、800元和1 200元住房补贴。硕士、博士研究生分别发放10万元、15万元一次性安家费。 （3）优化普通高校毕业生就业手续。 （4）启用毕业生学历信息采集平台，加速政府服务
武汉	引才育才10项重点措施	2019年7月11日	（1）进一步推行人才落户零门槛，高等学校专科及以上学历，年龄不满45周岁就可办理落户，技能人才、专技人才等符合一定条件，也可以申请落户。 （2）促进人才安居，提供人才公寓。 （3）大力引进和培育人才，建设创业中心，加大人才创新创业金融扶持。 （4）提供高品质公共服务，建设高水平人才服务中心等

（2）购房门槛是人才引进政策与住房限购政策的主要冲突点。人才引进政策为吸引人才落户，主张降低落户门槛，鼓励人才落户，然而落户门槛的降低，势必削弱了住房限购政策对非户籍家庭购房资格的限制。在原有住房限购条件下，当落户实现零门槛时，住房限购政策对非户籍家庭的限制能力也将为零，住房限购政策将被大大削弱。围绕这一冲突点，部分城市主张限制新落户家庭购房资格，即落户后仍需满足其他限制条件方能购房，以此抵消落户门槛降低对住房限购政策的削弱。2020年7月15日，深圳率先做出尝试，规定深户居民家庭、成年单身人士（含离异）须在本市落户满3年，且能提供购房之日前在本市连续缴纳36个月及以上个人所得税或社会保险证明，方可购买商品住房，深圳落户即可购房的时代就此结束。此后，杭州也采用类似办法限制新落户家庭购房资格。2021年1月27日，杭州规定居民

家庭落户未满 5 年在本市限购范围内限购 1 套住房，即将新落户家庭的购房数量限制从 2 套降低为 1 套。2021 年 8 月 5 日，杭州再次加强新落户家庭购房资格限制，规定落户本市未满 5 年的户籍家庭，在购房之日前 2 年起已在本市限购范围内连续缴纳城镇社保满 24 个月，方可在本市限购范围内限购 1 套住房。

第五节 非饱和供地与房价异常波动

一、人地矛盾：土地供应不足对房价上涨的短期影响

我们主要通过城市当年人均新增宅地供给面积来反映土地供应充足度，其计算公式为："本年新增住宅类用地的规划可建面积 × (1 - 12%[①]) ÷ 本年末城镇常住人口"。2020 年具体计算结果见表 5-15。该指标表示各城市人均新增加的住宅用地供给面积。

表 5-15　　　　人地矛盾对房价异常波动的短期影响

城市	新房房价同比平均涨幅（%）	二手房房价同比平均涨幅（%）	常住人口（万人）			人均新增宅地供给面积（平方米）
	2021 年 1 月至 2021 年 5 月		2010 年	2020 年	10 年人口增幅（%）	2020 年
北京	3.74	8.94	1 961.75	2 189.31	11.60	0.26
深圳	3.70	13.94	1 042.39	1 756.01	68.46	0.29
上海	4.82	8.96	2 302.86	2 487.09	8.00	0.51
厦门	5.40	5.46	353.14	516.40	46.23	0.52
成都	6.54	8.42	1 511.86	2 093.78	38.49	0.93
天津	2.90	-2.08	1 293.83	1 386.60	7.17	0.94

---

① "住宅类用地"统计中包含带住宅的综合用地，受数据限制，无法对各城市一一剥离其中的商办部分并获得精确的住宅规划可建面积。因此，我们利用 2018~2020 年杭州、宁波土地出让清单，统计得到两市带住宅的综合用地中商办规划可建面积占可建总面积的 12.3%，并利用该数字估算各城市的住宅规划可建面积。

续表

城市	新房房价同比平均涨幅（%）2021年1月至2021年5月	二手房房价同比平均涨幅（%）2021年1月至2021年5月	常住人口（万人）2010年	常住人口（万人）2020年	10年人口增幅（%）	人均新增宅地供给面积（平方米）2020年
广州	8.50	11.28	1 270.09	1 867.66	47.05	0.94
合肥	5.76	5.90	745.71	936.99	25.65	1.16
杭州	3.74	8.40	870.03	1 193.60	37.19	1.33
沈阳	5.12	6.88	806.84	902.77	11.89	1.38
济南	1.04	-1.60	811.21	920.24	13.44	1.44
无锡	5.72	8.46	637.46	746.21	17.06	1.51
苏州	4.30	-4.61	1 045.97	1 274.83	21.88	1.57
南京	5.34	5.62	800.37	931.47	16.38	1.68
福州	5.54	4.48	711.51	829.12	16.53	1.73
重庆	6.30	2.32	2 884.65	3 205.42	11.12	1.74
宁波	5.10	9.90	760.56	940.43	23.65	1.82
青岛	4.08	-0.54	871.48	1 007.17	15.57	2.14
武汉	5.82	2.12	978.53	1 232.65	25.97	2.28
郑州	1.08	-1.52	862.67	1 260.10	46.07	2.39
长沙	5.88	3.46	704.08	1 004.79	42.71	2.73
长春	2.18	-2.02	876.71	906.69	3.42	2.87

注：（1）人均新增宅地供给＝本年新增住宅用地规划可建面积×（1－12%）÷本年末城镇常住人口。

（2）新增住宅用地规划可建面积来自中指数据库。

（3）房价数据统计截至2021年5月。

资料来源：城市城镇常住人口数据来自统计局或统计公报。

2010~2020年，在22个长效机制试点城市中，城镇常住人口增幅大于25%的城市有深圳、厦门、成都、广州、合肥、杭州、武汉、郑州、长沙，这些城市人口增速大，属扩张型城市。在扩张型城市中，2020年人均新增宅地建筑供给面积低于当年全国城镇常住人口人均住宅销售面积（可以理解为住房需求量）1.71平方米的城市有深圳（0.29平方米）、厦门（0.52平方米）、成都（0.93平方米）、广州（0.94平方米）、合肥（1.16平方米）、杭州（1.33平方米）。这些城市住宅用地供给不足但人口增长迅速，导致房价上涨过快。由表5-15可知，上述城市2021年二手房房价同比涨幅均大于5%，在限新房房价的大环境下，厦门、成都、广州、合肥的新房房价同比涨幅甚至也大于5%。反观郑州和天津，郑州虽然也属于扩张型城市，但人均新增宅地供给面积大于2.0平方米，高于全国城镇常住人口人均住宅销售面积，房价实际涨幅很小，新房房价同比涨幅仅1.08%，二手房房价同比下降了1.52%。天津人均新增宅地供给面积虽然小于1.71平方米，但过去10年人口增幅小于10%，住宅供应相对于人口增量较充足，表现的结果也是房价涨幅小，2021年二手房房价甚至下降了2.08%。从现象看，人口和住宅供地的不匹配，即人地矛盾是造成房价异常波动的重要原因之一。

二、人地矛盾：土地供应不足的长期影响

我们构建了存量人口住房改善需求面积、可分配给新增人口的新增住房规划建筑面积、可分配给新增人口的人均住房规划建筑面积。其中，存量人口住房改善需求面积的计算公式为：（2020年城镇居民人均住房建筑面积 - 2010年城镇居民人均住房建筑面积）×2010年常住人口。理想中，根据全国统计数据，2020年城镇居民人均住房建筑面积与2010年城镇居民人均住房建筑面积之差大约在8平方米。然而，考虑到统计数据中可能存在偏误，我们按5平方米来保守估算，来反映存量人口住房改善需求所需要的面积。可分配给新增人口的新增住房规划建筑面积是指2011~2020年新增加的住房规划建筑面积或住宅批准上市面积扣除存量人口住房改善需求面积和拆除面积（拆除面积由十年平均拆除率9.57%计算所得），该指标表示可分配给新增常住人口的住宅面积总量。可分配给新增人口的人均住房规划建筑面积是将可分配给新增人口的新增住房规划建筑面积除以2011~2020年常住人口增加值，即可分配给新增常住人口的人均住宅面积。

如表5-16所示，2011~2020年扣除存量人口住房改善需求，北京、深圳可分配给新增人口的人均住房规划建筑面积为负数，广州也小于5平方米，反映出北京、深圳和广州的住宅供地严重不足，远不能满足新增人口的购房需求，北京和深圳甚至不能满足原有居民的住房改善、置换需求。对应表中的新房房价涨幅和二手房房价涨幅，不难发现，这三个城市十年间的房价涨幅较大，北京新房房价涨幅87.56%、二手房房价涨幅89.53%，深圳新房房价涨幅133.75%、二手房房价涨幅159.40%，广州新房房价涨幅102.18%、二手房房价涨幅86.38%，远超过22城均值（22个城市平均新房房价十年涨幅为74.64%、平均二手房房价涨幅为57.13%）。按相同的计算法，十年间长春、沈阳、天津可分配给新增人口的人均住房规划建筑面积较大，天津为59.16平方米/人，沈阳达到97.02平方米/人，长春甚至达到116.92平方米/人，住宅用地供给充足。因此，三个城市十年间的房价涨幅较小。天津新房房价涨幅47.35%、二手房房价涨幅38.53%，沈阳新房房价涨幅61.66%、二手房房价涨幅45.17%，长春新房房价涨幅51.24%、二手房房价涨幅28.08%，远低于22城平均涨幅。

表5-16　　　　2010~2020年新增人均住宅面积与房价波动

城市	2010~2020年新房房价涨幅（%）	2010~2020年二手房房价涨幅（%）	2011~2020年常住人口增加值（万人）	存量人口住房改善需求面积（万平方米）	2011~2020年住房规划建筑面积 可分配给新增人口的新增住房规划建筑面积（万平方米）	2011~2020年住房规划建筑面积 可分配给新增人口的人均住房规划建筑面积（平方米）	2011~2020年商品住宅批准上市面积 可分配给新增人口的新增住宅批准上市面积（万平方米）	2011~2020年商品住宅批准上市面积 可分配给新增人口的人均住宅批准上市面积（平方米）
北京	87.56	89.53	227.56	9 808.74	-2 001.13	-8.79	-1 013.87	-4.46
深圳	133.75	159.40	713.62	5 211.95	-3 725.43	-5.22	-806.52	-1.13
广州	102.18	86.38	597.57	6 350.43	2 936.00	4.91	2 370.56	3.97
厦门	107.19	62.78	163.26	1 765.70	145.93	0.89	—	—
苏州	127.35	145.02	228.86	5 229.86	13 795.83	60.28	1 421.62	6.21
重庆	56.08	27.87	320.77	14 423.24	56 220.11	175.26	3 062.44	9.55
成都	72.33	23.01	581.92	7 559.32	17 893.52	30.75	7 011.74	12.05
杭州	42.67	40.46	323.57	4 350.17	8 912.83	27.55	3 903.17	12.06
宁波	36.16	26.39	179.87	3 802.79	9 791.24	54.43	2 426.98	13.49
郑州	75.37	41.39	397.43	4 313.34	29 488.18	74.20	5 520.98	13.89
无锡	61.87	58.13	108.75	3 187.30	5 808.25	53.41	1 639.29	15.07
上海	95.12	73.20	184.23	11 514.31	584.11	3.17	3 032.25	16.46
合肥	81.63	73.94	191.28	3 728.57	9 292.11	48.58	3 868.55	20.23
南京	84.57	58.10	131.10	4 001.85	8 349.01	63.68	2 700.83	20.60

续表

城市	2010~2020年新房房价涨幅（%）	2010~2020年二手房房价涨幅（%）	2011~2020年常住人口增加值（万人）	存量人口住房改善需求面积（万平方米）	2011~2020年住房规划建筑面积 可分配给新增人口的新增住房规划建筑面积（万平方米）	2011~2020年住房规划建筑面积 可分配给新增人口的人均住房规划建筑面积（平方米）	2011~2020年商品住宅批准上市面积 可分配给新增人口的新增住宅批准上市面积（万平方米）	2011~2020年商品住宅批准上市面积 可分配给新增人口的人均住宅批准上市面积（平方米）
长沙	70.48	41.05	300.71	3 520.39	17 586.26	58.48	6 443.68	21.43
济南	52.57	29.10	109.03	4 056.06	14 253.60	130.73	2 371.96	21.76
青岛	42.10	21.62	135.69	4 357.40	14 182.76	104.52	6 961.69	51.31
武汉	86.70	56.18	254.12	4 892.63	22 349.72	87.95	13 933.83	54.83
天津	47.35	38.53	92.77	6 469.16	9 036.83	97.41	5 488.23	59.16
沈阳	61.66	45.17	95.93	4 034.19	15 645.11	163.08	9 307.33	97.02
长春	51.24	28.08	29.98	4 383.53	10 342.94	344.96	3 505.71	116.92
福州	66.15	31.48	117.61	3 557.54	7 943.19	67.54	—	—
均值	74.64	57.13	249.35	5 478.11	12 219.59	74.44	4 157.52	28.02

注：(1) 杭州、宁波的商品住宅批准上市面积不含保障性住房，其他城市含保障性住房。

(2) 可分配给新增人口的新增住房规划建筑面积 = 2011年至2020年住房规划建筑面积 × (1 - 拆除率①) - 存量人口住房改善需求面积。

(3) 存量人口住房改善需求面积 = 按5平方米/人保守计算 × 2010年常住人口。

(4) 可分配给新增人口的人均住房规划建筑面积 = 可分配给新增人口的新增住房规划建筑面积 ÷ 2011年至2020年常住人口增加值。

资料来源：(1) 根据中指数据库、国家统计局、普查等数据计算所得。

(2) 房价涨幅由国家统计局数据计算得到，因统计局苏州的数据缺失，因此苏州的数据来源于中指数据库。

---

① 拆除率为估算数据。由于各普查年份中"按住房建成年代分的家庭户住房状况"仅覆盖部分抽样家庭，故需要先根据抽样比例推算全国范围内不同住房建成年份的住房数量（假设该比例适用于所有建成年代组住房），然后将2000年、2010年两次普查数据做差，计算得到各个建成年代组别住房在2001~2010年的被拆除量以及拆除率。由于各年代住房的拆除率主要与房龄相关，在计算2011~2020年拆除量时随着时间的推进将先前计算所得不同房龄组的拆除率向前错位一个年代（2010年后建成住房由于建成时间短，拆除面积不予考虑），2011~2020年某年代城镇住房拆除量 = 2010年该年组城镇住房存量 × 错位调整后的拆除率，相加后得到2011~2020年城镇住房总拆除面积，2011~2020年的平均拆除率 = 城镇住房总拆除面积/城镇住房总面积 = 9.57%。

此外，比较可分配给新增人口的人均住房规划建筑面积和可分配给新增人口的人均住宅批准上市面积，可以发现大部分城市的人均住宅规划建筑面积要远大于人均商品住宅批准上市面积，说明开发商存在囤地行为，或者城市政府没有真正把住宅规划的面积利用起来或是没有将住宅用地用于住宅供给或是改为他用。在22城中，2010~2020年，在扣除存量人口住房每人5平方米改善需求面积后，可分配给新增人口的人均住宅批准上市面积大于40平方米的城市屈指可数，分别为青岛、武汉、天津、沈阳、长春，除厦门和福州数据缺失外，其余城市均小于22平方米。可见，住宅非饱和供地是我国大部分城市的常态。

将表5-16中的2010~2020年二手房房价涨幅和2010~2020年新房房价涨幅分别与2011~2020年可分配给新增人口的新增住宅批准上市面积（将数据单位改为百万平方米）、2011~2020年常住人口增加值（将数据单位改为百万人）、2010~2019年GDP增速①进行回归分析。表5-17的回归结果显示，人口和土地对房价的影响较显著。人口增加量越多、土地供应量越少时，房价涨幅越多，但由于二手房价格受限价政策的影响小于新房价格，因此，二手房价格的效果更为显著。具体来看，在第（1）列中，可分配给新增人口的新增住宅批准上市面积的系数显著为负，常住人口增加量的系数显著为正，这说明二手房价格涨幅随着土地供应量的减少或人口的扩大而增加。可分配给新增人口的新增住宅批准上市面积每减少100万平方米，二手房价格涨幅增加0.36%；常住人口每增加100万人，二手房价格涨幅增加9.20%。在第（2）列中，常住人口增加量的系数为正，且在5%的水平下显著，常住人口每增加100万人，新房价格涨幅增加7.97%，略低于二手房价格涨幅，可分配给新增人口的新增住宅批准上市面积的系数为负但不显著，这可能是由于新房限价等政策的影响而导致的。综上所述，常住人口增长和住宅土地供给不足会导致房价加速上涨，灵活调节住宅用地供给、促进人地协调是抑制房价过快上涨的有效手段之一。

---

① 因本书撰写时各城市公布的2020年GDP数据不全，故采用2019年数据。

表 5-17　　　　　　　人口与土地对房价的回归结果

项目	（1）因变量：二手房房价涨幅	（2）因变量：新房房价涨幅
在保证现有人口改善需求下，2011~2020年可分配给新增人口的新增住宅批准上市面积（百万平方米）	-0.0036* (-1.80)	-0.0009 (-0.63)
2011~2020年常住人口增加量（百万人）	0.0920** (2.28)	0.0797** (2.64)
2011~2019年GDP增速	-0.0933 (-0.58)	-0.0119 (-0.10)
常数项	0.4741** (2.95)	0.5409*** (4.49)
观测值	18	18
R^2	0.425	0.407

注：*** $p<0.01$，** $p<0.05$，* $p<0.1$，系数下的括号内汇报 t 统计值。

三、导致非饱和供地的因素分析

重点分析 2018~2020 年 22 个热点城市的出让用地情况，可发现导致住宅用地供应不足的原因主要有以下几点。

（1）住宅用地供给总体偏紧。2020 年 22 个热点城市出让的住宅类用地规划可建面积为 39 953.21 万平方米，同比减少 61.45 万平方米。经估算并剥离住宅类用地中的商办部分①，得到修正后的住宅规划可建面积为 35 038.97 万平方米，小于 2018 年、2019 年住宅销售面积（分别为 35 378 万平方米、35 998 万平方米，2020 年部分城市数据未公布），再考虑区域不平衡和开发效率等因素，供给总体偏紧。

（2）商办用地供给量偏大，商办物业空置率高。2020 年 22 个热点城市

---

① "住宅类用地"统计中包含带住宅的综合用地，受数据限制，无法对各城市一一剥离其中的商办部分并获得精确的住宅规划可建面积。因此，利用 2018~2020 年杭州、宁波土地出让清单，统计得到两市带住宅的综合用地中商办规划可建面积占可建总面积的 12.3%，并利用该数字估算各城市的住宅规划可建面积。

出让的纯商办用地为 5.94 万亩，商办规划可建面积为 8 566 万平方米，加上住宅类用地上可建的商办部分，合计约 13 480.99 万平方米，平均每个城市约 612.77 万平方米。2020 年出让用地的规划可建面积中商办与住宅之比（商住比）为 1∶2.60。显著高于第三产业更发达的中国香港和新加坡：2017 年底中国香港私人商办（写字楼和商业楼宇）存量合计 2 311 万平方米，商住比为 1∶10；2019 年新加坡商办（商务园区、办公、零售）存量合计 1 690 万平方米，商住比为 1∶7.85。需引起高度重视的是，我国大城市长期以来商办配置过多，导致商办物业空置率高。根据易居中国提供的数据，2020 年甲乙级写字楼空置率较高的城市有天津，空置率为 37.0%，重庆为 31.5%，武汉为 30.5%，西安为 26.5%，深圳为 24.9%，上海为 22.5%。

（3）工业用地占比高，出让量持续增长。2020 年 22 个热点城市新出让用地中工业用地规模最大，占出让用地总量的 44.47%，高于住宅类用地（含带住宅的综合用地）2.04 个百分点，且出让量持续增长，2018～2020 年年均增长率为 5.62%。分城市看，2018～2020 年工业用地占出让用地比例高的前 5 位城市是深圳、宁波、苏州、长沙和济南，工业用地占出让用地分别达到 53.95%、50.17%、50.14%、49.92% 和 49.46%，见表 5-18；相对低的前 5 位城市是北京（20.08%）、郑州（26.95%）、上海（35.45%）、南京（38.68%）和成都（39.08%）。2018～2020 年 22 个热点城市累计出让的住宅类用地面积仅为工业用地面积的 96.15%，而我国台湾地区 2017 年住宅用地面积是工业用地的 3.01 倍，其中，台北市住宅用地面积是工业用地的 9.27 倍，见表 5-19。①

表 5-18　　　　　　2018～2020 年热点城市各类出让用地面积

城市	住宅类（万平方米）	商办（万平方米）	工业（万平方米）	其他（万平方米）	总计（万平方米）	住宅类占比（%）	工业占比（%）
北京	965.77	184.13	291.81	11.30	1 453.01	66.46	20.08
成都	3 020.41	1 286.91	2 858.45	149.02	7 314.79	41.29	39.08
福州	1 721.66	565.13	1 889.20	59.22	4 235.21	40.65	44.61
广州	1 223.23	422.18	1 693.53	154.70	3 493.64	35.01	48.47
杭州	2 099.36	726.23	2 323.63	109.36	5 258.58	39.92	44.19

---

① 国际上大城市的工业用地配置比例都明显低于我国大城市。

续表

城市	住宅类 (万平方米)	商办 (万平方米)	工业 (万平方米)	其他 (万平方米)	总计 (万平方米)	住宅类占比 (%)	工业占比 (%)
合肥	1 846.55	216.22	2 291.95	362.28	4 717.00	39.15	48.59
济南	2 111.09	946.5	3 113.17	123.99	6 294.75	33.54	49.46
南京	1 863.66	459.82	1 771.57	485.48	4 580.53	40.69	38.68
宁波	2 880.72	597.83	3 733.14	229.22	7 440.91	38.71	50.17
青岛	3 083.42	922.13	4 104.37	676.84	8 786.76	35.09	46.71
厦门	213.85	202.71	487.33	61.29	965.18	22.16	50.49
上海	2 082.78	423.65	1 528.67	276.60	4 311.70	48.31	35.45
深圳	188.85	102.03	366.42	21.85	679.15	27.81	53.95
沈阳	1 702.21	291.21	1 823.30	136.25	3 952.97	43.06	46.12
苏州	2 844.22	457.82	3 847.74	525.06	7 674.84	37.06	50.13
天津	2 736.39	223.74	2 832.44	241.27	6 033.84	45.35	46.94
无锡	1 622.13	321.04	1 776.34	145.51	3 865.02	41.97	45.96
武汉	3 103.21	444.62	2 597.59	32.43	6 177.85	50.23	42.05
长春	2 615.48	526.63	2 291.81	264.33	5 698.25	45.90	40.22
长沙	2 624.62	484.39	3 233.12	133.96	6 476.09	40.53	49.92
郑州	5 063.62	844.06	2 243.26	172.18	8 323.12	60.84	26.95
重庆	7 683.85	1 273.88	8 331.91	621.96	17 911.60	42.90	46.52
合计	53 297.08	11 922.86	55 430.75	4 994.10	125 644.80	42.42	44.12

注：住宅类用地包括住宅用地以及带住宅的综合用地。
资料来源：数据根据中指院数据库数据计算得到。

表5－19　　台湾地区近15年都市计划存量土地使用面积统计

年份	都市 发展 地区 (公顷)	各类型用地面积				各类型土地所占比例		
		住宅 (公顷)	商业 (公顷)	工业 (公顷)	公共设 施用地 (公顷)	住宅占比 (%)	商业占比 (%)	工业占比 (%)
2003	196 694	63 853	7 559	22 277	86 210	32.46	3.84	11.33
2010	204 471	63 673	7 849	22 141	91 166	31.14	3.84	10.83
2017	209 983	64 723	8 043	21 496	93 511	30.82	3.83	10.24

续表

年份	都市发展地区(公顷)	各类型用地面积				各类型土地所占比例		
		住宅(公顷)	商业(公顷)	工业(公顷)	公共设施用地(公顷)	住宅占比(%)	商业占比(%)	工业占比(%)
其中 2017 年								
新北市	24 057	7 221	795	2 631	11 424	30.02	3.30	10.94
台北市	13 001	3 790	884	409	7 337	29.15	6.80	3.15
桃园市	14 472	4 892	480	2 996	5 487	33.80	3.32	20.70
台中市	33 908	9 435	959	2 597	12 420	27.83	2.83	7.66
台南市	25 328	8 155	828	3 678	10 446	32.20	3.27	14.52
高雄市	30 065	8 727	1551	3 127	15 384	29.03	5.16	10.40

资料来源：中国台湾本部营建署。

四、首轮集中供地的问题

2021年自然资源部公布"双集中"供应新规，新规要求：（1）集中发布出让公告，原则上发布出让公告全年不得超过3次，时间间隔和地块数量要相对均衡，首次公告时应公布本年度公告的发布时序安排；（2）集中组织出让活动，具体为同批次公告出让的土地以挂牌方式交易的，应当确定共同的挂牌起止日期，以拍卖方式交易的，应当连续集中完成拍卖活动，22个热点城市全年实施住宅类用地出让活动不能超过3次。截至2021年5月14日，长春、广州、重庆、无锡、沈阳、杭州、北京、福州、青岛、厦门和深圳11个城市共推出380宗土地，面积达35 609亩，成交339宗，成交面积29 895亩，成交总价4 714亿元。其中，纯住宅用地成交193宗，成交总价2 323亿元。[①] 从成交情况看，市场热度未因集中出让而下降，拿地房企未因集中出让而分流，地价未因集中出让而下降、依然普涨，部分国企拿地十分激进，具体表现如下。

（1）市场竞争异常激烈。以重庆为例，平均溢价率高达43%，有30宗地溢价率超过40%，其中，沙坪坝地块溢价率达到129.98%，而2020年全

---

① 资料来源：根据中国土地市场网数据计算得到。

市只有3宗土地溢价率超过40%。深圳、厦门虽然出让地块较少,但最高溢价率分别达45%、49%。北京一共挂牌25块地,吸引了超200家房企参与竞拍,6宗纯住宅用地全部出现溢价情况。杭州57宗土地集中出让,平均单宗地块报名房企为22家,平均竞价轮次28轮,最高竞价136次,有42宗30%溢价封顶并转入竞报自持比例,最高自持达到40%。[1]

(2) 用地价格普涨、地价房价比创新高。根据克而瑞地产研究院对这11个城市典型地块可比地价变动情况的统计,无锡、厦门所有成交的地块都出现价格上升,北京90%成交地块、重庆85%成交地块、杭州84%成交地块、深圳83%成交地块、沈阳77%成交地块、广州60%成交地块、长春50%成交地块、福州40%成交地块价格上涨。结合周边3公里范围内在售住宅项目平均售价测算,无锡典型成交地块地价与房价之比高达84%,厦门高达80%、重庆76%、北京69%。杭州出让的39宗纯住宅用地中,楼面地价与商品住房限售价格之比超过80%以上的占15%,拱墅区东新单元地块成交楼面地价为35 500元/平方米,毛坯销售限价为42 500元/平方米,两者差价仅为7 000元/平方米,地价房价比达84%,项目处于明显亏损状态。

(3) 大房企"通吃"市场现象严重。集中出让政策设计的本意是削弱大企业拿地能力,防止市场垄断。但从第一次土拍结果看,大房企利用强大资金融通和信息优势"通吃"市场、垄断资源,中小房企仍无更多的市场机会。融创以387亿元在11个城市首批集中供地中拔得头筹,竞拍成功29宗地。华润、保利分别以250亿元、173亿元位居其后,见表5-20。在各地竞得宗数前三的房企中,融创、融信、万科、保利多次出现,融创在无锡竞得的宗数占比高达40%。[2] 大城市房企集中度进一步提升。

表5-20　　　　　　第一轮集中供地成交金额前12家房企

序号	房企	成交金额(亿元)	宗数(宗)
1	融创	387	29
2	华润	250	10
3	保利	173	15
4	融信	164	10
5	龙湖	163	10

[1][2] 资料来源:根据中国土地市场网数据计算得到。

续表

序号	房企	成交金额（亿元）	宗数（宗）
6	招商蛇口	156	9
7	越秀	147	9
8	卓越	143	5
9	中骏	136	2
10	金地	135	8
11	万科	123	9
12	滨江	96	5

（4）部分国企拿地激进。国企及其联合体在广州累计拿下21宗土地，占已成交地块的43.75%。厦门竞得宗数前三的房企全被国企占据，分别是国贸、中海、联发。深圳竞得宗数前三的房企中两家是国企，分别是武汉交投、中国铁建。厦门国资背景的建发集团一共拿到8块地，金额共计128亿元，其中，在杭州中标的祥符东单元地块自持比例高达38%，亏损明显。[①]

第六节 本章小结

本章重点讨论了我国房价走势与波动的四类微观驱动因素：住房相关的城市配套设施变化、住房投资行为、政府干预、城市土地供给。

因为教育资源变化通常会导致房价大幅变化，因此，在与住房相关的城市配套设施中，我们重点关注了住房所捆绑的教育资源变化对房价的影响。具体地，我们以杭州市新建公办学校为准自然实验，利用住房挂牌、租赁及地理数据等，使用双重差分模型（DID）和三重差分模型（DDD）来研究学区调整对房价变化的作用。研究发现，杭州市学区溢价在样本研究期间呈现出的因住房质量不同产生的差异影响在一定程度上证明了学区与住房质量的互补性：（1）学校教育质量的提高促进了周边房价的上涨；（2）面对相同质量的教育资源，拥有更高居住质量的较新房溢价水平显著高于居住质量较次的老旧住房。

作为信息的一种形式，流言、预期是影响房地产价格，是引起房价异

---

① 资料来源：根据中国土地市场网数据计算得到。

常波动的驱动因素之一。我们研究了行政区划调整的流言对地区房地产价格的影响。具体地，我们考察"'北三县'并入北京通州"这一流言的兴起到最终破灭后一段时间内"北三县"的房地产价格波动。研究发现，流言的盛衰伴随着"北三县"房价的盛衰，"北三县"的平均房价在 2017 年 1 月达到 30 034 元/平方米的峰值，在流言破灭后的 6 个月内降至仅 22 851 元/平方米。

然后，本章重点研究了住房限购政策及其漏洞对房价波动的影响。当前，我国住房限购政策的着力点主要从购房数量、购房资格上进行限制，能够有效地将拥有购买能力而无购买资格的需求群体挤出住房市场，抑制住房价格上升。但是，对于住房限购政策的漏洞，如假离婚、有意买卖法拍房、人才引进政策门槛过低等，如果未能采取强有力的监管和限制措施的话，很可能削弱限购政策的效果，刺激房价异常上涨。

非饱和供地是导致房价异常波动的重要原因，在城市土地供给中，我们从人地矛盾入手，分析住宅非饱和供地对房价异常波动的短期和长期影响。我们以 22 个热点城市的土地供给、房价、人口普查数据为基础进行研究发现人口和住宅供地的不匹配，即人地矛盾是造成房价异常波动的重要原因之一，而住宅用地供给不足是我国大部分城市的常态。非饱和供地会导致房价加速上涨，增加住宅用地供给是抑制房价上涨的有效因素之一。而造成非饱和供地的原因主要有住宅用地供给总体偏紧、商办用地供给量偏大、工业用地占比高等。此外，我们还对 2021 年首轮集中供地中存在的问题进行讨论，并提出相关建议。

综上所述，住房相关的城市配套设施变化（教育资源）、住房投资行为流言和预期、城市土地供给均会导致房价的异常波动，在对房价的调控中，我们应充分考虑各方面因素对房价的影响，有针对性且有效地进行调控。

第六章　我国控制房价异常波动的地方经验

　　本章重点分析了长沙、北京、上海、杭州、重庆和温州6个典型城市在控制房价异常波动方面的经验和教训。前五个城市在应对2016~2021年这一轮房地产市场价格上涨中所实施的房地产调控和相关市场管理手段值得研究借鉴，故而我们对这五个"一城一策"试点城市构建了房地产调控强度指数（详细指数构建方法见附录B），并进行了房地产调控管理效果分析。温州是我国在2011~2014年少数经历过房价大幅波动的城市，其引起房价异常波动的原因以及阻断房价大幅下跌对实体经济负面影响的经验值得重视。

　　总体来看，长沙充足的土地供应和不断完善的土地竞拍管理政策，使得其土地价格保持稳定，再加上针对性和及时性较强的房地产调控，形成了全方位的房地产调控政策体系。该体系的实施在很大程度上优先保障了刚需型和改善型购房者的需求，避免投机炒房者进入市场，切实做到"房住不炒"，确保了房地产市场健康平稳运行。上海有限的土地供给和对人口的强吸引力，使得房价调控相对困难。但上海政府实施较为严格的人口管控，积极改善土地供给结构和策略，合理运用住房市场调控工具，在较长时间内保持了住房价格的相对稳定。北京因为土地供应短缺造成人地关系紧张，政策工具调控效果较难发挥。但北京从提高落户门槛及限购政策入手，一方面严控人口增加，另一方面将住宅优先供应给刚需人群，以缓解人地矛盾。此外，北京还着力建立房地联控机制，限房价、控地价、提品质的土地竞拍模式在2021年第一次"集中供地"中取得了良好的成效。杭州住宅用地供应不足的问题始终存在并阻碍房价的稳定，但在之后的"因城施策""一城一策"并强调落实城市主体责任的背景下，杭州政府积极合理地使用"限购""土地竞拍管理""新房限价""差别化信贷"等调控工具，使房价逐渐回归至正常波动水平。重庆的"地票制度"为房地产市场提供了充足的建设用地，配合合理的土地供应规划和土地竞拍规则，使其充足的土地储备转化为可持续的土地供应，这也使得重庆的房价相比其同级别城市更为稳定。对温州的剖析，展现了一个城市房价从泡沫兴起、破灭再到平稳的全过程以及政府在这一过程中所做的稳定住房市场的工作，对房地产管理具有很大的借鉴意义。

第一节 长沙市：充足土地供应和全方位房地产调控体系建设

2016年至2021年上半年，得益于充足的土地供应和不断完善的土地竞拍管理政策，长沙市政府保障供给端土地供应能够与城市人口增长相匹配，维持了土地价格稳定，为稳房价打下了坚实的基础。此外，长沙市的房地产调控政策针对性强且及时性好，不仅使用即期见效的调控工具如"限购""新房限价""差别化信贷"等，还使用推动市场长期稳定的工具如"限售"等，并不断加大房地产市场监管力度，规范住宅开发行为，形成了全方位的房地产调控政策体系，确保了长沙市房地产市场健康平稳运行，形成了"长沙经验"。

一、长沙市经济与房地产市场发展概况

长沙市是湖南省省会和国务院批复确定的长江中游地区重要的中心城市。根据第七次人口普查数据，2020年长沙市常住人口为1 004.79万元，较2010年增加300.70万元，人口净增加人数在全国各城市中排在第五位，年平均增长率为3.62%。2020年在疫情影响下，全年地区生产总值为12 142.52亿元，仅比上年增长4.0%[1]，按第七次人口普查数据计算的人均GDP为12.08万元，在全国各城市中排在第24名，呈现稳中有进态势。近年来，长沙逐步推进经济结构调整和发展方式转变，不断增强城市综合实力和可持续发展能力，完善公共服务设施和城市功能，致力于建设成为经济繁荣、社会和谐、生态良好、特色鲜明的现代化城市。

相比其他人口净流入城市，长沙市房地产市场整体较为平稳、房价水平

---

[1] 资料来源：《长沙统计年鉴》。

处于合理区间。2020年新建商品住房销售均价为9 111.7元/平方米[①],租金价格28.72元/平方米·月[②],按当地城镇人均可支配收入、人均购买或租赁35平方米住房计算,房价收入比仅为5.5倍,处于国际上所认为的合理房价收入比为3~6倍区间,租金占收入的比重为20%,也低于国际上认为应在30%以下的标准。2020年底,住房和城乡建设部印发《建设工作简报》,以《长沙市落实主体责任稳妥实施房地产市场平稳健康发展长效机制》为题,对长沙市在房地产市场调控方面的经验给予充分肯定并向全国推广。下面主要从长沙市住宅用地充足供应、房地产市场及时调控来总结"长沙经验"。

二、充足的土地供应、理性的土地竞拍规则

供求关系是影响价格走势的决定性因素。从长沙市每年新增的人均住宅规划可建面积上看,该市的土地供给与人口较为协调。如图6-1所示,在2016~2020年,除2016年外,长沙市人均住宅规划可建面积均高于22个热点城市平均水平。2020年,成交的商品住房用地人均规划可建面积达2.86平方米,高于22个城市同期1.47平方米的均值水平,也高于2020年按全国城镇常住人口计算的人均住宅销售面积1.71平方米的水平。长沙市积极足量供应土地,为稳定房价打下了良好基础。

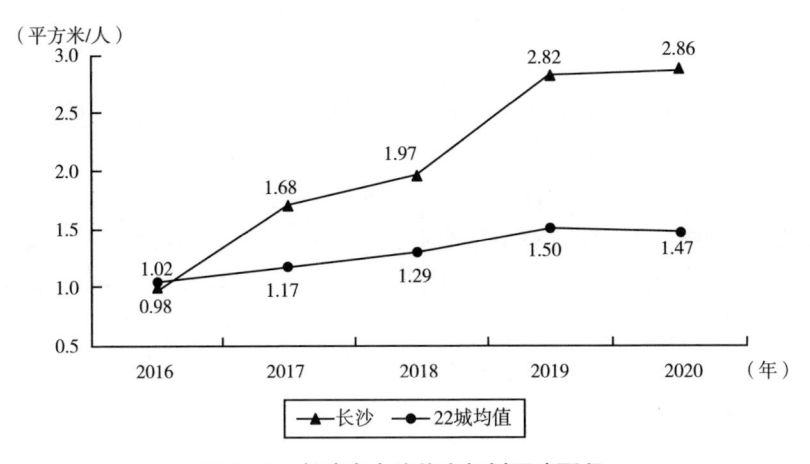

图6-1 长沙市人均住宅规划可建面积

资料来源:国家统计局、中国指数研究院。

---

① 资料来源:国家统计局。
② 资料来源:禧泰数据。

此外，长沙市不断优化土地供给政策，完善土地出让规则，为房地产长效机制的建立提供了有力的保障。土地供给政策见表6-1。早在2016年11月25日，长沙市出台土地供应管理新政，适度提高了住宅土地起拍价及拍卖保证金，并严查参拍开发商资金来源，保证土地信息公开，确保土地有效、平稳供应。2017年8月31日，长沙市在全国率先采用"限地价+限房价+摇号"的土地出让方式，在规定住宅销售价格的基础上，限制地价最高不超过起拍价的150%，当土地竞价达到最高溢价时，改为现场摇号，防止地价过高，这一土地出让方式比竞自持或竞保障性住房更合理。2018年6月26日，长沙市再次强调严格落实土地出让计划，优先保障住宅用地的供应，为房价稳定奠定了基础。2020年9月26日，长沙市规定，土地网上挂牌交易时土地限价，地块达到最高限价、不限价地块溢价率达到30%时停止竞价。2021年4月6日，长沙市颁布集中供地新政，进一步完善土地供应政策与出让拍卖规则，采取以"限地价+限房价+摇号"为主，新增"限地价+限房价+竞自持租赁面积+摇号"地块，自持租赁住房可享受财政补贴，旨在减少土地公开出让过程中的过度竞争。2021年4月30日，长沙公布第一次集中供地政策，地块多采用"限房价、限地价、摇号"的出让方式，在保障住宅用地足量供应的同时，稳定地价和新建商品住房价格。建立与人口相适应的足量住宅用地供应、不断优化完善的土地供应及出让政策，推动了长沙市房地产市场的平稳健康发展。

表6-1 长沙市2016年至2021年上半年土地供应及出让政策

时间	政策主要措施	效果
2016年11月25日	适量加大住宅用地供应，适当提高住宅用地挂牌出让起始价，适度提高竞买保证金比例，加强竞买保证金来源审查，缩短土地价款交付时间，强化土地供后监管，加强土地市场调控，确保住宅用地供应有序	增加住宅用地供应量、确保住宅用地供应有序
2017年8月31日	采取"限地价、限房价+摇号"的土地出让方式，当土地价格达到起拍价的150%时，停止竞价，改为摇号	控制地价与新房价格
2018年6月26日	严格落实年度土地出让计划，优先保障住宅用地供应	保障住宅用地足量供应
2020年9月26日	商住经营性用地出让限地价/溢价竞自持租赁住房实施细则（试行）：长沙市规定土地网上挂牌交易时土地限价，地块达到最高限价、不限价地块溢价率达到30%时停止竞价	控制地价与新房价格

续表

时间	政策主要措施	效果
2021年4月6日	集中供地新政颁布；调整土地拍卖规则，新增"限地价+限房价+竞自持租赁面积+摇号"地块可享受财政补助	降低土地过度竞争，防止"囤地炒房"，提高土地竞拍合理性与效率
2021年4月30日	第一次集中供地政策，首次集中挂牌出让的地块大多采用"限房价、限地价、摇号"方式出让	控制地价与新房价格

三、坚持综合施策、及时精准调控房地产市场

2010年至2021年6月，据不完全统计，长沙市共出台房地产调控文件达44件，2019年初成为"一城一策"试点城市。本节构建了评价城市房地产市场调控综合强度指数。构建方法为：先根据具体工具对住房市场的作用机制和方向，采用等级法，依照各项核心调控政策工具的实施情况和特点，将每类工具强度细分为2~6个等级并赋分；然后，识别各城市所有现行调控政策，匹配相应的等级分和权重分，相乘加总后即可计算出各城市房地产调控工具的综合强度指数（详细指数构建方法见附录B）。

如图6-2所示，从2016年开始，长沙市房地产调控综合强度指数快速上升，此后均超22个城市的平均强度水平。2021年上半年，长沙市房地产调控综合强度指数达到8.75，位于22个城市前列。长沙市房地产市场调控政策具

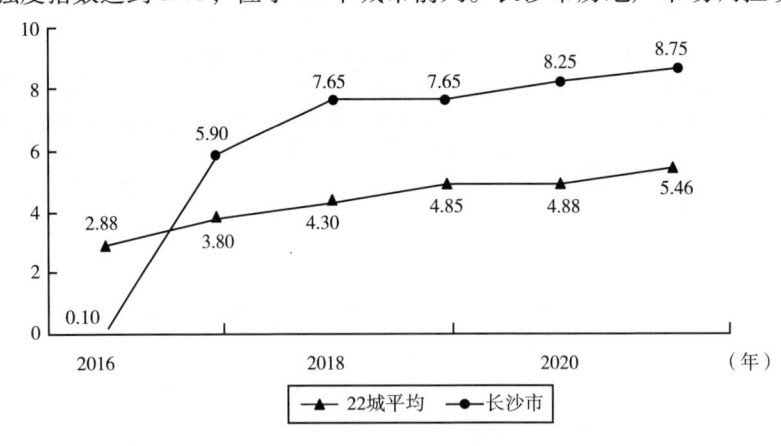

图6-2 2016年至2021年上半年长沙市与22个热点城市房地产平均调控强度对比

有调控力度大、针对性强、调控及时的特点，有效抑制了投机炒房行为，稳地价和稳房价成效明显。下面分阶段阐述长沙市调控房地产市场的主要特点。

（一）长效机制建立前期（2016~2018年）

2015年中央经济工作会议提出"三去一降一补"，即去产能、去库存、去杠杆、降成本、补短板五大任务，房地产去库存成为当时的主要工作任务之一。此后，长沙市出台了一系列楼市刺激政策，化解房地产库存。如表6-2所示，2015年12月14日，长沙市放开了落户限制，颁布购房即可落户的新政，吸引外来人口买房落户；2015年10月13日，放松差别化信贷，降低二套房首付比，鼓励改善型购房需求；2016年1月12日，加大购房契税优惠，家庭购买唯一住房减半征收契税，降低购房成本；2016年6月20日，放宽改善型购房者公积金贷款要求，刺激购房需求。2016年长沙市的房价开始快速上涨，新建商品住房和二手住房销售价格同比涨幅分别从2016年初的0.4%和0.9%快速升高到2016年末的18.2%和12.3%。[①] 房价的持续上涨，吸引大量投机客进入市场，恐慌性购房氛围浓厚，楼市从平稳迅速转为过热。针对市场出现的投机倾向，2016年11月25日，长沙市使用"新房限价""差别化信贷"工具，严格把控供给端商品房的定价，公开商品房价格信息，抑制投机性购房需求，引导形成合理的价格体系；同时严控"双外"在长购房，提高外来人口购房成本，防范各类资金违规流入房地产市场，降低市场热度。

表6-2　2015~2016年长沙市主要使用的激活房地产市场政策

调控工具	时间	主要内容	作用机制及效果
限购 （落户管理）	2015年 12月14日	新颁布购房即可落户政策，在长沙市内五区购买商品住房的，凭购房合同登记备案即可落户	放宽落户限制，吸引外来人口为落户购房，刺激购房需求
差别化信贷	2015年 10月13日	对拥有1套普通自住房（住房面积未超过120平方米）并已结清相应购房贷款的公积金缴存职工家庭，再次申请住房公积金贷款购买改善住房的，最低首付比例由30%降低至20%	降低改善型二套房首付比，降低购房成本，提高购房需求

[①] 资料来源：国家统计局。

续表

调控工具	时间	主要内容	作用机制及效果
差别化信贷	2016年11月25日	严控"双外"（外省户籍、外省工作）在长购房，引导提高"双外"购房者首付比例和贷款利率。强化对首付资金来源的审查，加强居民收入证明真实性的审核，并切实防范各类资金违规流入房地产市场。引导金融机构提高对本省市外购房者在长沙市购买第二套普通住房的首付比例及贷款利率	提高"双外"人群在长沙市购房成本，抑制投机性购房需求
契税	2016年1月12日	对房屋被征收重新购置房屋的居民以及购买家庭唯一住房的减半征收契税	降低购房成本，刺激购房需求，鼓励房屋被征收者买房消化房屋库存
差别化信贷	2016年6月20日	夫妻双方已经有一套小于144平方米的住房或者已缴存5年未使用过住房公积金的有两套合计小于230平方米的住房的，可以申请住房公积金贷款购买改善型住房	拓宽改善型购房者融资渠道，更低的公积金利息变相降低了购房成本，刺激了购房需求
新房限价	2016年11月25日	在核发商品房预售许可证时进行价格审查备案，同期房源一次性申报备案价格，不得通过分批申报价格变相涨价。严格价格信息公开，积极引导形成公开、稳定的价格预期	

2017年长沙市楼市调控不断加码，见表6-3。长沙市调控政策的特点：一是综合施策。使用的调控工具包括"限购""土地竞拍管理""差别化信贷""新房限价""限售"等。其中，"限购"和"差别化信贷"是使用最为频繁、调控力度最强和效果最为直接的调控工具，有效地将部分投资购房需求挤出市场，降低了总需求，并辅以"限售"工具提高住房投资成本，加大住房投资风险，有效打击投机炒房，对稳定新房价格有直接的作用。"土地竞拍管理"工具主要采用"限地价+限房价+摇号"的规则，有效控制了新房价格和地价，避免成本推动型的房价上涨，同时抑制了房价上涨预期。

表6-3　　2017～2018年长沙市主要使用的房地产调控工具情况

调控工具	时间	主要内容	作用机制及效果
限购	2017年3月18日	在限购区域内无住房的非本市户籍家庭，凭在长沙市连续缴纳12个月以上个人所得税或社会保险证明限购1套新建商品住房	限制购房资格、挤出投资需求，打击投机炒房
	2017年5月20日	暂停对在限购区域内已拥有2套及以上住房的本市户籍家庭出售商品住房	
	2017年9月22日	(1) 本通知施行后办理的本市个人家庭户和集体户个人，且在本市无住房的，限购1套商品住房。 (2) 本市户籍家庭在本市已有1套住房的，待首套住房取得不动产权属证书满3年后，方可购买第2套商品住房。 (3) 在本市无住房的非本市户籍家庭，凭在长沙市连续缴纳24个月以上个人所得税或社会保险证明限购1套商品住房	
	2018年6月26日	(1) 本市户籍成年单身家庭和非本市户籍家庭在限购区域内已有1套及以上住房的，不得在限购区域内再购买商品住房。 (2) 本市户籍已有一套住房，需取得不动产权证四年（原为三年）可购买第二套住房。 (3) 夫妻离异后，任何一方2年内购买商品住房的，其拥有住房套数按离异前家庭总套数计算。 (4) 父母投靠成年子女落户不满2年的，不得作为单独家庭在限购区域内购买商品住房。未成年人不得单独购买商品住房。落户学校集体户口的在校大学生，不得在限购区域内购买商品住房。 (5) 市外迁入的户籍家庭（退伍转业、家属随军落户的除外），落户满1年且在本市稳定就业，或在本市连续缴纳24个月个人所得税（或社会保险），在限购区域内限购1套商品住房	
	2018年7月5日	(1) 本市户籍单身家庭已有一套住房以及本市家庭已有两套住房的，禁止在限购区域再次购房。 (2) 市外迁入新户籍家庭在本市连续缴纳12个月个人所得税或社会保险的，在限购区域内限购1套商品住房	
土地竞拍管理	2017年8月31日	采取"限地价+限房价+摇号"的土地出让方式，当土地价格达到起拍价的150%时，停止竞价，改为摇号	控制地价和房价，同时不降低新房供应

续表

调控工具	时间	主要内容	作用机制及效果
差别化信贷	2017年3月18日	对在限购区域内购买商品住房申请住房公积金贷款的购房家庭：购买首套住房首付比例不低于20%；拥有1套住房且相应贷款已结清的户籍家庭购买家庭第2套住房首付比例不低于35%；暂停发放家庭第3套及以上住房公积金贷款	降低购房杠杆，增加购房成本，抑制需求
	2017年3月20日	职工家庭（含夫妻双方）申请个人住房组合贷款购买首套自有住房的，最低首付款比例由20%提高至30%。对拥有一套自有住房（面积不超过144平方米）并已结清相应购房贷款的住房公积金缴存职工家庭（含夫妻双方），为改善居住条件再次申请住房公积金贷款购买普通自住房的，最低首付款比例由20%提高至35%；对拥有一套自有住房（面积不超过144平方米）但未结清相应购房贷款的住房公积金缴存职工家庭（含夫妻双方），为改善居住条件再次申请住房公积金贷款购买普通自住房的，最低首付款比例由40%提高至45%	
	2017年7月4日	（1）借款人家庭现有1套144m²以下住房，或现无房但有2次住房注销记录（其中1套面积在144m²以下）未使用个人住房贷款或相应购房贷款已结清，为改善居住条件再次申请住房公积金个人贷款购买普通自住房的，住房公积金个人贷款额度最高不超过购房总价款的80%；相应购房贷款未结清的，住房公积金个人贷款额度最高不超过购房总价款的60%。（2）第二套房贷款利率上浮10%	
	2018年6月26日	（1）调整住房公积金缴存额度与贷款额度严格挂钩。（2）购买家庭第二套住房首付款比例不得低于60%	
	2018年6月29日	不再区分职工家庭首套房是否有住房贷款或贷款已结清；暂停支持单身职工购买第二套住房申请住房公积金贷款；暂停支持在异地缴存住房公积金的职工购买家庭第二套房申请住房公积金贷款	
新房限价	2017年7月12日	根据同质可比原则，分业态和装修状态进行房价备案审查	控制新房价格；在限价的基础上优先满足刚需，可避免刚需家庭被投资者挤出新房市场（替代效应）
	2018年3月27日	限购区域商品住房项目（不含定向限价房）和新建商品住房项目中144m²（含）以下户型的普通商品住房，应优先满足首套刚需购房群体	

续表

调控工具	时间	主要内容	作用机制及效果
新房限价	2018年6月26日	严禁销售炒作，控制楼盘摇号人数，优先限购区域内首套刚需购房者摇号、购房；安居型住房优先供应首套刚需购房群体	控制新房价格；在限价的基础上优先满足刚需，可避免刚需家庭被投资者挤出新房市场（替代效应）
	2018年6月27日	参加楼盘摇号的人数不超过可售房源的1.5倍。购房集中登记结束后，申购人数超过1.5倍的，优先满足户籍或工作单位地点在限购区域内的刚需群体，其他购房申请人不纳入此次刚需摇号范围	
限售	2017年5月20日	在限购区域内购买的商品住房，限售2年	加强住房转卖难度，提高住房投机风险，降低投资需求，同时减少了住房市场供应，对房价影响依具体情况而定
	2017年9月22日	在本市购买的商品住房（含二手住房），限售3年（原为2年）	
	2017年12月12日	限价商品房购房人取得不动产权证书后5年内不得转让或赠予所购住房	
	2018年6月26日	在本市限购区域内购买的商品住房，限售4年（原为3年）；暂停企业在限购区域内购买商品住房，已购买的商品住房限售5年	

二是调控及时、精准管理。2017年3月18日，长沙市就及时重启限购，规定非长沙本市户籍需在当地连续缴纳12个月个人所得税才能购买住房，还配套使用了"差别化信贷"工具，提高家庭购房首付比例，增加购房成本，在一定程度上阻止投机炒房客进入市场；同年5月，暂停本市户籍购买第三套及以上的商品住房资格；8月，出台"限地价+限房价+摇号"的土地竞拍新规，在供给端稳定土地价格和新房价格。2017年9月，长沙市继续完善限购政策，规定本市户籍家庭在本市已有1套住房的，首套住房取得不动产权属证书满3年后，方可购买第2套商品住房；在本市无住房的非本市户籍家庭，凭在长沙市连续缴纳24个月以上个人所得税或社会保险证明限购1套商品住房；本市个人家庭户和集体户个人，且在本市无住房的，限购1套商品住房。长沙市从政策上切实保障了首套刚需住房消费者的需求，进一步挤出了市场中的投资需求，见图6-3。2017年密集出台的住房调控政策取得了明显成效。2017年下半年的房价开始有了明显回落，新建商品住房销售价格同比涨幅从高点的18.5%（2017年6月）下降至6.1%（2017年12月），二

手住房销售价格同比涨幅从 20.8%（2017 年 6 月）下降至 11.4%（2017 年 12 月）并呈现继续回落的趋势。2018 年针对房价涨幅再次出现反弹情况，长沙进一步细化调控政策，包括：限制参与购房摇号的人数，明确摇号资格优先级，保障户籍或工作单位地点在限购区域内的刚需群体优先进入购房名单；提高本市户籍家庭购买二套房需首套房不动产权属证书满 3 年至 4 年，限制假离婚、父母投靠、未成年人和大学生落户购房，对新落户家庭购首套房要求在本市稳定就业或连续缴纳 24 个月个人所得税等；将限售年限从 3 年提高至 4 年；暂停企业购买商品住房；二套房首付比调高至不低于 60%；调整住房公积金缴存比例与贷款额度严格挂钩等；控制房价异常过快上涨势头。

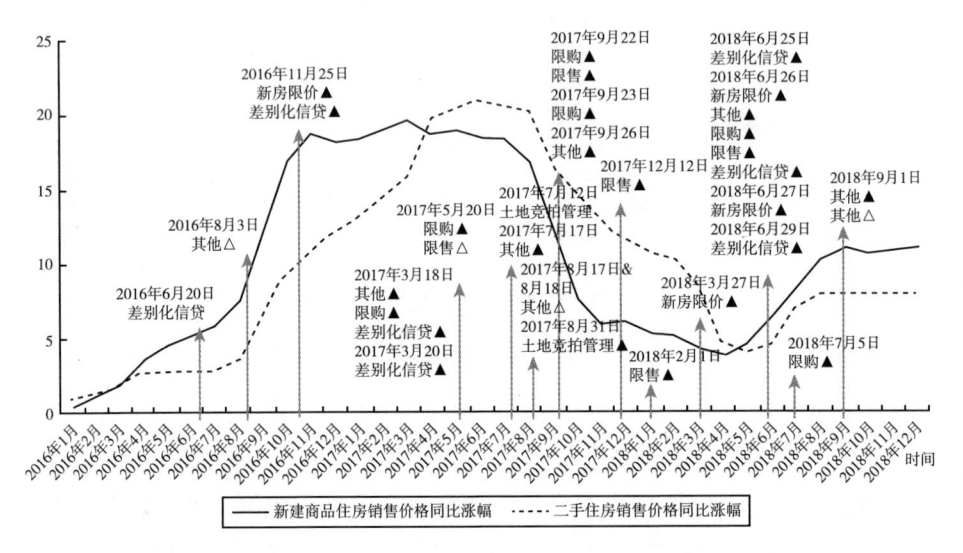

图 6-3　长沙市 2016～2018 年住房价格同比涨幅与房地产调控政策

资料来源：国家统计局。

总体来看，在长效机制建立前期的 2016～2018 年，长沙市政府及时针对房价出现的较大波动，从供给端和需求端全面管控，使用了多种住房市场调控工具，效果明显，比较好地将房价控制在正常区间。2018 年中期，房价又迅速反弹，重回异常波动区间。我们认为出现该现象的主要原因是 2016 年和 2017 年长沙市住宅用地供给不足、土地竞拍管理措施没有完全到位。2016 年和 2017 年出让商品住房用地人均住宅规划可建面积分别仅有 0.979 平方米和 1.685 平方米，低于合理的需求量。由此可见，住房价格的波动主要取决于人地关系，房地产调控更多地起到抑制不合理需求、稳定预期的作用。

（二）长效机制建设阶段（2019~2020年）

2018年，长沙市足量增加了住宅用地供应，出让用地人均住宅规划可建面积达到1.973平方米，高于同期全国城镇人均新建商品房销售面积1.78平方米。① 得益于充足的住宅用地供应和高强度的住房市场调控政策。2019年开始，长沙市房价逐步回归正常波动区间。同年，长沙市及另外21个热点城市被纳入"一城一策"试点，在因城施策的基础上，拥有更多自主调控住房市场的权力，进一步落实城市政府房地产调控的主体责任，建立并完善房地产市场长效机制。

2019年初，长沙市房价延续了2018年下半年调控后的走势，异常波动的势头有所遏制，但是新建商品住房销售价格同比涨幅仍高达10%左右，二手住房销售价格同比涨幅仍在8%左右，房价涨幅依旧过高，仍需要继续深化调控。2019年1月11日，长沙市使用"差别化信贷"工具，在保持住房公积金贷款最高额度为60万元不变的基础上，优化了可贷额度计算公式，严控流入商品房市场的资金量；4月11日，出台了"契税"调控工具，取消了购买第二套改善型住房的契税优惠政策，进一步增加了二套房购买成本，降低市场投资热情，将住房资源更多地向首套房刚需倾斜，见表6-4和图6-4。一系列调控取得成效，2019年房价同比涨幅不断下降，新建商品住房销售价格同比涨幅从11.3%（2019年1月）下降至4.5%（2019年12月），二手房价格同比涨幅由7.7%（2019年1月）下降至-1.2%（2019年12月），房价波动处在正常区间内。

表6-4　　　　2019~2020年长沙市房地产调控工具使用情况

调控工具	时间	主要内容	作用机制及效果
土地竞拍管理	2020年9月26日	需建设租赁住房的商住经营性用地采取"限地价/溢价、竞自持租赁面积+摇号"方式出让	增加租赁住房面积，发展租赁住房；控制地价；但可能会降低销售型新房供应
差别化信贷	2019年1月11日	调整住房公积金贷款可贷额度计算公式，保持最高贷款额度为60万元	降低购房杠杆，控制房地产市场流入的资金，增加二套房购房成本，抑制投资需求，防止市场过热
	2020年6月9日	执行首套房公积金贷款政策的，首付款比例不得低于购房总价的20%；执行第二套房公积金贷款政策的，首付款比例不低于购房总价的60%	

---

① 资料来源：基于城市统计年鉴数据计算得到。

续表

调控工具	时间	主要内容	作用机制及效果
新房限价	2019年12月10日	明确用成本法监制新建商品住房价格	控制新房价格,定价有据可依,使消费者形成合理的价格预期,严格把控商品住房供应端,抑制投机行为
契税	2019年4月11日	在长沙市范围内停止执行对家庭第二套改善性住房的契税优惠税率,即对个人购买家庭第二套改善性住房,按4%的税率征收契税	严格契税征收,增加二套房购房成本,打击投机炒房

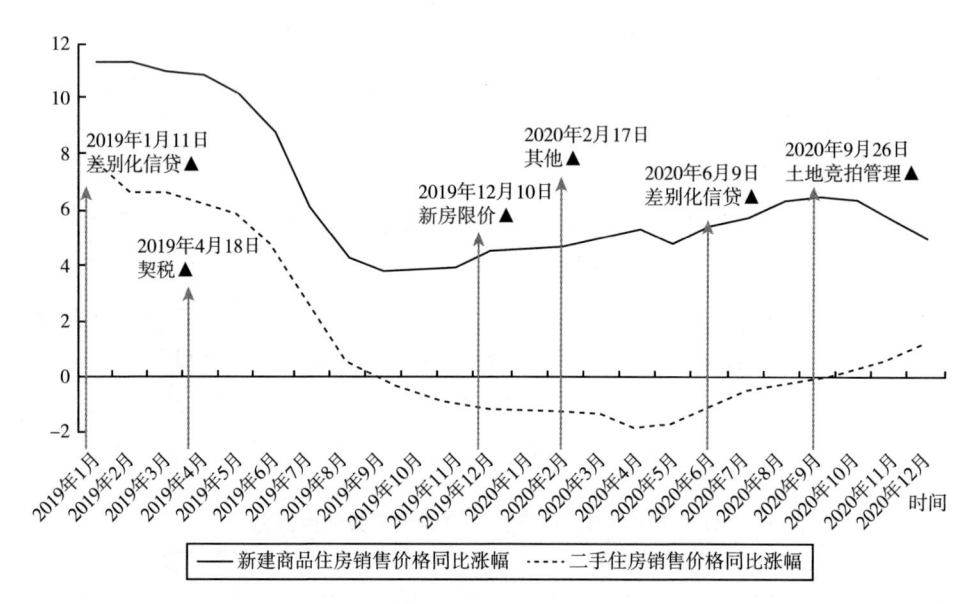

图6-4 长沙市2019~2020年住房价格同比涨幅与房地产调控政策

资料来源:国家统计局。

2019年底到2020年,受新冠肺炎疫情的影响,政府并未采取过多的调控工具。2019年12月,长沙市使用"新房限价"工具,明确使用成本法监制新房价格,新房定价有据可依;2020年6月,加强"差别化信贷",严格要求二套房住房公积金贷款首付比例不低于60%,旨在从政策上稳定住房市场。2020年下半年房地产业逐渐从疫情状态走出,长沙市房市回温,房价增速明显加快,6月新建商品住房销售价格同比涨幅达到5.4%,并呈上升趋势。长沙市反应迅速,继续深化调控。2020年9月,"土地竞拍管理"出新政,对商住用地的出让也做了限地价或溢价的明确规定,采用"限地价/溢

第六章 我国控制房价异常波动的地方经验 ▶ 173

价、竞自持租赁面积+摇号"的方式出让商住土地,有效抑制了地价成本推动房价上涨情况出现。

(三) 长效机制巩固阶段 (2021 年)

2021年是"十四五"规划开局之年,受房价基数低、通货膨胀预期强烈等多种因素影响,2021年上半年,长沙市新房销售价格同比涨幅从4.9%持续攀升到6.7%,出现异常上涨。如图6-5所示,二手住房销售价格同比涨幅则稳定在5%以下,保持正常波动。长沙市进一步深化市场调控,进一步巩固和落实房地产长效机制。

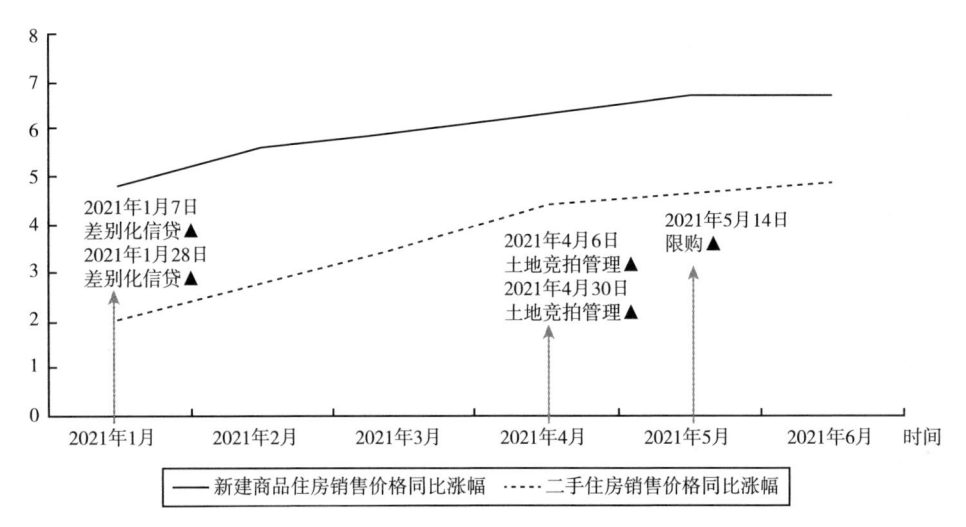

图 6-5 长沙市 2021 年上半年住房价格同比涨幅与房地产调控政策
资料来源:国家统计局。

2021年初,长沙市主要在"十四五"规划的开局之年,继续坚持"房住不炒、因城施策"的调控主基调,建立住房和土地联动机制,加强房地产金融调控,见表6-5。

表 6-5　　　　　　2021 年上半年房地产调控工具使用情况

调控工具	时间	主要内容	作用机制及效果
限购	2021 年 5 月 14 日	坚决落实党中央"房住不炒"战略要求,对"法拍房"实施精准限购,同时加大执行力度,切实维护当事人合法权益与社会金融安全	防堵限购政策漏洞

续表

调控工具	时间	主要内容	作用机制及效果
差别化信贷	2021年1月7日	(1) 贷款期限可计算到法定退休年龄后5年,即男性贷款期限可至65岁,女性贷款期限可至60岁; (2) 职工家庭在非限购地区购买二手房,应在产权过户满1年后,且提取时产权未注销,方可申请购房提取	从多方面完善住房公积金制度,填补申请漏洞,防止投机炒房者利用杠杆破坏市场秩序
	2021年1月28日	(1) 经测算职工家庭贷款额度低于20万元的,其最高贷款额度按20万元核定; (2) 借款人及其配偶住房公积金贷款使用均不能超过两次; (3) 开放单位缴存员工住房公积金申请异地贷款	
土地竞拍管理	2021年4月6日	集中供地新政颁布,拟于4月、7月、10月三次集中发布住宅用地出让公告,集中组织住宅用地公开出让	增加了土地供应量,土地市场的信息更加透明,有利于开发商更合理地配置资源,促进地价、房价稳定
	2021年4月30日	颁布第一次集中供地土地竞拍规则	

主要措施:一是使用"差别化信贷"工具调控房价,进一步完善住房公积金制度,切实提高住房刚需者的购房能力和机会,打击投机炒房者钻漏洞的行为,稳定住房市场。2021年1月长沙市调整住房公积金贷款的规定,主要控制住房公积金贷款年限,完善最高贷款额度核定,限制住房公积金贷款使用次数,规定在非限购区域购买二手房的公积金提取规则等。二是完善集中供地政策。长沙市首次集中供地规则于2021年4月30日颁布,同年6月1日正式进入网上竞价环节,晚于不少城市,土地竞拍规则相比其他城市也做出了相应完善,具体如下。

(1) 多种土地出让方式并用。首次集中挂牌出让的36宗地块中有23宗地采用"限房价+限地价+摇号"方式出让,有16宗地要求配建自持租赁住房,有4宗地采取"限房价+限地价+竞自持租赁住房+摇号"方式出让。

(2) 参与土地竞拍前需缴纳土地起拍金额的50%作为保证金。

(3) 限价地最高溢价率设置为9%~49%。

从政策设计看,"稳地价、稳房价、稳预期"的意图十分明显,但由于第一次采取集中供地,在具体操作层面经验还不够,导致参与竞拍企业过多,竞争十分激烈,溢价率较高。因此,原定于7月的第二次集中供地,又推迟至9月份。集中供地政策的完善仍然有较长的路要走。

此外,2021年5月14日,长沙市为"限购"政策打上补丁,将法拍房纳入限购范畴,积极落实"房住不炒"城市主体责任。2021年上半年,新建商品住房销售价格同比涨幅为6.7%,稍高于正常波动区间(±5%),二手住房销售价格同比涨幅为4.9%,始终控制在5%以下,总体市场表现平稳。

四、长沙市房地产调控管理经验

(一) 人地协调是房价稳定的重要基础

长沙市住房市场调控的成功是以较为完善的土地政策和充足的土地供应为基础。自2018年起,长沙市及时提高了住宅土地供应量,人均住宅规划可建面积常年大于全国平均值,保障了商品住房供应充足,从供给端削弱了房价异常快速上涨的基础。同时,长沙市较早地采用了"限房价+限地价+摇号"的土地出让规则,有效控制地价和房价互为推动。

(二) 住房市场调控应调即调、应调尽调

长沙市住房市场调控具有强度高、针对性强、调控及时的特点,对稳房价具有积极作用,具体表现为实时监控房价波动,及时应对房价异常上涨的情况,有针对性地采用相应的调控工具进行调整。例如,针对2017年上半年的房价异常涨幅,长沙市立刻做出反应,出台完善的限购限售政策,并且"对症下药",配套出台"规范住宅开发行为"等辅助政策,同年9月房价明显回落,被控制在一个合理的波动范围内。这与一些地方政府调控不及时、调控不到位形成明显对比。中央要求地方政府负总责,就是围绕"稳地价、稳房价、稳预期"目标,做到应调即调、应调尽调、科学精准施策。

(三) 构建房屋网签"一网通办"平台,利用大数据实时监控房价

长沙市聚焦风险联防联控,不断完善以房屋网签备案为核心的"一网通办"平台,充分发挥"互联网+"、大数据、区块链等现代信息技术的作用,实现业务流程全面优化,业务系统高度整合和业务数据充分共享,不仅帮助

购房者从"只跑一次"转变为"一次不跑",从"精简材料"转变为"无纸化",还逐步实现房屋网签备案的全覆盖,通过大数据集成、精准调控、联合监管,实现多维度全方位的服务监管机制,形成齐抓共管的良好局面。

(四) 加强房地产金融审慎管理,严控资金过度流入房地产市场

由于市场流动性宽裕,大城市房产品成为优质资产,因此大量投资投机性需求随之产生。对此,2016年至2021年上半年,长沙市积极使用"差别化信贷"工具,总计达到10次。一方面,长沙市从供给端完善商品房预售资金监管,通过大数据集成、精准调控、联合监管,实现多维度、全方位的服务监管;另一方面,从需求端严格防范消费贷等资金流入房地产市场,提高二套房贷款成本,提高投资成本与风险,并切实保障刚需首套购房者的购房能力和机会。

(五) 贯彻"房住不炒"坚决,落实各项调控政策有力

长沙市长期坚持"房住不炒"不动摇,自2016年来一直坚持促进住房市场稳定健康发展这一基本原则。2018年打响"反炒房",打出调控组合拳,积极使用"限购""土地竞拍管理""限售""新房限价""差别化信贷"等各项调控工具,应对房价异常上涨。对比其他城市,长沙调控政策出台早、力度大,这离不开地方政府的坚定决心。

(六) 持续高压执法,整顿市场秩序[①]

长沙市长期坚持高压执法,从严整治房地产市场秩序,加强房地产行业管理,尤其是房源核验、加强中介机构管理等内容。自2018年6月25日起,长沙全面打响"反炒房"攻坚战,以壮士断腕的决心,坚持"房住不炒"的定位,坚决破除"房地产依赖症",严格执行系列调控政策,坚决遏制投机炒房,积极开展"一城一策"试点。在使用各项调控工具的同时,出台了系列配套机制措施,比如实行明码标价、一房一价和询价备案制度,在网签系统和现场进行公示,开发商不得以高于公示的价格进行销售;强化多部门全过程联合监管,热点楼盘要求申报开盘方案;研发并推出认筹购房"长沙住

---

① 李永华. 别来长沙炒房!别怪我没劝过你[EB/OL]. http://www.ceweekly.cn/2020/0806/307589.shtml.

房"App，开启购房"淘宝"时代。2018～2020年，长沙住建部共对存在违法违规问题的24家企业、9名个人立案处罚，对436家次企业（个体）、3名个人失信行为曝光惩戒，对严重违规的8家企业和35名个人纳入失信"黑名单"监管，暂停6个企业参与土地招拍挂，责令1 087个违规中介门店关门停业整顿，成效显著。

第二节 上海市：严控人口缓解人地矛盾、房地产调控积极

尽管上海市使用严格的户口政策限制人口流入，但由于住宅用地供给不足，在宽松货币政策和信贷政策背景下，自2015年底以来，上海楼市不断升温，量价齐涨成为常态。2016年9月，上海市新房价格同比增速达到39.5%，二手房价格同比增速达到37.4%的高点。[①] 针对房价异常上涨，上海市政府改进土地供应策略，提高新建中小套型住房的比例，并积极开展房地产调控。2016年3月出台"沪九条"，同年10月出台"沪六条"，[②] 使用"限购""新房限价""差别化信贷"等调控工具稳定房价，取得了不错的成效。2017年8月，房价逐渐被稳定至正常波动范围内。2019年，上海市被纳入"一城一策"试点城市，坚持贯彻落实长效机制，努力确保房价长期平稳运行。但出于城市长远发展考虑，上海市于2019年起大力推进"人才引进"，间接放大了住房需求、刺激住房价格上涨。在"新房限价"背景下，虽然新房价格波动保持平稳，但二手房价格呈现异常上涨态势，同比增速在2021年6月达到10.1%。[③] 上海市地狭人稠，住宅用地供给有限，但地方政府仍积极改善土地供给结构和策略，合理运用住房市场调控工具，在较长时间内保持了住房价格的稳定。总体来看，上海作为超大城市，基于其有限的土地供给和对人口的强吸引力，其房地产调控总体是较成功的。

---

①③ 资料来源：国家统计局。
② 2016年3月上海市政府下发《关于进一步完善本市住房市场体系和保障体系促进房地产市场平稳健康发展的若干意见》（简称"沪九条"），10月上海市住房和城乡建设管理委员会和上海市规划和国土资源管理局联合发布《关于进一步加强本市房地产市场监管促进房地产市场平稳健康发展的意见》（简称"沪六条"）。

一、上海市经济与房地产市场发展概况

上海市是我国超大城市之一,是国务院批复确定的中国国际经济、金融、贸易、航运、科技创新中心,2020年,上海市地区生产总值达到32 679.87亿元,跻身全球城市第六位,人均GDP达15.56万元,按当年的平均汇率折算约为2.26万美元,已经跨过了国际上人均GDP2万美元的发达经济体门槛,在全国城市中位居前列;2020年,上海居民人均可支配收入达到72 232元,[①]是全国唯一突破7万元大关的地区。上海市长期严控人口增长,但根据第七次人口普查数据结果,截至2020年11月1日零时,上海市常住人口为2 487.09万人,同2010年第六次全国人口普查的2 301.92万人相比,十年仍增长8.0%,年平均增长率为0.8%。人口总量大,并保持一定的人口增长速度,带来新增住房刚性需求和改善性需求增大。2020年上海新建商品住宅成交面积约917.8万平方米,同比增长23.1%;二手住宅成交约30.2万套,同比增长27.0%,均创近4年新高。上海市行政区划占地面积只有6 833平方公里,人口密度高达3 640人/平方公里,土地资源异常稀缺。[②]尽管上海市住宅用地供给十分有限,但得益于地方政府严格的人口增长控制和积极的房地产调控,近年来上海市房地产市场运行总体较为平稳健康。2019年上海市新出让住宅用地的人均规划可建面积仅0.52平方米,显著低于2019年全国城镇常住人口人均住宅销售面积1.77平方米的水平,[③]住宅用地供给严重不足。然而,2019年国家统计局公布的12月70个大中城市商品住宅销售价格变动情况,上海市新房价格同比增长率仅为2.3%,二手房价格同比增长率仅为1.3%,房价波动处于正常范围,没有出现其他城市那样的大涨,表明调控政策实施效果较好。2019年起,上海市大力引进人才,逐步放宽了人才落户要求,变相抵消了限购等调控政策的效果,导致二手房价格反弹,同比增速在2020年末突破了5%的正常波动区间,达到6.3%,2021年6月达到10.1%。下面着重分析总结调控房价异常波动的经验。

[①] 资料来源:2020年上海市国民经济和发展统计公报。
[②] 资料来源:《上海统计年鉴》。
[③] 资料来源:国家统计局和中指院。

二、上海市住宅用地供应非常紧张

上海市住宅用地供给十分紧张。如图 6-6 所示，2016~2020 年，虽然上海市每年出让用地的人均住宅规划可建面积总体呈上升趋势，但始终远低于 22 个热点城市的平均水平。2020 年上海市人均住宅规划可建面积仅 0.54 平方米，显著低于同年全国城镇常住人口人均住宅销售面积 1.71 平方米的水平，人地矛盾十分尖锐。上海市人多地少的市情决定了大量供给住宅用地十分困难。尽管土地资源十分有限，政府仍设法通过优化供地结构增加住宅用地的规模。2018 年 1 月 4 日，《上海市城市总体规划（2017-2035 年）》正式对外发布，明确提出将上海建设为更富魅力的幸福人文之城，聚焦优良人居环境建设，提高人民群众的获得感和幸福感，让人民群众生活得更舒心。规划制定了"建设用地只减不增，住宅用地适当增加"的方针，城镇住宅用地将从原有的 660 平方公里（2015 年）逐渐增加到 830 平方公里（2035 年），保持稳定的供给。

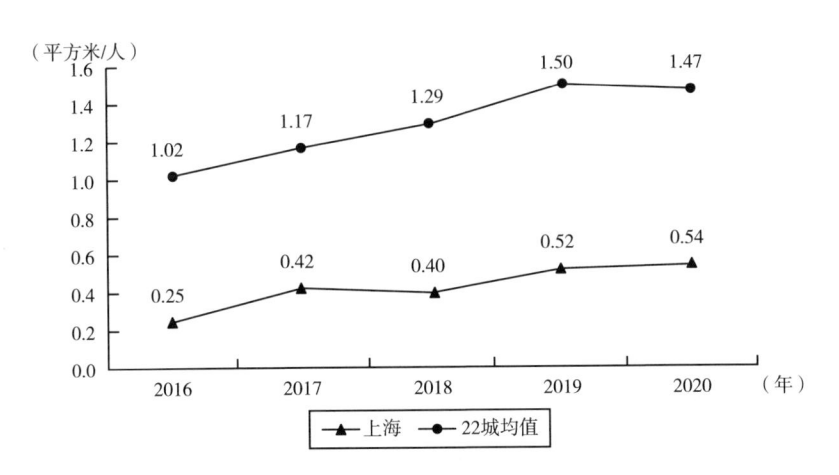

图 6-6　上海市人均住宅规划可建面积

资料来源：国家统计局、中指院。

有限的住宅用地供给对城市住房市场调控提出了更高的要求和挑战。对此，上海市在适当增加住宅用地的同时，出台了相关政策，积极发展中小套型住房，完善了包括商品住房、保障性住房和租赁型住房在内的住房供应体系，提高住房供给套数，在稳定住房价格方面，取得了较好的成效。

2016年3月24日，上海市明确规定了商品住房用地的中小套型比例，中心城区不低于70%，郊区不低于60%，还特别指出了在供需矛盾突出的郊区，中小套型供应比例可提高到70%，在政策上提高了中小套型商品住房的供应量，有利于满足首套自住型购房者的需求。2016年10月8日，上海市提出提高保障性住房（含人才住房）在商品住宅用地中的比例，发展保障性住房体系，满足低收入人群及人才住房需求。2017年7月6日，提出以公共交通为导向的社区开发模式，在提高商品住房供应量的同时，充分考虑购房者的交通需求。2021年1月21日，提出加大郊区轨道交通站点周边、五大新城的商品住房供应力度，有利于优化城市人口分布，缓解城市中心土地供应压力，进一步减轻"大城市病"。2021年3月3日，继续增强保障性住房的供应力度，努力实现"应保尽保"，将租赁性住房计划单列，进一步提高保障性住房的供应，满足中低收入群体的购房需求，发展完善租赁住房市场，丰富住宅供应体系结构，有利于房地产市场供应端的稳定运行。2016年至2021年上半年上海市增加住宅用地供应政策见表6-6。

表6-6 2016年至2021年上半年上海市增加住宅用地供应政策

时间	政策主要措施	作用机制及效果
2016年3月24日	加快住房用地出让前期工作，增加商品住房用地供应，提高商品住房用地的中小套型比例，中心城区不低于70%，郊区不低于60%（供需矛盾突出的郊区，供应比例提高到70%）	增加住宅用地供应，提高中小户套型住房供给比例，增加住宅供给套数，保证首套自住型需求，稳定住房价格
2016年10月8日	根据地块不同情况，进一步增加商品住房用地中保障性住房（含人才公寓）配建的比例和房地产开发企业自持住房的比例	
2017年7月6日	进一步加大商品住房用地中小套型住房供应比例，中心城区不低于70%；保障性住房用地中小套型住房供应比例，中心城区为100%，郊区不低于80%。鼓励以公共交通为导向的社区开发模式，轨道交通站点周边区域商品住房用地中小套型住房供应比例提高到80%以上，实现城市组团式紧凑开发	
2021年1月21日	优化土地供应结构，增加商品住房用地供应，特别是在郊区轨道交通站点周边、五大新城加大供应力度	
2021年3月3日	加大商品住宅用地供应力度，保障性住房用地"应保尽保"，单列租赁住房用地计划	

三、上海市房地产市场的调控

2010年至2021年6月，上海市共出台房地产调控文件74份，主要调控工具包括"限购""新房限价""限售""差别化信贷""增值税""土地竞拍管理"等，覆盖了供给端和需求端，为稳定住房市场发挥了积极有效的辅助作用。上海市住房市场调控强度保持在较高水平，并一直高于22城平均调控强度，如图6-7所示，其中，2016~2019年上海市调控强度较为平稳。2019年4月开始实行"一城一策"试点，调控更为积极主动。2020年调控强度开始持续上升，当年达到6.60，较上年增加20%。2021年上半年调控强度达到9.75，仅次于深圳，在22城中位列第二。上海市住房市场调控具有"应调即调、应调尽调"的特点，调控力度大、针对性强且及时有效。在实践中，逐步建立了住房调控长效机制，有效打击了投机炒房现象，切实保障了首套自住购房需求，稳房价效果显著。下面分三个阶段分别阐述上海市调控房地产市场的具体内容。

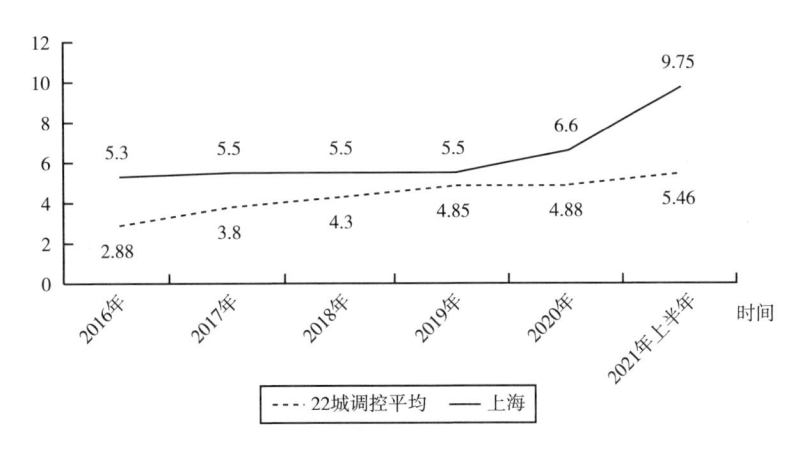

图6-7 2016年至2021年上半年上海市与22城平均调控强度对比

（一）长效机制建立前期（2016~2018年）

2016~2018年，上海市房价整体从异常过快上涨逐渐转为平稳发展。2016年房价快速上涨，2017年逐渐回落至正常波动区间，2018年住房价格基本稳定甚至同比略有下降，见图6-8。在该阶段，上海市主要使用了"限购""差别化信贷""新房限价""增值税""限售"等工具，配合中小套型住房供应的增加，牢牢控制了住房价格的涨幅。

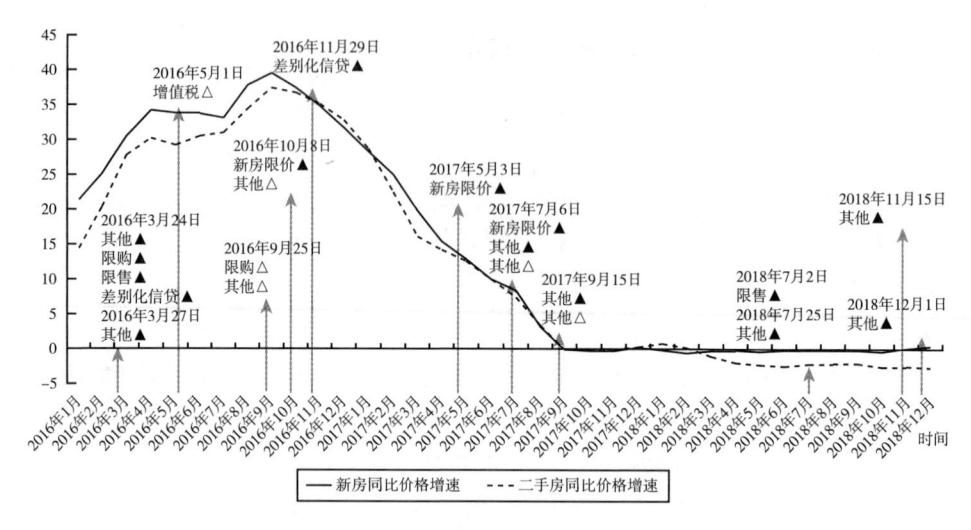

图 6-8　上海市 2016~2018 年住房价格同比增速与调控工具对应

资料来源：国家统计局。

具体来看，2016 年初，住房价格受 2015 年"去库存"政策影响，同比涨幅较高且保持较快的增长态势。2016 年 1~4 月，上海市新房与二手房价格同比增速分别从 21.4%、14.4% 快速上涨到 34.2%、30.2%，房价异常上涨，住房调控刻不容缓。对此，上海市政府响应及时，2016 年 3 月 24 日发布"沪九条"，主要使用了"限购""差别化信贷""限售"等调控工具。"限购"方面，上海市提高了非本市户籍居民家庭购房缴纳个人所得税或社会保险的年限，有效抑制外来投机者进入市场，减少不正当的投机行为，防止房市过热；"限售"方面，规定企业所购商品住房满 3 年内限制再次上市，若其交易对象为个人，按照本市限购政策执行，延长企业商品住房持有时间，提高企业炒房风险和投资压力，有效挤出投机炒房者；"差别化信贷"方面，明确规定了购买二套普通自住和非普通自住住房的首付比例，调高非普通自住房的首付比例至 70%，增加了投机者的购房成本，抑制住房投机、投资。一系列举措平抑了住房价格增速，短期内房价同比增速稍有放缓。2016 年 5 月，上海市开展"营改增"，放宽了增值税（营业税）的免征年限，一定程度上降低了住房交易成本，刺激二手房价格上涨；7 月，住房价格开始新一轮快速上涨；9 月，新房、二手房同比价格增速分别达到 39.5%、37.4% 的最高点，房地产市场过热。针对此轮房价快速上涨，上海市政府及时采取对策，使用了"新房限价"和"差别化信贷"等工具。2016 年 10 月 8 日，上海市颁布新政，对全市新建商品住房销售方案备案，实行市、区两级审核（包括预售许可和现房销售备案），公开房源信息，加强市场监管，上市前严控新房定价，上市后严格监测房价，有效控制了新房价格，稳房价效果明显。2016 年 11 月 29 日，上海市补充完善了 3 月出台的相关规定，对于各个首付款梯度水平的购房家庭做了更加细致的划分，对刚需购房者予以支持，打击投资炒房者，推动形成合理的房价市场预期，平稳房地产市场。2016~2018 年上海市调控政策工具见表 6-7。此后，上海市房价增速开始持续放缓，2017 年 4 月，新房价格同比增速已从最高点 39.5%（2016 年 9 月）下降至 15.4%，二手房价格同比增速已从 37.4%（2016 年 9 月）下降到 14.2%，相比之前的凶猛涨势，上升势头有所放缓，调控取得了一定的成效。

表 6-7　　　　　2016~2018 年上海市调控政策工具

调控工具	时间	主要内容	作用机制及效果
限购	2016 年 3 月 24 日	将非本市户籍居民家庭购房需缴纳个税或社保年限从 2 年（购房前 3 年内）提高为连续缴纳满 5 年及以上	限制购房资格、挤出投资需求，打击投机炒房
差别化信贷	2016 年 3 月 24 日	对拥有 1 套住房的居民家庭，为改善居住条件再次申请商业性个人住房贷款购买普通自住房的，首付款比例不低于 50%；对拥有 1 套住房的居民家庭，为改善居住条件再次申请商业性个人住房贷款购买非普通自住房的，首付款比例不低于 70%	降低购房杠杆，抑制投资需求，打击投机炒房
	2016 年 11 月 29 日	（1）居民家庭购买首套住房申请商业性个人住房贷款的，首付款比例不低于 35%。在本市无住房但有商业性住房贷款记录或公积金住房贷款记录的或在本市已拥有 1 套住房的，购买普通自住房的，首付款比例不低于 50%；购买非普通自住房的，首付款比例不低于 70%。（2）认定为第二套改善型住房的，公积金贷款利率调整为同期首套住房贷款利率的 1.1 倍。认定为第二套改善型住房的，家庭最高贷款额度调整为 80 万元（个人最高额度调整为 40 万元），有补充公积金的调整为 100 万元（个人调整为 50 万元）	

续表

调控工具	时间	主要内容	作用机制及效果
新房限价	2016年10月8日	(1) 全市新建商品住房销售方案备案实行市、区两级审核（包括预售许可和现房销售备案），对上市房源定价不合理的，坚决予以调整。 (2) 加强在售新建商品住房项目销售价格监测监管，不得擅自提价	控制新房价格
	2017年5月3日	房地产开发企业及其委托的代理销售企业应当按照申报价格对外销售，不得在预（出）售合同约定的转让价款外，以其他任何名义向购房者收取额外的房价款。销售价格超出申报价格的，不得在网上签订预（出）售合同，不得办理预告登记和转移登记	
	2017年7月6日	严格落实新建商品房销售明码标价制度，规范销售价格行为	
增值税	2016年5月1日	普通住房满两年，出售免征增值税和附加税	免征年限缩短，降低住房交易成本，刺激房价
限售	2016年3月24日	企业购买的商品住房再次上市交易，需满3年及以上，若其交易对象为个人，按照本市限购政策执行	拉长住房持有时间，挤出投机炒房者
	2018年7月2日	企业购买的商品住房再次上市交易年限从"满3年"提高至"满5年"	

2017年，上海市继续升级"新房限价"调控工具，降低房价上涨预期，稳定住房市场。2017年5月，上海市"新房限价"工具再度完善，规定房地产开发企业及其委托的代理销售企业应当按照申报价格对外销售，不得在预（出）售合同约定的转让价款外，以其他任何名义向购房者收取额外的房价款。严格的定价申报政策，公开透明的房屋信息，有效打击了新建商品住宅售卖阶段的"暗箱操作"行为。2017年7月，强调严格落实新建商品房销售明码标价制度，规范销售价格行为，体现出上海市政府对于"新房限价"政策落实的决心，规范开发商行为，推动消费者形成合理的市场价格预期，促进房地产市场健康稳定运行。这一系列的政策收到了显著的效果，2017年的上海市住房价格同比增速持续放缓，8月新房与二手房价格同比增速分别下降至3.2%和3.4%，首次回落至正常波动区间，并在相当长的一段时间内保持了稳定。

2018年上海市住房价格保持稳定发展，同比增速保持在正常波动区间，住房市场调控次数相应有所减少，主要使用了"限售"工具，巩固调控成果。2018年7月，上海市加强了针对企业的商品住房"限售"，企业购买的商品住房再次上市交易的最短持有年限要求从"满3年"提高至"满5年"，加大了企业投资商品住房的流动资金压力和风险，降低了企业投机炒房的热情，推动住房市场健康发展。

2016~2018年，是上海市住房调控长效机制建立的前期，凭借强有力的调控工具，特别是"新房限价"工具使用的成功，配合中小套型住房供给的提高，有效地抑制了住房价格异常上涨，详见图6-8，为下一个阶段长效机制的建设打下了一定的基础。

（二）长效机制建设阶段（2019~2020年）

2019~2020年，得益于中小套型住房供给的提高和上一阶段住房调控工具作用发挥，该阶段上海市住房价格总体保持了相对稳定，基本处于正常波动区间。在此期间，新房价格同比增速最高为4.5%（2020年8月），二手房价格同比增速在2020年末突破了5%的正常波动区间，最高达到6.3%（2020年12月），见图6-9。总体看，尽管住房价格长时间保持在了正常波动区间，但房价同比增速大致呈持续上升趋势。在长效机制建设方面，上海市主要从"差别化信贷"和"土地竞拍管理"方面完善住房调控长效机制，力图稳住上一个阶段形成的平稳运行的房价走势。然而，为谋求城市长远发展，上海市在该阶段大力实施"人才引进"政策，逐步放宽了"人才落户"限制，并有针对性地定向松绑了"限购"对人才购房的限制，致使"人才落户"同"限购"产生冲突，部分抵消了"限购"的效果，刺激二手房价抬头。具体来看，2019年8月30日，上海市定向松绑新片区"限购"政策，缩短非户籍人才在新片区购房缴纳个人所得税或社会保险金的年限，同时放宽新片区"人才落户"限制，缩短新片区工作人才"居转户"年限，向市场释放了人才引进的信号。2019年10月，上海市进一步放宽"人才落户"，给予在新片区工作并居住的人才专项落户积分，在为新片区集聚人才的同时，稍有冲击限购对非户籍居民购房的限制。2019年11月，上海市大力推进"人才引进"，发布"人才落户"八个方面优惠政策，引才力度达到新高，冲击已有"限购"政策对非户籍居民购房的限制。随着"人才落户"门槛的降低，上海市二手住房同比增速逐渐开始上涨，2019~2020年上海市调控政策工具及"人才落户"政策见表6-8。此外，上海市该年还使用了"差别化信贷"工具，调整了贷款利率，拓宽了公积金使用范围，更好地服务居民的生活，但对住房市场价格影响较弱。

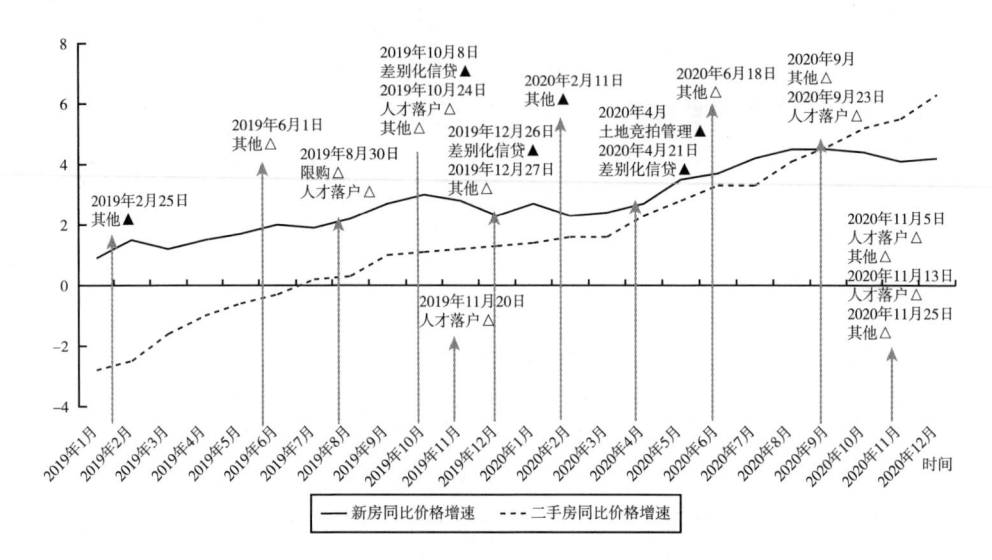

图6-9　上海市2019~2020年住房价格同比增速与调控工具（含人才落户）对应

资料来源：国家统计局。

表6-8　2019~2020年上海市调控政策工具及"人才落户"政策

调控工具	时间	主要内容	作用机制及效果
限购	2019年8月30日	缩短非上海户籍人才在新片区购房缴纳个人所得税或社会保险金的年限，将自购房之日前连续缴纳满5年及以上，调整为连续缴纳满3年及以上	定向微调区域限购政策，降低人才购房限制，作用微弱
差别化信贷	2019年10月8日	首套个人住房贷款利率不低于相应期限LPR减20基点，二套个人住房贷款利率不低于相应期限LPR加60基点	完善信贷规则，合理利用购房杠杆为居民提供便利
	2019年12月26日	拓宽住房公积金用途，支付多层住宅加装电梯费用，改善居住环境	
	2020年4月21日	购买第二套改善型住房申请公积金贷款的家庭，现持有住房人均住房建筑面积调整为不高于37.2平方米	

续表

调控工具	时间	主要内容	作用机制及效果
土地竞拍管理	2020年4月	（1）增加竞价人数； （2）减少资金冻结时间，20天冻结期缩短为参拍前1天； （3）取消自持比例； （4）土地起拍价上涨，幅度基本控制在原地价的5%左右	规范土地拍卖规则，促使开发商更合理规划自身拿地策略
人才落户	2019年8月30日	对符合一定工作年限并承诺落户后继续在新片区工作2年以上的人才，"居转户"年限由7年缩短为5年。其中，对符合新片区重点产业布局的用人单位的核心人才，"居转户"年限由7年缩短为3年	降低人才落户，门槛，吸引人才涌入，提高住房总需求；削弱限购对非户籍家庭购房限制，刺激房价
	2019年10月24日	对上海市居住证持证人在新片区工作并居住的，可予以专项加分，即每满1年积2分，满3年后开始计入总积分，最高分值为20分	
	2019年11月20日	公益事业单位录用应届毕业生落户加分、管委会直审批人才、重点机构紧缺急需人才、紧缺急需技能人才、高等级技能人才直接引进落户、特殊人才推荐落户等八方面优惠政策	
	2020年9月23日	在沪"世界一流大学建设高校"的应届本科毕业生符合基本申报条件即可直接落户；博士、"双一流"硕士符合基本申报条件即可落户	
	2020年11月5日	在沪工作稳定且依法参加社会保险可直接申请落户的类别由11类扩大至18类	
	2020年11月13日	缩短居转户年限，试行更为宽松的居转户评价标准	

2020年上半年，尽管"人才落户"门槛降低扩大了需求，但受疫情影响，上海市住房价格同比增速呈缓慢上升趋势，仍保持在正常波动区间。该阶段，上海市调控住房市场较少，主要使用了"土地竞拍管理"和"差别化信贷"调控工具。2020年4月，上海市发布土地竞拍新政，改善房企竞拍环境，取消了企业竞拍自持比例，增加了住宅用地实际供应面积，有利于稳定住房价格；同月，提高了本市居民申请住房公积金购买第二套改善型住房的

门槛，将现持有住房人均住房建筑面积调整为不高于37.2平方米，信贷优惠更多地向刚需家庭倾斜。2020年下半年，上海市不断加码"人才引进"政策，放宽"人才落户"门槛，二手房价格同比增速持续上升，10月突破正常波动范围达到5.2%。2020年9月上海市出台在沪"世界一流大学建设高校"的应届本科毕业生符合基本申报条件即可直接落户，博士、"双一流"硕士符合基本申报条件即可落户。2020年11月，上海市出台《上海市引进人才申办本市常住户口办法》，18类人才在沪工作稳定且依法参加社会保险可直接申请落户；同月，放宽"居转户"[①]限制，缩短居转户年限，并试行更为宽松的居转户评价标准。"人才落户"门槛的降低一方面吸引大量人口进入城市，提高住房总需求；另一方面抵消了"限购"政策对非户籍居民家庭购房的限制，吸引外地住房投资需求，刺激房价上升。

总体来看，在长效机制建设阶段，上海市巩固落实了上一阶段颁布的调控政策并进行了相应调整和改善，住房价格在较长时间内保持在了正常波动区间，长效机制的落实颇具成效。但受"人才落户"门槛降低等因素的影响，2020年二手房价格同比增速呈持续上升态势，10~12月突破正常波动区间，分别达到5.2%、5.5%和6.3%，出现异常上涨。

（三）长效机制巩固阶段（2021年上半年）

2021年上半年，上海市新房价格同比增速在4%~5%浮动，维持在正常波动范围，而二手房价格则呈现异常上涨的态势，同比增速始终高于5%的正常区间，最高达到了10.1%（2021年6月），见图6-10。该阶段，上海市调控较为积极，进一步完善"限购""土地竞拍管理""新房限价""限售""增值税"等调控工具。具体来看，为抑制异常上涨的二手房价格并防止新房价格异常上涨，2021年1月21日，上海市出台"沪十条"[②]，在"限购"方面，修补了"假离婚"购房漏洞，规定自夫妻离异之日起3年内购买商品住房的，任一方拥有住房套数按离异前家庭总套数计算；在"新房限价"方面，提出完善现有的摇号制度，优先满足"无房家庭"自主购房需求；在"增值税"方面，提高增值税免征年限至5年，加强了住房短时交易成本，有效抑制住房投资需求。此后，上海市打出楼市调控组合拳，各类配

---

① "居转户"是指持有上海市居住证的人员，符合一定的条件时，可以申办上海市常住户口。

② 2021年1月，上海市住房和城乡建设管理委员会、上海市房屋管理局等8部门联合印发《关于促进本市房地产市场平稳健康发展的意见》。

套政策及政策细节相继发布。2021年1月25日，上海法院将司法拍卖的本市住房纳入限购范围，进一步修补"限购"漏洞；2月6日，出台新房积分摇号细则，落实限价新房优先向"无房家庭"提供；3月3日，上海市再次加码楼市调控，出台"新沪七条"①，加强完善"土地竞拍管理""新房限价""限售"等政策。在"土地竞拍管理"方面，强调房价地价联控机制，实行出让用地限价竞争，并加强对房企的监管；在"新房限价"方面，严格落实新房价格备案管理，严控新房价格；在"限售"方面，出台"新房限价"配套政策，规定按照优先购房政策购买的限价新房限售5年，防止低价新房快速进入市场套现谋利，降低投机投资需求。2021年5月28日，上海市继续从严执行住房限购政策。购房者已经获得一手房认购资格的，也将被认定为购房套数。2021年上半年上海市调控政策工具见表6-9。这一系列调控政策为稳定住房市场价格发挥了一定的作用，新房价格同比增速稳定在正常波动范围，2021年3月后二手住房价格同比增速稍有放缓。但在住宅用地供应受限以及"人才引进"逐渐生效的影响下，二手住房价格同比增速较难回落到正常波动区间。

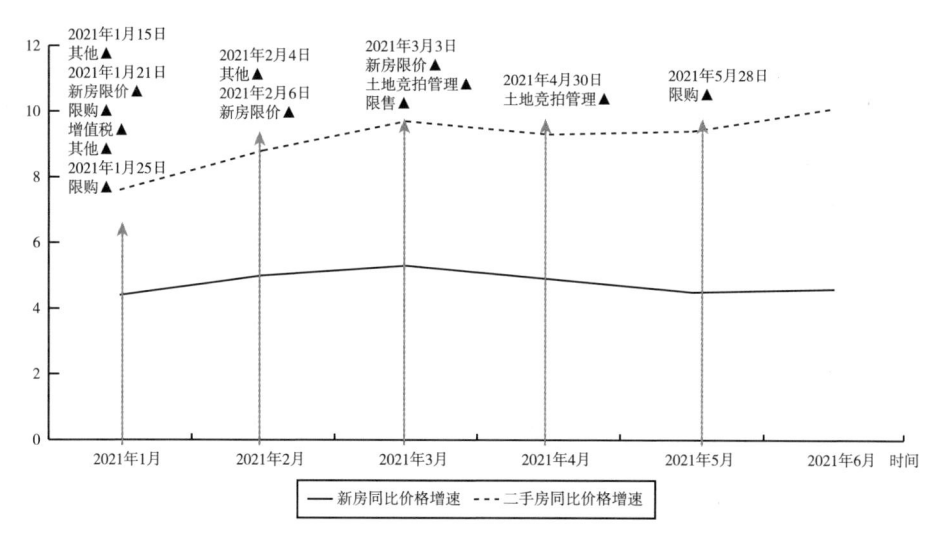

图6-10　上海市2021年上半年住房价格同比增速与调控工具对应

资料来源：国家统计局。

---

① 2021年3月，上海市住房和城乡建设管理委员会等联合发布《关于进一步加强本市房地产市场管理的通知》。

表 6-9　　2021 年上半年上海市调控政策工具

调控工具	时间	主要内容	作用机制及效果
限购	2021 年 1 月 21 日	严格执行住房限购政策。夫妻离异的，任何一方自夫妻离异之日起 3 年内购买商品住房的，其拥有住房套数按离异前家庭总套数计算	修补限购漏洞，限制投机购房
	2021 年 1 月 25 日	法拍房纳入"限购"范围	
	2021 年 5 月 28 日	从严执行住房限购政策。购房者已经获得一手房认购资格的，也将被认定为购房套数	
土地竞拍管理	2021 年 3 月 3 日	在房价地价联动的基础上，商品住宅用地出让实行限价竞价。对非理性竞价的企业，规划资源、房屋管理等部门联合约谈警示，后续加强土地出让合同履约、金融信贷、税收、房屋销售等监管	完善土地拍卖规则，严格控制开发商行为；严控土地溢价，落实房地联动，稳定地价与房价
	2021 年 4 月 30 日	第一次集中供地土地竞拍规则： (1) 房企需要缴纳与报价等同的监管资金和 20% 的保证金。 (2) 独有的招挂复合制度，当报名房企数量 <7 家时直接挂牌竞价；报名房企数量 ≥7 家时，采用"135 打分"机制，选取积分排名前 7 家入围。 (3) 规范"同一申请人"概念，禁马甲，同一申请人只能进行一次申请（包括联合申请）。 (4) "限地价＋一次报价"，一次报价中最接近全部报价均价的低价报价者获得地块。 (5) 要求房企签署承诺书，未来按房地联动指导价格销售，并加强出让履约监管	
新房限价	2021 年 1 月 21 日	完善新建商品住房公证摇号选房制度，优先满足"无房家庭"自住购房需求	直接控制新房价格；优先满足"无房家庭"购房需求，削弱"收入效应"，稳定房价
	2021 年 2 月 6 日	出台新房积分摇号细则，综合家庭、户籍、拥有的住房状况、5 年内在沪购房记录以及在沪缴纳社保五大因素，优先满足"无房家庭"自住购房需求	
	2021 年 3 月 3 日	严格新建商品住房价格备案管理，指导开发企业合理定价，坚决防止上市销售项目备案价格过高	

续表

调控工具	时间	主要内容	作用机制及效果
限售	2021年3月3日	实施住房限售。对按照优先购房政策购买的新建商品住房，在购房合同网签备案满5年后方可转让	防止低价新房快速进入市场套现谋利，降低投机投资需求
增值税	2021年1月21日	调整增值税征免年限。将个人对外销售住房增值税征免年限从2年提高至5年	提高增值税免征年限，提高住房短时交易成本，抑制投资需求

2021年4月30日，上海市召开信息交流会，预告了第一批住宅用地集中出让相关情况，并且出台了相关土地竞拍新规，对原来的规则作了多处修订。在土地竞拍筹备阶段，上海市要求参与竞拍的开发商需要缴纳与报价等同的监管资金和20%的保证金，并且规定资金来源不得为银行贷款、信托资金、资本市场融资和保险资金，高门槛的资金限制有效挤出了部分资金不充裕的中小房企，规范参拍房企行为。上海市采用独有的招挂复合制度，当报名房企数量小于7家时直接挂牌竞价；报名房企数量大于等于7家时，采用"135打分"机制，选取积分排名前7家入围，控制参拍房企数量，引导房企理性参拍和合理加价，防止非理性的竞拍行为。同时，上海市明确要求"禁马甲"，规范"同一申请人"概念，净化竞拍环境，防止大型房企利用多个"马甲"提高竞拍成功率，扰乱竞拍节奏，抬高地价。在土地竞拍竞价环节，严控溢价情况，采取"限地价+一次报价"的土地出让方式，当举牌报价达到中止价时进入一次报价阶段，由最接近全部报价均价的低价报价者获得地块，有效把控地价，防止成本型推动房价上涨。在竞拍后登记阶段，上海市要求房企签署承诺书，未来按房地价联动指导价格销售，贯彻落实房地价联动机制。此外，上海市加强出让履约监管，要求竞得地块的房企在完成出让合同约定的所有建设并完成房屋所有权首次登记前，不得以任何直接或间接的形式将本方（及本地块项目公司）的股权或投资权益转移给本地块其他申请人或关联方，及时填补了政策的漏洞，限制了围标或者一次报价联合出价的可能。上海首批集中供地的土地竞拍规则兼顾全流程管理、修补漏洞和引导市场理性、公平竞争三个方面，成为第一次集中供地的"优等生"，既没有出现流标，也没有出现过热现象。

总的来说，2021年上半年，新房价格调控较为到位，稳定在正常波动范围，长效机制有效运行；对二手房价格调控具有局限性，受供求关系影响和"人才引进"冲击，二手房价格持续异常上涨，长效机制仍需进一步落实和完善。

四、上海市房地产调控管理经验

（一）提高"中小套型"住房比例，缓和人地、人房矛盾

上海市地狭人稠，依据城市相关建设规划，住宅用地供应十分有限，人地矛盾较为尖锐。对此，上海市在住宅用地出让规划中提高中小套型住房比例，增加住房总供给套数，优先满足刚需自住需求，缓和人地、人房矛盾；同时，进一步增加保障性住房比例，保障中低收入人群住房需求。合理的土地政策一定程度上弥补了土地供应不足带来的人地矛盾紧张问题，也为住房市场调控工具有效发挥其辅助作用奠定了基础。

（二）"新房限价"同"土地竞拍管理"相配合，房价地价联控机制实施效果较好

2016年至2021年上半年，上海市共使用新房限价工具六次，不断完善新建商品住房价格备案管理，引导房企合理定价，推动市场形成合理价格预期，并且完善摇号选房制度，限价新房向"无房家庭"倾斜，回归住房"居住"属性；同时，改革"土地竞拍管理"政策，住宅用地出让实行"限地价+一次报价"的竞价方式，严格控制地价溢价率。一系列调控政策落实并完善了房价地价联动机制，既保证给房企留有一定的获利空间，又有利于"稳地价、稳房价、稳预期"的房地产调控基本目标的实现。

（三）及时修补政策漏洞，严防投机者"钻空子"

上海市在调控住房市场、建立长效机制的过程中，及时对原有政策"打补丁"。例如，限制夫妻离异后的购房资格，修补"假离婚"购房漏洞；将法拍房纳入"限购"；在"土地竞拍管理"中，明确禁马甲，严防房企扰乱竞拍秩序；规定依照优先购房政策购买的限价新房"限售"5年，防止投机者联合无房家庭快速转卖低价新房实现套利。及时修补已有政策的漏洞，对于房地产调控效果的巩固和长效机制的完善起到了重要作用。

（四）应妥善处理"人才引进"和市场调控的关系

2019年起，上海市频繁发布"人才引进"政策，放宽"人才落户"门槛，吸引人才落户。"人才引进"政策的实施，增加了城市常住人口数量，

使得原本供应有限的住房更为紧张，而且随着"人才落户"门槛的放宽，会削弱"限购"调控政策对非户籍家庭购房的限制。在"新房限价"下，人口及外来住房投资需求的涌入，会拉动二手住房价格的异常上涨。上海市在未来住房市场调控中，需加强政策之间的协调性，探索"人才引进"同房价控制的和谐之道，适时更新"限购"政策。例如，加强新落户家庭购房限制，规定新落户家庭需满足一定条件方可购房。

第三节 北京市：严控人口缓解人地矛盾、房地产调控政策得当

北京是超大城市，人口众多，住宅用地供应有限，人地关系非常紧张，使用政策调控工具稳定住房价格具有较大的难度。对此，北京市大胆探索尝试，在土地方面，加大住宅用地供应力度，并重点增加中低价位、中小套型普通商品住房的供应比例，加大商品住房供应量；在住房市场政策调控工具的使用上，积极合理地使用"限购""土地竞拍管理""差别化信贷""限售"等工具，为稳定房价起到了重要的作用。在落户限制上，严格把控落户门槛并协同住房限购力度，保障"限购"的效力不因落户门槛的降低而被削弱；积极建立房地联控机制，限房价、控地价、提品质，建立购地企业资格审查制度及购地资金审查和清退机制。这些措施在2021年上半年的"集中供地"中表现出显著的稳地价效果。北京市积极探索使用住房市场调控工具，着力构建并落实长效机制，形成了独特的"北京经验"。

一、北京市经济与房地产市场发展概况

北京作为我国的首都、国家中心城市，是国务院批复确定的我国政治中心、文化中心、国际交往中心、科技创新中心，是世界著名古都和现代化国际城市。根据第七次人口普查数据，截至2020年11月1日零时，北京市常住人口为2 189.31万人，同2010年第六次全国人口普查的1 961.24万人相比，十年增长11.6%，年平均增长率为1.1%。2018~2020年，北京市全年地区生产总值分别为33 106亿元、35 371.3亿元和36 102.6亿元，GDP年均增长率分别达到6.6%、6.1%和1.2%。受新冠肺炎疫情影响，2020年北京

市 GDP 增速大幅放缓。2020 年，全市人均可支配收入为 69 434 元，人均 GDP 7.52 万元，在各城市中排在第八位。①

北京市市域土地面积仅为 16 410.54 平方公里②，人地关系长期紧张，2020 年北京市新出让住宅用地的人均规划可建面积仅为 0.245 平方米，远低于 2020 年全国城镇常住人口人均住宅销售面积 1.71 平方米的水平③，但得益于地方政府实施积极的房地产调控和人口管控，近年来北京市房地产市场总体运行较为平稳。2020 年新房价格同比上涨仅为 3.5%，二手房价格同比增长率仅为 2.59%④，房价波动都处于正常范围内。此外，2020 年北京市新建商品住宅去化周期为 19.20⑤ 个月，供应较为充足；住房租赁价格同比增长率为 −2.11%⑥，也处于较为平稳的区间。

2021 年 7 月 22 日，住房和城乡建设部和央行分别对保障性租赁住房、房地产调控、房地产金融调控发表权威解读。在解读过程中，住房和城乡建设部明确表示要推广北京市房地产调控经验，着力建立房地联控机制，限房价，控地价，提品质，建立购地企业资格审查制度及购地资金审查和清退机制等。下面分阶段分析、归纳和总结"北京经验"。

二、北京市宅地供给长期处于不足状态

北京市住宅用地供给十分紧张。2016~2020 年，北京市的人均住宅规划可建面积一直远低于 22 城平均水平，见图 6-11。2017 年北京市人均住宅规划可建面积达到峰值，但仅为 0.391 平方米，而同年 22 城平均值达 1.168 平方米，全国城镇常住人口人均住宅销售面积达 1.78 平方米。此后，北京市人均住宅规划可建面积一直稳定在 0.25 平方米左右。住宅用地供给显著不足，一是北京市寸土寸金，可开发的土地资源本身就稀缺，住宅用地供应更为有限；二是北京市政治地位特殊，拥有全国最先进的教育、医疗、交通等公共资源，人口吸引力强劲。对此，北京市一方面积极落实土地供应政策，加大住宅用地供给力度，并改善住宅用地规划，弥补土地供给不足带来的住房供

---

① ② 资料来源：《北京统计年鉴》。
③ 资料来源：国家统计局和中指院。
④ 资料来源：国家统计局。
⑤ 资料来源：中指院。
⑥ 资料来源：禧泰数据。

给压力；另一方面设置高门槛的落户条件，严格控制城市人口，并积极引导产业、企业向外转移，避免"人地矛盾"进一步激化，同时也积极采取措施调控房地产市场。

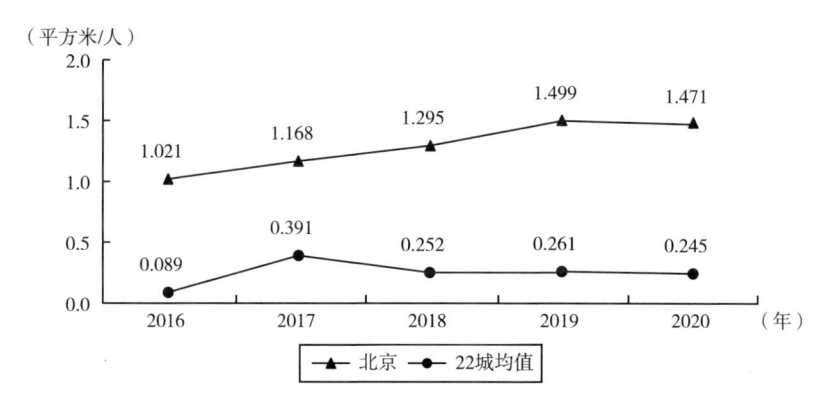

图 6-11　北京市人均住宅规划可建面积

资料来源：国家统计局、中指院。

自 2016 年起，北京市前后多次出台土地供给政策，调整土地及住房供给结构，缓解"人地矛盾"。2016 年 9 月 30 日，北京市发布政策明确加大住宅用地供应力度，并在住宅用地供应有限的条件下，针对性地提出增加中低价位、中小套型商品住房的供应比例，提高住房总供给数量，在房价总体水平较高的情况下优先有效保障中低收入无房家庭的购房需求，形成相对健康的土地供应体系。2017 年 9 月 28 日及 10 月 31 日，北京市出台政策加强租赁住房的用地供应保障，大力发展租赁住房，进一步丰富住房的供应种类。2019 年 7 月 26 日，北京市为落实城市总体规划确定的建设用地减量目标，鼓励和引导利用存量建设用地，提高土地利用率。2016 年至 2021 年上半年北京市土地供应政策见表 6-10。在人口控制上，北京市实施了全国最为严格的落户限制，严控城市户籍人口，一定程度上为保障"限购"政策效果和稳定住房价格发挥了重要作用。以北京当前实行的积分落户条件为例，在满足积分要求下，落户申请人需在京连续缴纳社会保险 7 年及以上。对国内应届生落户，北京市也有严格限制，一方面严控落户指标，市人力资源和社会保障局汇总分析主管单位报送的毕业生需求严格分配指标数量；另一方面，对人才具有较高的要求，引进毕业生原则上应具有研究生学历，引进当年博士研究生一般不超过 35 周岁，硕士研究生一般不超过 27 周岁。

表6-10   2016年至2019年上半年北京市土地供应政策

时间	政策主要措施	作用机制及效果
2016年 9月30日	加大住宅用地供应力度,合理调整土地供应结构;积极推进土地供给侧结构性改革,进一步加大住宅用地供应力度;重点增加中低价位、中小套型普通商品住房的供应比例	提高住房供应量,重点保障中低收入居民住房需求
2017年 9月28日	明确适当加强租赁住房用地保障的政策	发展租赁住房,保障来京务工人群居住需求
2017年 10月31日	发布进一步加强利用集体土地建设租赁住房工作的意见	拓宽并落实租赁住房建设用地来源,发展租赁住房,满足中低收入居住人群住房需求,稳定住房市场预期
2019年 7月26日	落实城市总体规划确定的土地减量目标,鼓励和引导利用存量建设用地	利用存量建设用地,提高土地利用率

北京市通过改善土地及住房供给结构,加大住房供应量,并设置高落户门槛,严控人口增长,在一定程度上推动了人地协调,为促进住房市场平稳健康运行发挥了重要作用。

三、北京市房地产市场的调控

2010年至2021年6月,北京市共出台房地产调控政策文件多达75份,合理地使用调控工具手段,且不断推陈出新,具有创新性,成为各大中城市住房调控的模范。2016年起的住房调控强度始终保持在较高水平,远高于22城的平均调控强度,见图6-12。2019年4月北京市进入"一城一策"试点,2019年末,调控强度指数提高至7.50,2021年上半年调控强度指数更是达到了9.10,仅次于深圳和上海,在22城位列第三。具有"应调即调,应调尽调"的特点,下面分三个阶段阐述北京市调控房地产市场的具体内容。

(一)长效机制建立前期(2016~2018年)

2015年,为响应中央经济工作会议提出的"三去一降一补"政策,北京市实施了一系列放松信贷的政策,包括降低首付比例、下调公积金贷款利率、提高职工公积金购房贷款额度等,刺激了市场购房需求,2015年房价快速上

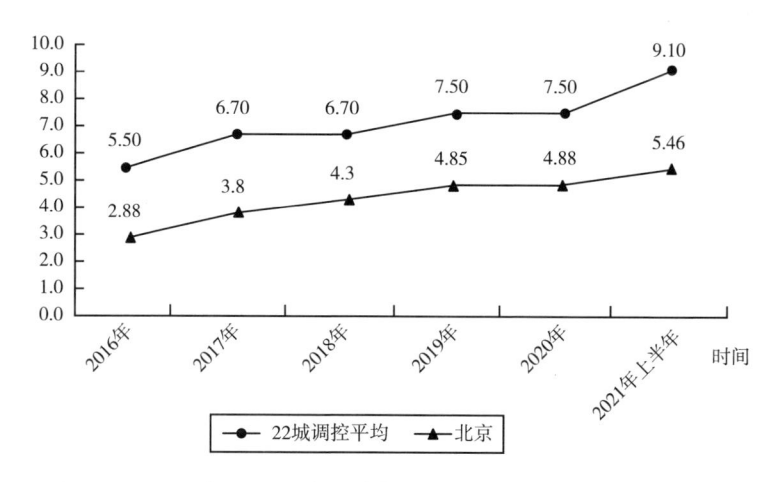

图 6–12　2016 年至 2021 年上半年北京市与 22 城平均调控强度对比

涨，部分投资、投机客趁机进入市场，加剧了房价异常上涨的态势，2016 年 5 月新建商品住房价格和二手房价格同比增速分别达到 21.4% 和 34.5%。为抑制房价异常上涨，北京市在调控土地和住房供给结构的同时，积极使用住房调控工具，收紧住房市场政策，打击投机炒房行为，稳定住房市场。2016 年 5 月，北京市使用"土地增值税"工具，对转让增值率超过 20% 的普通住宅加收土地增值税，提高住房转卖成本，抑制投机炒房，但未见明显效果，2016 年 9 月新房价格同比增速达到 30.4%，二手房价格同比增速达到 40.5%。对此，北京市住房调控更为频繁。2016 年 9 月 30 日，北京市同时使用"土地竞拍管理"和"差别化信贷"工具，从供需两端同时发力降温住房市场。在"土地竞拍管理"方面，北京市强化"控地价，限房价"的方式，构建地价房价联控机制，提出在严控地价的同时，试点采取限定销售价格并将其作为土地招拍挂条件的措施，直接控制地价与限制房价，有效防止住房价格快速上涨；同时，鼓励房地产开发企业自持部分住宅作为租赁房源，发展住房租赁市场，满足外来务工人员居住需求，降低住房市场热度。在"差别化信贷"方面，北京市提高首套房及二套房的购房首付比例，对二套房购买者，无论有无贷款记录，普通住房首付款比例均不低于 50%，非普通住房首付比例均不低于 70%，打击投资、投机需求，打击非正常需求购房者，控制进入房地产市场的资金量，稳定住房价格，推动住房市场健康发展。2016 年 11 月 25 日，北京市深化完善此前推出的"土地竞拍管理"政策，发布关于"限房价，竞地价"项目自持商品住房租赁管理有关问题的通知，在严控地价与新房价格的同时，保证租赁住房供应，满足居民居住需求。2016~2018年北京市房地产调控工具使用情况见表6-11。这一系列的调控政策，配合地方政府对土地和住房供应结构的调整和完善，起到了显著作用。2016年9月后，住房价格同比增速不断降低，新房价格同比增速从2016年9月最高点的30.4%降至2017年1月的27.0%，二手房同比价格增速从40.5%降至36.7%，见图6-13。

表6-11　　　　2016~2018年北京市房地产调控工具使用情况

调控工具	时间	主要内容	作用机制及效果
限购	2017年4月3日	住宅平房限购： (1) 购买住宅平房需满足以下条件之一。①没拥有住房的本市户籍居民家庭（含驻京部队现役军人和现役武警家庭，持有有效《北京市工作居住证》的家庭）或单身人士。②已拥有1套住房的本市户籍居民家庭。③在本市没拥有住房且在本市连续缴纳社会保险或个人所得税。 (2) 暂停向以下家庭出售住宅平房：①已拥有1套及以上住房的本市户籍单身人士及非本市户籍居民家庭。②已拥有2套及以上住房的本市户籍居民家庭。③无法提供在本市连续5年（含）以上缴纳社会保险或个人所得税证明的非本市户籍居民家庭。 (3) 新购住宅平房，核验购房资格时计入该家庭名下住房套数。住宅平房套数以不动产权证个数计	将住宅平房纳入限购范围，完善住房限购，限制住宅类房屋投资，推动住房回归居住属性，稳定房价
土地竞拍管理	2016年9月30日	(1) 强化"控地价、限房价"的交易方式；在严控地价的同时，对项目未来房价进行预测，试点采取限定销售价格并将其作为土地招拍挂条件的措施。 (2) 鼓励房地产开发企业自持部分住宅作为租赁房源，满足城市居民租房需求	建立房价地价联控机制，控制地价与房价，防止成本型推动房价上涨
	2016年11月25日	发布关于本市"限房价，竞地价"项目自持商品住房租赁管理有关问题的通知，明确房地产开发企业自持商品住房对外出租的各项规定	
	2017年9月20日	共有产权住房建设用地可采取"限房价、竞地价""综合招标"等多种出让方式	

续表

调控工具	时间	主要内容	作用机制及效果
差别化信贷	2016年9月30日	(1) 购买首套普通自住房的首付款比例不低于35%，购买首套非普通自住房的首付款比例不低于40%（自住型商品住房、两限房等政策性住房除外）。 (2) 对拥有1套住房的居民家庭，为改善居住条件再次申请商业性个人住房贷款购买普通自住房的，无论有无贷款记录，首付款比例均不低于50%；购买非普通自住房的，首付比例不低于70%	控制进入房地产市场的资金量，防止市场过热；提高二套房购买成本，抑制投资需求，稳定房价
	2017年3月17日	(1) 居民家庭名下在本市无住房且无商业性住房贷款记录、公积金住房贷款记录的，购买普通自住房的执行现行首套房政策，即首付款比例不低于35%，购买非普通自住房的首付款比例不低于40%（自住型商品住房、两限房等政策性住房除外）。 (2) 居民家庭名下在本市已拥有1套住房，以及在本市无住房但有商业性住房贷款记录或公积金住房贷款记录的，购买普通自住房的首付款比例不低于60%，购买非普通自住房的首付款比例不低于80%。 (3) 暂停发放贷款期限25年（不含25年）以上的个人住房贷款（含住房公积金贷款）	
	2017年3月24日	对于离婚一年以内的房贷申请人，按二套住房的信贷政策执行	
	2018年9月13日	(1) 购买经济适用住房的，首付款比例不低于20%。 (2) 购买共有产权等政策性住房的首套住房，首付款比例不低于30%	
限售	2017年3月17日	企业购买的商品住房再次上市交易，需满3年及以上，若其交易对象为个人，按照本市限购政策执行	限制企业短期出售住房，增加企业住房投资风险及资金压力，抑制住房投资需求，稳定房价
土地增值税	2016年5月26日	清算后再转让的房地产，增值率未超过20%的普通住宅，免征土地增值税；增值率超过20%的，应征收土地增值税	提高住房转卖成本，抑制投机炒房的现象

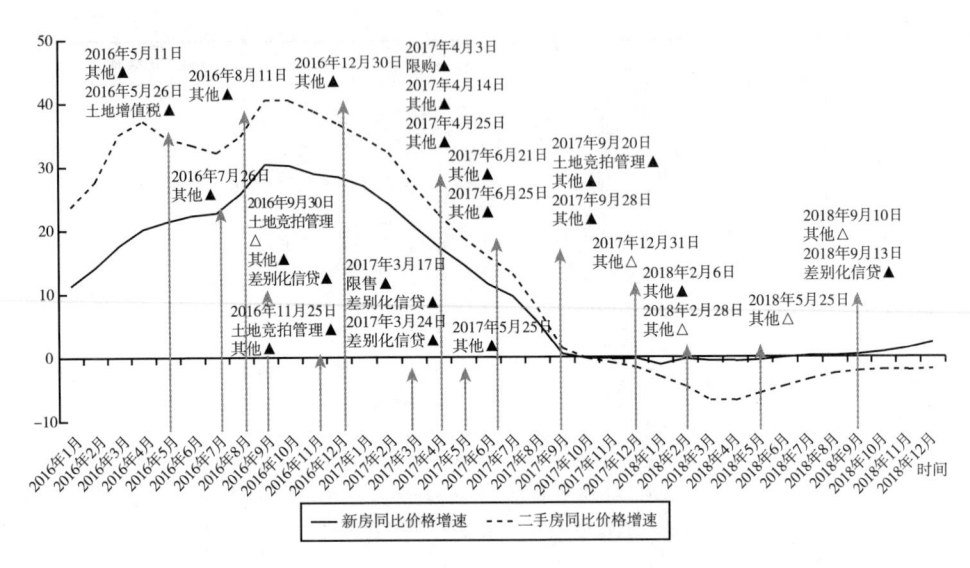

图 6-13　北京市 2016~2018 年同比价格增速与调控工具对应

资料来源：国家统计局。

　　2017 年，北京市继续加强使用住房市场调控工具。2017 年 3 月 17 日，北京市规定企业购买的商品住房限售 3 年，若其交易对象为个人，则按照本市限购政策执行。该举措限制企业短期出售住房，增加了企业住房投资风险及资金压力，抑制企业住房投资需求。在"差别化信贷"方面，北京市实行"认房又认贷"的信贷政策，提高有住房贷款记录的购房者的购房首付比例。对在本市已拥有 1 套住房以及在本市无住房但有住房贷款记录的居民家庭，购买普通自住房的首付款比例不低于 60%，购买非普通自住房的首付款比例不低于 80%；首套房优惠政策今后只适用于在本市无住房且无住房贷款记录的居民家庭，有效防止部分居民家庭通过出售住房达到首套房优惠条件套利低成本购房。该政策不仅提高了二套房购房成本，而且防止居民家庭通过出售住房利用首套房政策套利，有效挤出投资、投机需求，稳定住房价格。2017 年 3 月 24 日，北京市再次深化"差别化信贷"政策，修补"限购"漏洞，规定对于离婚一年以内的房贷申请人，按二套住房的信贷政策执行，有效打击了市场上"假离婚"购房投机行为，部分修补了"假离婚"对"限购"的冲击。2017 年 4 月，北京市加强"限购"调控，将住宅平房纳入限购范围，商品住房限购政策进一步完善，防止投资投机客通过平房炒房，有利于房地产市场稳定发展，促进住房回归居住属性。2017 年 9 月，北京市完善

"土地竞拍管理",共有产权住房采取"限房价、竞地价""综合招标"等多种出让方式,发展共有产权房,控制共有产权房价格,推动实现"住有所居",降低住房市场热度。在这一系列更加完善严格的调控政策影响下,住房价格同比增速持续下降,2017年9月,住房价格同比增速回落至正常波动区间,新房与二手房价格同比增速分别回落至0.5%和1.4%。此后,住房价格在相当长的一段时间内保持稳定,2017年底新房与二手房价格同比增速分别为-0.2%和-1.6%。

2018年,北京市住房价格保持稳定发展,同比增速保持在正常波动区间,新房价格较为稳定,二手房价格呈合理下降态势,2018年12月新建商品住房价格同比增长2.3%,二手房价格下降1.9%。2018年北京市住房市场调控次数相应有所下降,2018年9月针对经济适用房和共有产权房等政策性住房,进一步完善了"差别化信贷"的相关规定,支持居民购买共有产权住房,推动解决居民居住问题。

2016~2018年,凭借积极有效的住房调控工具手段,配合土地及住房供给结构的改善,有效遏制了住房价格异常上涨的态势,为下一阶段长效机制的建设奠定了良好基础。

北京市2016~2018年同比价格增速与调控工具对应如图6-13所示。

(二)长效机制建设阶段(2019~2020年)

得益于人口控制、土地和住房结构供给改善、住房调控工具的有效使用,2019~2020年住房价格基本延续上一阶段末的走势,住房价格同比增速总体稳定在正常波动区间。在此期间,新房价格同比增速曾在2019年11月最高达到5.4%,此后迅速回落至正常波动范围并一直保持稳定。但二手房价格同比增速在2020年11月最高达到6.4%、12月达到6.3%,主要原因是学区房价格波动,这也驱动北京进一步完善多校学区划片,推进优质教育资源均等化。北京市2019~2020年同比价格增速与调控工具对应见图6-14。总体来看,该阶段,住房市场整体发展较为平稳健康,北京市住房调控相关政策出台较少,主要聚焦于完善住房保障政策体系,大力培育和发展住房租赁市场,解决城市居民居住问题。

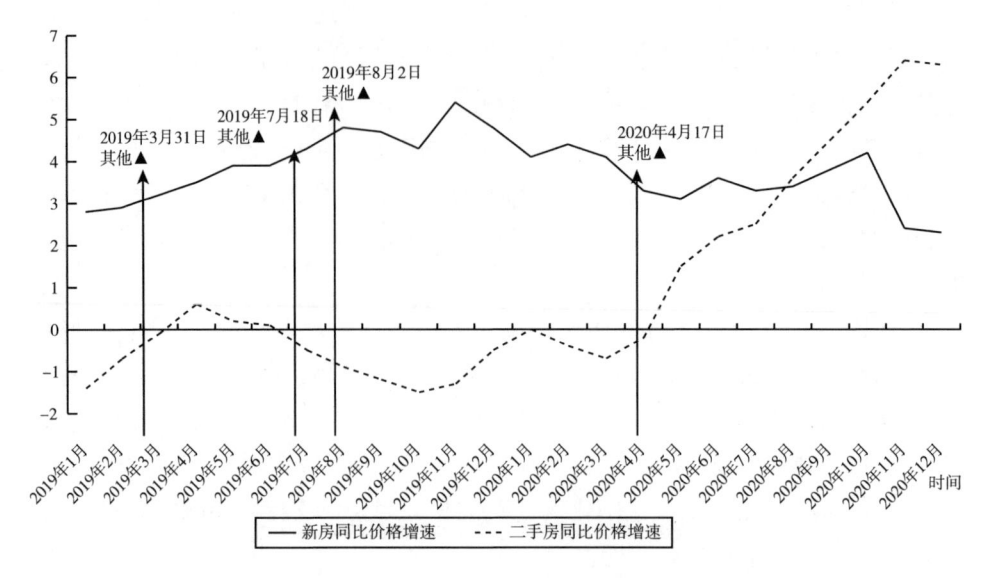

图 6-14　北京市 2019~2020 年同比价格增速与调控工具对应

资料来源：国家统计局。

（三）长效机制巩固阶段（2021 年上半年）

2021 年上半年，北京市新房价格同比增速稳定在正常波动区间，较为平稳；二手房价格同比增速总体持续上升，呈异常上涨态势，最高达到了 10.1%（2021 年 4 月）。这说明北京市对于新房价格调控较为到位，但是对于二手房的调控仍有待增强。2021 年 4 月 23 日北京市海淀区、西城区、东城区率先发布义务教育入学新政，在规定日期后取得房产证的家庭，通过电脑派位的方式在多校划片安排入学，解决因教育带来的房价问题，积极推进"房住不炒"。该阶段，北京市还使用了"差别化信贷""土地竞拍管理"等工具。2021 年 3 月 31 日，北京市积极落实供地"两集中"，出台"集中供地"背景下的"土地竞拍管理"新政，对较多规定进行了一定程度的创新，见表 6-12，首次引入房屋销售价格指导机制，要求开发商销售不高于此价，加强新房价格直接调控，稳定新房价格。同时，北京市创新性地提出保证品质标准、竞高品质方案，加强住房质量；公布土地上限价格、竞建公租房上限面积、竞政府持有商品住宅产权预设份额的竞拍方式，推动商品住宅用地供应由"价高者得"的单一目标向完善市场、促进土地利用、保障民生等多目标管理转变；设置土地最高溢价率为 10%，严控土地价格，构建房价地价联控机制，保障开发商在限房价下能有一定的收益；在户型的规定上调整了"套内面积"概念，确保商品房供应面积"足量"，既为房企在户型设计灵活度、住宅品质提升方面预留了合理空间，又进一步保障消费者的权益。"土地竞拍管理"新政体现了地方政府在"重调控""强保障""稳品质"上寻求到一定的平衡。2021年6月，北京市进一步完善"差别化信贷"政策，完善居民申请住房公积金购买二手房的办理条件，规范住房公积金提取程序。北京市2021年上半年同比价格增速与调控工具对应见图6-15。

表6-12 　　　北京市2021年上半年房地产调控政策工具使用情况

调控工具	时间	主要内容	作用机制及效果
土地竞拍管理	2021年3月31日	首次集中供地土地竞拍规则： (1) 首次引入房屋销售价格指导机制，要求开发商销售不高于此价。 (2) 同时要求保证品质标准，如未来住宅要实现绿色建筑二星级标准，采用装配式建筑且装配率达到60%等。 (3) 公布土地上限价格、竞建公租房上限面积、竞政府持有商品住宅产权预设份额，最高溢价率为10%。 (4) 在户型限制上将"套型面积"调整为"套内面积"，近三分之二的项目设置了套内"70/90"户型要求。 (5) 竞拍企业应缴纳20%的保证金	控制地价防止成本型推动房价上涨
差别化信贷	2021年6月1日	调整购买域内存量住房提取住房公积金办理条件。申请人或其配偶购买本市行政区域内存量住房（也称"二手房"）申请提取住房公积金时，应同时提供该房屋在北京市住房和城乡建设委员会签约备案的购房合同编号以及过户后的房屋所有权证号或不动产权证号，联网核验无误后即可办理	完善购买二手房申请住房公积金贷款签约备案程序，规范二手房公积金申请

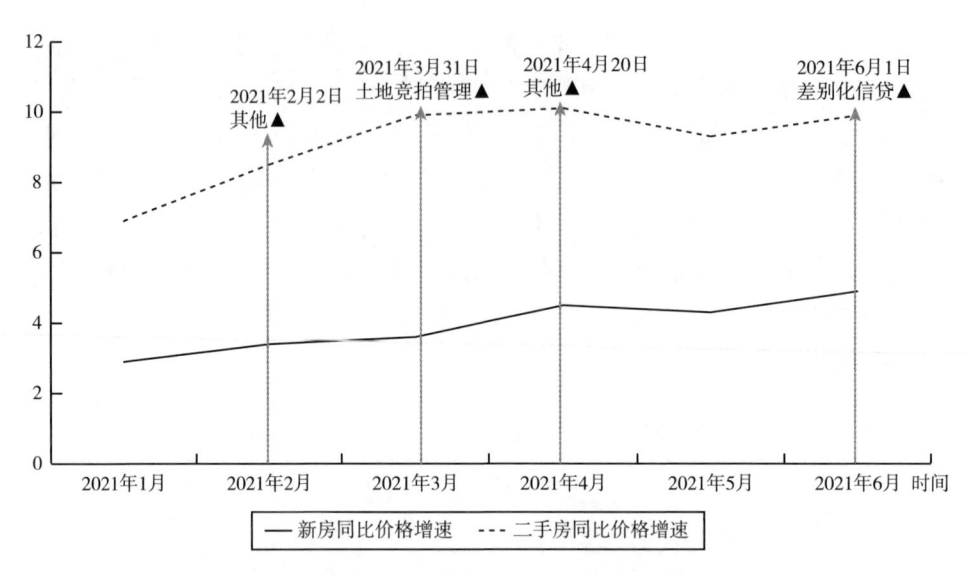

图 6-15　北京市 2021 年上半年同比价格增速与调控工具对应

资料来源：国家统计局。

四、北京市房地产调控管理经验

（一）高门槛落户配合"中小套型"住房比例提高，缓和人地矛盾

北京市地狭人稠，人地矛盾较为尖锐，房价上涨压力大。为此，北京市一方面设置高落户门槛，在积分落户上要求居民落户必须在京连续缴纳社会保险 7 年及以上，同时严控人才引进指标，在各城市放宽应届毕业生落户门槛，大打"人才争夺战"时，仍设置较高门槛。另一方面，北京市积极推进土地和住房供给结构改善，加大住宅用地供应，提高中低价位、中小套型住房比例，积极探索集体用地建设保障性租赁住房，进而提高市场住房总供给，有效缓解人地矛盾，为稳定住房价格奠定了基础，推动住房回归居住属性。

（二）住房调控"应调即调，应调尽调"

北京市住房调控总体具有"应调即调，应调尽调"的特点，住房调控强度高、针对性强且调控及时。2010 年至 2021 年 6 月，北京市共出台房地产调控政策多达 75 项，其调控频率及强度始终位列 22 个热点城市前列，调控强度高。在针对性上，北京市积极修补政策漏洞，时有创新之举，多被其他城市学习。例如，北京市针对"假离婚"购房漏洞，率先规定对于离婚一年以内的房贷申请人，按二套住房的信贷政策执行，有效降低"假离婚"购房收益，提高钻漏洞的风险，一定程度上修补了政策漏洞，打击了套利行为。在及时性上，北京市积极响应房价异常波动，调控迅速。例如，面对2016年全国大中城市住房价格快速异常上涨，北京市及时做出反应，发挥"因城施策"优势，率先出台楼市调控新政，引领全国新一轮住房调控，多次出台调控政策，及时有效地遏制了房价上涨态势。针对借学区房炒作房价问题，率先提出严查"借学区房等炒作房价"，并在全国推出多校区划片。

（三）"一地一策"和"竞品质"值得推广

集中供地背景下，北京市出台的"土地竞拍管理"新政合理、有效且兼具创意，主要具有以下四点特征。

第一，"一地一策"，即根据土地所在位置、成本和周边房价等因素，针对各块土地设定不同的土地竞买和房屋销售等条件，体现了在"土地竞拍管理"方面的精准和科学性。

第二，限地价，最高溢价率不超过10%。地价仍然设置上限，但地价范围大致可测算。既保证了土地竞拍低溢价率，又有利于拿地企业有较明确的地价预期，在"新房限价"下留有一定的利润和拿地动力。

第三，承诺房屋销售价格。即引入房屋销售价格指导制度，每宗土地都配有相应的房屋销售指导价，要求拿到土地的开发商企业签署承诺书，保证房屋上市时不得高于该指导价，直接控制新房价格，稳定房价。

第四，土地出让"竞品质"。部门地块达到地价上限时，将进入投报高标准商品住宅建设方案环节，经过专家组评定胜出的方案才能中标，保障商品住房品质，推动房地产市场健康发展。

北京市"土地竞拍管理"在限房价、控地价、提品质、建立购地企业资格审查制度、建立购地资金审查和清退机制方面具有特色，有利于稳地价、稳房价、稳预期，值得各城市学习。

第四节 杭州市：重需求轻供给管理的房地产调控

杭州市房地产市场的运行情况在我国大中城市中比较典型，住宅用地供应不足的问题始终存在，同时又放松落户门槛积极引入人口，人地矛盾阻碍杭州市房价稳定。2016年10月杭州新房价格同比涨幅高达34.3%，二手房价格同比涨幅高达25.20%。在之后的"因城施策""一城一策"并强调落实城市主体责任的背景下，杭州政府积极使用"限购""土地竞拍管理""新房限价""差别化信贷"等调控工具，调控住房市场。截至2021年7月，杭州新房价格同比涨幅为1.0%，二手房价格同比涨幅为3.9%，尽管抑制了房价的大幅上涨，房价回归至正常波动水平，但新建商品住房市场和二手住房市场价格明显倒挂，仍需要不断完善调控机制，回归住房民生和居住属性。[1]

一、杭州市经济与房地产市场概况

杭州是浙江省的省会，为浙江省经济、文化、科教中心，长江三角洲中心城市之一。根据第七次人口普查数据，杭州市常住人口为1 193.6万人，比2010年第六次全国人口普查的870万人净增323.6万人，列全国城市第六位，人口年平均增长率为3.21%，增长速度快，带来巨大的住房刚性需求。2020年杭州人均GDP 13.5万元[2]，列全国主要城市第12位；民营经济发达，特别是在阿里巴巴、海康威视等一批大企业带动下的数字经济发展强劲。截至2020年5月，杭州A股上市公司有147家，经济发展又带来巨大的住房改善性需求和投资性需求。

在人口与经济较快增长的同时，住宅用地供给量没有明显增大，市场一直处于供不应求状态，导致去化周期偏短，2018年末市区商品住宅去化周期仅为2.56个月，2019年末只有4.4个月，2020年末受网签影响上升到7.33个月（注：包含了开发商已实际销售、因控房价原因而未网签的房源），市场呈现"一房难求"的情况，稳定住房价格面临巨大挑战。

杭州市住宅用地供给不足，只能更多使用需求端调控工具，这种重需求而轻供给调节的房地产市场调控思路，在中国的大中型城市中十分典型。

二、人地矛盾阻碍住房价格稳定

住宅用地供应不足是杭州市稳定住房价格的最大阻碍。2018年、2019

---

[1] 资料来源：国家统计局。
[2] 资料来源：2020年杭州国民经济和社会发展统计公报。

年、2020 年市区分别成交住宅类用地 8 085 亩、10 138 亩和 9 015 亩，[①] 扣除部分商业用房，实际规划可建面积分别约为 1 000 万平方米、1 350 万平方米和 1 200 万平方米，与正常年需求量 1 500 万~1 600 万平方米相比，缺口较大。从杭州市每年新增的人均住宅规划可建面积来看，2016~2020 年，每年新出让用地的人均住宅规划可建面积虽然基本与 22 城当年的平均值接近，见图 6-16，但因其新增人口大，供求矛盾突出。近年来，杭州市人均住宅规划可建面积总体有所上升，住宅用地供应持续提高，人地矛盾有所缓解。但截至 2020 年，杭州市住宅用地规模仍然不足，人均住宅规划可建面积远低于全国城镇常住人口人均住宅销售面积[②]，极大地阻碍了房价稳定。

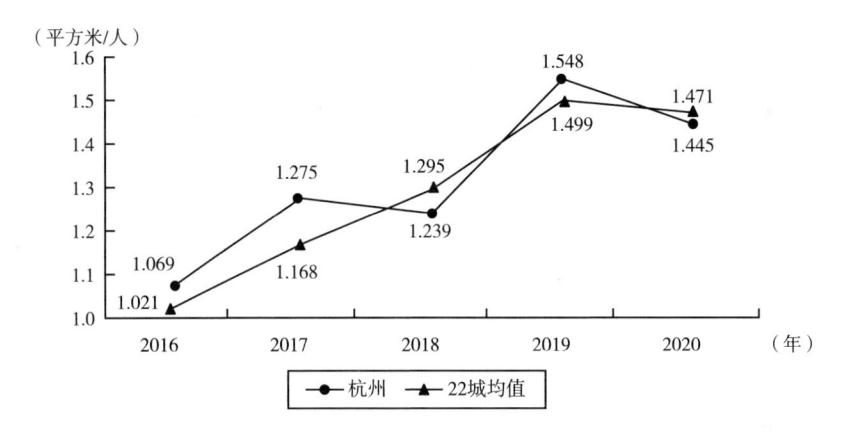

图 6-16　杭州市人均住宅规划可建面积

资料来源：国家统计局、中指院。

　　经济发达加上市场供不应求，吸引了大量开发商集聚杭州，土地市场竞争异常激烈，地价一轮高过一轮。杭州市着力在土地市场方面进行相关调控政策，见表 6-13。2016~2018 年，杭州市采用"限地价、竞配建"的土地竞拍规则，当溢价率达到一定幅度时锁定限价，转入竞报自持比例或竞报公租房的程序，在土地市场过热的环境下，开发商为了获得土地，通过不断增加配建面积、提高住宅销售价格来竞得土地，也使原本就供应不足的住宅用地上建造更少的可销售商品住宅，加剧住房供应不足，推动房价上涨。在人

---

① 资料来源：中指院。
② 全国城镇常住人口人均住宅销售面积：2016 年 1.73 平方米，2017 年 1.78 平方米，2018 年 1.78 平方米，2019 年 1.77 平方米，2020 年 1.71 平方米。

口快速涌入①的背景下，2018年杭州市的人均住宅规划可建面积下跌至1.239平方米，而实际能够建成的新建商品住宅的面积将更少，远小于2018年的全国城镇常住人口人均住宅销售面积1.78平方米的水平。2019年，杭州政府将"限房价"加入土地竞拍规则中，从销售端控制新房的价格，同时在"双限"的基础上加大住宅用地供应力度、优化供应结构。2019年杭州市的人均住宅规划可建面积快速提升，较2018年增加了24.9%。2020年，杭州市虽然出台政策加大住宅供应力度，优化住宅供应结构，但伴随人口快速上涨（部分原因是杭州出台了引才政策，包括放宽人才落户条件、提高高层次人才购房补贴等），该年人均住宅规划可建面积略有下滑，较2019年减少了0.1平方米，人地矛盾依然突出。2021年，在22城实施的第一轮集中供地中，杭州市延用"限地价、竞自持、竞配建"的竞拍模式，并在此基础上继续加强销售端的限价政策，全部地块均设置新房限价，以保证房价的稳定。然而，"限地价、竞自持、竞配建"的竞拍模式，其结果是开发商对自持经营部分资产价格盲目估价给企业带来巨大经营压力，最终以牺牲产品品质为代价。与此同时，杭州降低了在预公告阶段的保证金比例，加剧开发商间竞争的激烈程度。其结果是第一批57宗涉宅类土地集中出让，平均单宗地块报名房企为22家，比第一季度增加8家，平均竞价28轮次，最高竞价136次，有42宗溢价封顶并转入竞报自持比例，最高自持比例达到40%，一些项目明显亏损，以拱墅区东新单元地块毛坯为例，销售限价42 500元/平方米，成交楼面地价35 500元/平方米，两者差价仅为7 000元/平方米，地价房价比高达84%，自持比例6%，项目处于明显亏损状态，开发商会极致压缩成本、减配，不利于保障项目品质。2021年7月30日，杭州公布第二批集中供地新政，做了重大的修改：提交"品质方案"，经评审入围之后，方可获得竞价资格；竞买单位需足额缴纳20%竞买保证金后方可参与竞买；限制同一集团成员企业竞买宗数；现房销售溢价率上限由30%调整为20%；出让地块达到上限价格后，由原来的"竞自持房屋"改为"竞无偿移交政策性租赁住房"，大幅度提高参拍企业门槛，提高了对品质的要求，遗憾的是10宗现房"竞品质"试点宅地全部流标。主要原因为：一是开发商受房贷集中度管理资金流动性压力加大；二是房地价差偏小，房企盈利空间有限，无动力拿地；三是竞拍门槛要求过高。

---

① 2016年杭州市常住人口增加17万人，2017年常住人口增加28万人，2018年常住人口增加33.8万人，数据来源于《杭州统计年鉴》。

表 6-13　　杭州市 2016~2021 年土地方面的调控政策梳理

时间	主要政策措施	政策作用机制
2016 年 9 月 27 日	设置"限地价、竞配建"的土地竞拍规则	控制地价,但竞配建会降低新房供应
2017 年 3 月 24 日	限制地价过高推高楼市,规定当溢价率达到 50% 时地块所建商品房屋须在取得不动产登记证后方可销售(现房销售);溢价率达到 70% 时锁定房价,转入竞报自持比例;当有两个或两个以上的竞买人投报自持面积比例为 100% 时,转入投报配建养老设施的程序	
2017 年 8 月 30 日	增加租赁住房用地有效供应;盘活存量土地、用房	优化住宅供应结构,增加住宅和租赁用地供给,缓解市场热度
2018 年 1 月 29 日	利用集体建设用地建设租赁住房	
2018 年 4 月 12 日	优化住宅供应结构	
2019 年 6 月 29 日	(1) 发布 9 宗设置"限房价"宅地土地出让信息; (2) 在土地竞拍条款中加入"双限"要求	控制新房价格和地价,增加新房供给
2020 年 9 月 4 日	(1) 继续推行住宅用地"限房价、竞地价"出让方式; (2) 加大住宅用地供应力度,优化供应结构	
2021 年 4 月 7 日	第一批集中供地新政: (1) 设置最高地价,达到最高限价后相继采用竞配建和社区养老服务总面积配比政策; (2) 全部地块均设置新房限价; (3) 降低在预公告阶段的保证金比例	控制地价、加强销售端限价政策以保证市场价格稳定;降低保证金比例以缓解开发商的拿地压力
2021 年 7 月 30 日	第二批集中供地新政: (1) 提交"品质方案",经评审入围之后,方可获得竞价资格; (2) 竞买单位需足额缴纳 20% 竞买保证金后方可参与竞买; (3) 同一集团成员企业不得同时报名竞买(含联合竞买)同一地块,同一集团成员企业参加同一批公告中地块竞买宗数不大于 5 宗; (4) 现房销售; (5) 溢价率上限由 30% 调整为 20%; (6) 出让地块达到上限价格后,由原来的"竞自持房屋"改为"竞无偿移交政策性租赁住房"	控制地价、房价、保证品质,控制过度竞争

2017年杭州市被列入住建部首批开展住房租赁试点单位，杭州积极践行。市区范围内确定6宗集体建设用地试点建设租赁住房，56宗（2 433亩）人才租赁专项用地建设人才租赁住房，对优化住房市场供给结构、更好地解决新市民和青年人住房困难有十分积极的意义，但是，因建设周期长，见效相对缓慢。

住宅用地供应不足造成的人地矛盾，极大地影响了杭州市房价的稳定。对此，杭州市积极使用住房调控工具稳定住房市场，取得了一定的成效。

三、杭州市房地产市场调控与作用

2010年至2021年6月，杭州市共出台调控文件42份，主要调控工具包括"限购""差别化信贷""限售""新房限价""增值税""土地竞拍管理"等。如图6-17所示，自2016年实施"因城施策"以来，杭州市的调控强度快速上升，2017年和2018年分别增长了47.8%、22.1%。2019年4月杭州市开始实行"一城一策"试点，该年末调控强度达5.75，较上年增加38.6%，超过22城平均强度并位于前列。2020年杭州市调控强度稳定不变，2021年上半年达到6.85。接下来，我们将从三个阶段分别阐述杭州调控房地产市场的具体内容。

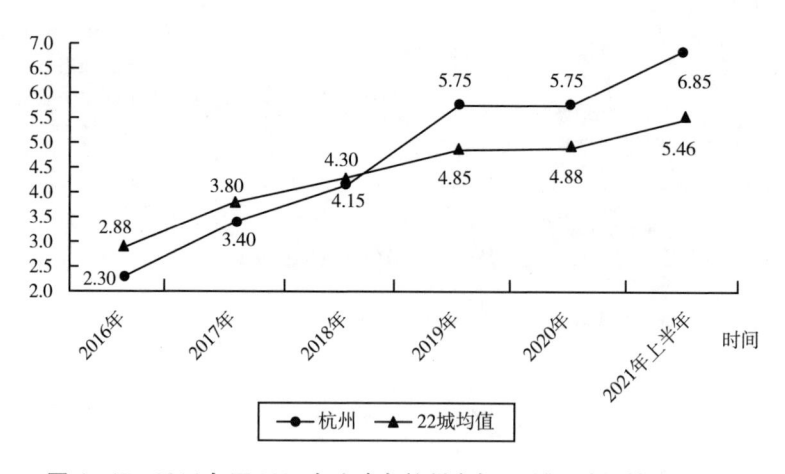

图6-17　2016年至2021年上半年杭州市与22城平均调控强度对比

（一）长效机制建立前期（2016~2018年）

2016年杭州市房价快速上涨（见图6-18），2016年10月杭州市新房价格最高涨幅达34.3%，二手房价格涨幅达25.2%，在政府使用了"限购""土地竞拍管理""差别化信贷"等一系列调控工具后，新房价格和二手房价格同比增速开始放缓。在"限购"方面，杭州市于2016年9月19日重启限购政策，暂停向拥有1套及以上住房的非本地户籍居民家庭出售住房，包括新建商品住房和二手住房，在一定程度上抑制了投机、投资性需求，稳定房价。2016年9月27日杭州市发布暂停购房落户和限贷新政，在市区范围内已有1套住房贷款未结清，首付比例调整为50%。2016年11月9日杭州市出台认房又认贷政策，无贷款情况下首套房首付款比例不低于30%；对于拥有1套住房且相应贷款未结清的首付款比例不低于60%。同日，其限购升级，外地人买房，需提供1年以上社保或个税证明，且不能通过补缴方式买房，这增加了购房难度，抑制了购房需求。

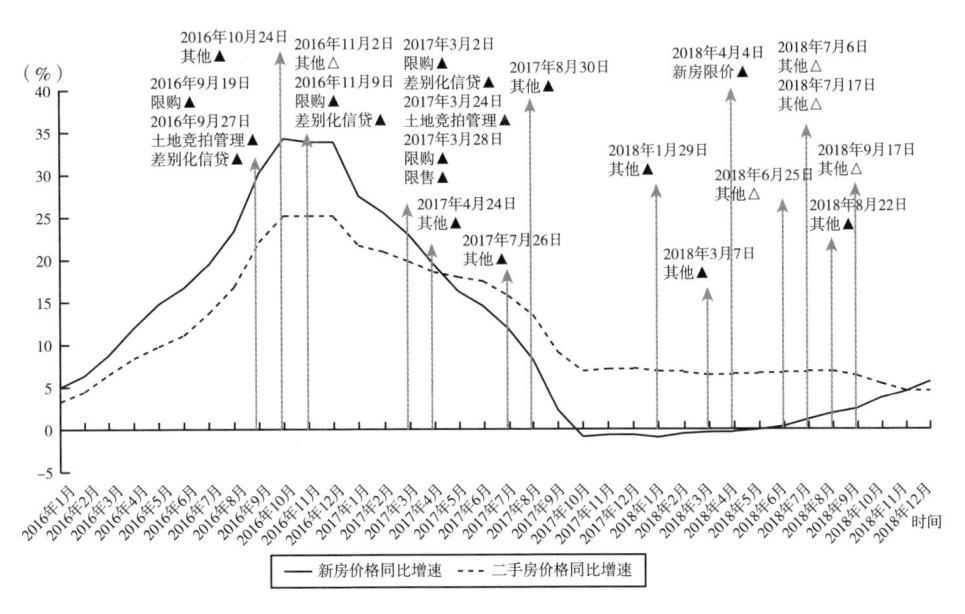

图6-18 杭州市2016~2018年住房价格同比增速与房地产调控

资料来源：国家统计局。

2017年开始，政府继续升级"限购""差别化信贷""限售"等调控工具，2017年3月，杭州市将非本市户籍居民购房连续缴纳个人所得税或社会保险的最低年限提高至 2 年且不得补缴，并在此基础上规定，本市户籍成年单身（含离异）人士在限购区域内限购 1 套住房（含新建商品住房和二手住房）；提高富阳区、大江东产业集聚区购房首付比例；同时规定企业购买本市限购区域内的住房需满 3 年方可上市交易，见表 6-14，这一系列的规定既对已有规定打了补丁、堵住了漏洞，更在原有的基础上提高了严格性。房价同比增速开始快速下降，新房价格在 2017 年 10 月实现了负增长，二手房价格同比增速也在年末逐渐趋于稳定。

表 6-14　　　　杭州市 2016~2018 年房地产市场调控政策梳理

调控工具	时间	主要内容	作用机制及效果
差别化信贷	2016 年 9 月 27 日	在市区范围内已有 1 套住房贷款未结清，首付比例调整为 50%；暂停购房落户	增加购房难度，抑制购房需求，抑制房价上涨
	2016 年 11 月 9 日	（1）商贷：认房又认贷，无贷款情况下首套房首付款比例不低于 30%；对于拥有 1 套住房且相应贷款未结清的首付款比例不低于 60%；其余情况首付款比例不低于 40%；对拥有 2 套及以上住房的居民家庭，暂停发放第 3 套及以上住房贷款。（2）公积金：认房又认贷，无贷款情况下首套房最低首付款比例提高至 30%；拥有 1 套住房但相应商业性购房贷款未结清的最低首付款比例提高至 60%；拥有 2 套及以上住房或未结清住房公积金贷款的，不得申请住房公积金贷款	
	2017 年 3 月 2 日	对购买富阳区、大江东产业集聚区范围内普通自住住房的，住房公积金贷款首付款比例进行调整：提高首付比例；拥有两套及以上住房或未结清住房公积金贷款的，不得申请住房公积金贷款	
限购	2016 年 9 月 19 日	暂停在市区限购范围内向拥有 1 套及以上住房的非本市户籍居民家庭出售住房	抑制投机、投资性需求，稳定房价
	2016 年 11 月 9 日	在 9 月 19 日政策的基础上，对不能提供自购房之日起前 2 年内在本市连续缴纳 1 年以上个人所得税或社会保险证明的非本市户籍居民家庭暂停出售新建商品住房和二手住房，且非本市户籍居民家庭不得通过补缴个人所得税或社会保险购买住房	

续表

调控工具	时间	主要内容	作用机制及效果
限购	2017年3月2日	扩大限购范围。富阳、大江东纳入限购范围，市区范围内统一限购；升级非本地户籍居民限购措施，个税或社保年限要求由"前2年内连续缴纳1年以上"调整为"前3年内连续缴纳2年以上"；增设本地户籍居民家庭限购措施，本地户籍居民家庭限购2套	抑制投机、投资性需求，稳定房价
	2017年3月28日	在严格执行现行住房限购措施基础上，本市户籍成年单身（含离异）人士在限购区域内限购1套住房（含新建商品住房和二手住房）。对户籍由外地迁入四县（市）的居民家庭的购房限制，自户籍迁入之日起满2年，方可在本市市区范围内购买住房	
土地竞拍管理	2016年9月27日	设置"限地价、竞配建"的土地竞拍规则	控制新房价格和地价，但竞配建会降低新房供应
	2017年3月24日	限制地价过高推高楼市，规定当溢价率达到50%时地块所建商品房屋须在取得不动产登记证后方可销售（现销售）；溢价率达到70%时锁定房价，转入竞报自持比例；当有两个或两个以上的竞买人投报自持面积比例为100%时，转入投报配建养老设施的程序	
限售	2017年3月28日	企业购买本市限购区域的住房，需满3年方可上市交易	增加住房转卖难度；对房价影响依具体情况而定
新房限价	2018年4月4日	房地产开发企业公证摇号公开销售商品住房，应对"无房家庭"给予倾斜，提供一定比例的房源保障	公平配置稀缺的住房资源，优先保障"无房家庭"

2018年，杭州市新建商品住房价格同比涨幅趋于稳定，2018年4月出台新的"新房限价"政策，规定房地产开发企业公证摇号、公开销售商品住房，减少了楼市乱象，对"无房家庭"给予倾斜，提供一定比例的房源保障，满足刚需购房人群的需求。

（二）长效机制建设阶段（2019~2020年）

2019~2020年，杭州市商品住房价格相比于前一阶段较为平稳（见图6-19），新房价格最高同比增速9.10%（2019年6月）、最低同比增速4.38%，二手房价格最高同比增速6.85%、最低同比增速2.12%。该阶段使用的调控工具有"土地竞拍管理""新房限价""限售""限购""差别化信贷"等。具体来看，针对2019年上半年房价再次呈现上涨趋势，2019年6月杭州市政府及时出台土地竞拍新政策，在土地竞拍条款中加入"双限"要求，有效控制住了新房价格，新房价格同比增速下降至4.98%（2019年12月）。

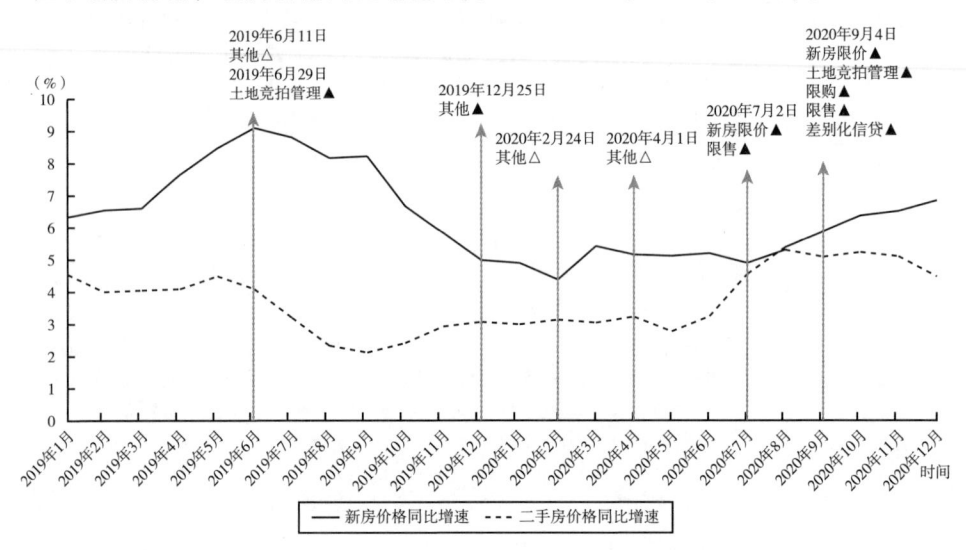

图6-19 杭州市2019~2020年住房价格同比增速与房地产调控

资料来源：国家统计局。

2020年上半年，杭州市房价同比增速较为稳定，2020年6月二手房价格增速略有抬头的趋势，于是7月2日，杭州市政府又出台新的"限售"政策，规定通过高层次人才家庭优先购房方式取得的住房，自商品住房合同网签备案之日起5年内不得上市交易；同时使用"新房限价"工具，规定均价35 000元/平方米以下新建商品住房项目的房源对"无房家庭"的保障比例一般不低于50%。2020年9月4日杭州市继续对调控政策进行升级补漏，在"限售"方面，规定无房家庭以优先购买方式取得的住房（房源倾斜比例达到80%的商品住房项目），自买卖合同网签备案之日起5年内不得上市交易；在"新房限价"方面，提高无房家庭认定标准；在"限购"方面，以父母投靠成年子女方式落户本市的，须满3年方可作为独立购房家庭在本市限购范围内购买新建商品住房和二手住房；在"差别化信贷"方面，严格执行收入认定标准和月供收入比要求，准确核定借款人真实收入。这一系列的调控措施严格打击投机、投资的购房行为,增加住宅的购买难度,削弱收入效应,优先满足刚需人群购房需求。见表6-15。同时,政府还从供给端入手,加大住宅用地的供应力度、优化供应结构,双管齐下,抑制房价快速上涨。

表6-15　　　杭州市2019~2020年房地产市场调控政策梳理

调控工具	时间	主要内容	作用机制及效果
土地竞拍管理	2019年6月29日	(1) 发布9宗设置"限房价"宅地土地出让信息。 (2) 在土地竞拍条款中加入"双限"要求	控制新房价格和地价,增加新房供给
	2020年9月4日	(1) 继续推行住宅用地"限房价、竞地价"出让方式。 (2) 加大住宅用地供应力度,优化供应结构	
限售	2020年7月2日	通过高层次人才家庭优先购房方式取得的住房,自商品住房合同网签备案之日起,5年内不得上市交易	增加住房转卖难度;对房价影响依具体情况而定
	2020年9月4日	房源倾斜比例达到80%的商品住房项目,"无房家庭"以优先购买方式取得的住房,自买卖合同网签备案之日起5年内不得上市交易	
新房限价	2020年7月2日	房地产开发企业公证摇号公开销售新建商品住房,应对"无房家庭"给予倾斜,提供一定比例的房源保障,均价35 000元/平方米以下新建商品住房项目的房源保障比例一般不低于50%	削弱收入效应,满足刚需人群购房需求,抑制房价
限购	2020年9月4日	(1) 以父母投靠成年子女方式落户本市的,须满3年方可作为独立购房家庭在本市限购范围内购买新建商品住房和二手住房。 (2) 调整无房家庭认定标准。30周岁以上未婚单身且在本市限购范围内无自有住房记录的购房人和离异单身满3年且在本市限购范围内无自有住房记录满3年的购房人,可认定为"无房家庭"	抑制投机、投资性需求,稳定房价
差别化信贷	2020年9月4日	严格执行收入认定标准和月供收入比要求,准确核定借款人真实收入	增加购房难度,抑制房价

(三) 长效机制巩固阶段 (2021 年上半年)

2021年上半年，杭州市房价同比增速逐步回归至正常波动区间，2021年7月新房价格同比增速为1.0%，二手房价格同比增速为3.9%（见图6-20）。为巩固调控成果，2021年杭州在进一步完善"限售""新房限价""限购""差别化信贷"等政策基础上，还提高了个人住房转让增值税征免年限，由2年调整为5年，这在一定程度上增加了交易成本，抑制购房需求，缓解市场热度。在"限售"方面，杭州市具体规定增加5年内不得转让的住房类型，包括中签率小于或等于10%的新建商品住房、以优先购买方式取得的热点商品住房。在"新房限价"方面，杭州市调整无房家庭认定，满足刚需人群购房需求。在"限购"方面新增限购主体，杭州市落户本市未满5年的，在本市限购范围内限购1套住房；将本市限购范围内住房赠与他人的，赠与人须满3年方可购买限购范围内住房；高层次人才转让本市限购范围内住房的，须在本市限购范围内无自有住房记录满3年方可享受高层次人才优先购房；高层次人才家庭落户杭州须满5年方可购买第二套房。在"差别化信贷"方面，杭州多家银行调整房贷利率，首套房利率提高为5.4%，二套房提高为5.5%，见表6-16。这些调控政策增加了购房难度和交易成本，抑制投机、投资性需求，稳定房价，避免楼市过热。

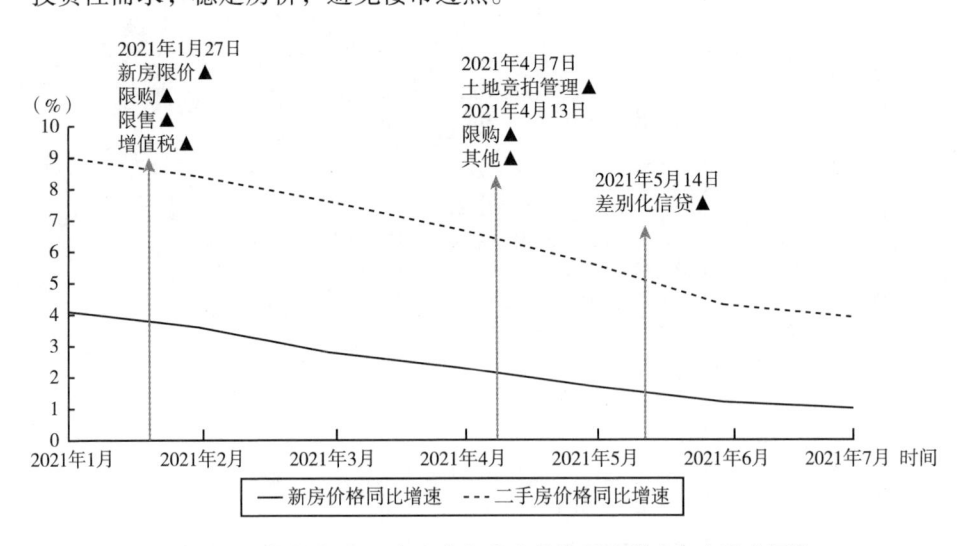

图 6-20 杭州市 2021 年上半年住房价格同比增速与房地产调控

资料来源：国家统计局。

表 6-16　　杭州市 2021 年上半年房地产市场调控政策梳理

调控工具	时间	主要内容	作用机制及效果
限售	2021 年 1 月 27 日	新建商品住房项目公证摇号公开销售中签率小于或等于 10% 的,自取得不动产证之日起 5 年内不得转让;以优先购买方式取得的热点商品住房,自取得不动产证之日起 5 年内不得转让	增加住房转卖难度;对房价影响依具体情况而定
新房限价	2021 年 1 月 27 日	2018 年 4 月 4 日后转让本市限购范围内住房的,在本市限购范围内无自有住房记录满 3 年,可认定为无房家庭	满足刚需人群购房需求,抑制房价
限购	2021 年 1 月 27 日	落户本市未满 5 年的,在本市限购范围内限购 1 套住房。将本市限购范围内住房赠与他人的,赠与人须满 3 年方可购买限购范围内住房;受赠人家庭须符合本市住房限购政策(不含遗赠);高层次人才转让本市限购范围内住房的,须在本市限购范围内无自有住房记录满 3 年方可享受高层次人才优先购房	增加购房难度,抑制投机、投资性需求,稳定房价
	2021 年 4 月 13 日	高层次人才家庭落户杭州须满 5 年方可购房第二套房	
增值税	2021 年 1 月 27 日	个人住房转让增值税征免年限由 2 年调整为 5 年	提高免征期限,增加交易成本
差别化信贷	2021 年 5 月 14 日	杭州多家银行调整房贷利率,调整后首套房利率 5.4%,二套房 5.5%	增加购房难度,抑制房价
土地竞拍管理	2021 年 4 月 7 日	集中供地新政: (1) 设置最高地价,达到最高限价后相继采用竞配建和社区养老服务总面积配比政策; (2) 全部地块均设置新房限价; (3) 降低在预公告阶段的保证金比例	控制新房地价、加强销售端限价政策以保证市场价格稳定;降低保证金比例以缓解开发商的拿地压力

四、杭州市房地产调控管理经验

(一) 住宅用地供给不足阻碍房价稳定

近年来,杭州市常住人口连年快速增长,住宅用地供应未同步增加,人地矛盾极大地增加了住房价格上涨压力。在住宅用地本就供应不足的情况下,

2016年9月起实施的"限地价、竞配建"的土地出让方式又进一步降低了住宅用地能够转化为实际商品住宅的供应量。直至2019年，杭州市出台政策加大住宅用地供给，并采用"限地价、限房价"的土地出让方式，在增加新房供应的同时控制新房价格和地价，对市场状况才有所改善。但直至2020年，杭州市新出让住宅用地人均规划可建面积仍显著低于城镇常住人口正常人均住宅销售面积，在人口净流入较大的情况下，人地矛盾始终没有得到有效解决，从根本上增加了稳定房价的难度。

（二）加强调控力度，完善调控工具

2010年至2021年6月，杭州市共出台调控政策42项，调控积极主动。自2016年实施"因城施策"以来，杭州市的调控强度快速上升并在2019年反超22城均值，2021年达到6.85的高强度调控，在22城中位列前茅。杭州使用的调控工具主要有"限购""差别化信贷""限售""新房限价""增值税""土地竞拍管理"。这些工具在实践中不断被修改、完善，最终在稳定房价中发挥巨大的作用。

（三）注重调控的针对性，点对点修补可能会引起房价异动的政策漏洞

在调控的过程中，杭州市十分注重调控的针对性，对于可能引起房价异动的政策漏洞及时进行点对点修补。例如，非本市户籍居民家庭不得通过补缴个人所得税或社会保险购买住房；离异单身满3年且在本市限购范围内无自有住房记录满3年的可认定为无房家庭；以父母投靠成年子女方式落户本市的，须满3年方可作为独立购房家庭在本市限购范围内购买新建商品住房和二手住房；高层次人才家庭落户杭州须满5年方可购房第二套房等。这些政策堵住漏洞，抑制投机、投资性需求，更好地保证了刚需人群的购房权益。

（四）注重调控的及时性，及时对房价异动的情况做出反应

在调控的过程中，杭州还十分注重调控的及时性，当房价上涨过快时，会及时地出台相关调控政策抑制房价的快速上涨。例如，2016年下半年和2017年上半年，杭州市组合"限购""土地竞拍管理""差别化信贷""限售"等调控工具，使得房价同比增速在短时间内下降至正常波动范围；2020年9月，当房价再次有快速上涨势头时，及时使用"新房限价"完善

"土地竞拍管理""限购""限售""差别化信贷"等调控工具，并在 2021 年 2 月继续加强调控力度，2021 年上半年房价增速呈明显下降趋势。及时对房价异常波动的情况做出调控是杭州市调控取得成效的重要原因之一。

第五节 重庆市：人地协同、房价平稳

重庆市在保持经济快速增长的同时兼顾房价稳定。重庆市是山城，由于特殊的地理条件，整个城市的空间受到地形约束，城区土地资源相对短缺，但通过多中心组团空间结构规划，既有利于各区域均衡发展，又拓宽了用地资源。土地供应顶层设计合理，采用"政府主导规划 + 市场化土地储备"相结合的模式，保障持续稳定的土地出让；土地储备体系完善，按照"一根管子进水，一个池子蓄水，一个龙头放水"的方式分为三个层级，实现土地可持续供应；首创的"地票制度"更是将农民进城与土地指标转移挂钩，做到人地协同，促进了城乡间的土地流转。从政策调控工具上看，重庆市使用了包括"新房限价""土地竞拍管理""限售""差别化信贷""增值税""契税""房产税"在内的多种房地产市场调控工具，切实增强了购房者的购房能力，打击了投机炒房者，稳定了住房价格，为推动住房市场健康发展起到了重要的作用。由于缺乏"限购"等强有力的调控政策工具，重庆市房地产调控的强度始终不高，住房价格同比增速大部分时期稍微超出正常波动范围。总体来看，重庆市在应对房价异常波动方面较为成功，形成了独特的"重庆经验"，"供应充足 + 房产税"调节需求，值得进一步探讨和学习。

一、重庆市经济与房地产市场概况

重庆是我国国家中心城市、超大城市，是国务院批复确定的中国重要的中心城市之一、长江上游地区经济中心、国家重要的现代制造业基地和西南地区综合交通枢纽。根据第七次全国人口普查结果，重庆市常住人口为 3 205.42 万人，同 2010 年第六次全国人口普查的 2 884.62 万人相比，十年净增长 320.8 万人，年平均增长率为 1.06%，人口总量呈平稳增长态势。2018~2019 年，重庆市全年地区生产总值分别为 20 363.19 亿元、23 605.77

亿元①，GDP同比增长率分别达到6.0%、6.3%，2020年受新冠肺炎疫情影响，重庆市GDP增速有所放缓，GDP为25 002.79亿元②、增速3.9%。重庆市致力于将自身打造为国际门户枢纽、中西部国际交往中心、国家（西部）科技创新中心、国家重要先进制造业中心、西部金融中心和长江经济带绿色发展示范区，统筹推进疫情防控和经济社会发展，经济运行逐季恢复、稳定转好。

得益于合理的住宅用地供应与积极的地方政府调控政策，重庆市房地产市场发展较为平稳健康，人地关系和谐。重庆拥有典型的多中心组团空间结构，各组团均衡发展降低了居民对特定区域的居住偏好，住房需求被有效分散。国家统计局数据显示，2019年重庆市住宅商品房平均销售价格为8 657元/平方米，2020年为8 917元/平方米，分别低于全国平均值370元/平方米、1 063元/平方米。在住房价格整体较低的基础上，重庆市房地产市场运行总体较为稳定，相关调控政策出台相应较少。此外，重庆市并未使用"限购"等有效抑制住房价格上涨的调控工具，而是实施了房产税，城市住房市场调控强度较弱，房价时有异常上涨，但房价增速整体缓和。下面从重庆市房地产管理和调控方面来探索、归纳和总结重庆市调控房价的经验。

二、重庆市的人—地协调

重庆市人地关系较为协调，住宅用地供给较为充足。如图6-21所示，2016~2020年，除了2019年重庆市的人均住宅规划可建面积略低于22城平均水平之外，其余均超过或达到22城均值。2016~2018年，重庆市人均住宅规划可建面积总体呈上升趋势，2018年达到1.468平方米，超过同年22城1.295平方米的平均水平；2019年降至1.333平方米，略低于同年22城平均水平（1.499平方米）；2020年重新上升至峰值（1.471平方米），达到22城平均水平。较为充沛的住宅用地供应，推动了重庆市房价常年在低位运行，较好地满足了购房者的需求，是重庆市房价稳定的基础和关键。

---

① 资料来源：《重庆统计年鉴》。
② 资料来源：2020年重庆国民经济和社会发展统计公报。

（平方米/人）

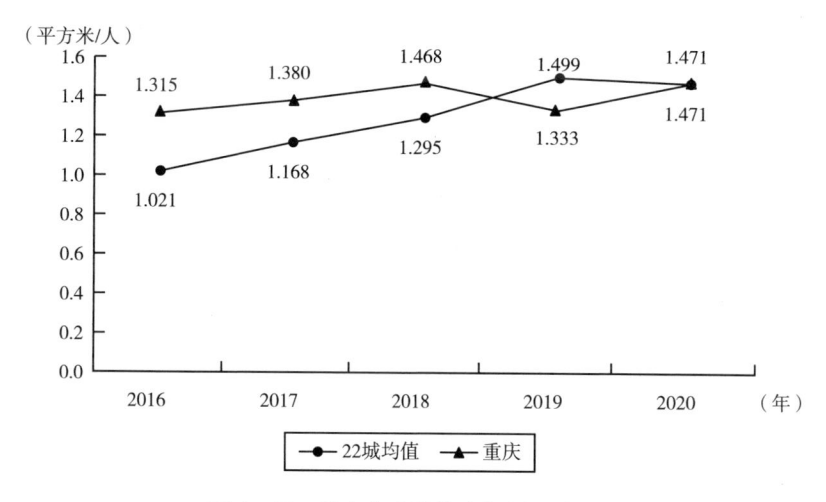

图6-21 重庆市人均住宅规划可建面积

资料来源：国家统计局、中指院。

重庆市在土地供应上具有一套完善有效的体系、制度和方法渠道。具体来看，在土地供应的顶层设计方面，重庆市采用了"政府主导规划+市场化土地储备"结合的模式，持续稳定、有节奏地出让土地，为土地一级市场提供了源源不断的活水。在土地供应制度方面，重庆土储按照"一根管子进水，一个池子蓄水，一个龙头放水"的方式分为了三个层级。第一层中，以重庆国土资源和房屋管理局牵头的执行机构负责对全市的土地资源进行管理；第二层中，市政府授权的十大国有独资公司负责主城9区及全市重要项目用地的储备；第三层中，土地和矿产权交易中心是土地使用权交易、转让的场所。各土地储备机构将土地（生地）前期开发后，由土地行政管理部门将熟地交给重庆市土地和矿业权交易中心出让。此外，重庆市在城市快速建设阶段一次性完成土地的"超前储备"，之后每年只开发5%，实现土地储备"细水长流"式供应。在土地供应渠道方面，其首创的"地票制度"累计贡献了超三成的土地供应，真正做到了恪守"坚持土地公有制性质不改变、耕地红线不突破、农民利益不受损"三道红线。地票是跟随农民进城的市场化"人地挂钩"。按照我国土地用途管制制度和城乡建设用地增减挂钩、耕地占补平衡的要求，增加的耕地数量就可以作为国家建设用地新增的指标。这个指标除优先保障农村建设发展外，节余部分就形成了地票。地票的出现盘活了广阔农村闲置、废弃土地，通过复垦、交易、落地和分配的方式有效疏通了农村建设用地的退出渠道，促进了城乡间的土地流转。重庆市于2008年正式启动地票交易试点，经过十余年的发展，地票制度已经逐渐趋于成熟，保证了城市和房地产市场用地。除保障农民收入增加、农业转移人口融入城市外，地票制度还坚守着我国的耕地红线，扩大了可用于新规划的建设用地指标，是商品房土地供应的制度保障。

配合较为完善的土地供应体系，重庆市适时调整土地供给政策，保障了土地供应，建成了较为协调的人地关系。2017年4月，重庆市发布政策控制商业用地的新增供应规模，并且明确规定商用地自持建筑的持有时间，以此增加投资转手的风险，抑制炒房行为。2018年6月，重庆市再次出台政策强调优化土地供应结构，规定新供应住宅用地中普通商品住房用地供应比例，并且明确新建商品住房中低价位、中小套型的比例，在提高住房总供给的同时，优先满足中低收入购房者的购房需求。2017年至2018年上半年重庆市土地供应政策见表6-17。充足的土地供应、合理的土地价格，充分地适配了居民的住房需求，保障了重庆市的房价始终在较低的位置运行，促进了房地产市场的平稳、健康发展。

表6-17　　　　　2017年至2018年上半年重庆市土地供应政策

时间	政策具体内容	政策运行机制
2017年4月14日	控制商业商务房地产建设用地新增供应规模；城区实施较大体量纯商业商务或商业综合体供地的，应在土地招拍挂出让公告条件中明确开发企业在项目建成后自持建筑面积60%以上房屋至少5年，其间自持房屋不得对外销售	控制商业用地房地产规模，抑制利用商业用地的炒房行为
2018年6月22日	增加普通商品住房及其用地供应，新供应住宅用地中普通商品住房用地供应比例不低于70%，新建商品住房要提高中低价位、中小套型普通商品住房供应比例	优化供应结构，提高中低价位、中小套型住宅供应，保障刚需住房

三、房地产市场调控工具

2010年至2021年6月，据不完全统计，重庆市共出台调控房地产调控政策34份，主要调控工具包括"新房限价""土地竞拍管理""限售""差别化信贷""增值税""契税""房产税""增加保障房供给"等。尤其是在

2011年，作为全国第一批个人房产税征收试点城市，重庆市对拥有独栋商品住宅的个人和新购高档商品房的个人，对新购第二套及以上普通住房、在重庆市同时"无户籍、无企业、无工作"的个人征收房产税，起到了抑制投机性购房和引导住房合理消费的作用，有效遏制了市外人员炒房的行为，为重庆保持房地产市场总体平稳健康发展打下良好基础。

自2016年起的这一轮房地产市场调控，重庆市调控强度始终保持在较低水平，并一直远低于22城的平均调控强度。如图6-22所示。2016~2017年，重庆市调控强度稳定在-0.50。2017年开始持续缓慢上升，受新冠肺炎疫情影响，2020年重庆市放宽差别化信贷政策，住房调控较为积极主动，加强建设住房租赁市场，调控强度达到0.20。2021年上半年实施"土地竞拍管理"新政，调控强度降至-0.60，在22城中位列最后。由于重庆市的房价总体水平低于同类型的城市，房价尽管也一时出现较大涨幅，但明显好于同类城市，并且在土地供给方面调控管理得当，保障性住房供给量大，能够很好地满足市场购房刚需，投资、投机需求较少，重庆市始终没有使用抑制房价上涨能力较强的"限购"工具，调控总强度较低。接下来，本部分将分三个阶段分别阐述重庆市调控房地产市场的具体内容。

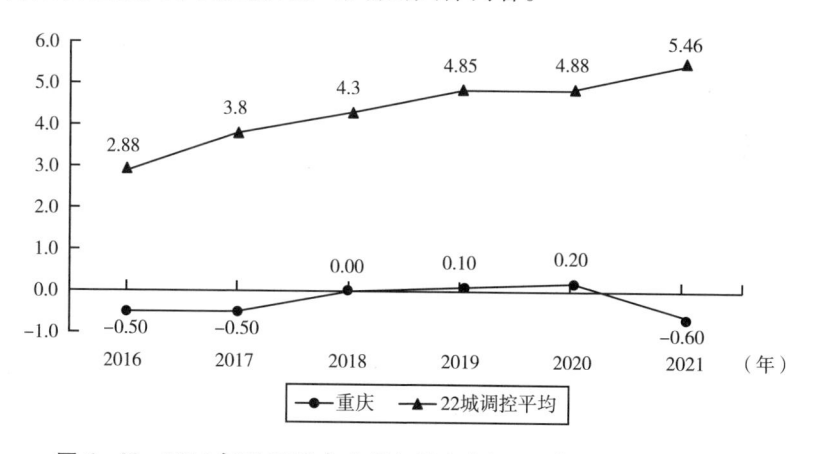

图6-22 2016年至2021年上半年重庆市与22城平均调控强度对比

（一）长效机制建立前期（2016~2018年）

2016年重庆市房价增速总体维持在正常波动区间，同年8月起住房价格呈持续上涨态势，直至2017年8月。如图6-23所示，2016年8月新房价格同比增速为3.4%，二手房价格同比增速为3.6%；2016年10月，新房价格同比增速率先突破5%，达到5.1%，此后新房价格持续异常上涨，2017年7月达到最高点12.9%（在70个大中城市中涨幅排第17位）；2016年12月，二手房价格同比增速达到5.5%，进入持续异常上涨阶段，2017年10月达到最高点9.6%；此后房价逐渐回落，2018年4月新房价格同比增速降至7.4%，二手房价格同比增速降至7.1%。2018年下半年，房价增速再次加快，2018年末新房价格同比增速达到11.6%，二手房价格同比增速达到9.2%，此阶段，重庆市主要使用了"差别化信贷""新房限价""契税""限售"等工具调控房价异常波动，见表6-18。

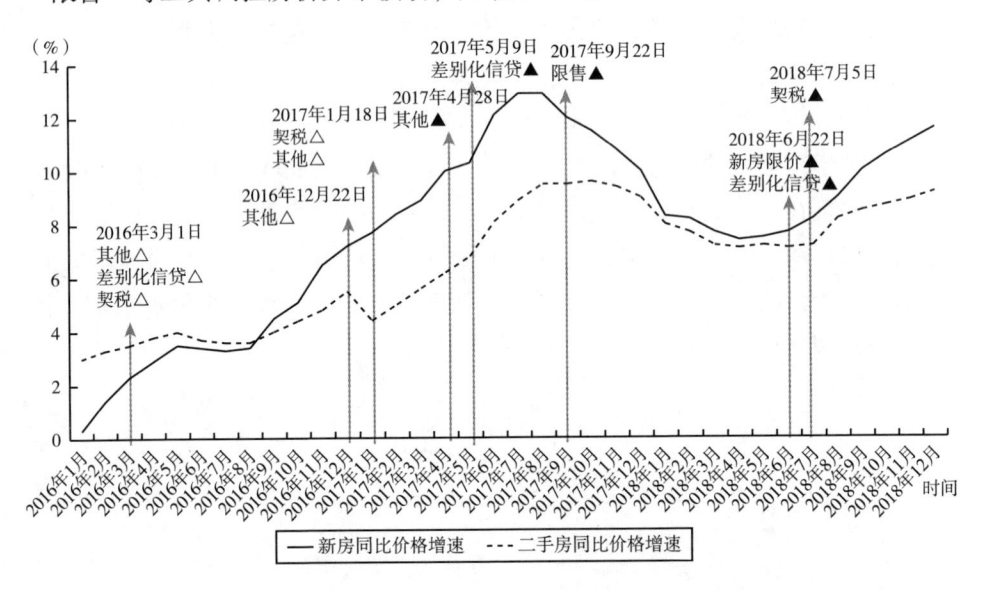

图6-23 重庆市2016~2018年同比价格增速与调控工具对应

资料来源：国家统计局。

表6-18　　　　　　　　2016~2017年重庆市政策调控工具

政策工具	时间	政策主要措施	政策运行机制
差别化信贷	2016年3月1日	鼓励商业银行对个人购买首套普通商品房住房执行最低首付比例20%、贷款利率按同期基准利率下浮10%的政策	降低购房成本，刺激购房需求
	2017年5月9日	（1）公积金贷款优先保障职工家庭首套住房公积金贷款需求，首套住房是指职工家庭无住房且无贷款购买住房记录。 （2）暂停受理主城区范围内非首套住房的公积金贷款申请	控制需求端资金量，调整购房杠杆，利用金融手段调整房市

续表

政策工具	时间	政策主要措施	政策运行机制
差别化信贷	2018年6月22日	（1）对已经拥有2套住房且相应购房贷款均未结清的居民家庭，继续暂停发放个人住房贷款。（2）对不能提供1年以上重庆市纳税证明或者社会保险缴纳证明的非本地居民暂停发放购房贷款	控制需求端资金量，调整购房杠杆，利用金融手段调整房市
新房限价	2018年6月22日	（1）国土房管、物价部门要完善主城区商品住房预售项目备案价格市、区两级会商机制，发挥行业协会作用，以市场为导向，以成本为基础，综合考虑楼面地价、建安成本等因素，制定商品住房预售项目备案价格规则。（2）支持首套刚需购房客户优先选房，不得预留"关系房源""内部房源"，不得按购房付款方式安排选房顺序	控制新房价格，建立备案价格规则，公开价格信息，有利于消费者形成合理价格预期；优先满足无房家庭购房，削弱"收入效应"，稳房价
契税	2016年3月1日	（1）对个人购买家庭唯一住房，面积为90平方米及以下的，减按1%的税率征收契税；面积为90平方米以上的，减按1.5%的税率征收契税。（2）对个人购买家庭第二套改善性住房，面积为90平方米及以下的，减按1%的税率征收契税；面积为90平方米以上的，减按2%的税率征收契税；免收房屋交易费。（3）凡个人购买江津区商品住房或二手住房的，免收转让手续费（商品房2元/平方米、二手房4元/平方米）和土地房屋登记费（80元/套）	调整契税征收优惠，鼓励刚需者购买首套房，多人口家庭购买改善房，刺激购房需求
契税	2017年1月18日	直接购房补贴税费和增加购房补贴，通过降低或者减免商品房契税，鼓励刚需者购买首套房，多人口家庭购买改善房	
契税	2018年7月5日	对个人购买家庭唯一或第二套住房的契税、个人转让家庭唯一生活用房（住房）的个人所得税等税收优惠，涉及的家庭持有住房套数情况以全市为范围进行认定	严格契税优惠条件，抑制投资投机需求，降低购房需求
房产税（修订）	2017年1月13日	"在重庆市同时无户籍、无企业、无工作的个人新购的第二套（含第二套）以上的普通住房"修改为"在重庆市同时无户籍、无企业、无工作的个人新购的首套及以上的普通住房"	控制投资投机性购房
限售	2017年9月22日	凡在主城区范围内新购买的新建商品住房和二手住房，须取得不动产权证满两年后才能上市交易	加强住房转卖难度，提高住房投机风险，打击投机炒房

具体来看，2016年初，重庆市的房价同比涨幅较低且保持稳定增长态势，2016年1～4月，重庆市新房与二手房价格同比增速分别从0.3%、3.0%平稳上涨至2.9%、3.8%，房价增速处于正常波动范围。在该时期，重庆市适当放宽了调控政策，3月1日，重庆市同时使用"契税"和"差别化信贷"工具。在"契税"方面，重庆市调整契税征收优惠，降低了购买刚需和改善住房的消费者的契税税率，对个人购买家庭唯一住房减按1%（面积≤90平方米）或1.5%（面积>90平方米）的税率征收契税，对个人购买家庭第二套改善性住房减按1%（面积≤90平方米）或2%（面积>90平方米）的税率征收契税，免收个人房屋交易费、转让手续费和土地房屋登记费，降低该类人群的购房负担，鼓励刚需者购买首套房，多人口家庭购买改善房。在"差别化信贷工具"方面，重庆市鼓励商业银行对个人购买首套普通商品房住房执行最低首付比例20%，贷款利率按同期基准利率下浮10%的政策，切实增强了首套刚需购房者的购房能力，刺激了市场住房需求。此后，由于政策放宽，市场住房需求增加，部分投资者趁机进入市场，房价增速在经历了短暂的平稳期后一路加快。自2016年7月起，住房价格同比增速不断攀升，至2016年12月，住房价格同比增速达到该年峰值，新房价格同比增速达到7.2%，二手房价格同比增速达到5.5%，突破正常波动区间，处于异常上涨的态势。

2017年初，重庆市住房价格延续上年异常上涨态势，房价同比增速不断上升。对此，重庆市调控较为迟缓且政策矛盾，2017年1月13日，重庆市修改房产税征收办法，提高外来"三无购房者"购房成本，将"在重庆市同时无户籍、无企业、无工作的个人新购的第二套（含第二套）以上的普通住房"修改为"在重庆市同时无户籍、无企业、无工作的个人新购的首套及以上的普通住房"；2017年1月18日仍出台降低或者减免商品房契税，鼓励刚需者购买首套房，多人口家庭购买改善房的政策，进一步购房需求，刺激房价继续加速上涨。2017年5月，重庆市开始加强住房市场调控，努力稳定住房价格；规定公积金贷款优先保障职工家庭首套住房公积金贷款需求，并暂停受理主城区范围内非首套住房的公积金贷款申请，通过缩减公积金住房贷款服务对象、调整购房杠杆、挤出市场投资投机需求的同时，保障无房家庭购房刚需，稳定住房价格。2017年9月，重庆市使用"限售"工具，规定在主城区范围内购买的新建商品住房和二手住房须在取得不动产权证满两年后才能上市交易。该举措限制了商品房转手交易的时间，拉长了投资者获利周期,通过加强住房转卖难度和提高住房投机风险,有效打击了投机炒房者,有利于稳定住房价格。这一系列调控政策取得了一定成效,2017年下半年重庆市住房价格同比增速持续下降,至2018年4月,新房价格同比增速已从最高点12.9%(2017年7月)降至7.4%,二手房价格同比增速从最高点9.6%(2017年10月)降至7.1%。住房价格增速虽然得到了一定控制,但还未回落至正常波动区间,仍需要进一步调控。

2018年,重庆市继续加强住房市场调控,主要使用了"新房限价""差别化信贷""契税"等调控工具。6月22日,重庆市同时颁布"新房限价"和"差别化信贷"政策。在"新房限价"方面,一方面,重庆市完善了主城区商品住房预售项目备案价格市、区两级会商机制,以市场为导向,以成本为基础,综合考虑楼面地价、建安成本等因素,制定了商品住房预售项目备案价格规则,直接控制新房价格,推动消费者形成合理价格预期;另一方面,支持首套刚需购房客户优先选房,削弱"收入效应",稳定住房价格。在"差别化信贷"方面,重庆市进一步补充完善了此前出台的相关规定,实行收紧政策,对已经拥有两套住房且相应购房贷款均未结清的居民家庭和未能提供一年以上重庆市纳税证明或社保记录的非本地居民暂停发放购房贷款,通过控制需求端资金量调整购房杠杆、挤出投资、投机需求、降温房地产市场。7月5日,重庆市使用"契税"工具,修补契税优惠补贴政策漏洞,扩大家庭持有住房套数情况核定范围至全市,更精准地识别无房家庭,打击投资炒房者,稳定住房价格,推动住房市场健康发展。虽然2018年下半年出台了一系列收紧政策,但是这些工具的使用强度与针对性稍有不足,未能起到良好的调控作用。住房价格在2018年底仍有加速上涨趋势,12月新房、二手房价格同比增速分别为11.6%和9.2%,偏离正常波动区间,保持异常上涨的态势。

2016~2018年是重庆市住房调控长效机制建立的前期,对于房价异常波动的调控稍有不足,2016年8月后房价大部分时间都处于异常上涨的态势,新房价格同比增速最高达到12.9%(2017年7月),二手房价格同比增速最高达到9.6%(2017年10月)。横向对比同类型城市,得益于较好的土地供应,重庆市住房价格波动幅度较小,房价本身也仍处于较低水平。但就异常波动而言,由于缺乏强有力的住房调控工具手段,重庆市住房价格异常上涨的态势未能得到有效遏制,住房调控长效机制有待加强和落实。

(二) 长效机制建设阶段 (2019~2020年)

2019年初，重庆市住房价格延续上个阶段的异常上涨态势，新房价格同比增速最高达到13.3%（2019年5月），二手房价格同比增速最高达到9.7%（2019年2月），此后房价持续下降，逐渐回落至正常波动范围并保持稳定，如图6-24所示。2019年底至2020年，受迅速蔓延的新冠肺炎疫情影响，房地产市场受到短期冲击，重庆市住房价格转为平稳发展。至2020年底，新房价格同比增速与二手房价格同比增速分别降至4.6%和-0.6%，持续稳定发展。在该阶段，重庆市主要完善"差别化信贷"和"增值税"等调控工具，主要聚焦于维持房地产市场稳定，保障受到疫情影响的有正常购房需求的消费者的购买能力，稳房价效果显著。

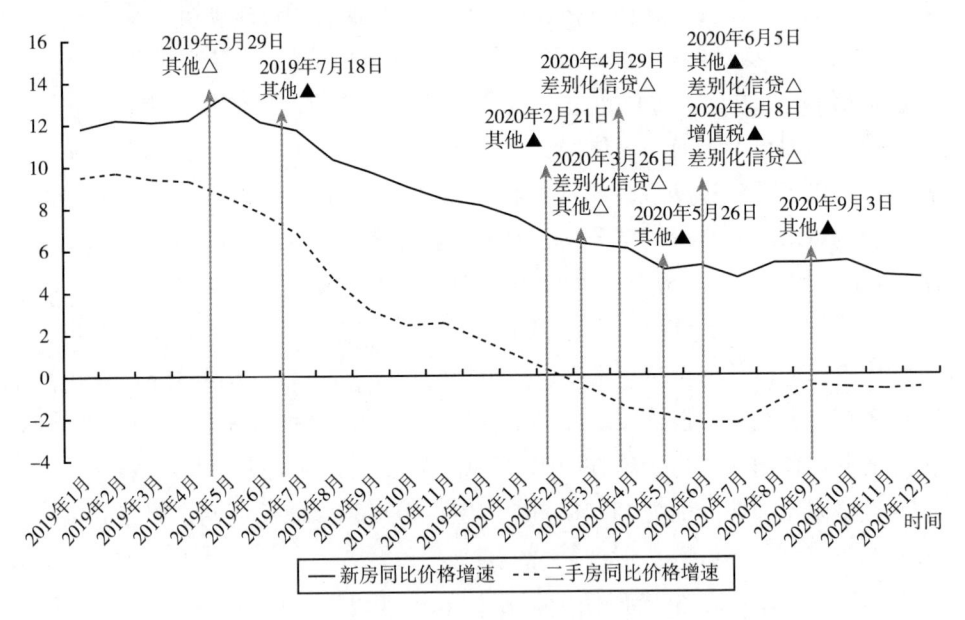

图6-24 重庆市2019~2020年同比价格增速与调控工具对应

资料来源：国家统计局。

具体来看，凭借此前的住房调控工具手段，配合充足的土地供应，2019年住房价格异常上涨的态势得到有效遏制，房价增速逐渐放缓，重庆市出台的调控政策较少。2019~2020年重庆市政策调控工具见表6-19。2019年底，房价增速开始受新冠肺炎疫情的影响进一步放缓，为保障疫情期间的房市有序运行，提高受疫情影响的住房刚需群体的支付能力，重庆市政府主要使用"公积金"和"增值税"工具，缓解居民住房压力，提高居民租住能力，大力发展住房租赁市场，一定程度上推动看住房市场健康稳定发展。2020年3月16日，重庆市提高了新冠肺炎疫情防控期间租房提取公积金额度，灵活提取时间，并简化了程序，扩大了住房公积金的使用范围，缓解了租房压力，更好地满足了人民群众的美好生活需要。2020年4月29日，疫情防控形势逐渐明朗，重庆市在保障健康监测的基础上逐渐复工复产，强调并落实了此前提高公积金租房额度的政策，推动实现"住有所居"。2020年6月5日，重庆市再次拓宽公积金使用范围，加强完善"差别化信贷"政策，允许居民提取住房公积金用于老旧小区改造以及同步户内装修改造。2020年6月8日，进一步完善住房公积金支付租金的功能，规定每年提取金额不得超过年租金，致力于将住房公积金的保障作用落到实处，确保解决居民居住问题。同时，重庆市使用"增值税"工具，降低房主出租税收，鼓励房主出租住房，加大市场租房供给，推动租赁市场健康平稳运行。

表6-19　　　　　　　　2019~2020年重庆市政策调控工具

政策工具	时间	政策具体措施	政策运行机制
差别化信贷	2020年3月16日	（1）疫情防控期间，适当提高租房提取额度，对租住商品住房申请提取住房公积金的，主城各区缴存职工每人最高提取额度提高至1 200元/月，夫妻双方为2 400元/月，其他区县缴存职工每人最高提取额度提高至900元/月、夫妻双方为1 800元/月。 （2）灵活安排提取时间，支付房租压力较大的职工，未达到规定提取时间的，可申请提前办理，也可根据需要在疫情期间多次提取。 （3）简化租房提取手续，职工及配偶在本市行政区域内无自有住房且租住商品住房的，提取住房公积金支付房租时，均不再提供登记备案的租房合同及租房完税证明等材料	调整完善住房公积金的使用规则，利用金融手段调控房地产市场
	2020年4月29日	提高租住商品房提取额度：将本市租住商品住房提取额度提高为主城各区缴存职工每人最高提取额度为1 200元/月、夫妻双方为2 400元/月，其他区县缴存职工每人最高提取额度为900元/月、夫妻双方为1 800元/月	
	2020年6月5日	允许居民提取住房公积金，用于所在老旧小区改造以及同步进行户内装修改造	

续表

政策工具	时间	政策具体措施	政策运行机制
差别化信贷	2020年6月8日	凡在本市稳定就业、无自有住房且缴存住房公积金的职工，均可按规定提取住房公积金用于支付房屋租金，每年提取金额不得超过年租金	调整完善住房公积金的使用规则，利用金融手段调控房地产市场
增值税	2020年6月8日	（1）对按市场价格向个人出租用于居住的住房，减按4%的税率征收房产税。 （2）对个人出租住房，减按1.5%征收率计征增值税。 （3）对其他个人采取一次性收取租金形式出租不动产取得的租金收入，可在对应的租赁期内平均分摊，分摊后的月租金收入未超过10万元的，免征增值税	调整增值税征收，鼓励居民出租房屋

在长效机制建设阶段，重庆市为维持房地产市场稳定以落实放宽政策为主，尽管前期房价增速延续了上个阶段的异常波动态势，但由于新冠肺炎疫情对住房市场发展造成的短期冲击，在住宅用地供给充足的基础上，重庆市房价增速较快回落到了政策波动范围。2020年下半年，新房价格同比增速在5%上下波动，二手房价格同比增速在-2%~0%波动，较为平稳，住房价格在较长时间内保持在正常波动区间，为下一阶段长效机制的完善奠定了基础。

（三）长效机制巩固阶段（2021年上半年）

如图6-25所示，2021年上半年，重庆市房价增速再次呈持续上升趋势，新房价格同比增速和二手房价格同比增速分别从1月的4.9%和0.1%，上涨至6月的8%和5.5%。其中，新房价格自2月开始持续异常上涨，同比增速最高达到8.0%（2021年5月）；二手房价格同比增速除6月总体稳定在正常波动区间，较为平稳。该阶段房地产业逐渐从新冠肺炎疫情的低谷中恢复，呈现逆势回暖趋势。虽然住房价格同比增速在部分时期偏离了正常的波动区间，但得益于重庆市良好的土地供应体系，并未出现过高的涨幅，只是仍需进一步深化房地产调控，稳定住房价格，推动住房市场健康发展。在政策调控方面，该阶段重庆市住房调控相关政策出台较少，主要使用了"土地竞拍管理"工具，积极落实供地"两集中"，实施了首次集中供地,对土地供应政策改革做出了有益的探索,推动建立健全房地产长效机制。

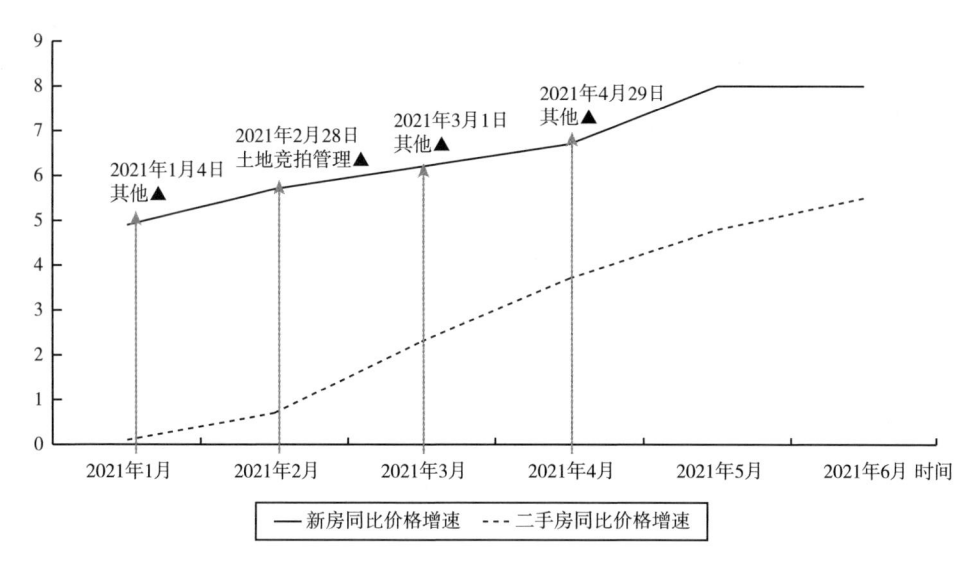

图 6-25　重庆市 2021 年上半年同比价格增速与调控工具对应

资料来源:国家统计局。

具体来看,如表 6-20 所示,2021 年 2 月 28 日,在集中供地背景下,重庆市颁布了"土地竞拍管理"新政,制定第一次集中供地土地竞拍细则。该规则相比于其他城市更加宽松,并未设置最高溢价率来控制地价,虽然一定程度上刺激了住宅用地整体溢价率上涨,但是对溢价率超过 50% 时付款时间减半的规定,加快了价款支付节奏,通过资金压力抑制参拍房企,能够在一定程度上防止土地竞拍市场过热。同时,规则提出本次土地竞拍实行"一地一策"制度,对多数地块提出了明确的装配式要求,对部分地块也提出了更高的配建要求。此举措有利于提高商品房的质量,倒逼房地产企业增加自身竞争力,使得购房者的权益得到保障。在竞拍保证金比例的规定上,除 1 宗中央公园为 100% 外,其余均为 20%,设置了一定的参拍门槛,有利于规范竞争行为。此外,重庆市还取消了之前对于竞拍企业不可后期入股的规定,促进房地产企业之间加强合作,减少非理性竞争。

尽管重庆土地供给较为充足,但是由于缺乏其他房地产市场调控政策的补充,仍然存在间歇性房价过热的情况。2021 年 4 月 28 和 4 月 29 日两天分六场进行拍卖,成交楼面均价为 9 133 元/平方米,平均溢价率为 42.99%,

不少区域地价创新高,刺激了重庆市住房价格同比增速持续上涨。2021年4月第一次集中供地结束后,新房价格同比增速由6.7%(4月)涨至8.0%(5月),二手房价格同比增速由4.8%(4月)涨至5.5%(5月),均处于异常波动的态势,仍需进一步落实和完善长效机制促进住房市场健康平稳运行。

表6-20　　　　　　　　2021年上半年重庆市政策调控工具

政策工具	时间	政策具体措施
土地竞拍管理	2021年2月28日	颁布第一次集中供地土地竞拍规则: (1)竞拍保证金比例除1宗中央公园为100%比例外,均为20%比例; (2)实行"一地一策"制度,对多数地块提出了明确的装配式要求,而对部分地块也提出了更高的配建要求; (3)本次竞拍对20宗地块设置了溢价超50%,付款时间减半; (4)取消之前不可后期入股条件的规定

四、重庆市房地产调控管理经验

(一)"政府主导规划+市场化土地储备"结合的土地供应体系保障住房用地供应

充足的土地供应从供给端为房地产市场提供了源源不断的活水,是稳定住房价格重要的基础。在土地供应的顶层设计上,重庆市采取了"政府主导规划+市场化土地储备"结合的模式,搭建了"一根管子进水,一个池子蓄水,一个龙头放水"的土储模式,完善了土地投放总量调控机制。"超前储备、一步到位;细水长流,逐年供应"的土地供应方式,保证了政府手里有粮,一定程度上为重庆房价长期在低位运行奠定了良好基础,为城市政府调控住房市场预留了较大的操作空间,推动住房市场健康稳定发展。

(二)首创"地票制度",促进城乡土地流转,拓宽土地来源

重庆市首创的"地票制度"将农民进城与土地指标转移挂钩,将农村耕地和城市建设的用地相平衡,并且将零散土地供应统一收储后,由"政府主

导规划+市场化土地储备"持续稳定、有节奏地出让,为土地一级市场提供了源源不断的活水。由此,"二元分割"的供地困境得以合理解决,广阔的农村闲置、废弃土地被盘活,城市发展不再受土地指标限制,土地公有制性质不改变,耕地红线不突破,农民利益也不受损。重庆市农村交易所数据显示,根据交易趋势判断,重庆地票交易经历了 2008~2011 年的急剧增长阶段、2012~2014 年的基本稳定阶段和 2015 年至今的平稳增长阶段;从使用区域看,80% 以上地票使用在重庆的主城与渝西片区,有效增加了重庆功能核心区的土地供应规模。"地票制度"累计贡献了超三成的土地供应,经历了十余年的发展已经逐渐趋于成熟,对重庆市的房价稳定起着至关重要的作用。

(三) 住房市场调控作用有待加强

重庆市住房市场调控存在"应调未调、应调弱调"的缺陷。例如,针对 2016 年末住房价格持续异常上涨,重庆市反应滞后,2017 年 1 月仍旧采取契税优惠政策,刺激住房价格上升;2021 年面对新房增速较快上涨,采取了较为宽松的"土地竞拍管理"新政,未能有效遏制新房价格异常上涨。尽管重庆市的房价一直处于低位,远低于同类型城市的房价,但是由于住房市场调控工具使用强度较低,针对性较弱,及时性不足,重庆市房价同比增速时有异常上涨。因此,地方政府在调控住房市场时,应做到"应调即调,应调尽调",充分发挥住房调控辅助作用,配合土地供给,共同有效地推动住房市场健康平稳发展。

第六节 温州市:2011~2015 年房地产市场大幅波动原因

温州在 2011 年发生金融风波前后,房价从大涨到持续下跌,成交量从放量到急剧下降,在 70 个大城市中,房价跌幅居全国第一位,保持连续 50 个月同比负增长的最长记录,呈现从"过度繁荣"到"泡沫破灭"的巨变。为什么温州市房价跌幅大于其他城市?由此可见去研究当时的温州现象,仍有重要的现实意义。

一、温州市金融风波前后房地产市场波动主要特征（2009~2015年）

2011年温州发生金融风波的前后，当地房地产市场呈现从"过度繁荣"到"泡沫破灭"的巨变，房价经历从70个大中城市涨幅第一、绝对价格水平最高到跌幅第一的过山车行情，楼市交易陷入停滞，市场呈"量价齐跌"。在国家统计局公布的70个大中城市房价指数名单中，温州成为唯一一个连续50个月房价同比负增长的城市，见表6-21。

表6-21　　　　　2011~2015年温州市新建商品住宅价格指数

时间	环比（%）	同比（%）	2010年定基	时间	环比（%）	同比（%）	2010年定基
2011年1月	100.1	100.8	100.3	2012年10月	99.6	87.5	82.9
2011年2月	100.0	100.2	100.3	2012年11月	99.2	86.8	82.3
2011年3月	100.0	101.2	100.3	2012年12月	100.0	88.6	82.3
2011年4月	100.0	100.1	100.3	2013年1月	100.0	89.2	82.3
2011年5月	100.4	100.5	100.7	2013年2月	99.6	89.3	82.0
2011年6月	100.2	100.7	100.9	2013年3月	99.9	90.2	81.9
2011年7月	100.1	100.8	101.0	2013年4月	100.0	93.9	81.9
2011年8月	100.0	100.8	101.0	2013年5月	100.4	96.2	82.3
2011年9月	98.6	99.4	99.7	2013年6月	100.3	97.0	82.5
2011年10月	95.1	94.5	94.8	2013年7月	99.6	97.4	82.1
2011年11月	100.0	94.5	94.8	2013年8月	99.9	97.7	82.0
2011年12月	98.0	92.6	92.9	2013年9月	99.7	98.2	81.8
2012年1月	99.3	92.0	92.2	2013年10月	99.9	98.5	81.7
2012年2月	99.5	91.5	91.8	2013年11月	99.5	98.8	81.3
2012年3月	98.9	90.7	90.8	2013年12月	98.3	97.2	79.9
2012年4月	96.1	87.0	87.2	2014年1月	98.5	95.7	78.7
2012年5月	98.1	84.9	85.6	2014年2月	99.8	95.9	78.6
2012年6月	99.4	84.2	85.0	2014年3月	99.9	95.8	78.5
2012年7月	99.2	83.4	84.3	2014年4月	99.9	95.6	78.3
2012年8月	99.6	83.1	83.9	2014年5月	100.0	95.2	78.3
2012年9月	99.2	83.6	83.3	2014年6月	99.7	94.7	78.1

续表

时间	环比（%）	同比（%）	2010年定基	时间	环比（%）	同比（%）	2010年定基
2014年7月	100.0	95.1	78.1	2015年4月	100.7	96.4	75.6
2014年8月	100.0	95.1	78.0	2015年5月	100.2	96.6	75.7
2014年9月	99.4	94.9	77.6	2015年6月	100.4	97.4	76.0
2014年10月	99.2	94.1	76.9	2015年7月	100.3	97.7	76.2
2014年11月	99.5	94.1	76.5	2015年8月	100.2	97.9	76.4
2014年12月	99.5	95.3	76.2	2015年9月	100	98.8	76.7
2015年1月	99.3	96.1	75.6	2015年10月	100.2	99.9	76.8
2015年2月	99.4	95.7	75.2	2015年11月	100.8	100.8	77.1
2015年3月	99.8	95.7	75.1	2015年12月	100.5	101.8	77.6

注：定基 = 100 × 本月价格/2010年末价格。
资料来源：国家统计局统计的70个大中城市住宅房价指数。

（一）房价从大涨到持续下跌

2011年之前，温州市商品住房价格一路走高、领涨全国。2006～2011年，市区商品房销售均价从8 045元/平方米上涨至34 674元/平方米，5年时间上涨4倍之多，其中，2008年上涨58%。中国房价行情平台数据显示，2010年12月温州均价32 333元/平方米，超越北上广深杭，位居全国第一，见表6-22，明显偏离其城市地位与经济发展水平。

表6-22　　2010年12月和2021年9月中国城市二手房房价TOP20

2010年12月平均单价（元/平方米）	城市	排序	城市	2021年9月平均单价（元/平方米）
32 333	温州	1	北京	69 686
24 426	上海	2	深圳	65 593
22 612	北京	3	上海	64 732
20 383	杭州	4	厦门	49 411
19 348	三亚	5	广州	42 977
17 313	深圳	6	杭州	38 964
15 022	宁波	7	三亚	37 546

续表

2010 年 12 月平均单价（元/平方米）	城市	排序	城市	2021 年 9 月平均单价（元/平方米）
14 143	南京	8	南京	35 647
13 120	广州	9	天津	27 178
13 015	天津	10	珠海	27 031
12 281	厦门	11	福州	26 898
11 488	金华	12	宁波	26 083
11 298	青岛	13	东莞	24 031
10 962	福州	14	温州	22 920
10 260	珠海	15	苏州	22 212
9 964	苏州	16	青岛	22 035
7 378	武汉	17	丽水	21 805
6 402	东莞	18	合肥	21 455
6 092	合肥	19	金华	20 438
—	丽水	20	武汉	20 101

资料来源：中国房价行情平台。其中，丽水无 2010 年 12 月数据。

2011 年以后，温州市房价"高台跳水"、持续下跌，直到 2015 年才止跌回升。温州市住建局提供的 2011~2015 年市区新建商品住宅成交均价分别是 34 674 元、25 873 元、22 644 元、19 392 元和 18 245 元，见图 6-26；核心区域二手房住房均价分别为 31 797 元、25 748 元、23 277 元、20 373 元和 19 790 元，降幅明显。

国家统计局公布的 70 个大中城市住宅销售价格指数也显示了同样的态势，2011 年 9 月至 2015 年 10 月，温州新建商品住宅价格指数同比连续 50 个月下行，持续领跌全国，降幅最大。2015 年 3 月房价指数仅为 2010 年定基的 75.1。二手住房价格也出现较为明显的回落。

（二）成交量从放量到急剧下降

2010 年之前，温州市新建商品房和二手房销售数量呈上升态势。2009 年，温州市商品住房销售面积 106.83 万平方米，是 2008 年销售面积的 2.3 倍，比 2007 年成交高峰增长 5.77%；销售套数 7266 套，达历史高峰。2009

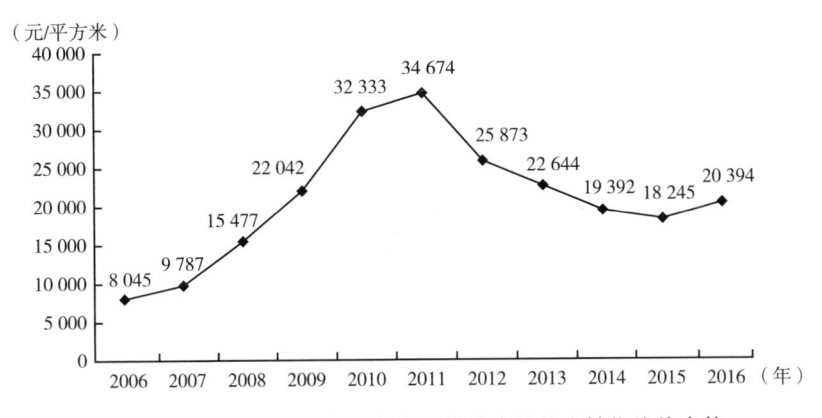

图 6-26　2006~2016 年温州市区新建商品住宅销售均价走势

年市区二手房成交 17 217 套，交易数量较上年出现大幅增长，与 2008 年相比增加了两倍有余，比 2007 年成交高峰增长 35%。2011 年房地产市场交易量急剧下降。市区新建商品房成交量仅为 10.55 万平方米、939 套，成交金额为 36.59 亿元，同比分别下降了 69.27%、55.64% 和 57.46%。市区二手房成交量为 81.43 万平方米、7 690 套，成交金额为 88.26 亿元，同比也分别下降了 48.60%、50.70% 和 33.31%，见图 6-27、图 6-28。

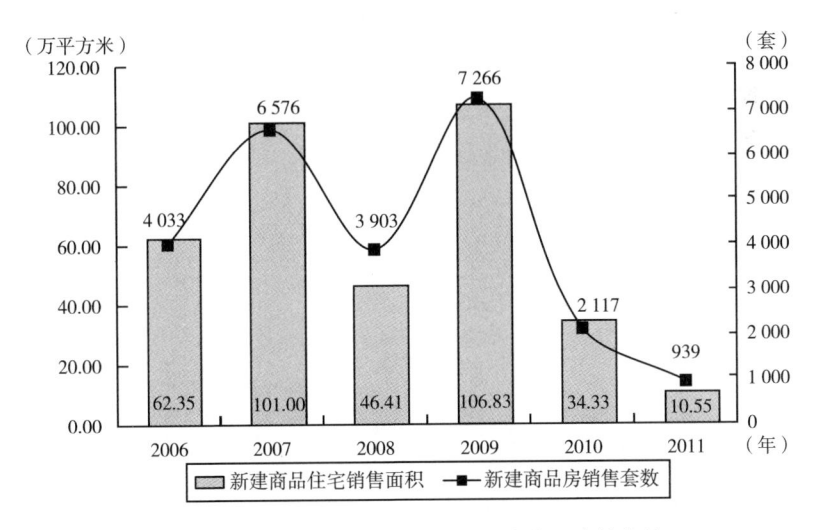

图 6-27　2006~2011 年温州市区新建商品房销售情况

资料来源：温州市统计局。

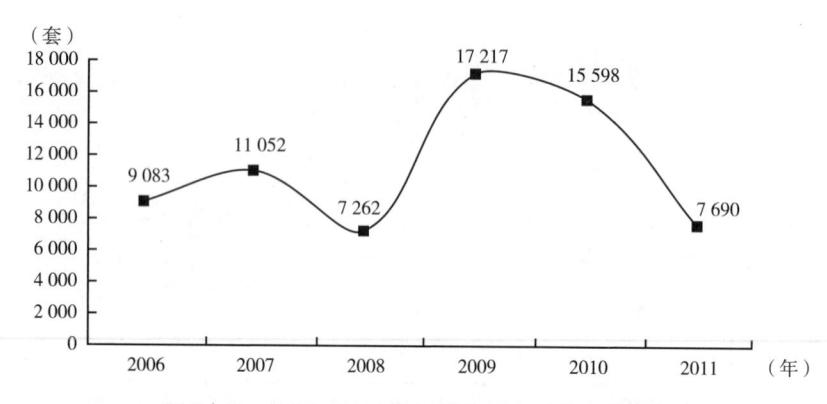

图 6-28 2006~2011 年温州市区二手房交易宗数

资料来源：温州市住建局。

二、影响房价大幅下跌的主要原因

货币政策从极度宽松急速转向过度紧缩是诱发房价大幅下跌的诱因。为应对国际金融危机的冲击，2008 年第四季度到 2010 年底，中央政府采取了降低银行存款准备金率、下调存贷款利率，并推出"4 万亿元人民币"投资计划，货币过于宽松，2009 年 M2 增长率达到 28.42%，2010 年 M2 增长率达到 18.95%，远高于同期 GDP 增幅，见图 6-29。2010 年，各地物价、房价加速上涨，极度宽松的货币政策急速转向紧缩。2010 年 10 月以后，央行 5

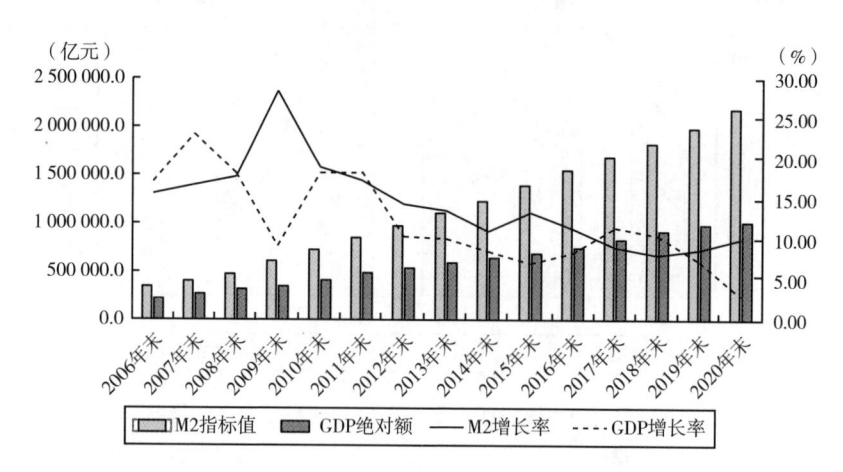

图 6-29 2006~2020 年 M2 和 GDP 走势

资料来源：国家统计局。

次加息，12次提高存款准备金率至21.5%的惊人比例。2012年8月底，央行再发通知，将商业银行的保证金存款（包含承兑汇票、信用证、保函三部分）纳入存款准备金的缴存范围。货币政策持续紧缩，信贷规模被严格控制，影响房地产资金的保障和需求的满足。

但是在全国相同的宏观政策环境下，为什么温州房地产市场调整幅度最大？其主要的区域因素如下。

（一）脱实向虚、过度融资

2008～2009年，受国际经济波动加剧、人民币升值、出口退税调整、原材料涨价、劳动力成本上升等不利因素影响，温州市实体经济增长明显放缓，而同年国家实施了宽松的货币政策，市场敏感的温州企业和居民利用信贷资金大量投资房地产：一是过度融资、多头授信。从金融机构本外币贷款余额与温州当地GDP的比重指标看，2008年为1.39，2009年快速上升至1.78，2010年进一步扩大到1.89，意味着短短的两年时间里每万元GDP的产出配置的金融负债提高了0.50万元，2012年全市贷款余额占GDP的比重1.91倍，远高于全国同期1.17倍的水平，见图6-30。经调查，当时企业授信银行一般在3家以上，最多的1家企业有20家银行授信，银行争相授信，在放大融资杠杆的同时更放大了担保债务。二是互保联保现象严重，过度的融资超出了企业自有抵押品支持的限度，企业之间互相担保、连环担保和联合担保的情况大量出现，逐步形成了关系异常复杂的资金链、担保网。2012年

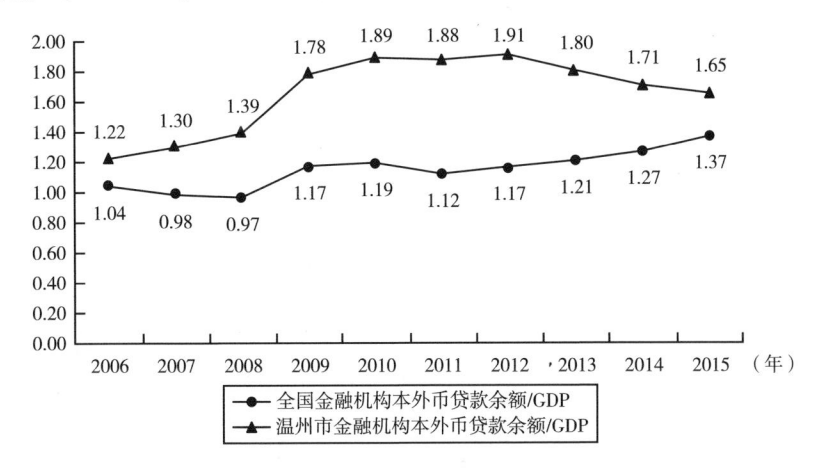

图6-30 全国和温州市2006～2015年金融机构本外币贷款余额与GDP的比重

资料来源：国家统计局、温州市统计局。

末，温州全市纯担保贷款余额1 547.7亿元，占全部企业贷款余额的40.1%，比全国高12个百分点；全市接受3家以上企业（含）担保，并且自己也有对外担保的企业2 053家，占当时银行授信企业数的9%，涉及贷款金额710亿元，占全市贷款余额的10%。这种融资行为本身带有极大的风险。

（二）投机炒房盛行，大量资金进入房地产

2009~2010年实体企业薄利与房地产行业暴利形成强烈对比，诱发大量借贷资本进入房地产业，推高了温州房价，房价上升又进一步吸引借贷资本进入房地产业。当房地产投资成为贷款资金主要配置的领域，实体经济就嬗变为房地产投资投机的融资平台，温州部分民营企业走上"脱实向虚"的道路。例如，2011年统计，在1 806亿元房地产贷款余额中，温州市实体经济企业参与房地产开发经营和房产投资的贷款比重达到66%；在全部企业贷款中，以房地产为主的抵押贷款比重高达58%，高出全国平均水平29个百分点。不少企业或个人还到异地投资房地产。2011年国家调控政策全面升级、货币政策急速收紧，包括温州在内的各地房地产市场走弱，价格下行，房产品变现能力下降，造成过度投资房地产行业的企业和居民产生很大的资金压力，部分企业和居民资金链断裂，引发借贷危机，又进一步冲击实体经济和房地产市场，见图6-31。

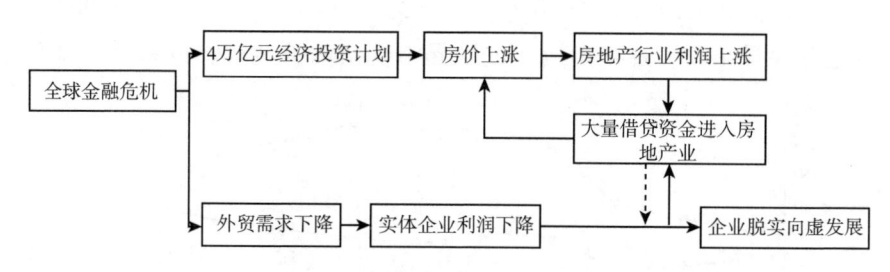

图6-31　2009~2010年房地产繁荣对实体经济的影响机制

（三）政府实施了最严厉的调控政策

2011年为抑制房价过快上涨，温州市政府出台了一系列的政策文件和实施细则。2011年2月23日，温州市人民政府正式颁发执行《关于贯彻〈国务院办公厅关于进一步做好房地产市场调控工作有关问题的通知〉的实施意见》。2011年3月14日，温州市房产管理局制定并下发了《关于落实住房限

购政策有关问题的通知》，出台了全国最为严厉的房地产市场限购政策。该通知规定，自 2011 年 3 月 14 日起，本地户籍家庭及纳税或社保满一年的非本地户籍家庭只能新购买一套住房，已拥有 2 套及以上住房的本市户籍居民家庭等情况暂停其在本市内购房，即使卖掉所有房产也不能在温州再买房。同一天，《温州市限价商品住房管理试行办法》正式发布。2011 年温州市房地产行业主要调控政策汇总见表 6-23。限购令不仅有效遏制了投资投机的行为，也冻结了市场需求，投资物业失去了流动性，市场从开始的"有价无市"转化为"量价齐跌"。

表 6-23　　　　　　2011 年温州市房地产行业主要调控政策汇总

时间	政策文件/会议名称	主要内容
2011 年 2 月 23 日	温州市人民政府颁发《关于贯彻〈国务院办公厅关于进一步做好房地产市场调控工作有关问题的通知〉的实施意见》	强化政府责任，加大保障力度，调整完善税收政策，加强监督检查，严格用地管理，完善限购措施、规范交易市场，加快个人住房信息系统建设，建立约谈问责机制，加强舆论宣传，促进房地产市场平稳健康发展
2011 年 3 月 14 日	市房产管理局制定并下发了《关于落实住房限购政策有关问题的通知》	公布了温州市贯彻实施"新国八条"实施细则。规定自 2011 年 3 月 14 日起，本地户籍家庭及纳税或社保满一年的非本地户籍家庭只能新购买一套住房，已拥有 2 套及以上住房的本市户籍居民家庭等情况暂停其在本市内购房
2011 年 3 月 14 日	温州市人民政府发布《关于印发〈温州市限价商品住房管理试行办法〉的通知》	为解决中等收入家庭的住房困难，调整住房供应结构，建立分层次的住房供应体系，规范限价商品住房的建设、销售管理工作。规定限价商品房建筑面积以 90 平方米以下为主，实行政府指导价管理等
2011 年 3 月 17 日	温州市政府第 47 次常务会议	确定温州市 2011 年度新建住房价格控制目标为低于本市生产总值和城镇居民人均可支配收入增长幅度

资料来源：温州市人民政府网站。

（四）土地供给从供不应求向供过于求逆转

温州市是一个山水江海交融的滨海城市，境内七山二水一分田，市区可用土地资源非常紧缺。受土地和规划等政策因素制约，长期以来温州住宅用地供应严重不足。2010年之前，温州市房地产市场的宅地供应规模极小，2009年市区商品住宅用地出让面积仅为170亩。但2010年之后，加大了住房用地供应。2010年全市商品住宅用地供应2 805亩，市区311亩；2011年全市住宅用地供应3 138亩，其中商品住房用地893亩，见表6-24，土地供应数量提高了数倍。

表6-24　　　　　　　　　温州市商品住宅用地出让情况

年份	全市 面积（亩）	全市 每亩均价（万元）	市区 面积（亩）	市区 每亩均价（万元）
2009	1 994	554	170	1 968
2010	2 805	945	311	1 430
2011	3 138	1 222	893	2 120
2012	2 319	462	194	1 174
2013	6 759	519	1 121	1 146

资料来源：温州市国土资源局。

根据供需模型，当供不应求时，价格将偏离均衡价格达到一个更高的水平。反之，当供过于求时，价格向下移动。在2010年之前，过紧的土地供给使得温州市房地产市场上新建商品住宅资源严重不足，再加上温州市民间资本富裕，住房成为一种理想的保值增值投资品，严重的"供不应求"，拉高价格均衡点，导致房价猛增；而2010年之后，随着土地供应量的增加，叠加经济回落，市场供过于求，价格均衡点向下移动，见图6-32。

（a）供不应求，价格上升　　（b）供过于求，价格降低

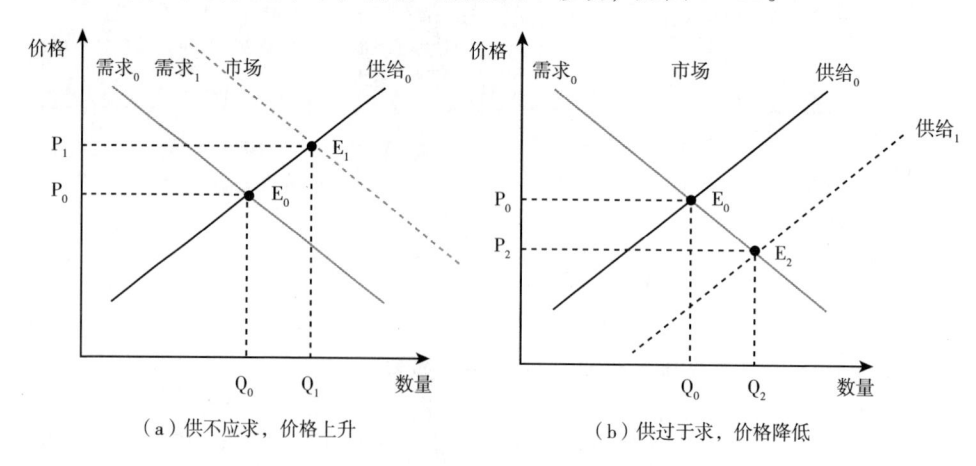

图6-32　供需失衡价格变化情况

三、风险传导机制分析

在 2008~2010 年宽松的货币政策时期,温州市企业与居民利用银行资金进行了大量非实体经济(主要是房产和矿产)的投资,企业互保联保、多头授信、过度融资问题突出,为后续发生的区域性、系统性金融风险埋下隐患。2010 年以后,当宏观货币政策由极度宽松急速转向紧缩,土地供给从供不应求向供过于求逆转,叠加出台了全国最严厉的房地产市场限购政策,温州市房地产市场从"有价无市"转化为"量价齐跌",市场经营环境迅速恶化:一是宏观货币政策持续紧缩,直接导致企业的资金成本快速上升,企业盈利能力下降,难以覆盖融资成本。二是房地产市场需求迅速冻结,投资物业的流动性随之下降,企业资产的变现能力变差,资金缺口不断扩大,企业面临严重的信用风险。三是房价持续下跌,房地产抵押物价值大幅缩水,银行机构不断压缩房地产抵押的贷款授信,进一步增大企业流动性风险,增大违约概率。然后,个别企业的信贷风险又通过企业之间盘根错节的担保链、担保网迅速扩散,最终导致大量企业资金链断裂并引发区域性、系统性的金融风险,其传导机制见图 6-33。金融部门提供的数据显示,2013 年,温州银行不良贷款余额达到 320 亿元,不良贷款率高达 4.41%,见图 6-34。其中,全市由于直接投资房地产失败引起的不良贷款占全部新增不良贷款的 28.6%。

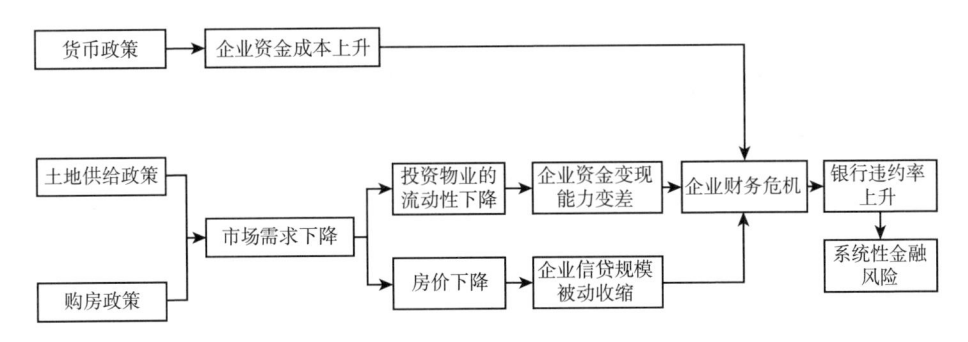

图 6-33 2011~2015 年房地产市场下行影响实体经济的传导机制

实体经济下行又反过来成为温州房价持续下跌的内在推力。温州市民营企业收益大幅下降,政府财政收入短缺,促使政府增大住房用地供应,在需求低迷背景下进一步加剧供大于求;企业和居民违约率增大,银行等金融机

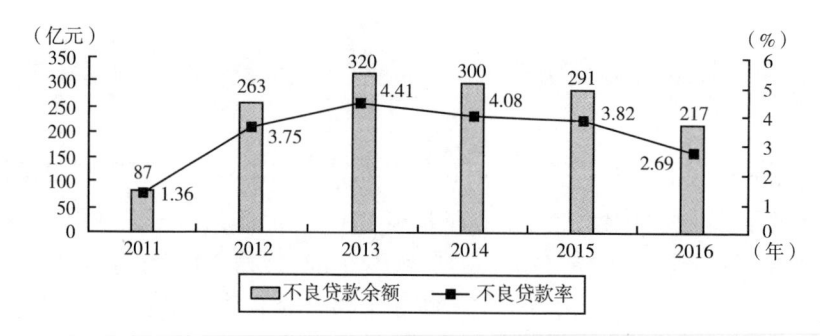

图 6-34　2011~2016 年温州不良贷款余额和不良贷款率变化

资料来源：中国人民银行温州市中心支行。

构坏账率上升，破坏了信用生态，金融机构大幅收缩各类贷款业务包括个贷业务，企业与居民获得信贷的难度进一步加大，购房需求被进一步抑制或延后；企业投资人损失大，资金流动性趋紧，出现低价抛售房产的现象。

四、市场企稳的主要原因

2015 年起，温州市商品住宅市场逐渐回温，成交量不断上升，见图 6-35，住宅价格也企稳、缓慢上涨，见图 6-36。主要的原因如下。

图 6-35　2014~2020 年温州市商品住宅销售情况

资料来源：中指数据库。

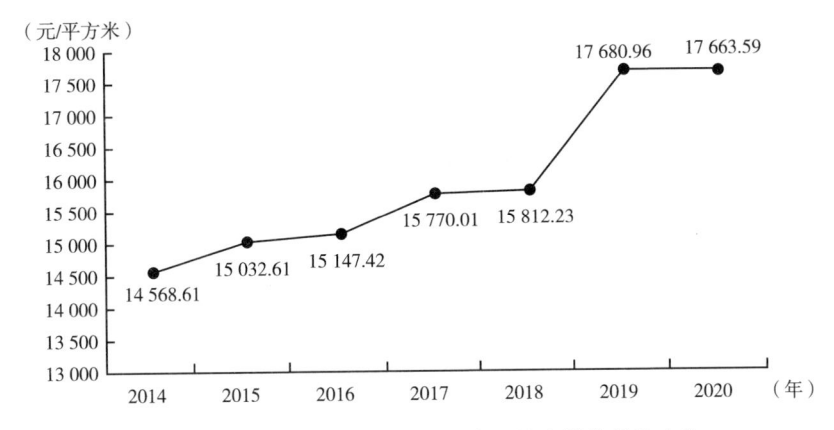

第六章 我国控制房价异常波动的地方经验　245

图 6-36　2014~2020 年温州市商品住宅销售价格变化

资料来源：中指数据库。

（一）深化开展金融改革，重塑金融信用

2012 年 11 月浙江省政府出台温州金融综合改革实施细则，即"金改 12 条"。2015 年 3 月 26 日，温州市金融改革领导小组发布《关于进一步深化温州金融综合改革试验区建设的意见》，即"温州金改新 12 条"，标志着温州金改向更新领域、更深层次拓展。局部金融风波爆发以来，温州市委、市政府先后采取了一系列措施，有效控制资金链、担保链"两链"风险和商业银行不良贷款，金融秩序逐渐好转。主要金改措施如下。

（1）加大企业融资服务力度。①创新和优化金融产品与服务，鼓励扩大信用贷款覆盖面，推广动产、仓单等多类型抵质押贷款业务。②加大信贷资金保障力度，各银行业机构积极向上级行争取贷款规模，加大对中小企业的信贷资金倾斜。推出小微企业信用保证基金和小额贷款保证保险等小微企业融资政府增信机制。③深入农村金融改革，构建小额信用贷款、抵押担保贷款、担保机构保证贷款"三位一体"农村信贷产品体系。④加快推进民间借贷服务中心和民间资本管理服务公司建设，激活民间资本，并牵头开展银行机构考核，筹建民营资本发起设立的保险公司、证券公司。⑤深化保险服务实体经济，建立由政府、保险公司和银行共同参与、市场化运作的中小企业贷款保证保险机制，鼓励开展高额工程保函保险等创新业务，启动巨灾保险试点。

（2）推动地方金融监管创新。①探索金融监管权限下移，将部分机构准入、业务创新、产品审查、高管核准等职能授权温州属地监管部门，实施靠前监管。②深入实施《民间融资管理条例》。温州全市民间借贷累计登记备案金额从2011年的3.78亿元跨越式增长到2016年的450.6亿元。[①] ③优化实施民间融资备案制，积极开展"构建诚信、惩戒失信"专项行动，严厉打击涉嫌犯罪的逃废债行为。④推进民间、政府、金融、法院系统共享互动，完善"温州指数"编报机制，建立民间融资价格预报系统。

（3）构建区域金融稳定机制，做好金融秩序维稳工作。①完善应急处理工作机制。建立健全企业非正常倒闭、企业主出走等突发事件的应急预案，明确工作流程，按照"属地管理、行业归口、一企一策、依法处置"的原则，妥善处置突发事件。②建立地方应急转贷资金，完善资金使用管理办法，提高资金使用效率。③积极协调银行通过清收、转贷、核销等各种途径处置不良贷款，设立区域性金融资产管理公司，属地化处置不良资产。④创新司法实践保障金融稳定。创新司法诉讼外金融风险处置机制，鼓励通过诉讼外调解、债权转让、不良核销、打包上挂等方式化解金融债务纠纷。妥善推进破产案件简易化审理试点。⑤优化区域金融生态环境，深化社会信用体系建设。推动人民银行温州征信分中心和温州市公共信用信息系统合作应用，支持第三方企业征信服务机构独立开展业务。⑥完善金融消费者权益保护和信访工作机制，落实金融机构保护消费者第一责任，加强金融知识宣传教育，提高投资者风险意识。

通过这些措施，稳定了温州金融机构和企业、居民的预期，真正从金融风波的阵痛中走出来。

（二）国家重启全面宽松的货币政策

2014年起，宏观货币政策转向"全面宽松"。2014年11月22日，中国人民银行采取非对称方式下调金融机构人民币贷款和存款基准利率，宣告了货币政策的彻底转向。2015年中国人民银行五次调整了存款准备金率，包含四次普遍降准和五次定向降准。与此同时，连续五次下调金融机构人民币存贷款基准利率，其中，金融机构一年期贷款基准利率累计下调1.25%至4.35%；一年期存款基准利率累计下调1.25%～1.5%。[②]

[①] 资料来源：相关政府部门调研。
[②] 资料来源：中国人民银行。

（三）大力推进棚户区改造工作

2014年，国务院办公厅印发《关于进一步加强棚户区改造工作的通知》，部署有效解决棚户区改造中的困难和问题，推进改造约1亿人居住的城镇棚户区和城中村。浙江省城乡住房工作协调委员会要求推进货币化安置，原则上不再新开工建设新的安置房项目；省建设厅则要求棚户区改造货币化安置户数要达到总改造户数的20%以上。作者调研获得数据显示，从2014年开始，棚改货币化安置开始得到大力推广，其所占比例从2014年的9%快速提高到2015年的28%，在2016年则进一步跃升至48.5%，2017年的货币化安置比例也在进一步提升。棚户区改造实行货币化安置，是创造住房消费需求成效最快、最明显的措施。相比建设安置房，货币化安置不仅对去库存有很大帮助，在一定程度上也起到稳经济的作用，为商品房销售创造巨大需求。

（四）调整区域限购限贷调控政策

2014年，为了促进房地产市场长期平稳健康发展，根据国家对房地产市场实行"分类指导、双向调控"和相关部委调整房地产市场调控措施的精神，温州市政府将房地产调控重点从抑制房价过快上涨转到稳定市场信心上来。2014年6月19日，温州开始试行调整限购政策，在房屋交易登记时不再核查现有住房情况。2014年7月30日，温州市政府正式对外宣布停止实施住房限购政策，进一步放松了房地产政策调控。2014年9月5日，温州市政府下发了《关于促进房地产市场平稳健康发展的通知》，停止执行住房限购政策，加强商品房价格调整管理、强化市场监管，并对商品住房用地出让的规模、结构和节奏进行科学把控，不断化解商品房库存压力，保持住房供应和住房需求的总量平衡，满足市民多层次住房需求。2015年4月，温州市政府出台了"温八条"房地产新政，进一步调整住宅用地供应量，放宽房开企业建设规定，落实首次购房税收优惠，强化联动监管，推动房地产市场逐步形成"量升价稳"的新常态。

第七节 本章小结

本章主要分析了6个典型城市在控制房价异常波动方面的经验和教训。通过分析发现，长沙市作为应对房价异常波动的典型成功案例，既有充足的土地供应，又配合合理的政策工具，可作为全国学习的典范。重庆市通过所拥有的独特的"地票制度"以及与之相匹配的土地供应体系来保障充足的土地供应，在调控工具的使用强度上比较低，仍将房价维持在一个较低的水平，也是应对房价异常波动的一个较为特殊的案例。作为土地空间限制较大的超大城市代表，北京和上海在土地供应受限的情况下，通过对政策工具的使用和调整（北京通过控制人口落户配合的限购策略，上海市则通过控制人口落户、调整土地供应结构和策略），在一定程度上弥补了人地关系紧张带来的问题，也成为其他城市应对异常波动的范本。杭州市是当前大中城市的典型代表，在房地产管控上重需求侧轻供给侧，住宅用地供应的短缺带来的人地矛盾，导致房价异常上涨。杭州市政府积极落实城市主体责任，充分使用政策调控工具及时准确应对房价异常上涨，也为各大城市提供了较好的经验。温州是我国少数经历过大幅度住房市场波动的城市之一，提供了预防金融风险、稳定市场的宝贵经验。

综合本章分析，应对房价异常波动，稳定充足的土地供应是关键，再配合政府落实城市主体责任，注重政策工具使用的及时性以及针对性，致力于建设完善房价调控长效机制，才能更加高效应对房价异常波动的情况。

第七章　新加坡住房体系与治理房价异常波动经验

本章全面分析和总结新加坡二元住房体系最突出的特点，以及该国在2009~2018年房地产周期中治理房价异常波动的经验，为完善我国治理房价异常波动提供借鉴。

第一节　新加坡二元住房体系

一、新加坡二元住房体系的发展历史

新加坡住房体系是由组屋（公屋）和私屋构成的二元住房体系，体量上以组屋为主。1959年，新加坡在英国殖民统治下成立自治政府，由李光耀率领的人民行动党执政。当时新加坡面临严重的住房危机，只有不到10%的本地居民居住在政府公屋里，其他大部分人生活在残破拥挤且卫生极差的贫民窟，住房条件十分恶劣。此外，外来人口的加速涌入更加剧了当地的住房短缺。

在上述背景下，新加坡政府于1960年2月1日设立建屋发展局（Housing & Development Board，HDB），旨在推动组屋供应、解决住房危机。建屋发展局融规划设计、土地整理、施工建设、住房分配和运营管理等权限于一体，并得到了政府强有力的财政和政策支持。1960~1964年，政府组屋的提供方式仍然沿用大部分早期发达国家的公共住房理念，即提供有补贴的租赁住房给无法负担市场最低水平房租的家庭。

尽管1963~1965年还经历了政局变换，包括1963年加入马来西亚联邦以及1965年新加坡脱离马来西亚正式建国，建屋发展局仍作为专门负责公共

住房提供的机构以及新加坡国内最大的房地产开发商，为新加坡居民有效地提供了可负担的、具备现代化设施的、体面的住房。1965年，新加坡独立，李光耀提出"居者有其屋"计划（homeownership scheme），建屋发展局开始出售可负担的组屋，这些组屋有99年土地使用期。基于李光耀的以下理念，组屋的提供方式从租赁转为出售，"给每一个国民分享国家发展的红利""希望建设一个居者有其屋的社会""如果投票者没有居者有其屋，我们将不会实现政治稳定……""……军人保护的是自己家人的财产，而不是富人的财产……"。

根据新加坡统计局发布的最新数据，2021年10月，新加坡居民（公民和永久居民）中，居住在组屋的人口比重为77.53%，居住在私屋和有地住宅（即别墅和联排）的比重是21.60%，剩余的新加坡居民居住在其他类型的房屋中。值得注意的是，组屋占比的峰值出现在2000年左右，随后占比呈下降趋势。这是由于新加坡居民在满足居者有其屋之后，随着收入的进一步增长，更多的居民选择改善到质量更好、环境和条件更舒适的私屋。2020年末，新加坡居民家庭（包括公民和永久居民）的住房拥有率为87.9%，其中，居住在组屋的家庭的住房拥有率为89.2%，居住在私屋和有地住宅（即别墅和联排）的家庭的情况为81.6%和89.2%。正如李光耀所言，"我的首要任务是让每个公民能分享本国发展带来的红利，所以我希望成一个居者有其屋的社会"①。组屋和私屋二元住房体系，为不同收入水平群体提供了相应的可负担的住房，并帮助新加坡成为一个高住房拥有率的国家。

二、较为完善的住房交易和持有环节制度规定

新加坡组屋和私屋遵循不同的交易和持有规则。总的来说，私屋的交易和持有更为市场化，而组屋的交易和持有则受到更多的行政限制。

（一）组屋市场的法规和管控（至2020年初）

政府对购买一手和二手组屋、出售和出租组屋都有比较严格的法规限制。新组屋和二手组屋主要存在的区别如下：（1）新组屋价格较低，且可享受政

---

① 李光耀的这句话被铭刻在位于新加坡大巴窑的建屋发展局中心（HDB Hub）组屋发展历程展示区（HDB Gallery）。

府补贴，而二手组屋的价格相对较高，主要由市场决定；（2）新组屋大多位于开发不太成熟的居住区，而二手组屋在成熟和不成熟居住区都有分布；（3）新组屋需要直接向建屋发展局申请购买，而二手组屋可以直接在公开市场上购买。

（1）购买新建组屋的有关规定。新建组屋包括普通组屋、设计建造和销售计划组屋（design, build and sell scheme, DBSS）以及执行共管公寓（executive condo, EC），这三种公屋的购买资格、销售和出租规定等都有较大不同。

第一，三房式或者更大的组屋购买条件。个人或家庭在购买一套新的建屋发展局组屋（三房及更大）时，需要满足一些要求，具体见表7-1和表7-2。

表7-1　　　购买三房及更大组屋家庭或个人需要满足的要求

内容	具体要求
公民身份	（1）至少1名新加坡公民申请人。 （2）至少1名其他新加坡公民或新加坡永久居民
年龄	至少21岁
收入上限	打算购买的公寓需要在规定的收入上限之内
财产所有权	（1）在海外或本地不拥有其他房产，且在过去30个月内未处置过任何房产。 （2）尚未购买过新组屋、执行共管公寓或设计建造和销售计划组屋，或者之前未获得过中央公积金的住房补助金；或者迄今为止仅购买过一次新组屋/获得过一次中央公积金住房补助金

资料来源：新加坡建屋发展局网站。

表7-2　　　　　　　　不同组屋类型的收入上限

组屋类型	收入上限（平均每月家庭总收入）
四房式或更大	（1）12 000新币。 （2）联合型或多代型家庭购买，18 000新币
三房式	（1）非成熟住宅区：6 000新币或12 000新币，视具体组屋项目而定。 （2）成熟住宅区：12 000新币。 （3）每个项目的收入上限会有更具体的说明

资料来源：新加坡建屋发展局网站。

此外，当家庭成员中只有1位新加坡公民和至少1位新加坡永久居民时，其家庭首次购买公寓时必须支付10 000新币的保险费。在其配偶获得新加坡公民身份或拥有新加坡公民子女时，才可以申请额外的10 000新币的公民补充补助金。

第二，二房式组屋购买条件。二房式组屋是专门针对收入有限的群体设置的。根据二房式组屋灵活计划，老年人可以根据年龄、需求和偏好灵活选择两居室公寓的土地使用期限。如果租房者在55岁及以上，则可以以5年递增的方式租用15~45年使用期限的土地，只要租约涵盖其个人及配偶至少到95岁。

第三，执行共管公寓（EC）购买条件。执行共管公寓（EC）是一种介于组屋与公寓之间的物业品种，由政府给政策支持，开发商建设，品质与价格均高于组屋，但价格比市场价格低20%~30%。新加坡居民或家庭在满足表7-3的条件下，可以向开发商购买新的执行共管公寓（EC）。

表7-3 执行共管公寓的购买条件

公民身份	（1）必须是新加坡公民。 （2）至少1名其他申请人必须是新加坡公民或新加坡永久居民。 （3）如果根据联合单身计划申请，所有单身必须是新加坡公民
年龄	（1）至少21岁。 （2）如果根据联合单身计划申请，至少35岁
收入上限	家庭收入不得超过14 000新币的收入上限
财产所有权	（1）在海外或本地不拥有其他房产，且在过去30个月内未处置过任何房产。 （2）尚未购买过新组屋、执行共管公寓或设计建造和销售计划组屋，或者之前未获得过中央公积金的住房补助金；或者迄今为止仅购买过一次新组屋/获得过一次中央公积金住房补助金

注：一套新的设计、建造和销售计划（DBSS）公寓与一套新的HDB公寓在类似的合格条件下出售，但需要直接从开发商购买公寓。

资料来源：新加坡建屋发展局网站。

（2）二手组屋的买卖和居住。相比于一手组屋，二手组屋买卖的规定要宽松得多。尽管为了实现达到抑制投机、促进多种族融合的目标，建屋发展局对二手组屋的买卖也做出了一些限制，但二手组屋的转售价格更多是由市场决定的。

一般而言，购买二手组屋的家庭没有收入上限，但是如果需要中央公积金的补贴和建屋发展局的贷款，则有收入上限的限制。此外，购买二手组屋家庭如果拥有其他住房（包括新加坡国内以及海外），则需要在购买该房产后六个月内，出售原有房产。

(3) 组屋的转售。在组屋出售时（包括购买二手组屋），政府对最低居住期限（minimum occupation period，MOP）、种族融合政策（ethnic integration policy，EIP）和新加坡永久居民（Singapore permanet residence，SPR）配额等方面也有限制。最低居住年限的有效期视购买方式、单位类型及单位申请日期而定，详细内容见表7-4。

表7-4　　　　　　　不同组屋的最低居住年限（MOP）要求

购买方式			最低居住年限
从建屋发展局购买的新组屋			5年
执行共管公寓（EC）			5年
根据选择性整体重建计划（selective en-bloc redevelopment scheme，SERS）购买的组屋			从选定置换组屋起7年
			入住新组屋起5年
			取最早的时间点作为MOP的最后一天
以中央公积金房屋资助计划在公开市场购买的二手组屋			5年
从公开市场上购买没有享受公积金房屋资助计划的二手房屋		1居室	没有最低居住年限
	2居室或者更大	申请日期在2010年8月30日或之后	5年
		申请日期在2010年3月5日至2010年8月29日	3年
		2010年3月5日之前	HDB贷款2.5年，银行贷款1年/无任何贷款
在住房启动计划（the fresh start housing scheme）下购买的组屋			20年

资料来源：整理自新加坡建屋发展局网站。

此外，为了促进民族融合以及邻里和谐，政府对组屋小区实施民族融合政策和新加坡永久居民配额。该配额只针对非马来西亚永久居民家庭，他们在一个邻里社区家庭的占比不能超过5%，在每栋组屋内的占比不能超过8%。

(4) 组屋的出租。

①整套组屋出租。整套组屋出租的屋主和租客必须满足下列条件。首先，只有新加坡公民才可以出租整套组屋。其次，必须在完成对应的最低居住年

限（MOP）之后，才可以进行整套出租。最后，出租的时候，必须满足非本地居民家庭配额上限，非本地居民在整个邻里最高占比不能高于8%，在整个街区中不能超过11%，并且租客必须是本地人、永久居民或者必须拥有长期在新加坡居住的有效签证。此外，政府还对每套组屋的最大租客数量、租客的房产拥有情况、最短和最长租期等方面做出了具体规定。建屋发展局会定期对组屋进行检查，并将对未经授权的出租行为采取强制措施。

②出租部分房间。建屋发展局对出租部分房间的规定和整套出租的规定接近，只是不再对最低居住年限（MOP）有限制，租客必须与屋主同住在一套组屋内。

（二）私屋市场的法规和管控

私人住房的价格由市场决定。然而，政府可以通过政策和行政手段干预价格，这些政策和行政手段直接或间接地通过 HDB 市场影响私屋市场。相应地，私屋的租金也由市场决定。此外，未经政府批准，外国人不得在六层以下的建筑物内拥有私人土地财产和私人公寓。因此，外国人对新加坡住房资产的需求实际上仅限于私人公寓。

（三）中央公积金制度

中央公积金（central provident fund，CPF）是一项综合性的社会保障储蓄计划，涉及退休、买房、医疗、投资、创业方面的保障，还包括继承、教育支出等。在买房方面，中央公积金计划主要提供以下几项支持。

（1）公共住房计划。公共住房计划（public housing scheme，PHS）允许 CPF 成员使用其 CPF 普通账户储蓄购买新的或转售组屋。在该计划下，CPF 可用于支付全部或部分购买价格；购买组屋所需的每月住房贷款分期付款；支付印花税、法律费用和其他相关费用，如公寓升级成本。

（2）私人物业计划。私人物业计划（home protection scheme，HPS）使公积金会员可以使用其公积金普通账户存款，在新加坡购买或建造私人住宅物业，以供其自用或投资。

（3）家庭保障计划。家庭保障计划（HPS）保护 CPF 成员及其家庭在死亡、终末期疾病或完全永久性残疾的情况下不会失去 HDB 公寓。HPS 是一种减少抵押贷款风险的保险。HPS 为65岁以下或住房贷款付清之前的参保者提供保险（以较早者为准）。

(四) 房产税和其他重要税费

房产税税率是针对年度价值来计算的，计算方法是具体住房单位的市场租金扣除合理的家具租金、修缮费用以及物业费用等，税率见表7-5。

表7-5　　　　新加坡房产税税率表（货币单位S$为新加坡币）

业主居住区		
2011年前	2011年1月至2013年12月	2014年1月至2015年1月	2015年1月之后
4%	S$6 000以内（0%）	S$8 000以内（0%）	S$8 000以内（0%）
	S$6 000~S$65000（4%）	S$8 000~55 000（4%）	S$8 000~55 000（4%）
	S$65 000以上（6%）	S$55 000~60 000（5%）	S$55 000~60 000（6%）
		S$60 000~70 000（6%）	S$60 000~70 000（6%）
		S$70 000~85 000（7%）	S$70 000~85 000（8%）
		S$85 000~100 000（9%）	S$85 000~100 000（10%）
		S$100 000~115 000（11%）	S$100 000~115 000（12%）
		S$115 000~130 000（13%）	S$115 000~130 000（14%）
		S$130 000以上（15%）	S$130 000以上（16%）
非业主居住		
2011年前	2011年1月至2013年12月	2014年1月至2015年1月	2015年1月之后
10%	10%	S$30 000以内（10%）	S$30 000以内（10%）
		S$30 000~45 000（11%）	S$30 000~45 000（12%）
		S$45 000~60 000（13%）	S$45 000~60 000（14%）
		S$60 000~75 000（15%）	S$60 000~75 000（16%）
		S$75 000~90 000（17%）	S$75 000~90 000（17%）（18%）
		S$90 000以上（19%）	S$90 000以上（20%）

注：如果业主在居住期间部分出租房屋，仍有资格享受业主占用人税率。
资料来源：新加坡国内税务局网站。

(五) 物业管理

（1）组屋的物业管理和维护。政府保留组屋土地和组屋地产内公共区域的所有权。组屋的管理和维护由市政理事会负责，该会由该选区的议会成员主持。因此，即使在组屋被出售后，政府仍然能够深度参与组屋的维护和管理。

（2）私屋的物业管理和维护。私屋的物业管理团队中，由所有居民组成管理公司，管理公司在年度股东大会上选出的成员组成理事会，经管理公司授权，可由管理公司或理事会任命管理代理。

（3）维修费的决定因素。管理公司确定在股东大会上支付未来12个月负债所需的缴款（维护费）。维护费将由以下因素决定：定期维护和维护公共财产、固定设施、配件和其他财产的良好及可使用的维修费用，管理公司的一般费用，保险费以及管理公司在履行其职能和职责期间预计会产生的所有费用。

（4）不同主体在小区物业管理中的角色。

①管理公司。管理公司由所有业主和理事会组成，职责如下：第一，管理员工的工资单（清洁工、游泳池技术员、管理员）；第二，选择安保公司；第三，负责基本建筑维护，清洁、设施和设备维护；第四，负责社区建设活动，如新年聚会、开放式公告牌等；第五，负责资产保值增值，如现有设施升级、景观美化、新建设施。

管理公司是拥有最大投票权的机构，因为它构成所有居民的利益。然而，在大多数情况下，由于年度股东大会的投票率较低，理事会通过代理投票代表管理层的利益。在管理系统中，维护问题的决策过程中考虑了整个管理公司的投票。因此，理事会承担着更多的咨询角色，会影响决策，但最终决策仍由管理公司决定。

②管理委员会。管理委员会负责召开年度股东大会和股东大会，并及时通知所有子公司业主有关会议的情况；确保管理公司预期的职责，包括工资单、收据维护的正确会计核算、遵守法律，均得到妥善履行；确保章程的实施；监督承包商，确保工作是财产性的。

《建住维护和管理法案》（*Building Maintenance and Strata Management Act*，BMSMA）未明确规定理事会之间以及理事会与管理机构之间非正式和正式交流的频率、方式和内容要求。这使得维护问题的沟通由每个项目管理团队自行决定。然而，实际上，理事会成员在有效的公寓管理中发挥了压倒性的作用。理事会成员和管理机构之间经常举行非正式会议，确保居民的期望能够清晰、持续地传达给管理机构。但这也会导致一个问题，即利益相关者之间沟通不畅而影响维护进度。

③管理代理。管理代理负责管理委员会所委托的BMSMA中规定的职责，

以及前面提到的管理公司预期的其他职责。

根据现行规则，管理代理的合同在每年的股东大会上进行审查，并可终止。在大多数公寓中，理事会成员是与管理代理沟通的成员。然而，交流的频率和程度各不相同，无法衡量，因为不同的委员会和他们的熟悉情况不同。

三、规范的土地市场与房地产开发制度

（一）土地市场的基本情况

新加坡住宅开发的闲置土地有两种来源：国有土地和私有土地。大部分闲置土地属于国有土地，这些土地是政府过去通过贫民窟清理和其他政策强制征收的（Phang, 2007; Ooi et al., 2011; Phang, 2013）。政府的住宅土地通过拍卖的方式出售给开发商，土地使用年限大部分为99年。开发商可以购买的私有土地大部分是通过整栋拆迁现有住宅的方式获得，这种拆迁的报价采取拍卖的方式进行。私有土地的使用年限有99年、999年、永久产权等。

（二）拆迁与再开发

正如前面所述，私有土地主要来源于拆迁，是一种市场化行为。这部分我们着重探讨政府组屋的拆迁、再开发及其面对的问题。

组屋是新加坡"居者有其屋"的标志，也是政府承诺给本地居民最大的福利措施。然而，组屋的土地使用权只有99年。不仅如此，屋龄超过六十年的组屋，建筑结构老化导致维护成本高昂，也面临拆掉重建的需求。前几年，新加坡政府主要通过选择性整体重建计划（SERS）来进行翻新重建。在拆迁重建计划中，被拆迁居民可以置换一套租期为99年的新房且新房位置与被拆迁住房的位置便利程度接近，并继续和原来的邻居住在临近区域。此外，被拆迁居民还可享受包括补偿和安置补贴在内的一揽子福利政策。

现有的选择性整体重建计划中，政府提供了大量的补贴，但这种补贴在未来可能不可持续。在过去，由于大部分组屋较新，拆迁重建的刚需并不大。如表7-6所示，截至2016年，政府总共完成重建了74个地块。所以，现有的选择性整体重建计划暂时可负担。但是，随着越来越多的组屋变旧，基于新加坡组屋年龄分布来看，2018~2035年，将会有302栋组屋的年龄将高于

60年，也就是 26 548 套组屋需要被拆迁安置。这显然是一笔不容小觑的财政负担。

表7-6　　　　　　　　　新加坡组屋拆迁重建地块累计数量

年份	累计组屋拆迁完成量（地块数）	累计组屋拆迁完成量（地块数）
2006	46	23
2010	58	16
2015	73	6
2016	74	6

资料来源：新加坡建屋发展局。

（三）对房地产开发的管理

政府对开发商的地产开发有一系列的管理，涉及土地规划、小区设计规划、消防安全、工程管理等诸多方面。政府在出售政府拥有的住宅土地时，会明确列出一些较为细致的规定，但对私有土地的拆迁、开发的干预相对较少。下面将重点介绍政府如何调控开发商的开发进程，以实现房地产市场稳定发展的目的。

（1）政府销售土地的开发建设。政府销售土地（government land sales，GLS）对新加坡国内和国外开发商的开发都有特殊要求，即开发应在 5 年（60 个月）内完成。GLS 对国外开发商也有特殊条款，要求他们在建造完成后 2 年内出售该房地产。如果开发商不能在规定期限内完成要求，则要收取延期费。在 2000 年 5 月 1 日之前，购买 GLS 且无法在规定期限内完成开发的开发商（私人住宅 60 个月，执行共管公寓 48 个月），必须按照每延期一个月土地价格的 2% 支付政府违约赔偿金（liquidated damage，LD）。自 2000 年 5 月 1 日起，LD 条款废止，需要延长开发期的开发商要向各自的政府土地销售代理申请延长项目完成期（project completion period，PCP），延长第一年收取土地价格 8% 的延长费用，第二年 16%，第三年 24%。

（2）私人土地的开发建设。购买私人土地的外国开发商必须取得资格证书，并满足资格证书条件，即在土地购买后 5 年内完成开发，在土地购买后 2 年内出售物业。外国开发商不需要资格证书来购买 GLS，但仍然要求外国开发商在土地购买后 5 年内建完，并在土地购买后 2 年内出售所有单元。购买 GLS 的当地开发商需要在 5 年内完成私有住宅的竣工，在 4 年内完成小区的竣工，而没有规定在完成开发后的物业销售期限。购买私人土地的当地开发商可以按照自己的意愿持有土地［如果不考虑后期的额外买家印花税（additional buyer stamp duty，ABSD）］。

（3）通过资格证书对外国开发商行为进行调控。在新加坡政府收购住宅开发用地之前，非新加坡公司（拥有一个或多个非新加坡股东和董事的开发商或上市公司）必须从新加坡土地管理局（The Singapore Land Authority，SLA）获得资格证书（qualifying certificate，QC）。持有该资格证书的开发商受到更为严格的政府监督和约束。

（4）房地产开发商的额外买家印花税。新加坡的开发商必须及时开发和销售住宅，自2011年底以来，规定开发商必须在5年内出售新项目中的所有单元，否则将面临支付额外买家印花税的风险。ABSD适用于GLS土地和私人土地，以及新加坡国内和外国公司。对于2011年12月8日至2013年1月11日（含这两个日期）之间购买的地块，ABSD税率为10%，2013年1月12日起购买的地块，税率提高到15%。它是基于土地成本的统一费率，而不是根据项目中未售出单元的比例按比例分配。ABSD是迫使开发商加速建设和销售的有效策略。上述ABSD税率与非个人、外国或第二购房者的ABSD税率相同。

第二节　新加坡住房市场的优点

新加坡由组屋（公屋）和私屋组成的住房二元体系为不同收入水平群体提供了相应的可负担的住房，并帮助国民实现"居者有其屋"。

一、住房二元体系，以组屋为主体

新加坡统计局数据显示，2020年组屋存量107.96万套、私屋存量37.60万套，组屋占比74.17%，私屋占比25.83%。2000年组屋占比达到最高点81.37%，此后逐年下降（见表7-7），这反映了随着经济和生活水平的提高，居民对住房的要求也日益提高。私屋具备更好的住房品质、更高的价格，不仅为屋主提供了更好的居住环境，也满足了屋主彰显其更高的社会经济地位的需求。

表7–7　　　　　　2000~2020年新加坡存量住房结构

年份	组屋存量（万套）	私屋存量（万套）	总量（万套）	组屋占比（%）	私屋占比（%）
2000	84.33	19.30	103.63	81.37	18.63
2005	87.75	22.94	110.69	79.28	20.72
2010	89.85	25.82	115.68	77.68	22.32
2015	98.49	32.74	131.24	75.05	24.95
2020	107.96	37.60	145.57	74.17	25.83

资料来源：新加坡统计局。

二、住房自有化率高

二元体系促使新加坡转变成了一个住房高拥有率的国家。如表7–8所示，在私屋中，新加坡本地家庭的住房自有拥有率从1980年的49.2%提高到2020年的81.8%；组屋自有拥有率从1980年的61.5%增长到2020年的89.2%。组屋的住房自有拥有率显著高于私屋。

表7–8　　　　　新加坡不同住房的住房自有拥有率　　　　　单位:%

年份	私屋自有拥有率	组屋自有拥有率
1980	49.2	61.5
1990	78	89.8
2000	80.8	93.1
2005	77.2	93
2010	76.6	88.8
2015	84.1	92
2020	81.8	89.2

资料来源：新加坡贸工部以及新加坡统计局。数据仅包括新加坡居民本地家庭（屋主是新加坡居公民或者永久居民的家庭）的住房拥有率。

三、组屋价格仅为私屋30%，房价基本稳定

组屋和私屋在地理位置分布上没有太大区别。从交通的角度看，组屋更

加靠近地铁站和公交站，交通通达性更好。私屋具备更好的住房品质，并且提供了更好的封闭式的小区管理，私密性好，优越的内外部环境使得同地段私屋的价格远高于组屋。如表 7-9 所示，整体而言，组屋的成交均价约为私屋成交均价的 30%。2000 年以来，新加坡房价保持平稳增长，组屋转售均价年涨幅 2.9%，私人公寓年涨幅 3.55%。

表 7-9　　　　　　　　新加坡转售组屋均价和私屋均价

年份	4 房式组屋均价（新加坡元/套）	私人公寓均价（新加坡元/套）	4 房式组屋/私人公寓价格（%）
2000	256 723	825 768	31.09
2005	234 486	716 137	32.74
2010	372 574	1 173 610	31.75
2015	433 627	1 304 096	33.25
2016	434 479	1 363 410	31.87
2017	436 740	1 421 601	30.72
2018	431 746	1 547 726	27.90
年涨幅	2.9%	3.55%	

注：新加坡大部分中等收入家庭居住在 4 房式组屋，故用该中组屋的均价来代表新加坡一般转售组屋的均价，表中使用的价格为当前价。

资料来源：根据新加坡组屋转售交易数据以及私屋买卖交易数据计算得到，两部分数据分别来自新加坡建屋发展局（HDB）以及新加坡市区重建局（Urban Redevelopment Authority，URA）。由于数据使用权限问题，可获得的最新数据为 2018 年的。

四、房价收入比处在合理范围

如表 7-10 所示，从 1-3 房式组屋一直到私屋，家庭人均月收入中位数以及家庭月收入中位数逐渐递增。特别是从人均收入来看，低收入群体（对应 1-3 房组屋）的收入约为中等收入群体（4 房组屋）的 72%，而中高收入群体（对应 5 房或者更大的组屋）的收入约为高收入群体（对应私屋）的 64%。对应于不同收入，政府提供不同价格的住房，保证了其经济可承受性。2018 年组屋购买者的平均房价收入比为 4.36 倍，私屋购买者平均房价收入比为 6.75 倍，均在可承受区间，见表 7-11。

表 7-10　新加坡组屋和私屋居住者的收入水平（2015年）

住房类型	1-3房式组屋	4房式组屋	5房式或者更大的组屋	私屋（不包括别墅和排屋）
家庭收入类型	低收入群体	中等收入群体	中高收入群体	高收入群体
家庭数（万户）	29.20	39.26	29.58	17.07
人均月收入中位数（新加坡元）	1 798.36	2 487.18	3 099.60	4 816.76
家庭月收入中位数（新加坡元）	4 485.92	8 079.86	11 220.01	15 233.76

资料来源：根据新加坡2015年家庭普查数据计算得到。数据仅包括新加坡居民本地家庭（屋主是新加坡公民或者永久居民的家庭）。

表 7-11　私屋与组屋居住者房价收入比

项目	2016年	2017年	2018年
私人公寓家庭平均月收入（新加坡元）	18 797	19 072	19 116
85~133方公寓均价（新加坡元）	1 363 410	1 421 601	1 547 726
居住在私人公寓家庭房价收入比	6.04	6.21	6.75
4房式组屋家庭平均月收入（新加坡元）	7 971	8 209	8 248
4房式组屋均价（新加坡元）	434 479	436 740	431 746
居住在4-房式组屋家庭房价收入比	4.54	4.43	4.36

资料来源：数据来源于新加坡统计局、新加坡市区重建局（URA）。数据权限问题，仅能将数据更新到2018年。

五、住房标准高、居住舒适性好

根据2021年9月的统计数据，只有5.81%的新加坡居民居住在套内面积在36平方米、45平方米的1~2房户型；居住在套内面积60~65平方米的居民，占18.02%；套内面积90平方米的，占42.46%；110~130平方米的，占33.71%。

2020年，组屋的人均住房套内面积为27.08平方米，人均卧室房间数为0.91个，人均洗手间数量为0.62个，分别比1985年增加12.37平方米、0.45个和0.22个。从2020年时间节点看，考虑到夫妇可以同一房间，已经实现生理要求的每人一间房；从纵向看，居民住房条件改善速度快，具体见

表 7-12、表 7-13，2020 年组屋户型结构中，4 房组屋占比 39.50%、5 房组屋占 22.66%，分别比 1985 年提高 31.38 个百分点和 19.23 个百分点。

表 7-12　　新加坡各类组屋户型对应的单位面积（套内面积）

组屋	1~2 房	3 房	4 房	5 房	三代居	行政公寓
套内面积（平方米）	36、45	60~65	90	110	115	130
卧室间数	1	2	3	3	4	3
卫浴数	1	2	2	2	3	2
居民占比（2021 年 9 月）	5.81%	18.02%	42.46%	33.71%		

资料来源：数据来源于新加坡统计局。数据仅包括新加坡居民，即新加坡公民或者永久居民。

表 7-13　　　　　　　新加坡政府组屋结构变化

组屋	1985 年	1990 年	1995 年	2000 年	2005 年	2010 年	2015 年	2020 年
1~2 房组屋（%）	9.99	5.39	5.67	4.557	4.446	5.23	6.88	8.34
3 房组屋（%）	22.87	23.39	24.91	23.57	21.16	22.97	22.34	22.65
4 房组屋（%）	8.12	18.15	23.38	30.26	33.32	36.54	39.2	39.50
5 房组屋（%）	3.43	8.61	13.41	21.55	27.30	29.33	29.58	22.66
户均人口（人）	4.48	4.24	3.94	3.66	3.51	3.45	3.34	3.13
人均住房面积（平方米/人）	14.71	18.29	20.54	23.62	25.48	25.83	26.49	27.08
人均卧室房间数（个/人）	0.46	0.57	0.64	0.73	0.79	0.80	0.82	0.91
人均洗手间数量（个/人）	0.40	0.46	0.50	0.56	0.59	0.59	0.61	0.62

注：表中 4 类组屋住房的比重总和小于 100%，由于数据所限，表格内数据计算没有考虑其他类型的组屋，包括三代居、行政公寓等。

资料来源：数据根据新加坡统计局数据计算得到。

第三节　2009~2018 年房地产调控政策

一、调控背景

新加坡自 1965 年建国以来，经历了从建国初期的住房短缺、1990 年的住房短缺缓解、1996年亚洲金融危机之前的住房过度投机以及随后的亚洲金融危机导致需求萎缩和住房供应过剩。而新加坡政府的房地产调控政策始终紧跟住房市场的变化。2008年美国次贷危机之后，美国实行量化宽松，全球流动性过剩，大量资金涌入新加坡；同时，新加坡经济快速反弹，伴随私屋市场过热并且带动组屋市场价格高涨。2009年3月房价指数为100，2009年12月私房和租屋房价指数分别达到125.6和109；2010年12月达到140.4和124.4；2011年12月分别达到152.6和137.7。在这一背景下，新加坡政府自2009年开始，推出了一系列重点针对私屋市场的降温措施，私屋房价最终在2013年年中达到峰值，在随后的几年间较为稳定，如图7-1所示。

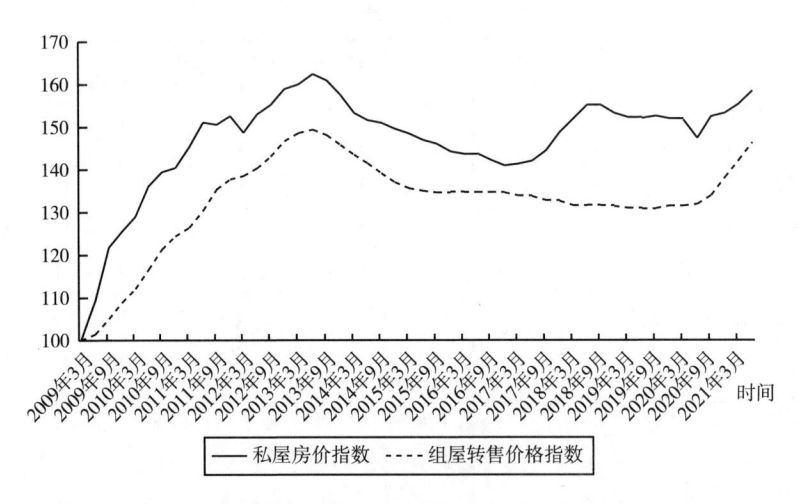

图7-1 新加坡私屋价格指数和组屋的转售价格指数

资料来源：私屋价格指数数据来源于新加坡国立大学发布的"Singapore Residential Property Index"；组屋转售价格指数数据来源于新加坡建屋发展局网站。

二、针对私屋市场的调控政策具体内容

表7-14详细列出了新加坡政府针对2009年初开始的房地产市场上行周期的调控手段。私屋市场的调控主要使用市场化的手段，调控政策由弱到强，由单纯抑制投机升级到全方位的防风险、限制投资和非公民住房需求。

表 7-14　　　　　　　　　新加坡针对私屋市场的调控政策

出台时间	调控政策内容
2009 年 9 月 14 日	取消利息吸收计划（interest absorption scheme, IAS）和纯利息住房贷款（interest-only housing loans, IOL）
	开发商不得延长项目完成时间
2010 年 2 月 20 日	卖家印花税（sellers stamp duty, SSD）：购房后 1 年内出售，征收约出售价格的 3% 的卖家印花税
	房贷占房屋价值的比例（loan-to-value, LTV）：LTV 上限为 80%
	房贷占房屋价值的比例（LTV）：有一项或多项未偿还房屋贷款的置业人士，LTV 上限由 80% 减至 70%
	政府确保土地供应充足
2010 年 8 月 30 日	卖家印花税（SSD）：购房后 1 年内出售，征收约出售价格 3% 的卖家印花税；购房后持有时间超过 1 年但是不足 2 年内出售，征收约出售价格 2% 的卖家印花税；购房后持有时间超过 2 年但是不足 3 年内出售，征收约出售价格 1% 的卖家印花税
	对有 1 笔或 1 笔以上未偿还住房贷款的家庭，LTV 上限为 70%，最低现金支付比例从 5% 提高到 10%
	政府确保土地和房屋供应充足
2011 年 1 月 31 日	住房持有时间不足 1 年、2 年、3 年和 4 年并售出的卖家，卖家印花税（SSD）分别为售价的 16%、12%、8% 和 4%
	对于非个人购房者，贷款上限（LTV）为 50%；对于拥有 1 笔或 1 笔以上未偿还住房贷款的购房者，贷款上限（LTV）为 60%
	政府确保土地和房屋供应充足
2011 年 12 月 8 日	对外国人和非个人征收 10% 的额外印花税（ABSD）；购买第二套或以上住宅物业的公民和永久居民征收 3% 的 ABSD
	政府确保土地和房屋供应充足
2012 年 10 月 6 日	对非个人买家的贷款比例 LTV 的上限提高至 40%
	新住房的贷款期限上限缩短至 35 年
	对于贷款期限在 30 年以上或贷款展期超过 65 岁退休年龄的人士，如果有 1 笔或以上未偿还房屋贷款，贷款上限 LTV 为 40%，若没有未偿还房屋贷款的人士，贷款上限 LTV 为 60%

续表

出台时间	调控政策内容
2013年 1月12日	对于第二次贷款，65岁以下和65岁以上购房者的贷款上限LTV分别为50%和30%
	对于第三次贷款，年龄在65岁以下和65岁以上的购房者，贷款上限LTV分别为40%和20%
2013年 1月12日	额外买家印花税（ABSD）：对首次置业者，公民0，PR 5%，外国人或非个人15%
	额外买家印花税（ABSD）：对二套住房，公民7%，永久居民（permanent resident，PR）10%，外国人或非个人15%
	额外买家印花税（ABSD）：适用于第三次或以上的购房者，公民10%、永久居民10%、外国人或非个人15%
2013年 6月29日	总偿债比率（total debt service ratio，TDSR）上限为借款人收入的60%
	按收入加权平均年龄计算的贷款期限
	银行在计算借款人的还款能力时，适用现行市场利率或3.5%，两者以较高的利率为准
2014年 1月1日	提高非自住房产的房产税
2015年 1月1日	提高非自住房产的房产税
2017年 3月11日	将每一级别的卖方印花税（SSD）都下调4%。有了这一变化，SSD将只适用于购买后持有时间低于3年并售出的房产，降低了房屋限售期限
	总偿债比率（TDSR）将不适用于贷款价值比（LTV）等于或低于50%的抵押贷款权益提取贷款
	引入了财产持有权益的附加转让税。ACD堵住了一个漏洞，过去公司不必支付ABSD和BSD
2018年 7月6日	所有金融机构发放的住房贷款的贷款价值上限LTV收紧5%
	额外买家印花税（ABSD）：对首次置业者，公民0，PR 5%，外国人或非个人15%
	第额外买家印花税（ABSD）：对二套及以上住房，公民12%，永久居民15%，外国人20%，非个人实体25%
	对开发商购买土地，征收不可返还的ABSD5%

注：这些房地产降温措施主要影响私屋市场，对组屋市场也会产生连带影响。

三、对私屋市场的调控分析

由于新加坡私屋市场相比组屋市场市场化程度更高,本部分对调控政策的分析,主要聚焦在私屋市场。

(一)房价快速上涨至触顶阶段

如图 7-2 所示,2009 年第二季度到 2013 年第二季度,新加坡私屋价格持续上升,除 2012 年第一季度外,季度环比价格指数均为正。在此期间,新加坡密集进行了 8 轮抑制住房市场过热的宏观调控,才将私屋价格的季度环比增速从高达 11% 降到 1% 左右。私屋价格在 2013 年第二季度触顶并出现拐点,随后缓慢下跌,出现环比负增长。

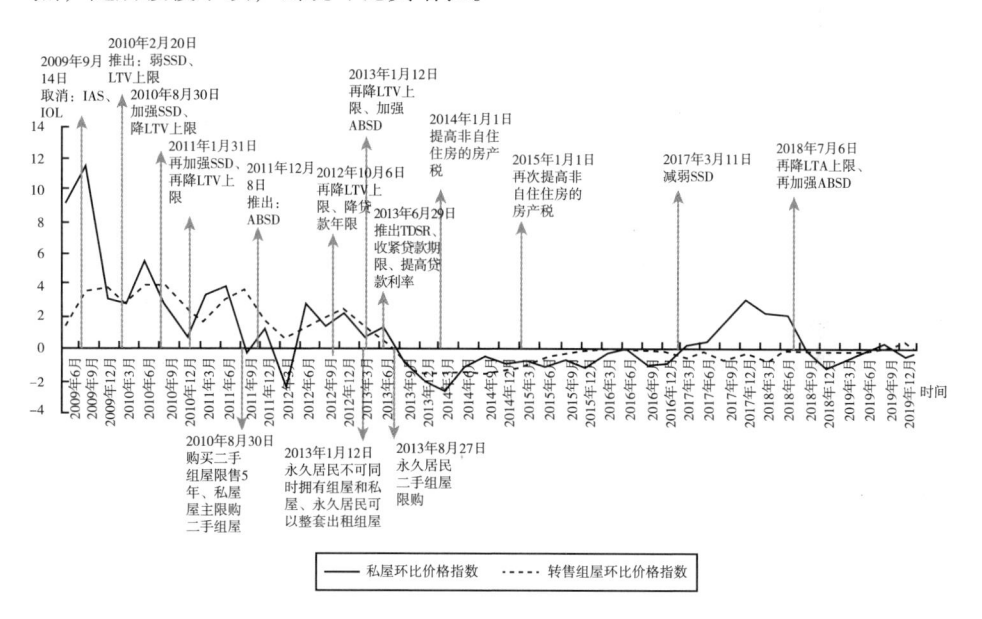

图 7-2 新加坡私屋和组屋市场调控经过(2009 年 6 月至 2018 年 12 月)

注:私屋季度环比价格指数数据来源于新加坡国立大学发布的"*Singapore Residential Property Index*";组屋季度环比转售价格指数数据来源于新加坡建屋发展局网站;各调控政策工具来源于新加坡建屋发展局和新加坡城市重建局网站。

从整个私屋市场的调控过程来看,调控政策着力点从降杠杆、降金融风险和抑制投机炒房开始,逐步转向抑制投资性需求。2009 年 9 月 14 日,政府开始禁止利息吸收计划(IAS)和纯利息住房贷款(IOL)工具,该政策旨在抬高炒卖期房的成本。当购房者从开发商处购买期房并按规定通过按揭贷款支付部分款项后，IAS允许开发商在交房前帮助购房者支付相应的房贷利息，IOL允许购房者在交房前只需要支付房贷利息而无须归还本金。那么，在IAS和IOL下，期房购买者在收房前（大概1~2年），事实上除了部分比例的首付款和税费外，几乎不需要支付任何额外的成本。在市场过热的阶段，在IAS和IOL框架下，大量投机者利用少量资金购买期房，并在交房前出售，赚取差价。禁止IAS和IOL后，私屋价格环比季度增速迅速从2009年第三季度的11.54%的高点下探到2009年第四季度的3.12%。

面对仍然较高的房价增速，政府于2010年2月20日推出住房锁定期为1年的卖家印花税（SSD），若家庭购房后1年内出售该住房，需缴纳约为出售价格3%的卖家印花税，以此来抑制短期买卖住房的炒房行为。同时，政府进一步降低家庭购房杠杆，规定房贷占房屋价值的比例（LTV）的上限为80%（即首付比例不低于20%），且有未偿还按揭贷款的家庭再次置业的房贷LTV上限从原来的80%下降到70%。然而，上述调控政策出台后，私屋房价涨幅和市场热度没有下降趋势，政府于2010年8月30日和2011年1月31日，连续两次进一步加强SSD并收紧按揭贷款要求：2010年8月30日，政府将SSD的住房锁定期延长为3年，将首付款中的现金比例从5%提升到10%（购房家庭可以从多个渠道获取首付款，如现金存款、住房公积金等）；2011年1月31日，政府进一步将SSD锁定期延长到4年，并把最高SSD税率提高到转售价格的16%，同时额外规定非个人购房者（如企业主体）的LTV上限为50%，并将未偿还按揭贷款的家庭再次置业的房贷LTV上限从原来的70%下调到60%，见表7-14。上述三轮以抑制投机炒房（SSD）、收紧按揭贷款降杠杆（LTV上限）为主的调控并没有有效降低私屋房价的季度环比增速，私屋市场持续过热。

2011年上半年，私屋住房价格增速仍未明显放缓，2011年第二季度的季度环比增速达到3.99%。因此，政府于2011年12月8日，首次开征额外买方印花税（ABSD），即对外国人和非个人征收10%的额外买家印花税（ABSD），对购买第二套或以上住房的公民和永久居民征收3%的ABSD，通过增加购买成本的方式抑制需求。而且从ABSD的征税对象看，该政策主要抑制投资需求，因为外国人、非个人、二套及以上购房者，往往更可能是投资需求。推出ABSD后，效果立竿见影。私屋价格季度环比变动于2011年第三季度和2012年第一季度分别下跌0.33%和2.56%。

然而，第一轮 ABSD 推出的半年后，私屋房价从下跌继续回到上升轨道，2012 年第二季度和第三季度的环比增速分别达到 2.89% 和 1.44%。政府立刻继续加码调控，于 2012 年 10 月 16 日进一步将有一项或多项未偿还房屋贷款的购房者的 LTV 上限由 70% 调降至 60%，并对其中的贷款期限在 30 年以上或贷款展期超过 65 岁购房者设置 40% 的 LTV 上限。然而，该加码政策本身力度不大，且仍未有效减缓房价上涨。2013 年 1 月 12 日政府大幅加码额外买家印花税（ABSD），对购房数量和购房人群区别征收 ABSD：对首次置业的永久居民（PR）额外征收 5% 的购买价格的印花税，而对外国人或非个人征收购房价格的 15%；对购买二套住房的（名下已有一套住房），公民、永久居民、外国人或非个人分别需要额外缴纳 7%、10%、15% 的印花税，而对于购买三套（名下已有两套住房）住房的，三类人群分别须额外缴纳 10%、10%、15% 的印花税。该政策立竿见影，私屋房价的季度环比增速从 2021 年第四季度的 2.30% 下降到 2013 年第一季度的 0.69%。随后，2013 年第二季度的私屋价格再次出现反弹，季度环比上涨回到 1.50%，政府立刻做出反应，继续加码调控。2013 年 6 月 29 日，将个人总偿债比率（TDSR，包含房贷、信用卡、车贷等所有个人贷款纳入监管）上限调整为借款人收入的 60%，同时要求银行在计算借款人的还款能力时，适用现行市场利率或 3.5% 且两者以较高的利率为准。自此，私屋的房价由涨转跌，进入缓慢下降通道。

（二）房价下行期：2013 年第三季度到 2018 年第四季度

第二季度经历了 8 轮调控后，私屋房价开始由涨转跌。2013 年第三季度到 2018 年第四季度期间，新加坡私屋价格整体稳定，除个别季度外，季度价格环比增速整体保持在 ±1% 左右波动。

其间，有两方面的政策变化特别值得注意：一方面，新加坡房产税自 2011 年以来经历了三次调整，如表 7-5 所示，整体上降低了自住住房的税率，提高了投资性住房的持有成本。在房产税的具体调整方式上：（1）降低较低价值自住住房的房产税负担（包括大部分组屋和一部分低价值的私人公寓）；（2）提高高价值自住住房的房产税负担（包括大部分私人公寓和别墅）；（3）大幅度提高整套出租或者空置住房的房产税负担，尤其是高价值的住房。政府通过调整房产税的税率分布，来实现税收的转移支付功能，即从富裕家庭（高价值住房）转移到中低收入家庭（低价值住房）。我们可以看到，这几轮房产税的提高，不管是在市场过热阶段（2011 年）还是在市场下行阶段（2015年），均没有对房价造成持久的负面冲击。

另一方面，值得注意的是，保持长期调控政策稳定对抑制房价异常波动、保持住房市场平稳非常重要。2014年开始一直到2016年底，政府针对私屋市场没有出台调控政策的变化，这一期间，季度房价环比增速整体保持在±1%以内。然而，2017年3月11日，政府轻微减弱了SSD的税率以及锁定期限（政策调整细节见表7-14）。该政策松动迅速改变了市场预期，私屋房价的季度环比增速从2016年第四季度的下跌0.91%快速反弹到2017年第一季度的上涨0.28%，并持续上升到2017年第四季度的环比上涨2.98%，并在2018年第一、第二季度持续保持快速上涨，季度环比增速持续高于2%。2018年7月6日，新加坡政府不得不继续收紧信贷（LTV）和提高额外买家印花税（ABSD），同时通过ABSD增加开发商的拆迁收购成本，进一步抑制投资需求，私屋房价才得以重回平稳区间。

第四节 新加坡经验借鉴

新加坡解决好居民住房问题有许多经验值得借鉴学习，结合我国当前实际，主要有以下几方面。

一、让所有人享有体面居所的住房发展理念

新加坡建国初期，面临多种族社会全面融合的挑战，李光耀认识到要获得身份认同、实现全面融合，每个人都要有一方土地，正如他所言，"人人拥有住房，他们会觉得自己是这个国家的主人"，政府也才能获得人民的信任，因此，1960年成立建屋发展局，其职责是"向所有有住房需求的人提供配有现代设施的体面居所"，1964年，政府推出"居者有其屋"系统计划，由政府面向中低收入者提供符合其购买力的组屋，合格家庭在购买政府组屋时，可利用自己的公积金储蓄购买组屋。也就是居民首付10%的购房款，剩下的90%可以利用公积金储蓄来支付房贷的分期付款；合格家庭还可向建屋局申请长达25年的贷款。此后，政府不断地根据经济发展与居民需求提升，扩大组屋套型面积、提高建设标准，推出执行共管公寓（EC），委托开发商开发与私人住宅一样品质的公寓，以解决一部分收入超出申请组屋条件或符

合组屋申请但希望拥有更好居住品质的住房;对一些老旧组屋进行改造拆迁等。综观新加坡的住房政策,他们把解决好人民安居问题作为最大的民生,因此,从土地、金融等方面给予充分保障,让人民享受一套现代设施的体面居所。我国政府在保障居民基本居住需求方面已经取得巨大成绩,但是如何让绝大多数人民都有一套现代设施的体面居所,实现"每户一套房、每人一间房"的现代化目标,无论从理念还是政策体系,都有很大距离。

二、根据居民购买力与需求,设置多元化住房供给

为更好地满足不同收入、不同需求的居民需要,从20世纪90年代开始,政府从原来的1~2房式组屋(面向低收入者)、3房及更大的组屋、私屋三大类体系上,又增加执行共管公寓(EC),1995年,建屋发展局首次以公开招标的形式向私人开发商出售土地,开发设计与私人公寓相媲美的共管公寓,将私人开发商引进公共住房市场的主要目的是希望为公共住房设计和建造注入多样化的元素。购买共管公寓的价格比市场价低20%~30%,附带出售限制,见表7-15。相比之下,我国目前供给体系比较单一,除了公租房、棚户安置房,就剩下商品住房,购买商品住房成为拥有住房产权的唯一路径,造成夹心阶层越来越大。

表7-15　　　　　　　　新加坡多元化住房供给体系

房型	购租对象	开发者
1~2房式组屋	专门针对收入有限的群体设置的,可租,可买。若租房者55岁及以上,可以以租金5年略有递增的方式签订15年至45年的租约	政府
购买3房或者更大的组屋	年龄至少21岁,新加坡公民,规定的收入上限之内(成熟住宅区:家庭总月收入12 000新币内),在海外或本地不拥有其他房产且在过去30个月内未处置过任何房产,迄今为止最多仅购买一次新组屋/获得过一次中央公积金住房补助金	政府
执行共管公寓(EC)、私人组屋	介于组屋与私人公寓之间的物业类型,旨在帮助处于夹心层,(家庭总月收入低于14 000新币),以比市场价低20%~30%的价格拥有公寓。迄今为止最多仅购买过一次新组屋/获得过一次中央公积金住房补助金	政府给政策支持,由开发商开发
私人公寓	全体居民和符合条件的外国居民	开发商

三、提供强有力的购房融资支持

公积金支持：1955年7月，新加坡国会通过《中央公积金法》，并根据该法设立中央公积金局，建立了中央公积金制度。新加坡的中央公积金制度既为政府建设组屋提供了资金，又为购买公共住房的新加坡居民提供了有力保障。在1955年成立时，缴费率是月薪的10%（雇员和雇主各5%）。自1968年通过新法后，缴费率稳步提高，在1984年为月薪的25%。2016年，雇员的缴费率是月薪的20%，雇主是17%，月缴费的工资上限是6 000新元。包括普通账户、特殊账户、医疗账户和退休账户四种，公积金成员可以使用普通账户中的存款购置政府组屋，针对少数低收入购房者，公积金局还提供额外或特别购房补贴。额外公积金补贴是针对中低收入家庭首次购房——购置四居室以内的新组屋而提供的资金支持；特殊公积金补贴可以用来购买建屋发展局新组屋、二手组屋和私人组屋。

优惠贷款支持：为了帮助更多家庭拥有住房，建屋发展局向符合条件的组屋购买者提供两次优惠贷款机会，优惠贷款利率很低，仅在公积金普通账户的利率基础上上浮0.1%。

四、土地出让收益由议会决定使用范围

新加坡土地出让收益纳入国家储备金，由议会决定使用范围，不属于政府管辖与支配范围。这种安排使土地收益与政府预算脱钩，有效抵制了政府高价卖地的冲动，避免了地方政府对土地的依赖，防止了政府过度的财政风险。我国地方政府对土地收益处置有很大的支配权，也造成无约束的冲动，建议加强各地人大对土地出让行为和出让金的监管。

五、多措并举加强住房市场调控，政策稳定

新加坡政府的住房调控政策出台及时、针对性强。2008年美国次贷危机之后，美国实施量化宽松政策，全球流动性过剩，同时发生的还有新加坡私屋市场过热并且带动组屋市场价格高涨。在这一背景下，新加坡政府自2009年开始，推出了一系列降温措施，私屋和组屋市场的房价最终在2013年末实

现平稳。私屋市场的调控主要以市场化的手段为主,包括:(1)税收。例如,对持有期短出售的,大幅度提高卖家印花税;对外国人和非个人征收10%的额外印花税(ABSD),2013年进一步提高到15%;购买第二套或以上住宅物业的公民和永久居民征收3%的印花税。(2)房贷比例限制。2010年有一项或多项未偿还房屋贷款的置业人士,房贷占房屋价值的比例(LTV)上限由80%减至70%;2013年规定,第二次贷款的65岁以下和65岁以上购房者的贷款上限LTV分别为50%和30%。

在新加坡私屋市场上,我们没有发现提高房产税税率会给房价带来长期的负面冲击。同时,调控政策的长期稳定执行对控制房价异常波动尤为重要。其2017年第一季度到2018年第三季度之间的住房调控政策反复(先放松后又不得不收紧)导致这一期间房价出现短暂快速反弹,是一次教训。我国商品住房市场调控比较多地运用行政手段,借鉴新加坡经验,应更多地运用税收、贷款比例等市场化的手段,并形成长效机制,尽可能保持调控政策平稳。

六、保持住宅开发合理规模

不能忽视新加坡在2009~2018年房地产周期中,通过增加住房供给消除房价异常波动所做的努力。新加坡政府会详细分析历年住宅建设的数量和销售情况,核实申请购买组屋的家庭数量及其对户型、地点的要求,预测其后5年的需求量,进而安排开发量和选择最佳开发地点。根据对2008~2017年新加坡住宅新建量的统计,共建成住宅32.073万套,平均每年3.2万套,见表7-16;同期人口净增加46万人(2018年新加坡平均家庭人口数3.24),如果仅按新增人口计算的套户比达到2.25,应该说新增的量比较大,这从供给的源头上保证了供求基本平衡。

表7-16 新加坡2008~2017年住宅新建量及人口

年份	组屋建成量（套数）	私屋建成量（套数）	合计	总人口（万人）
2008	3 154	9 418	12 572	484
2009	6 495	9 560	16 055	499
2010	10 161	9 856	20 017	508
2011	17 813	11 710	29 523	518

续表

年份	组屋建成量（套数）	私屋建成量（套数）	合计	总人口（万人）
2012	19 005	9 853	28 858	531
2013	12 744	12 297	25 041	540
2014	27 120	19 347	46 467	547
2015	26 108	18 457	44 565	554
2016	26 025	20 187	46 212	561
2017	35 210	16 213	51 423	561
年平均	18 384	13 690	32 073	530

注：私宅建成量仅包括非有地住宅（公寓住宅）的建成量，有地住宅（别墅和排屋）的建成量和总存量在私宅中占比极小。

资料来源：组屋建成量来自新加坡建屋发展局（HDB），私屋建成量来自新加坡市区重建局（URA），总人口数据来自新加坡贸工部。

第八章 完善治理房价异常波动的制度体系

住房制度改革以来,我国通过大力发展商品住房市场,充分调动了地方政府增加住房用地供给、开发企业提高开发能力、居民努力工作增强市场化购房能力的积极性,极大地繁荣了商品住房市场。根据历年《中国统计年鉴》公布的数据,1999~2020年全国累计销售商品住房181.5亿平方米,2000~2019年全国城镇人均住房建筑面积从20.3平方米增加到39.8平方米,居民的住房条件得到了极大的改善。2020年全国商品住房销售面积达到15.5亿平方米,成为世界上最大的住房开发市场和交易市场。但是,政府一直被房价的快速上涨(向上异常波动)困扰。从2005年开始,中央政府就一直不断地调控房地产市场,见表8-1,尽管取得了一定的成效,但尚不理想,以至于到2021年我国仍处在不断完善房地产市场的调控阶段。当前,我国迫切需要通过完善长效机制治理房价异常波动,防止地产市场过热或者过冷,特别是大城市的过热问题。本章在系统总结前几章研究结论的基础上,分别从国家层面和城市层面,提出治理房价异常波动的建议。

表8-1 2005年以来国家出台的关于稳定住房价格、促进房地产市场平稳健康发展的文件

年份	文件名	主要要点
2005	《关于切实稳定住房价格的通知》	(1) 高度重视稳定住房价格工作; (2) 切实负起稳定住房价格的责任; (3) 大力调整和改善住房供应结构; (4) 严格控制被动性住房需求; (5) 正确引导居民合理消费预期; (6) 全面监测房地产市场运行; (7) 积极贯彻调控住房供求的各项政策措施; (8) 认真组织对稳定住房价格工作的督促检查

续表

年份	文件名	主要要点
2005	《关于做好稳定住房价格工作意见的通知》	(1) 强化规划调控，改善住房供应结构； (2) 加大土地供应调控力度，严格土地管理； (3) 调整住房转让环节营业税政策，严格税收征管； (4) 加强房地产信贷管理，防范金融风险； (5) 明确享受优惠政策普通住房标准，合理引导住房建设与消费； (6) 加强经济适用住房建设，完善廉租住房制度； (7) 切实整顿和规范市场秩序，严肃查处违法违规销售行为； (8) 加强市场监测，完善市场信息披露制度
2006	《关于调整住房供应结构稳定住房价格意见的通知》	(1) 切实调整住房供应结构； (2) 进一步发挥税收、信贷、土地政策的调节作用； (3) 合理控制城市房屋拆迁规模和进度； (4) 进一步整顿和规范房地产市场秩序； (5) 有步骤地解决低收入家庭的住房困难； (6) 完善房地产统计和信息披露制度
2008	《国务院办公厅关于促进房地产市场健康发展的若干意见》	(1) 加大保障性住房建设力度，廉租住房建设以配建为主； (2) 加大对自住型和改善型住房消费的信贷支持力度； (3) 对住房转让环节营业税暂定一年实行减免政策； (4) 加大对中低价位、中小套型普通商品住房建设特别是在建项目的信贷支持力度； (5) 取消城市房地产税； (6) 加强房地产市场监测
2010	《关于促进房地产市场平稳健康发展的通知》（"国十一条"）	(1) 加快中低价位、中小套型普通商品住房建设； (2) 增加住房建设用地有效供应，提高土地供应和开发利用效率； (3) 加大差别化信贷政策执行力度； (4) 继续实施差别化的住房税收政策； (5) 加强房地产信贷风险管理； (6) 继续整顿房地产市场秩序； (7) 进一步加强土地供应管理和商品房销售管理； (8) 加强市场监测； (9) 力争到2012年末，基本解决1 540万户低收入住房困难家庭的住房问题； (10) 中央将加大对保障性安居工程建设的支持力度，适当提高对中西部地区廉租住房建设的补助标准，改进和完善中央补助资金的下达方式，调动地方积极性，确保资金使用效果； (11) 进一步健全和落实稳定房地产市场、解决低收入家庭住房困难问题由省级人民政府负总责，市、县人民政府抓落实的工作责任制

第八章 完善治理房价异常波动的制度体系 277

续表

年份	文件名	主要要点
2010	《关于坚决遏制部分城市房价过快上涨的通知》（新"国十条"）	（1）各地区、各有关部门要切实履行稳定房价和住房保障职责； （2）实行更为严格的差别化住房信贷政策； （3）发挥税收政策对住房消费和房地产收益的调节作用； （4）增加居住用地有效供应； （5）调整住房供应结构； （6）确保完成2010年建设保障性住房300万套、各类棚户区改造住房280万套的工作任务； （7）加强对房地产开发企业购地和融资的监管； （8）加大交易秩序监管力度； （9）完善房地产市场信息披露制度
2011	《国务院办公厅关于进一步做好房地产市场调控工作有关问题的通知》（"新国八条"）	（1）进一步落实地方政府责任； （2）加大保障性安居工程建设力度； （3）调整完善相关税收政策，加强税收征管； （4）强化差别化住房信贷政策； （5）严格住房用地供应管理； （6）合理引导住房需求； （7）落实住房保障和稳定房价工作的约谈问责机制； （8）坚持和强化舆论引导
2013	《关于继续做好房地产市场调控工作通知》（"国五条"）	（1）认真落实省级人民政府负总责、城市人民政府抓落实的稳定房价工作责任制； （2）继续严格执行商品住房限购措施，继续严格实施差别化住房信贷政策，充分发挥税收政策的调节作用； （3）增加普通商品住房及用地供应； （4）加快保障性安居工程规划建设，全面落实2013年城镇保障性安居工程基本建成470万套、新开工630万套的任务，加强分配管理； （5）加强市场监管和预期管理； （6）加快建立和完善引导房地产市场健康发展的长效机制
2017	《2017中央经济工作会议报告》	分清中央和地方事权，实行（各城市）差别化调控
2018	《2018中央经济工作会议报告》	明确提出"因城施策、分类指导，夯实城市政府主体责任"
2019	中共中央政治局常委、国务院副总理韩正到住建部进行调研时提出	2019年两会后第3天中央调研住建部，首次明确"一城一策"长效机制方案试点
2019	《2019年政府工作报告》	更好解决住房问题，落实城市主体责任，改革和完善住房市场体系和保障体系，促进房地产市场平稳发展

续表

年份	文件名	主要要点
2019	《中共中央关于坚持和完善中国特色社会主义制度推进国家治理体系和治理能力现代化若干重大问题的决定》	加快建立多主体供给、多渠道保障、租购并举的住房制度
2020	《中共中央关于制定国民经济和社会发展第十四个五年规划和二〇三五年远景目标的建议》	（1）坚持房住不炒、租购并举、因城施策、促进房地产市场平稳健康发展； （2）实施城市更新行动

第一节 主要研究结论

本书第二至七章分别从房价异常波动的内涵与测度、房价异常波动的空间扩散效应、房价异常波动的宏观驱动机制、房价异常波动的微观驱动机制、我国治理房价异常波动的地方经验、新加坡住房体系与治理房价异常波动经验，对房价异常波动这一课题开展了较为深入的研究，得到不局限于以下的主要结论。

第一，用单边 HP 滤波法测度房价异常波动，因避开了峰谷检测三角法存在的异常波动测量误差、动态均线偏移法存在的参数选择主观性问题，具有更明显优势。利用单边 HP 滤波法对 2006 年第一季度到 2020 年第四季度对国家统计局公布的 70 个大中城市住房价格波动进行测量，发现各城市异常波动段具有较高的一致性且界线明确，新建住房价格异常波动期占比高，占 40.9%，且异常期里的 52.8% 为高峰期。新建商品住宅的异常波动比二手商品住宅严重。研究显示，2017 年以来异常波动频次明显减少，表明以城市政府负主体责任、一城一策的房地产调控取得了成效。

第二，采用 ArcGIS 软件的自然间断分类方法对 2006 年、2010 年、2015 年和 2020 年等不同时间节点的全国 70 个大中城市房价指数进行 5 分类展示，发现整体上新建商品住宅房价指数高值区分布呈现出"东部城市集聚为主—空间均衡化发展—区域经济中心城市再度集聚"的发展态势。对全国 70 个大中城市新建商品住宅价格指数、二手住宅价格指数的全局空间自相关结果显示，2009 年以来均呈现出空间正相关特征。研究发现，新建商品住宅价格异常波动、二手住宅价格异常波动均存在一定程度的空间相关性，新建商品住宅价格指数异常波动的空间自相关系数为 0.649，二手住宅价格指数异常波动的空间自相关系数为 0.471。进一步采用空间杜宾模型，发现货币发行量、人均 GDP、城镇人均可支配收入和第三产业比例的上升容易加剧城市新建商品住宅价格指数异常波动，货币发行量、利率、人均 GDP、第三产业比例、房地产开发投资额和人均社会消费品零售总额对城市二手住宅价格指数异常波动有显著影响。

第三，从理论上分析了影响房价波动的宏观经济因素，并利用时差相关分析，探索了我国房地产市场与货币信贷、土地市场、居民收入的联动特征，整体表现出货币信贷因素波动领先于房地产需求和供给变动，土地市场波动与房价波动关系复杂，房地产消费挤占其他消费等多个波动特征。然后，利用 2006 年第一季度至 2020 年第四季度的相关数据，通过结构向量自回归模型（SVAR），综合运用脉冲响应分析和方差分解方法研究了宏观经济因素与房地产价格波动之间的互动关联。结果表明，房价波动确实受到宏观经济因素的影响，房价波动又反作用于宏观经济。货币是影响房地产价格波动最为重要的宏观因素，货币供应量和市场利率变化对房价产生直接而强烈的影响。土地管制会直接导致房价波动上涨；房价上涨也会显著推动土地开发面积和房地产投资，GDP 对房价的影响是正面的，持久的收入增长会逐渐推高房价。研究还发现，房价上涨吸收大量货币，缓解宽松的货币政策带来的通货膨胀。

第四，房价异常波动的微观驱动因素很多，我们研究了一些较重要的因素。通过对杭州"民转公"学区调整前后二手房价格变化的实证定量分析，发现学区调整对房价异常波动影响很大，学区溢价在样本研究期间呈现出随住房质量不同的异质性。通过对"河北省北三县并入北京通州"这一流言的兴起到最终破灭后一段时间内北三县房价从大涨到大跌的现象，分析了流言影响房价异常的理论机制与效应。研究了一些城市实施住房限购政策抑制房价异常波动的机制，剖析住房限购政策中还存在的漏洞，如假离婚、法拍房不限购、放低门槛引进人才，对限购效应的抵消。对 22 个热点城市人口增长、用地供给与房价关系进行研究，揭示了非饱和供地是引起城市层面房价异常波动的重要因素，指出住宅用地供给总体偏紧、商办用地供给量偏大、工业用地占比高是引起非饱和供地重要原因。

第五，总结治理房价异常波动的地方经验。长沙市、重庆市保持房地产市场整体平稳、房价水平处于合理区间的主要经验是住宅用地充足供应，保障房供给量大。其中，长沙市更能够及时、得当地调控房地产市场，并采取以"限地价+限房价+摇号"为主的土地竞拍方式。上海市、北京市面对土地资源不足，主要通过严格户籍落户管理、严控人口增长来缓解人地矛盾，并通过限价防止房价快速上升、通过限购措施管控投资性需求，修补夫妻假离异、法拍房的限购漏洞，积极改善土地供给结构，市场总体平稳。杭州人才引进力度大，落户门槛低，住房供求矛盾一度十分突出，拉动地价、房价较快上涨，迫使政府继续加码调控政策，最后不得不增加土地供给，采取限房价竞地价以及限价、限购基础上的限售，并进一步提高购房门槛，阻住假离异、法拍房漏洞等措施。温州市在2011年发生金融风波前后，房价从大涨到持续下跌，主要原因：前期土地供给严重不足，引发投机性需求、脱实向虚、过度融资，拉动房价快速上升，当宏观货币政策持续紧缩，直接导致房地产市场需求迅速冻结，资产的变现能力变差，房价持续下跌，在需求低迷背景下又叠加政府供地增加，进一步加剧供大于求，增加房价下跌压力。这些城市经验反映出保持供求基本平衡是防止房价过快上涨或下跌的重要方法。

第六，新加坡政府治理房价异常波动的经验，针对2009年初到2013年中期的房地产市场过热，政府从供给端和需求端同时入手：一是供给端，增加用地供给，要求开发商加快开发进程。二是需求端，主要是动用金融和税收手段，抑制过热的需求，包括提高首付款比例，要求银行降低总偿债比率，提高根据住房持有时间不同的卖家印花税率，对非公民和非个人购房征收额外印花税（ABSD）；购买第二套或以上住宅物业的本地居民（公民和永久居民）征收ABSD；提高非自住房产的房产税。以下措施取得较好成效。

上述研究结果，为我国治理房价异常波动提供了重要依据和思路。

第二节 加快构建完善治理房价异常波动的国家制度体系

第二、第三章研究揭示，我国大城市之间在较多时段出现集中式异常波动特征，说明房价异常波动与宏观因素密切相关。从国家层面应调控好货币的投放与房地产信贷政策，建立保护自用性需求、打击投资投机性需求的税收体系，建立人—地—房—钱挂钩机制，完善国家对住房产业的治理体系。

一、实施稳健中性的货币信贷政策

第四章的研究已表明,货币信贷的供应量(间接影响供应价格,即利率)与房地产价格呈紧密双向联动关系。货币和信贷供应是影响房价异常波动的最主要宏观因素之一,同时,房地产市场通过资产抵押等渠道会反过来创造货币信贷供应。如图 8-1 所示,2006 年以来,我国 M2、人民币贷款余额的增速与除苏州外的 21 个热点城市的房价(新建商品住宅价格)同比增速高度相关(房价变动有一定滞后)。

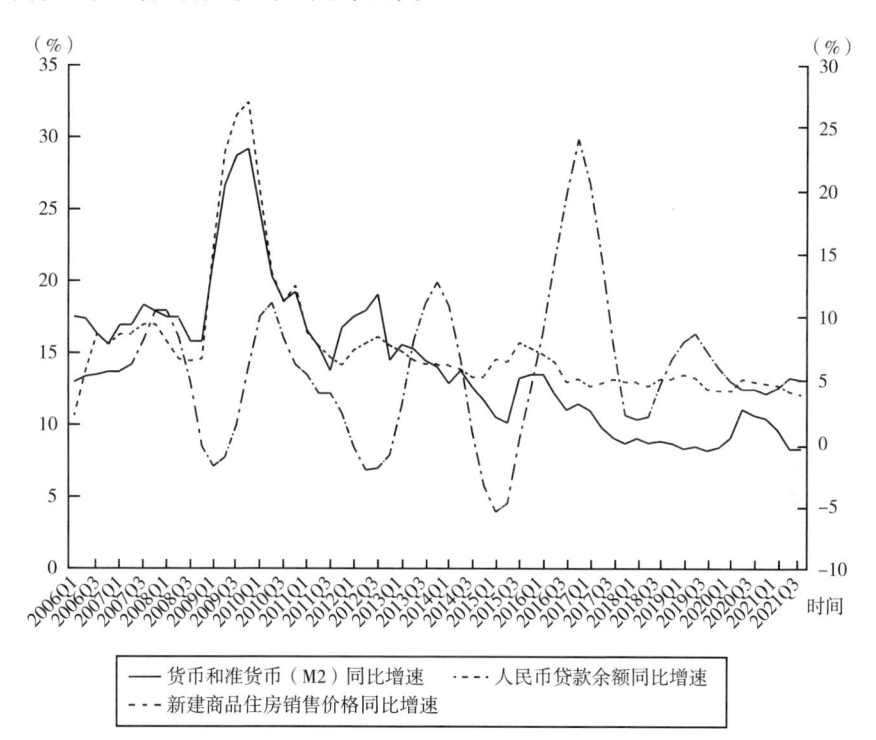

图 8-1 M2、人民币贷款余额与房价的联动

注:(1)新建商品住宅销售价格数据来源于国家统计局;货币和准货币(M2)和人民币贷款余额数据来源于人民银行。

(2)货币和准货币、人民币贷款余额同比增速对应主纵坐标(左侧);新建商品住宅销售价格同比增速对应次纵坐标(右侧)。

(3)新建商品住宅销售价格同比增速计算方式:21 个城市月度同比增速季度平均加总/21。21 个热点城市包括北京、成都、福州、广州、杭州、合肥、济南、南京、宁波、青岛、厦门、上海、深圳、沈阳、天津、无锡、武汉、长春、长沙、郑州、重庆。

(4)2017 年左右的房价反弹,主要是由于棚改货币化等其他宽松政策。

过去很长时间内，我国货币与信贷政策过于宽松，导致大量的资金进入房地产业，造成整个经济发展对房地产依赖度过高。2020 年房地产贷款余额占 GDP 的比重达到 48.8%，比 2015 年提高 18.3 个百分点；全国土地出让金与地方财政收入之比达到 44.27%，比 2015 年提高 17.42 个百分点。企业的负债率过高，根据 Wind 数据库数据统计，2020 年 30 家头部企业资产负债率 2020 年平均值高达 72%。当前，防止货币与信贷政策大放大收，保持稳健中性的货币政策与信贷政策尤为重要，防止房价过快上涨或过快下降而冲击宏观经济的稳定。

2021 年初，为控制房地产市场过热和过高杠杆率，实施银行业房地产贷款集中度管理制度，并提高热点城市购房按揭房贷利率，再叠加针对房企三道红线管理，在供给端和需求端发力，政策力度过大。一些居民合理购房的按揭贷款需求得不到保障，开发企业多头挤压：一是销售款回笼慢；二是银行开发贷款控制严；三是地方政府严格了预售资金监管。这些造成大量房地产企业资金周转过于紧张，发生个别大型房地产企业债务违约和破产重组；房企普遍没有拿地能力，在第三次土地集中出让中，多地出现多宗土地流拍事件，整个房地产市场进入"冰冻"期。出现这种情况也是各方不愿意看到的。2021 年 9 月货币信贷政策导向开始微调。央行、银保监会联合召开房地产金融工作座谈会，提出稳妥实施房地产金融审慎管理制度，金融机构要按照法治化、市场化原则，配合相关部门和地方政府共同维护房地产市场的平稳健康发展，维护住房消费者合法权益，意在引导金融机构满足房企、个人购房者的合理信贷需求，防范出现对于涉房贷款的"一刀切"，要求金融机构不盲目抽贷、断贷，旨在保持住房平稳发展。

房地产业是资本密集型产业，货币与信贷政策保持稳健中性是治理房价异常波动的重中之重，本书提出如下仅针对促进房地产平稳健康发展的货币政策体系完善方向。

（1）保持合理适度的货币政策，平衡好服务经济发展和防范风险积累两者关系。从宏观角度看，货币供给增加会推动房价上升，加速积累金融市场系统性风险；紧缩的货币政策会对房地产市场过度繁荣起到有效抑制作用，但过于紧缩的货币政策会引发泡沫破灭。根据发达国家的经验，保持 M2 的增长高于同期 GDP 增长速度 1~2 个点，是比较合适的量。

（2）构建并长期持续执行房地产金融审慎管理制度，强化房地产企业资金监测和融资管理。房地产业杠杆率总水平偏高，未来必须坚定不移地去杠杆，将债务水平和杠杆率逐步降下来。以企业的资产负债率、净负债率、现金短债比等指标为"三条红线"，长期持续对房企有息负债规模增速加以限制，积极推进市场化法治化"债转股"，有效降低企业杠杆率。这既有利于房企和市场参与者主体形成稳定的金融政策预期，从而采取合理的策略性行为，增强自身抗风险能力；也有利于商业银行规避贷款风险，提高金融体系的韧性和稳健性，从而促进房地产市场与金融市场长期稳健运行，统筹把握好出台政策的力度和节奏，高度警惕去杠杆中的"次生风险"。

（3）有保有控，长期稳定地严格执行差异化个人购房贷款政策。个人住房信贷政策既要有助于防范风险、抑制泡沫，也要满足居民合理的购房需求，通过差异化的贷款政策，在重点支持居民家庭首套自住性购房、二套改善性购房需求的基础上，抑制投资投机性需求。商业银行或住房公积金管理机构可以根据购房区域、家庭条件的不同，综合运用贷款总额、利率价格、首付比例、最长贷款期限等手段，提供差异化的信贷服务。通过执行有扶有控的差异化信贷政策，引导居民住房消费量力而行，挤出投资投机性需求，实现"住有所居"的发展目标，促使住房回归居住属性。

（4）完善信贷资金用途监控和管理，严控各类资金绕道进入房地产市场。坚持"房住不炒"的总体定位，加大"稳地价、稳房价、稳预期"和国家有关政策的舆论引导。加大开发商资金来源合规性的审查力度，尤其是严控国有企业、上市公司利用其良好的信用低成本从银行融资、高利率拆借给房地产企业。同时，也要严格审核个人住房贷款首付款资金来源，严禁各类"加杠杆"金融产品，特别是消费贷款、小微企业贷款等违规用于购房首付款。

二、完善财税政策

从国际经验来看，房地产征税/补贴环节分布于住房开发、交易、持有的三个阶段。如图 8-2 所示，除了针对开发商的税收外，主要是住房交易和持有阶段，通过影响家庭购房成本和持有成本，一方面引导住房需求并借此调节市场需求；另一方面作为收入/财富二次分配的手段，降低收入/财富分配的不平衡。

我国现行税制总体表现为重开发、重交易、轻持有的特征。房地产开发阶段的纳税主体为企业，按照参与土地拍卖、从政府部门获取土地进行后续开发和销售，开发企业需承担契税、城镇土地使用税和印花税、土地增值税、

增值税、所得税、城市维护建设税、教育费附加、印花税等，各类应纳税收为销售额的10%左右，开发环节税负重。购买新建商品房的买方须缴纳的税种主要有契税、印花税。在二手房交易环节中，主要涉及增值税、所得税、契税等。在持有环节，此前我国住房市场仅在上海和重庆试点房地产税，该税种以房地产为征税对象，以土地使用权人、房屋所有权人为纳税人，其他城市均没有与住房持有相关的税种。

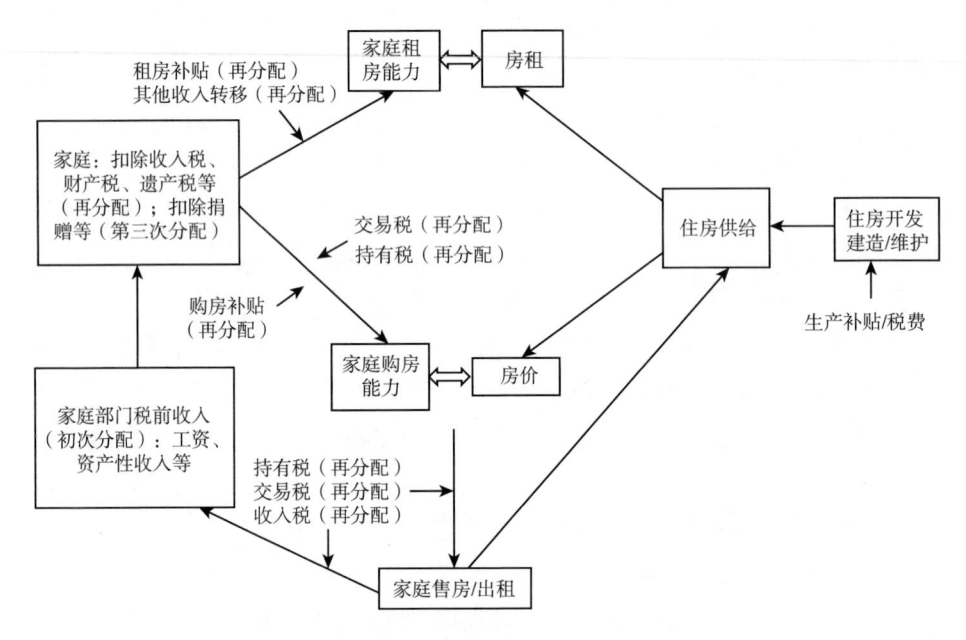

图 8-2　房地产财税的征税/补贴环节分布

随着我国经济社会发展进入实现全体人民共同富裕的新时代，房地产市场进入存量时代，持有阶段的税种将会在房地产经济活动中发挥更大的作用。第十三届全国人民代表大会常务委员会第三十一次会议上已通过了在部分地区开展房地产税改革试点工作的决定，具有标志性的意义。

部分专家担忧房地产税可能会给房价、地价带来负面影响，进而影响房地产市场和地方经济的发展。这种担忧很大程度上来自日本20世纪90年代日本资产泡沫破灭的经历。我们曾详细梳理分析了日本20世纪80~90年代资产泡沫形成和破灭过程中政府对金融和地产市场的干预措施，认为房地产税的提高导致房地产泡沫破灭，是需要较为复杂的金融、市场条件为前提的。发现如下：一是20世纪90年代初日本面对地产和股市泡沫，采取了过强的调控措施，包括快速拉升官方贴现率以及实施强力的地产加税，这本身将促使地产价值大幅度向下重构。二是由于日本当时市场的非有效性以及金融体系的复杂性，使得任何价格的调整都很容易被放大成剧烈的市场波动。三是日本政府采取收紧措施已为时已晚，泡沫水平已经相当高企（价格严重偏离基本价值）；而且地产税制的改革推出之时，地产和其他资产市场已经受到货币政策的打压，当时股票市场已经处于崩跌状态，这种悲观情绪很容易传导到地产市场。综合上述三种因素，地产税制的改革，特别是地产拥有税（即我们所说的房地产税）税负的提高，仅仅是地产泡沫破灭的导火索之一，而不是根源。即如果没有地产税制改革，其他负面市场冲击也能够成为导火索。此外，如第七章中已经分析，新加坡几次提高房产税，不管是在市场过热阶段还是市场下行阶段，均没有对房价产生持续负面影响。

积极推广持有环节的房地产税，有利于实现抑制房价的异常波动的目标，即通过增加房屋保有环节的成本，能增加拥有多套住房者的持有成本，有效调节过度住房投资和消费；同时，也可以缓解地方财政压力，改变目前地方政府城市建设、城市管理的资金需求高度依赖于土地出让金的现状，降低地方政府推高地价、房价以获取更多土地出让金的倾向。此外，房地产税还能优化居民收入分配结构，抑制收入和财富差距过大问题，推进共同富裕目标的实现。

推行房地产税，关键是确定合理的税率，应采用稳健的政策实施策略：一是在实施之前，需要充分做好市场沟通，提前让市场知晓、理解、消化吸收房产税的预期；二是在实施的起步期，以相对低的税率起征，有利于减轻对市场的冲击，有利于提高居民接受度；三是尽可能避免与其他高强度、"一刀切"式调控政策同时推出，避免原本对市场作用有限的负面效果被叠加放大。

三、继续完善对地方政府考评体系

自党的十八大以来，对地方政府考评体系不断完善，由 GDP 为主的政绩考核逐渐转变为综合政绩考核。2013 年，习近平总书记在全国组织工作会议上强调"把民生改善、社会进步、生态效益等指标和实绩作为重要考核内容，再也不能简单以国内生产总值增长率来论英雄了"；同年，中央组织部印发《关于改进地方党政领导班子和领导干部政绩考核工作的通知》，明确要求"政绩考核要突出科学发展导向，不能仅仅把地区生产总值及增长率作为考核评价政绩的主要指标，不能搞地区生产总值及增长率排名，对限制开发区域不再考核地区生产总值。强化约束性指标考核，加大资源消耗、环境保护、消化产能过剩、安全生产等指标的权重。更加重视科技创新、教育文化、劳动就业、居民收入、社会保障、人民健康状况的考核"。政绩考核制度由以GDP指标为代表的经济指标为主，转变为多维的经济、民生、环境、能耗、安全生产等指标，GDP指标的权重大大下降，环境、能耗、安全生产等约束性指标权重大大增加。

将环境、污染相关指标纳入地方政府考评体系在环境改善方面成效显著，值得借鉴。2016年末，国家发改委等部门联合发布《绿色发展指标体系》和《生态文明建设考核目标体系》，对生态环境质量等涉及人民获得感的指标赋予了很高的分值和权重，强化地方党委和政府生态文明建设的主体责任。在该考核指标中，人均GDP增速权重占1.83%，单位GDP能耗权重达到2.75%；PM2.5指标达标权重占2.75%，地级及以上城市空气质量优良天数比例权重为2.75%；地表水劣五类水体比例、森林覆盖率等权重也为2.75%。不难看出，环境权重远远超过GDP。"十三五"规划期间，我国环境污染治理取得显著成就，生态环境保护各项工作取得重要进展，成效显著，与加强地方政府的考评密切相关。

住有所居，是最基本的民生工作之一，牵动人心。住房价格的高低，直接影响人民的幸福感和获得感。部分城市过高的住房价格同居民收入水平严重错配，阻碍房地产市场健康发展，不利于实现共同富裕。2016年底，中央经济工作会议首次提出，"房子是用来住的，不是用来炒的"，促进房地产市场平稳健康发展。此后，"房住不炒"成为住房市场调控的重要方针。

近年来，中央多次督导、约谈一些城市，这些城市在约谈后才真正重视房地产市场调控。例如，2021年，被督导城市包括上海、深圳、北京、成都、无锡和杭州，被约谈城市包括广州、合肥和宁波等。其中，深圳、无锡、成都、合肥和宁波在中央督导后，才及时出台针对性强且力度大的调控政策，以抑制住房市场过热。以深圳为例，在中央督导之后，深圳出台政策文件数达到5个以上，使用了"限购""二手房价格管理""土地竞拍管理""人口管理"等高强度工具。在通过提高落户门槛、修补离婚限购漏洞以保持新房价格正常波动的同时，深圳率先建立了二手住房成交参考价格发布机制，有效抑制了二手房价格异常上涨态势。二手房价格同比增速逐渐从16.00%（2021年2月）回落至3.60%（2021年9月），并呈持续下降态势。

怎样让城市政府由被动作为转向主动作为,通过建立城市政府负主体责任、实施对城市政府"稳地价、稳房价、稳预期"成效考核机制是关键。建议从住房市场健康性、房地产与城市经济协调性、人—房—地协同性三大维度建立评价体系,住房市场健康性主要包含:新建商品住宅销售均价、租赁住房价格、商品住宅用地价格的变动率在一定的幅度内,城镇居民住房购房负担、租房负担应在合理范围内。房地产与城市经济协调性主要是防止城市经济过度依赖房地产业,包含房地产开发投资与固定资产投资的比值、社会购房支出与消费总额的比值、房地产贷款余额占各项贷款余额的比值、房地产贷款与GDP的比值、土地出让收入与地方财政收入的比值、房地产税收与地方财政收入的比值处在合理范围内。人—房—地协同性主要包括:(出让用地规划住宅可建面积+保障性住房新开工面积)/城镇常住人口、出让用地规划住宅可建面积/过去三年商品住房平均成交面积处于合理范围,防止供给不足或严重过剩,详见表8-2。

表8-2　　　　　城市住房和房地产健康评价指标体系构成

维度	指标	类型
一、住房市场健康性	(1) 新建商品住宅销售均价变动率	约束性
	(2) 租赁住房价格变动率	约束性
	(3) 商品住宅用地地价指数	约束性
	(4) 城镇居民住房购房负担	约束性
	(5) 城镇居民住房租房负担	约束性
二、房地产与城市经济协调性	(6) 房地产开发投资与固定资产投资的比值	引导性
	(7) 社会购房支出与消费总额的比值	引导性
	(8) 房地产贷款余额占各项贷款余额的比值	引导性
	(9) 房地产贷款与GDP的比值	引导性
	(10) 土地出让收入与地方财政收入的比值	引导性
	(11) 房地产税收与地方财政收入的比值	引导性
三、人—房—地协同性	(12)(出让用地规划住宅可建面积+保障性住房新开工面积)/城镇常住人口(人与地)	约束性
	(13) 出让用地规划住宅可建面积/过去三年商品住房平均成交面积(地与房)	约束性

构建城市住房和房地产健康评价体系,用以衡量评价城市房地产市场发展态势,并由中央牵头,将该评价体系纳入城市考评体系,将房地产市

场发展同地方政府官员政绩相挂钩，落实地方政府主体责任；同时，提高房地产市场发展考评在城市考评体系中的权重，倒逼地方政府官员调整发展思路，积极稳定房地产市场。此外，中央政府应同地方政府联合建立房地产市场监测体系，准确统计相关数据，因城设定考核目标，根据考核结果严肃奖惩。

四、完善住房法律法规

住房具有民生属性、经济属性和金融属性，对经济社会各方面都有举足轻重的影响。住房制度改革以来，我国建立起的以商品住房开发、销售为主要模式的住房供给方式，在当时国家经济实力弱、住房短缺严重、城镇化快速推进的背景下发挥了重要作用。但现行过于依赖商品房市场的住房制度以及带来的房价异常波动频繁、加剧财富分配不平等和高风险等问题，有违可持续发展和共同富裕的目标。

党的十八大以来，以习近平同志为核心的党中央高度重视住房问题及其可能引发的风险，不断完善住房保障体系和市场体系。党的十九大报告提出"坚持房子是用来住的、不是用来炒的定位，加快建立多主体供给、多渠道保障、租购并举的住房制度，让全体人民住有所居"，内涵十分丰富，一是明确住房发展的目标；二是回归住房居住属性；三是改变解决住房问题要么找政府要么找市场的"二元"供给结构，形成多主体供给、多渠道保障格局；四是补齐租赁短板。近年来，我国加快建立房地产市场长效机制，加快完善住房保障体系，特别是《国务院办公厅关于加快发展保障性租赁住房的意见》，首次在国家层面明确了以公租房、保障性租赁住房和共有产权住房为主体的住房保障体系顶层设计。

但在实际执行过程中，由于没有立法，政府长期依靠政策文件处理住房乃至衍生的社会问题，一是没有形成稳定的制度，难以形成稳定的预期，实施的效果不佳；二是降低了住房在整个社会保障和社会发展中的地位，解决住房问题的各种资源配套和措施得不到有效保障；三是存在着对住房资源的保障违反其他上位法律的制度风险，处于被动地位。我们认为，住房是民生之要，是国民最重要的财富，是国家发展和社会稳定的重要基石，在国家内部治理中占有重中之重之地位，需要一部固根本、稳预期、利长远的住房法律。这既是更好地保障住有所居这一公民基本权利的现实需要，更是通过立法建立起有利于实现共同富裕的新住房制度,建立起依法治理国家最大的民生工程和重要支柱产业的法律体系,协调好住房的民生属性、经济属性、金融属性三者的关系,促进民生福祉持续改善和经济社会可持续发展,意义重大。

第三节 加快构建完善治理房价异常波动的城市制度体系

在相同的宏观环境下,为什么有的城市房价出现异常波动,有的城市房价平稳?

从引起价格变动的源头因素看,一是供求关系拉动型的价格变动,出现供不应求或供大于求,原有的价格均衡点被打破,价格出现上涨或下跌;二是成本推动型的价格变动,例如,土地拍卖价格创新高,强化市场价格上升预期,重塑价格体系。因此,保持城市住房市场供给略大于需求,保持地价基本稳定,对稳定房价发挥着基础性作用,这是长沙、重庆保持住房价格基本平稳且处于合理区间的最为重要的经验。

因此,正如前面分析的,通过建立城市政府负主体责任、实施对城市政府"稳地价、稳房价、稳预期"成效考核机制是治理房价异常波动关键,促使城市政府有稳定房价的压力和动力。在此前提下,在具体操作层面可以从建立城市房地产市场监测制度、建立职住平衡的住宅用地充足供给保证制度、实行土地竞拍价格管控制度、抑制住房过度投资过度消费制度、建立市场行为规范的制度和建立综合协调机制入手,治理房价异常波动。

一、建立城市房地产市场监测制度

做好城市房地产市场监测是精准治理房价异常波动的重要前提。城市政府应及时跟踪、掌握和分析房地产市场形势,紧盯市场供给量、交易量与价格的变动,量的变化往往在价格变化之前,量先于价。市场监测体系建议包括:土地市场监测包含住宅用地成交面积、规划可建面积、住宅用地成交地价、住宅用地溢价率、住宅用地参拍企业数等指标;新建商品住房市场监测包括住宅成交面积、住宅交易价格、住宅去化周期、中低价位/中小户型住宅去化周期；二手房市场包括二手房成交面积、二手房价格，见表8-3。从这些指标的变化中，可及时、准确地把握市场动态，及时研究相关的应对之策。

表8-3　　　　　　　　　　城市房地产市场监测指标

监测市场	指　　标	解读与应对
土地市场	住宅用地成交面积/规划可建面积同比	反映住宅用地供给能否满足市场需求，特别需要同时考虑常住人口增速，供给量过大或过小，都应及时调整政策
	住宅用地成交地价同比	与周边过去成交的地价比，反映地价的变动，对地价出现大幅度波动的，及时研究出台对策
	住宅用地溢价率	反映市场热度，过热或过冷都应及时研究出台对策
	住宅用地参拍企业数	反映市场热度，过热或过冷都应及时研究出台对策
新建商品住房市场	住宅成交面积同比、环比	反映市场热度，如果连续3个月出现快速增长或下跌，需及时研究并考虑是否出台对策
	住宅价格同比、环比	住宅价格同比超过一定阈值（如5%），或连续3个月环比出现快速增长或下跌，需及时研究并考虑是否出台对策
	住宅去化周期	住宅去化周期短于合理区间，或长于合理区间，且继续呈缩短或延长态势，需及时研究并考虑是否出台对策
	中低价位/中小户型住宅去化周期	中低价位/中小户型去化周期短于合理区间，或长于合理区间，且继续呈缩短或延长态势，需及时研究并考虑是否出台对策
二手房市场	二手房成交面积同比、环比	反映市场热度，如果连续3个月出现快速增长或大幅下跌，需及时研究并考虑是否出台对策
	二手房价格同比、环比	二手房价格同比超过一定阈值（如5%），或连续3个月环比出现快速增长或下跌，需及时研究并考虑是否出台对策

二、建立职住平衡、住宅用地充足供给保证制度

正如在第五章第五节分析的，住宅用地供给不充分是拉动房价快速上升的重要原因。按照我国《城市用地分类与规划建设用地标准》，居住用地占

城市建设用地的比例标准为25.0%～40.0%。其中，Ⅰ、Ⅱ、Ⅵ、Ⅶ气候区为28.0%～38.0%，Ⅲ、Ⅳ、Ⅴ气候区为23.0%～36.0%。深圳、上海、广州等城市居住用地配比都达不到最低标准，造成住房严重供不应求。深圳已经发现居住用地配比不足带来的系列问题，2021年出台了《关于进一步加大居住用地供应的若干措施》，明确在国土空间总体规划中合理安排生产、生活、生态空间，在保障总体用地结构均衡的前提下，逐步提高居住和公共设施用地规模和比例，确保至2035年全市常住人口人均住房面积达到40平方米以上，年度居住用地供应量原则上不低于建设用地供应总量的30%；适当提高都市核心区及各综合性服务中心地区居住用地比例。在保障产业空间量质齐升的前提下，推进第二、第三产业用地混合利用，增加住房及公共配套设施供给，加快促进产城融合；鼓励在已建、在建及已纳入近期建设规划的轨道站点500米范围内实施以居住为主的综合开发；位于密度二、三区的新供应商品住房和公共住房建设项目，容积率可按密度一区居住用地容积率上限执行。深圳增加居住用地配比和供应量以及优化居住用地区位规划的力度大、理念先进，值得各城市借鉴。

住房问题既是民生问题也是发展问题，关系到千家万户的切身利益，关系到人民群众的安居乐业，关系到社会的和谐稳定。亚里士多德在其名著《政治学》卷A中曾经讲过，"人们为了活着，聚集于城市；为了活得更好，居留于城市"，城市是人生活的地方，人是城市的主体。建设用地的供给首先应保障居住的需要。而过去，我国一些城市政府本末倒置，用地配置上出现严重的"重生产、轻生活"倾向，应该给予彻底的纠正。为此，建议如下。

一是确保居住用地充分供应。要稳定住房价格，就必须要保证住宅用地稳定、有序、适度充分的供给。在严格执行土地利用总体规划和土地利用计划的前提下，根据房地产市场供需变化，适时调整土地供应总量，优化供地结构，适度减少商业办公用地供给，增加住宅用地供给，确保住宅用地供给量不低于正常水平。在住房价格上涨过快的区域，进一步提高居住用地在土地供应中的比例，着重增加中低价位普通商品住房和保障性住房建设用地供应量。北京市、上海市、广州市、深圳市必须守住每年居住用地供给不低于新增建设用地25%的底线，其他城市不低于30%。住房供求矛盾紧张、历史欠账严重的城市，在"十四五"期间，应尽可能增加居住用地的供给。

二是按产城融合、职住平衡理念规划居住用地的布局。走集约、绿色、低碳的道路，既减少对城市的交通压力，又提高居民幸福感。各产业园区规划中，应该按照产业用地空间可能带来的就业人口和就业人口结构，提前规划布局居住社区的规模、结构和空间，重视配置一些适合新市民和青年人需求的小户型、低租金住房，要实现这种状态必然需要政府有先进的理念、合理的规划和建设。

杭州湾新区产城共融规划，在产城融合方面做得较好。杭州湾新区位于浙江省宁波市北部，宁波杭州湾跨海大桥南岸，居于上海、宁波、杭州、苏州等大都市的几何中心，是宁波接轨大上海、融入长三角的门户地区。发展愿景定位为创新活力湾·宜居生态城。发展目标是建设"一城四区"，即建设国际化滨海名城和先进制造集聚区、科技创新实验区、健康休闲生态区、产城人融合示范区。杭州湾新区发展十余年来，从县域经济开发区逐步升级成为国家级经济开发区，产业规模不断壮大，吸引长三角乃至全国各大优企入驻，产业带动下新城能级持续提升，城市建设加速推进。大量大企业的入驻，也带来大量产业工人安置的问题。新区管委会基于各区吸纳的人口规模，在新区规划提前布局混合社区。以十一塘以南产业区片为例，共规划了5个混合社区布点，规划范围总用地640公顷，总建设用地498公顷，净用地334公顷，可容纳12.5万人居住。混合社区住房类型上有廊式宿舍、单身公寓（人才公寓）、酒店式公寓、套式公寓等多种形态，满足不同收入群体需求。配套的功能涵盖了生活配套、娱乐休闲及商务会议等各个方面，满足居住者生活、工作以及企业商务需求。

三是统筹做好居住用地与公共设施的规划布局和建设时序。即加强交通、托幼、基础教育、商贸市场等与居民日常生活密切相关的公共设施的配置，着重保障各项公共设施规划建设，构建优质均衡的公共服务体系。

三、完善土地竞拍价格管控制度

长期以来，我国各地都采用"价高者得"的竞地方式，这种完全竞争的方式在很好地防止廉政风险的同时，政府也失去了对地价的控制权，过去各地出现的"地王"直接推动高房价，造成极不好的影响。为了防止高地价对高房价的推动，尤其是在热点城市，应该实施房价地价联控机制，在土地出让环节就规定销售的商品住房均价。2017年以来，各地都推出了形式多样的"限房价、竞地价""限房价、竞地价、竞自持""限房价、竞地价、竞保障性住房"等，通过建立房价和地价联动机制，对土地市场现行招拍挂方式和程序进行探索和创新，抑制居住用地出让价格的非理性波动，防范和化解房地产市场风险。例如，上海、苏州等城市，通过实行商品居住用地限价竞价，对居住用地分别设定起始价、中止价、最高报价，由一次报价最接近平均价者竞得，报价与平均价价差绝对值相同的，则报价低者优先；北京等城市则采取"房地联动，一地一策"的竞拍规则，即根据不同地块具体情况，设定不同的土地竞买或房屋销售条件，如设定地价上限、竞政府共有产权份额、竞建高品质住宅、竞建人才公租房、竞企业自持房屋比例、执行差异化税收信贷优惠政策、制定优先购房顺序等，都取得了一些经验和成效。

当然，一些城市简单地采用"限房价、限地价、竞自持"的方式，由此也导致开发商为了保销售业绩、保市场占有份额，盲目竞价，然后采取：一是压缩成本，在装修、建材、施工等各个环节减配，降低房屋质量；二是变相突破限价，在精装、产品设计、收费名目上做高溢价，增加回款。这些导致许多交付楼房出现较多质量问题和业主投诉。在中央的指导下，2021年第二和第三轮集中供地中，上述问题得到了改善（如表8-4所示）。既控房价、又控地价、保品质，是当前土地竞拍价格管控制度亟须完善的方向。

借鉴各地的探索实践，我们比较推荐的做法如下。

一是建立参拍开发商遴选制度。对过去在全国尤其是在本地诚信记录较好的企业，才有资格参加住宅用地投标。

二是对投入土地竞拍的资金来源进行审核，竞买商品住宅用地从事房地产开发必须使用自有资金。不得使用银行贷款、债券融资、信托资金、资管计划配资、保险资金。

三是定品质，从公共空间、建筑设计、建筑品质、停车与配套设施等提出明确的要求。例如，南京《关于提升全市新建商品住宅规划品质要求的通知》规定，配套设施尽量集中布设，避免零星布局；地下车库顶板覆土深度不得小于1.5米，以提高绿化景观品质。地下车库地坪面层不得采用低品质水泥砂浆面层；立面应使用耐脏、耐老化、易清洗的高品质板材；当卧室、起居室（厅）布置在噪声源一侧时，外窗应采取三玻两腔等隔音降噪措施；新建的商品房小区应统一封闭阳台，并扩大阳台进深。原则上应采用人车分流的交通组织形式，住宅建筑除访客车位和特殊车位外一般不得设置地面机动车停车泊位等，明确开发品质要求。

表 8-4　2021 年 22 城集中供地出让规则变化

城市	集中供地	限地价	限房价	竞自持/配建	竞人才房/共有产权等	竞品质/定品质	摇号	一次报价	限参拍	禁马甲	限资金来源	保证金比例	溢价上限
北京	第一次集中供地	▲	▲	▲	▲	▲	▲			▲		20%	10%
	第二次集中供地	▲	▲			▲	▲			▲		20%	15%
	第三次集中供地（暂未公布）													
广州	第一次集中供地	▲	▲	▲		▲	▲			▲	▲	20%、50%	25%~45%
	第二次集中供地	▲	▲	▲			▲	▲	▲	▲	▲	20%	15%
	第三次集中供地	▲	▲	▲					▲	▲	▲	20%	14%~15%
杭州	第一次集中供地	▲	▲				▲			▲	▲	20%、80%	28%~30%
	第二次集中供地	▲	▲	▲		▲	▲		▲	▲	▲	20%	15%
	第三次集中供地（暂未公布）													
合肥	第一次集中供地	▲	▲	▲			▲		▲	▲	▲	20%~30%	25%~30%
	第二次集中供地	▲	▲			▲	▲		▲	▲	▲	20%~30%	15%
	第三次集中供地	▲	▲	▲					▲	▲	▲	平均 22%	15%
济南	第一次集中供地	▲	▲				▲			▲	▲	20%~50%	65%
	第二次集中供地	▲	▲				▲			▲	▲	20%~50%	15%
	第三次集中供地	▲	▲	▲	▲		▲			▲	▲	30%~100%	15%
宁波	第一次集中供地	▲	▲	▲		▲				▲	▲	20%	14.90%
	第二次集中供地	▲									▲	20%	24%~30%
	第三次集中供地（暂未公布）													15%

续表

城市	集中供地	限地价	限房价	竞自持/配建	竞人才房/共有产权等	竞品质/定品质	摇号	一次报价	限参拍	禁马甲	限资金来源	保证金比例	溢价上限
长春	第一次集中供地	▲										20%, 100%	30%
	第二次集中供地	▲		▲								20%, 100%	30%
	第三次集中供地（暂未公布）												
成都	第一次集中供地	▲	▲	▲								20%~30%	10%
	第二次集中供地	▲	▲	▲	▲	▲			▲	▲	▲	20%~30%	10%
	第三次集中供地（暂未公布）												
南京	第一次集中供地	▲	▲				▲		▲	▲	▲	30%~50%	15%~30%
	第二次集中供地	▲	▲			▲	▲		▲	▲	▲	20%~50%	15%
	第三次集中供地	▲										20%~50%	15%
青岛	第一次集中供地	▲		▲							▲	50%, 100%	65%
	第二次集中供地	▲				▲			▲	▲	▲	50%, 100%	15%
	第三次集中供地（暂未公布）												
天津	第一次集中供地	▲		▲					▲		▲	20%~50%	33%~49%
	第二次集中供地（暂未公布）											20%~50%	15%
无锡	第一次集中供地	▲	▲				▲		▲	▲		20%~30%	6%~20%
	第二次集中供地	▲				▲	▲		▲	▲		20%, 30%	3%~20%
	第三次集中供地	▲										20%	15%

续表

城市	集中供地	限地价	限房价	竞自持/配建	竞人才房/共有产权等	竞品质/定品质	摇号	一次报价	限参拍	禁马甲	限资金来源	保证金比例	溢价上限
武汉	第一次集中供地	▲										10%~20%	—
	第二次集中供地	▲	▲						▲	▲	▲	10%~20%	15%
	第三次集中供地（暂未公布）												
长沙	第一次集中供地	▲	▲	▲		▲	▲					50%	9%~49%
	第二次集中供地	▲	▲	▲					▲	▲	▲	平均32%	15%
	第三次集中供地（暂未公布）												
上海	第一次集中供地	▲	▲	▲				▲	▲	▲	▲	20%	10%
	第二次集中供地	▲	▲	▲				▲	▲	▲		20%	10%
	第三次集中供地（暂未公布）	▲	▲									20%	10%
厦门	第一次集中供地	▲	▲	▲					▲			20%	25%、50%
	第二次集中供地	▲	▲							▲		20%	25%、50%
	第三次集中供地（暂未公布）												
郑州	第一次集中供地	▲	▲							▲	▲	50%	30%
	第二次集中供地	▲				▲				▲		50%	15%
	第三次集中供地（暂未公布）												
沈阳	第一次集中供地	▲								▲		20%	10%~20%
	第二次集中供地									▲		20%	15%
	第三次集中供地（暂未公布）												

续表

城市	集中供地	限地价	限房价	竞自持/配建	竞人才房/共有产权等	竞品质/定品质	摇号	一次报价	限参拍	禁马甲	限资金来源	保证金比例	溢价上限
深圳	第一次集中供地	▲	▲	▲	▲							20%、50%	45%
	第二次集中供地	▲	▲	▲			▲		▲	▲	▲	50%	15%
	第三次集中供地	▲	▲	▲			▲		▲	▲	▲	50%	15%
苏州	第一次集中供地	▲	▲					▲				30%	15%
	第二次集中供地	▲	▲	▲			▲	▲	▲	▲	▲	30%～50%	15%
	第三次集中供地	▲	▲				▲	▲	▲	▲	▲	30%	15%
福州	第一次集中供地	▲	▲	▲					▲	▲	▲	20%、100%	30%
	第二次集中供地	▲	▲						▲	▲	▲	20%	15%
	第三次集中供地	▲	▲						▲	▲	▲	20%	15%
重庆	第一次集中供地											20%为主	—
	第二次集中供地	▲		▲		▲			▲	▲	▲	10%～20%	15%
	第三次集中供地（暂未公布）												

注：（1）▲表示该城市存在该土拍规则；
（2）截至2021年11月10日，北京、杭州、宁波、长春、成都、青岛、天津、武汉、长沙、厦门、郑州、沈阳、重庆未公布2021年第三次集中供地公告；
（3）将中央推动改善的工具用浅蓝色填充。

四是限房价。除少数面向市场高端需求的地块外，一般的普通商品住房用地出让时，就规定开发后的上市销售价格最高限价。

五是限地价。土地拍卖的起价合理，应吸引更多的开发企业参加，对地价的上限做出规定，避免出现面粉比面包贵。商品住房销售价格最高限价与地价之间，应该预留给开发单位合理的利润空间。

六是摇号确定开发单位。若报价达到最高地价的超过1家以上的企业，则可以通过公证摇号的办法确定拿地开发商。

上述做法，可能有损地方政府实现土地收益最大化，也有损一些大企业优势的发挥。但是，住房是民生产品，当前保持房价基本稳定是最大的政治、社会要求。因此，在人多地少的背景下，这种做法有利于控房价、控地价、保品质。

四、抑制住房过度投资过度消费制度

我国人多地少的国情，决定了住房不能成为投资品、逐利品，决定了政策设计应该鼓励在满足基本舒适生活条件下、集约节约利用住房资源。因此，需要用行政的、经济的手段综合施策，抑制住房过度投资过度消费。

一是人口净流入城市和特大型城市，应建立长期限购制度。住房限购并不是新鲜事物，不是我国的发明。韩国首尔长期实行本地户籍家庭才能在当地购房的制度，即使是公务员，除非获得"国家有功者"的称号，非首尔户籍的也一律不得在首尔购房。澳大利亚在房地产市场过热时也宣布恢复非本地人禁止购买住房的限购措施。2011年1月26日国务院办公厅发布的《关于进一步做好房地产市场调控工作有关问题的通知》明确规定，"原则上对已拥有1套住房的当地户籍居民家庭、能够提供当地一定年限纳税证明或社会保险缴纳证明的非当地户籍居民家庭，限购1套住房（含新建商品住房和二手住房）；对已拥有2套及以上住房的当地户籍居民家庭、拥有1套及以上住房的非当地户籍居民家庭、无法提供一定年限当地纳税证明或社会保险缴纳证明的非当地户籍居民家庭，要暂停在本行政区域内向其售房"。此后，全国众多城市颁布了住房限购令。2015年在去库存背景下，不少地方放松了限购政策，2016年底开始各地又陆续恢复限购政策。

有人质疑：市场经济下为什么实施限购？他们认为限购令是一种行政调控手段，不是一种市场调控手段，有违市场经济基本原则。这种认识是不对

的。第一，这是由住房性质的特殊性决定的，住房是民生产品，如果投机盛行，房价高涨，必将进一步增加普通老百姓生活困难，也会带来其他一系列损害实体经济和金融安全的风险。韩国、澳大利亚、新加坡等纯市场化国家都实行限购令，就是由行政手段去弥补市场调节的失灵。第二，我国是社会主义国家，坚持以人民为中心的发展理念，一切为了群众，一切依靠群众，这是习近平新时代中国特色社会主义思想的核心要义。实施限购令，就是利用计划机制限制投机行为，抑制地价、房价的飙升，从而使住房资源真正为广大人民群众服务，而不是为少数有钱人获取暴利服务。第三，人多地少是我国基本国情，尤其是大城市面临更紧张的土地资源，住宅用地长期处于供不应求状态，对稀缺性住宅资源的配置，无论从理论还是实践都已经证明，完全依靠市场调节是不行的，需要政府的介入，维护公平性。我们认为限购政策不是临时政策，应该成为一项中长期政策。

二是逐步实施房产税。一些地方政府对实施房产税心存顾虑，担心影响房地产市场。房产税在出台的前后对房地产市场会产生一定的冲击，但中长期看，影响较小。实施房产税是减少对稀缺性住房产品低效占用的重要工具，也是调节家庭财富的一种工具。世界上 224 个国家和地区中已经有 100 多个国家实施房产税。我国已经有条件开征房产税，通过房产税，进一步抑制投资投机性需求，抑制对住房的过度消费。

此外，根据市场情况，适时采用限贷、限售等政策。

五、建立健全规范市场行为的制度

（1）建立健全规范开发企业行为制度。不得捏造或者散布不实信息，恶意炒作房价，不得变相捂盘惜售扰乱市场秩序。对外销售的商品房价格，应当与该项目在政府预售系统申报的"一房一价"一致，不得以任何形式拆分购房款，不得使用虚假或不规范的价格标识、标价方式误导购房者。在取得商品房销售许可前，不得以认购、认筹、预定、排卡等方式向购房人收取或者变相收取定金、预定款、诚意金、房款等预付款。销售收取的定金、购房款等应全部纳入该项目资金监管银行账户等。

（2）建立健全规范中介企业行为制度。建立负面清单制度，不得编造散布谣言，不得发布虚假房源，不得赚取房源差价，不得违规开展金融业务，不得挪用交易资金，不得违规代理销售等。

（3）加快推进房地产开发企业、中介企业信用体系建设，建立健全失信"黑名单"制度，及时将有关违法违规企业（机构）及人员情况录入房地产开发经营系统信用模块，加快建立"一处违法、处处受限"的联合惩戒机制。

六、建立综合协调机制与向人大报告制度

治理房价异常波动，涉及土地政策、金融政策、税收政策、人口政策、限购限售行政政策等，非一个部门能解决，涉及自然资源和规划局、住建局、人民银行和银监委、税务局、公安局等。各地应该建立住房工作统筹委员会（或房地产市场调控领导小组），在主要领导负责下，及时跟踪分析住房市场动态，及时研究完善相关政策，及时采取措施，保证城市住房市场健康平稳发展。

各地应建立向当地人民代表大会或人大常委会报告制度，汇报政府在促进人人住有所居、促进城市住房市场健康发展所做的工作，当前还面临的主要问题，下一步的举措，既增强地方政府向人民负责的意识，也让更多的人民代表了解住房市场情况，进一步凝聚共识。

附录

附录 A

A.1 70 个大中城市中，除典型城市外的城市新建住宅价格异常波动识别结果

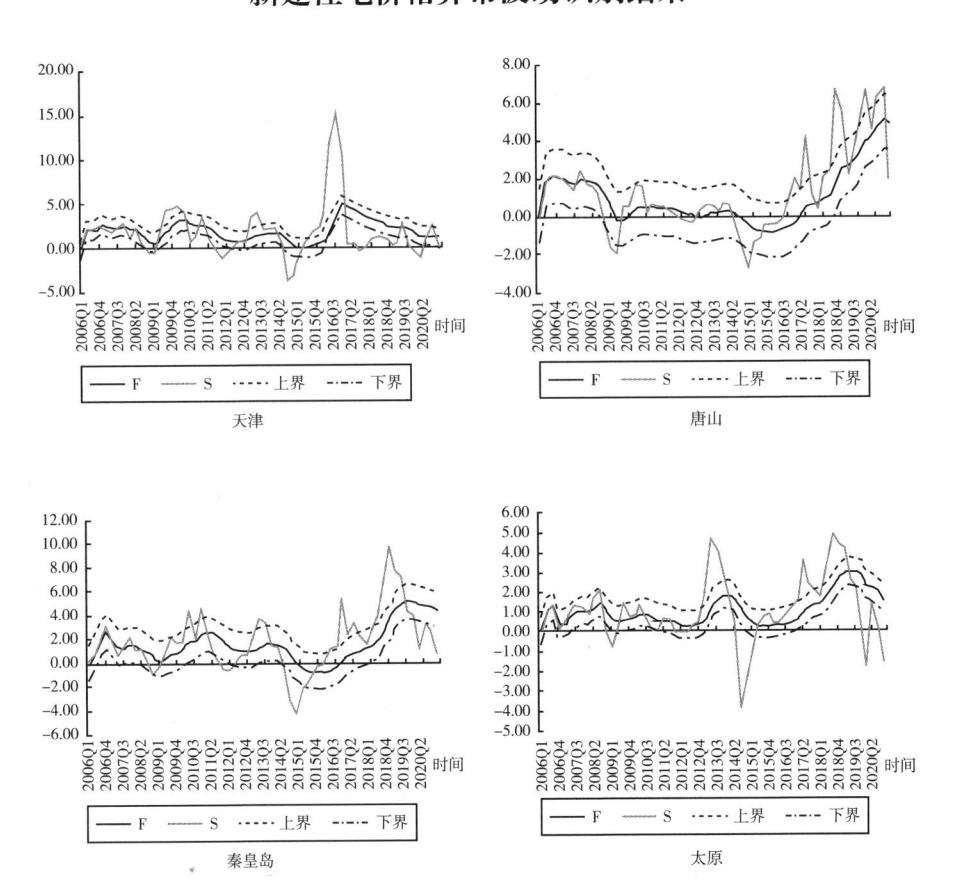

天津

唐山

秦皇岛

太原

呼和浩特

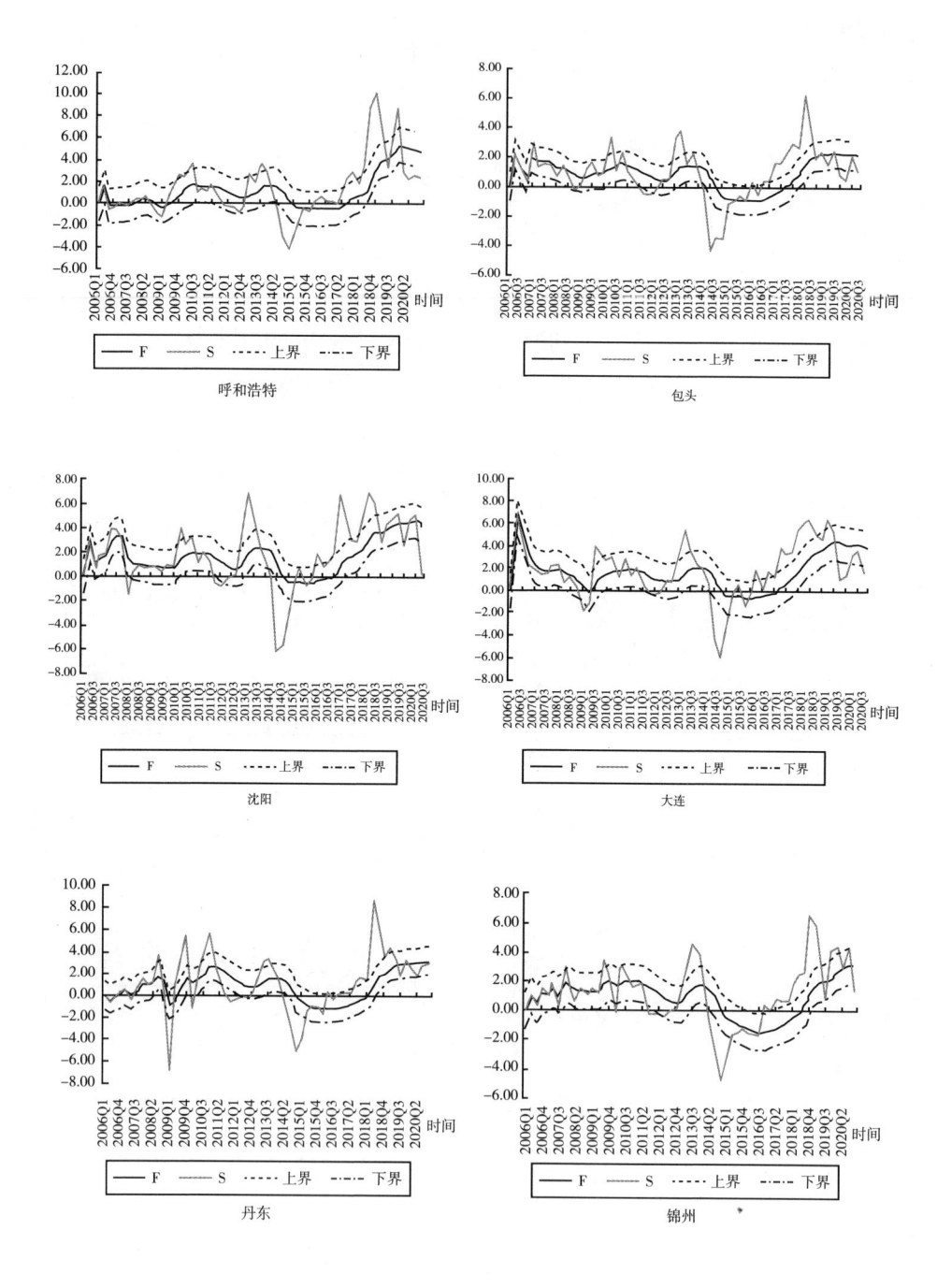

包头

沈阳

大连

丹东

锦州

附录

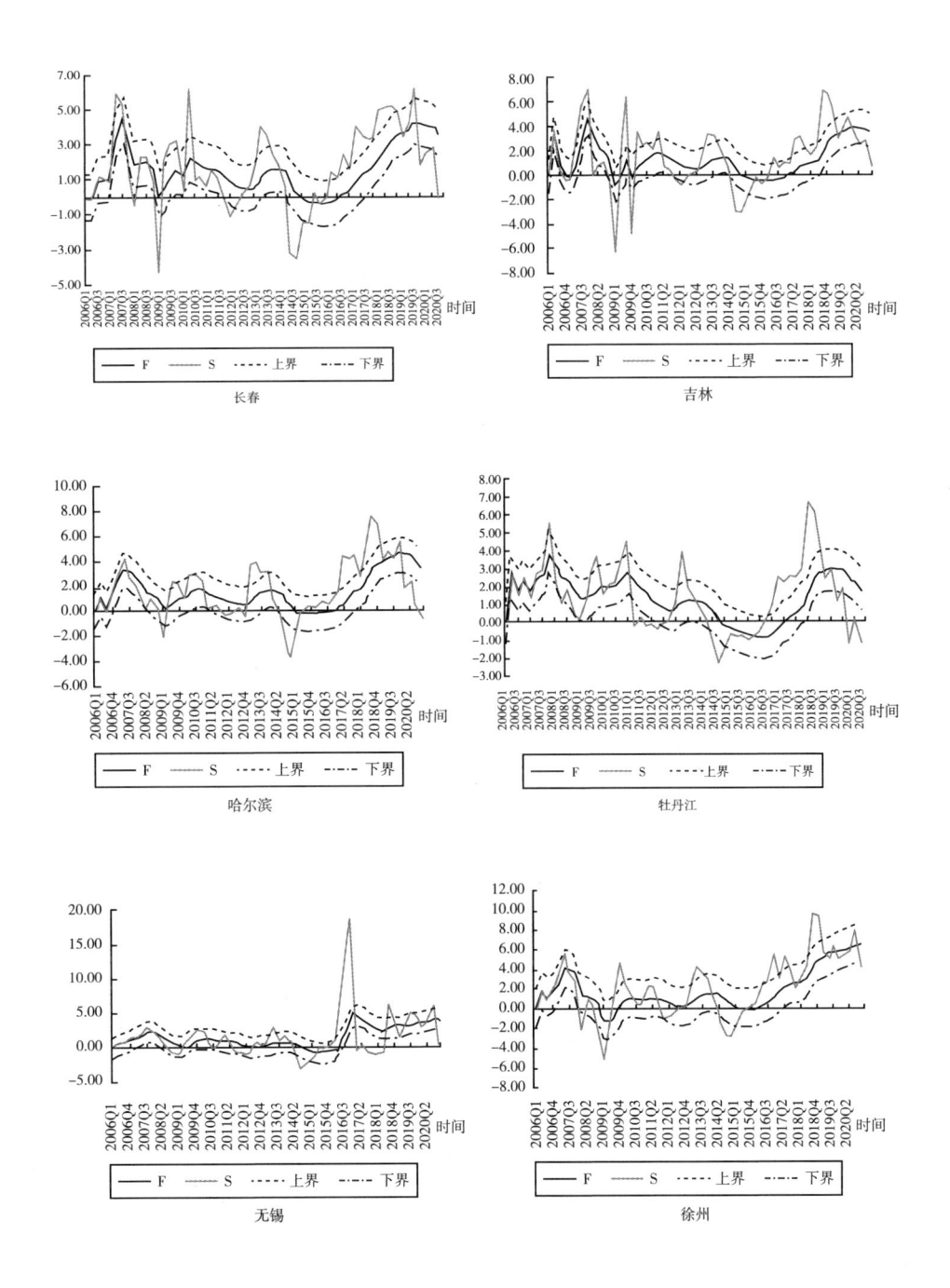

长春

吉林

哈尔滨

牡丹江

无锡

徐州

宁波

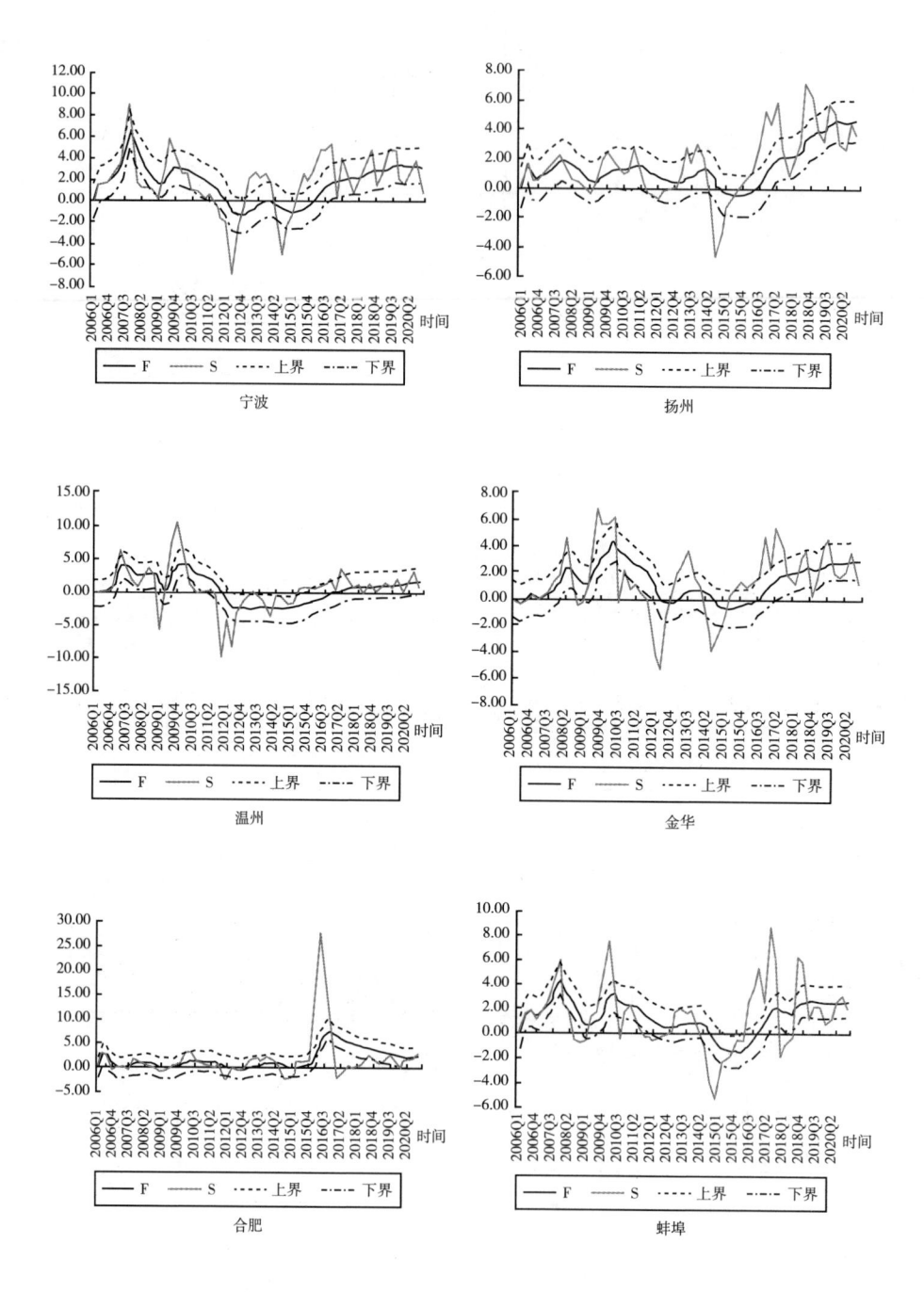

扬州

温州

金华

合肥

蚌埠

安庆

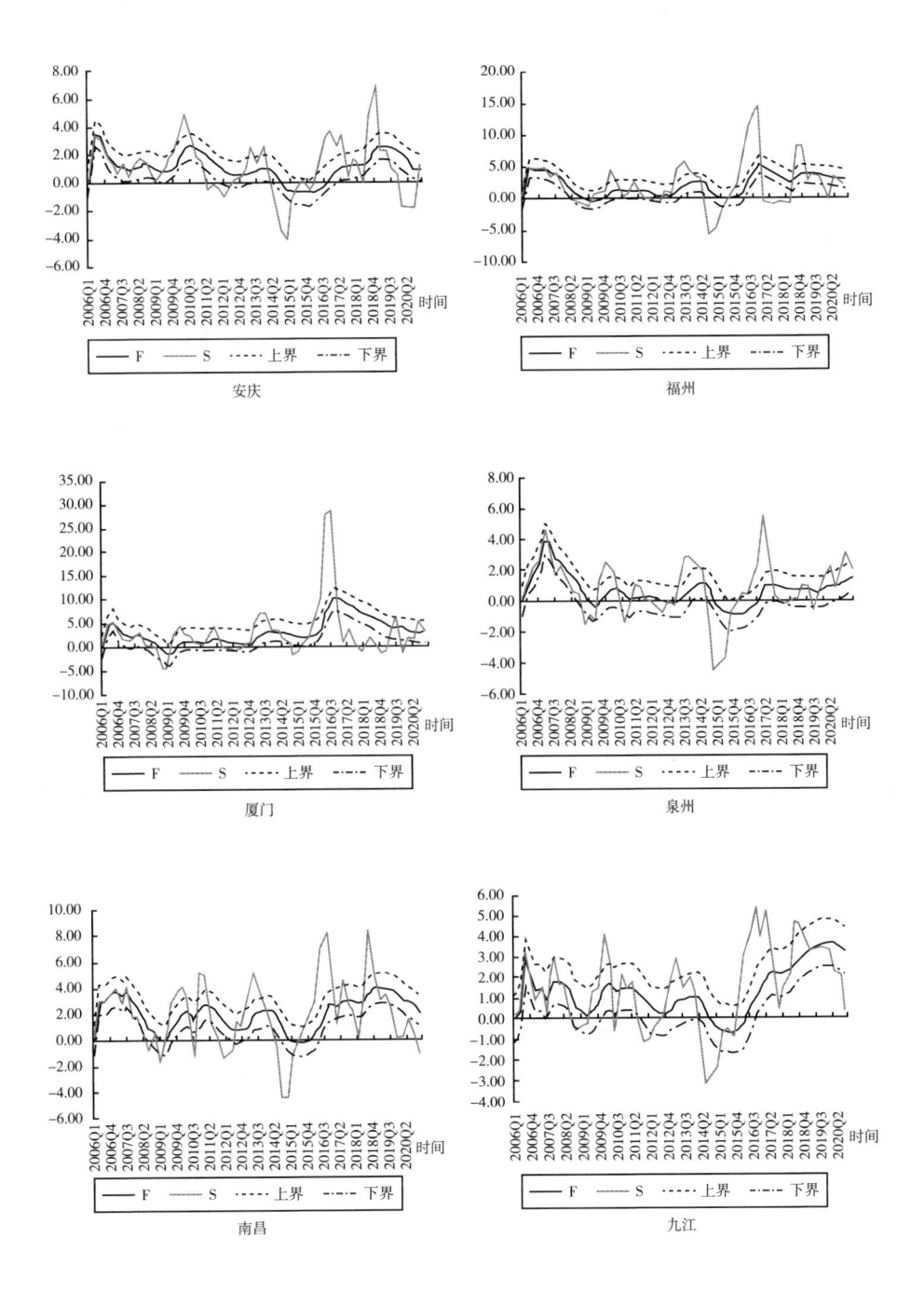

福州

厦门

泉州

南昌

九江

住房价格异常波动及治理研究

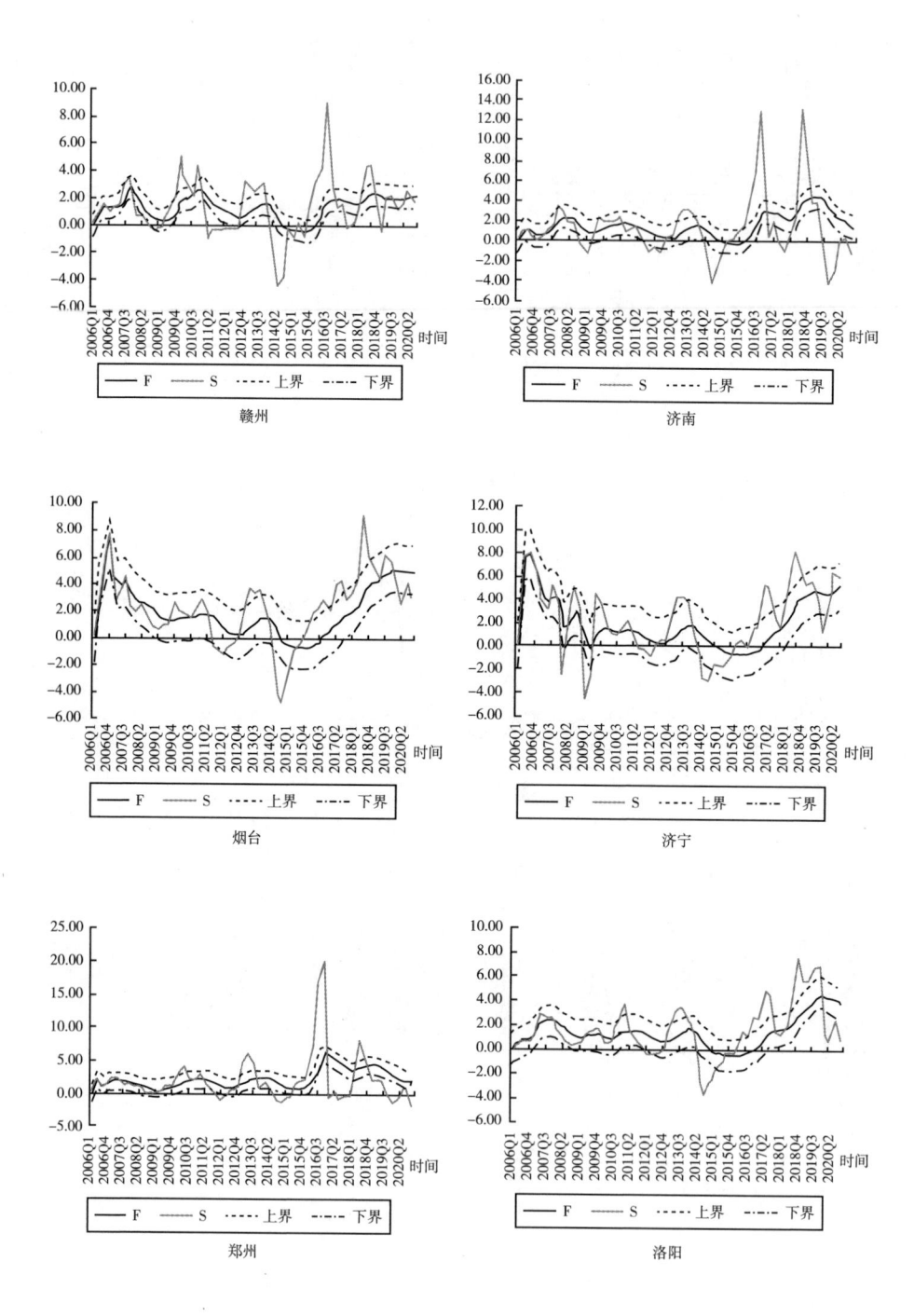

赣州

济南

烟台

济宁

郑州

洛阳

附录　　307

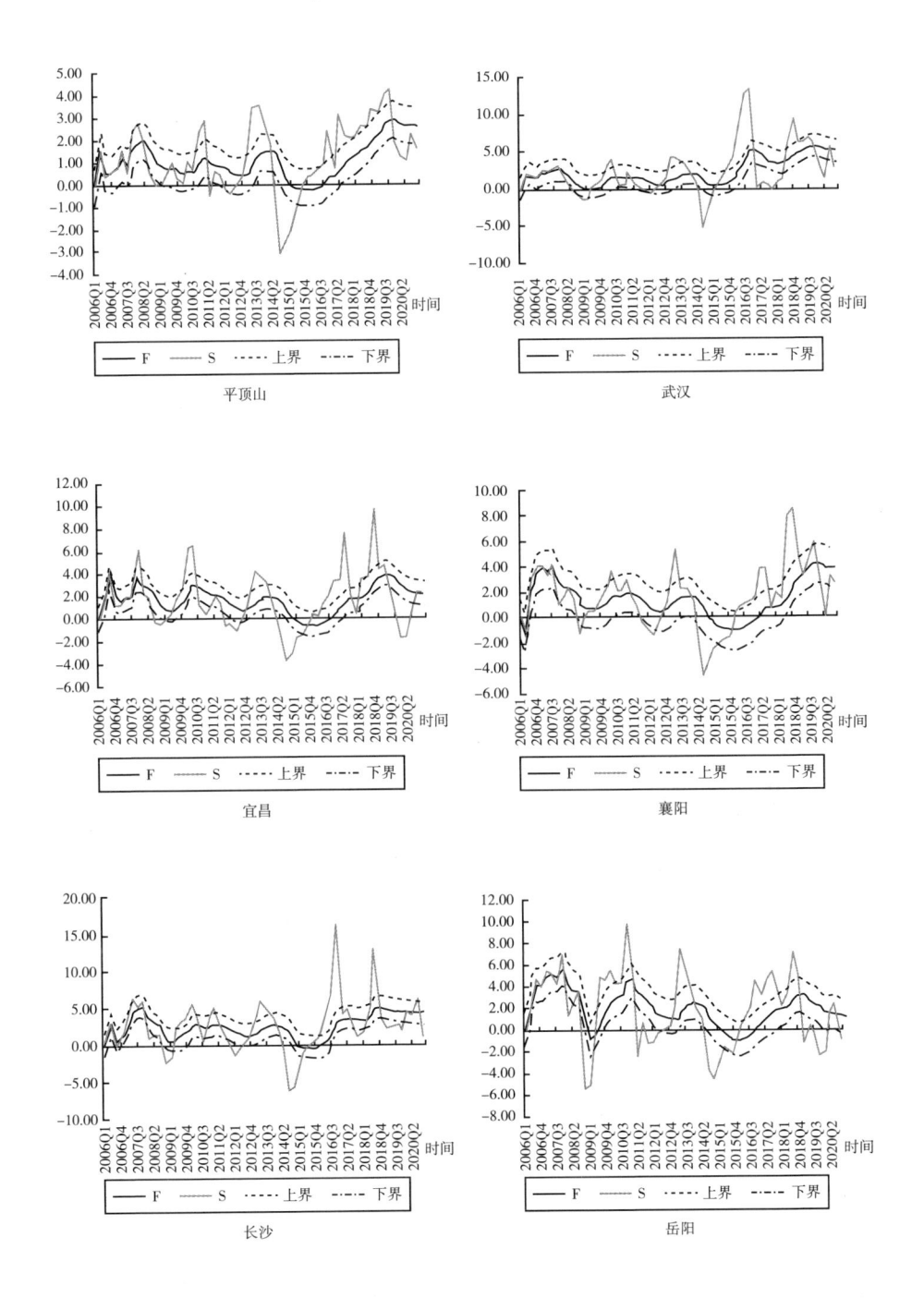

平顶山

武汉

宜昌

襄阳

长沙

岳阳

常德

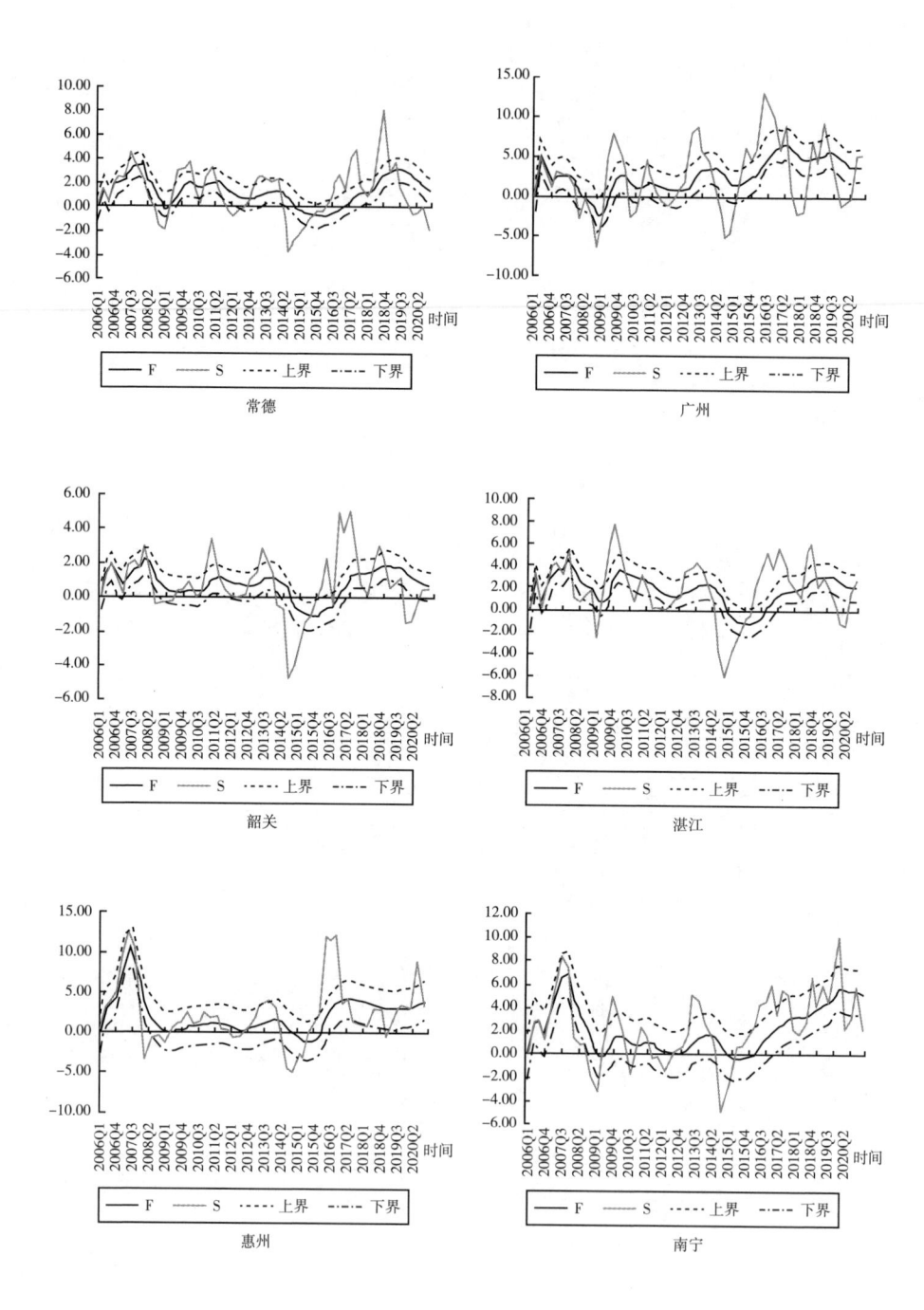

广州

韶关

湛江

惠州

南宁

附录 309

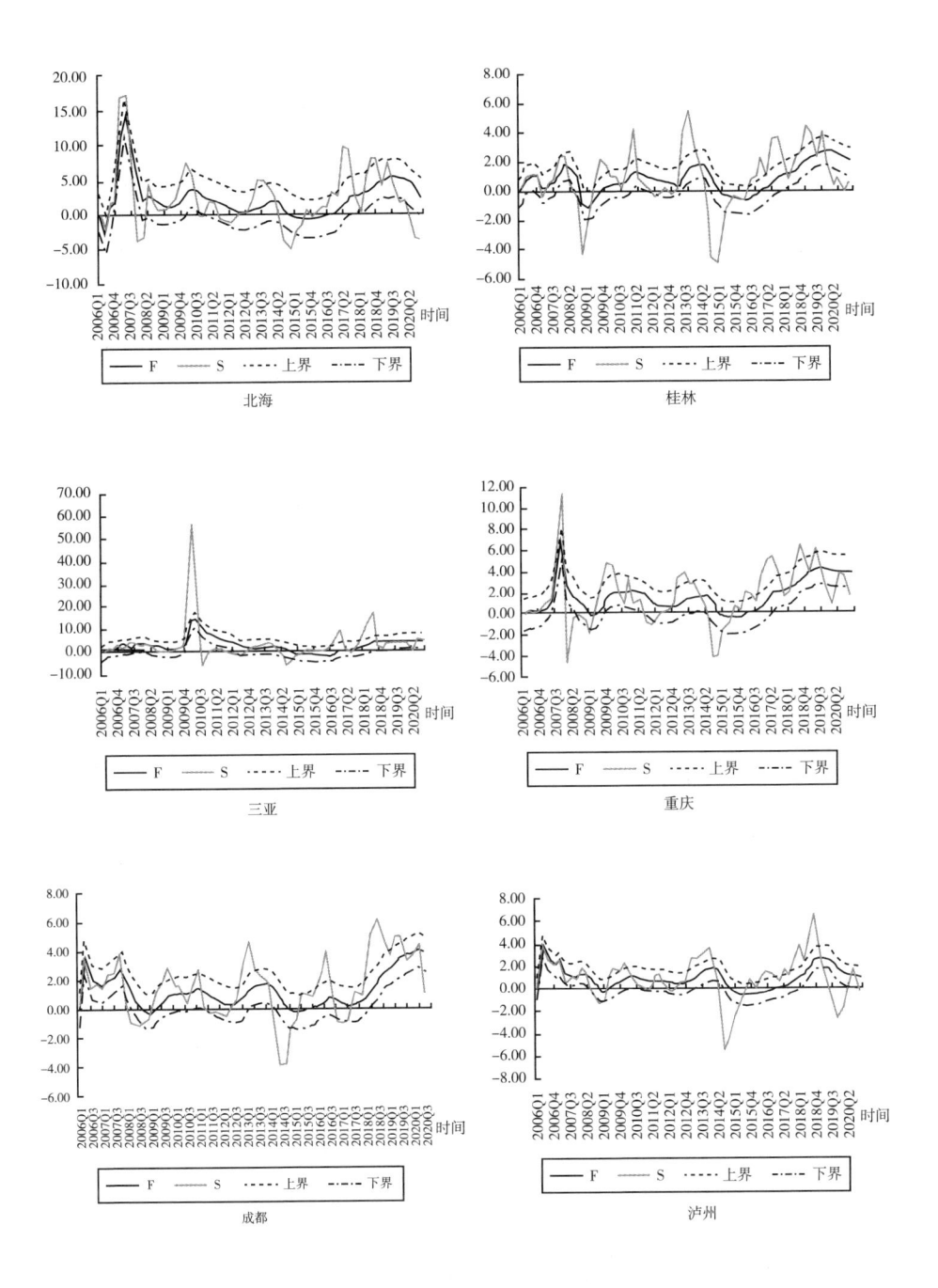

北海

桂林

三亚

重庆

成都

泸州

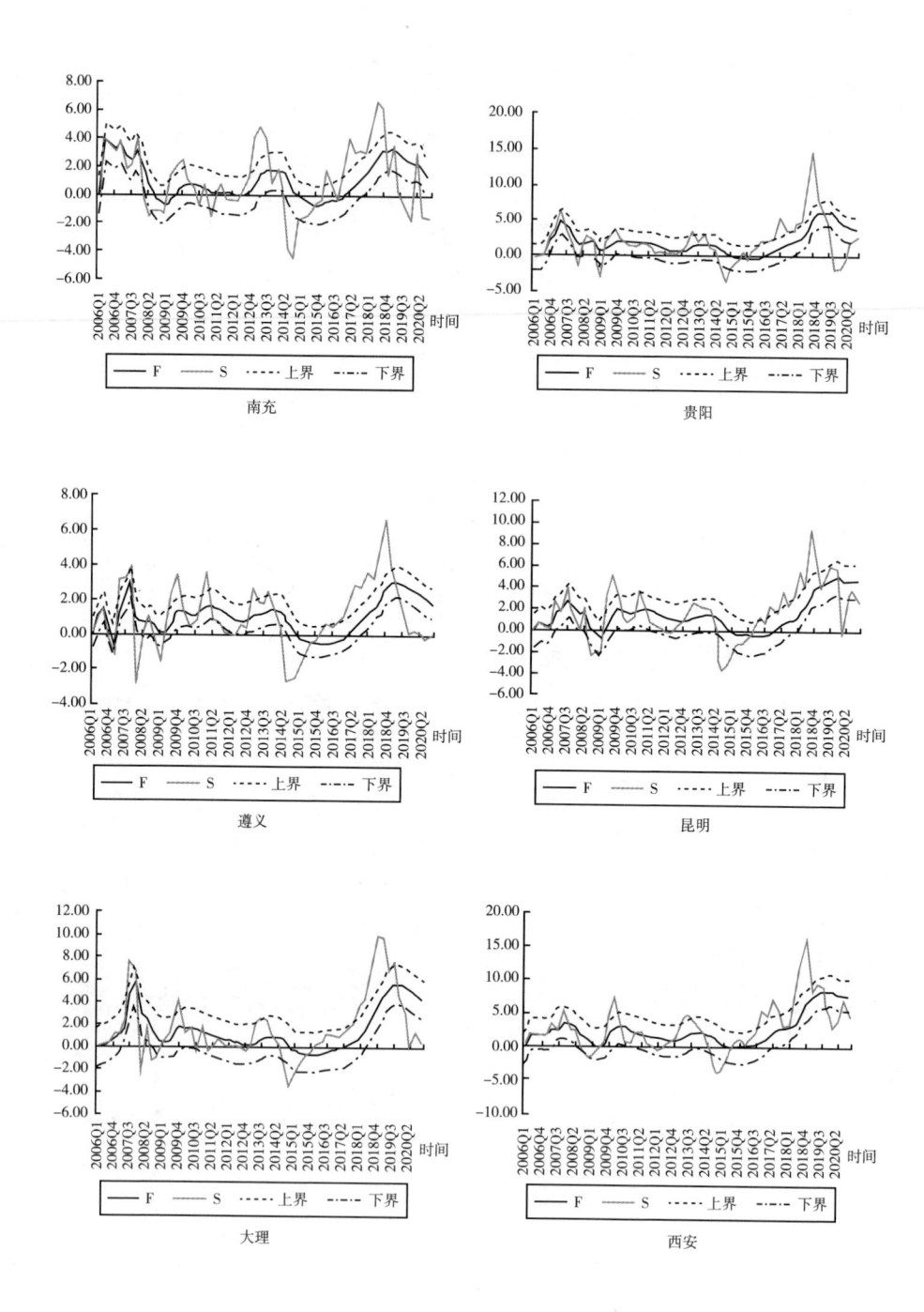

310 ◀────── 住房价格异常波动及治理研究

兰州

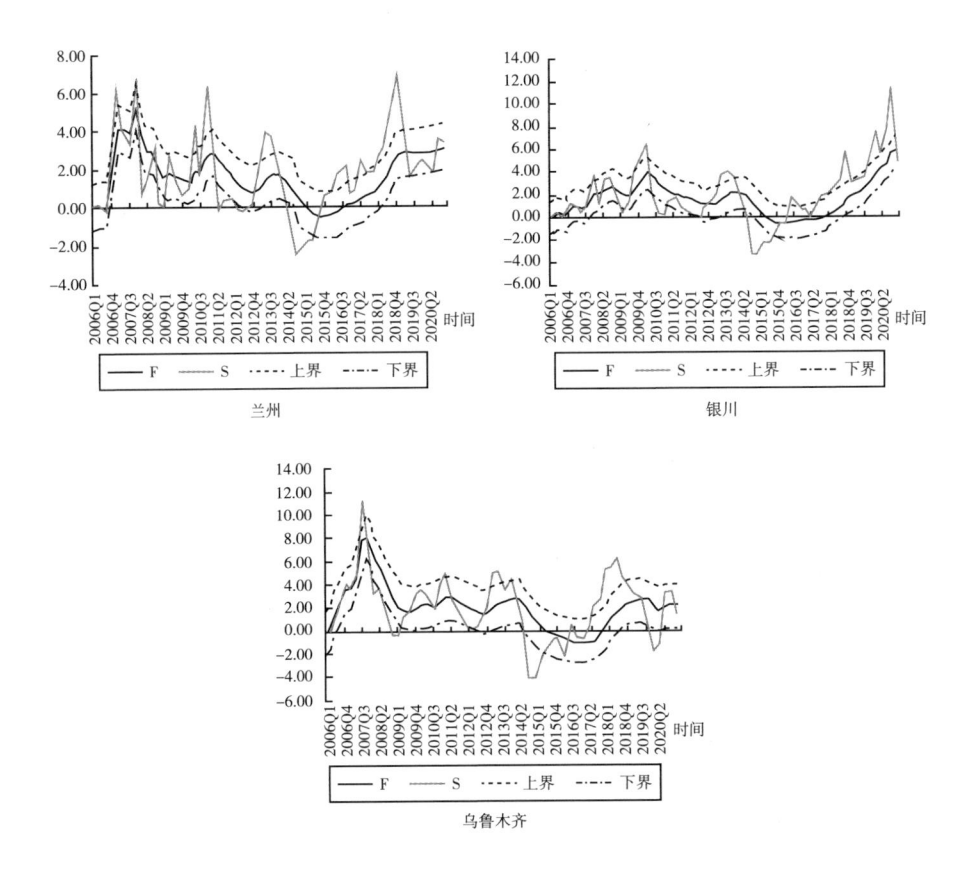

银川

乌鲁木齐

A.2 70个大中城市中，除典型城市外的城市二手住宅价格异常波动识别结果

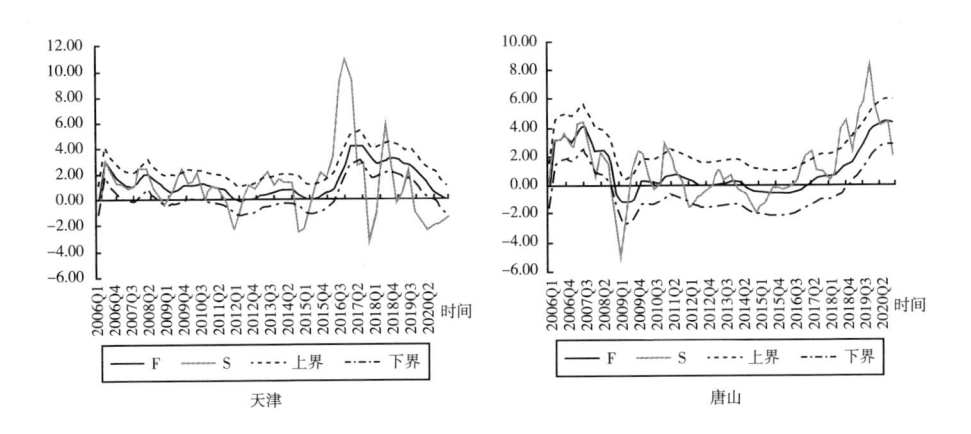

天津

唐山

秦皇岛

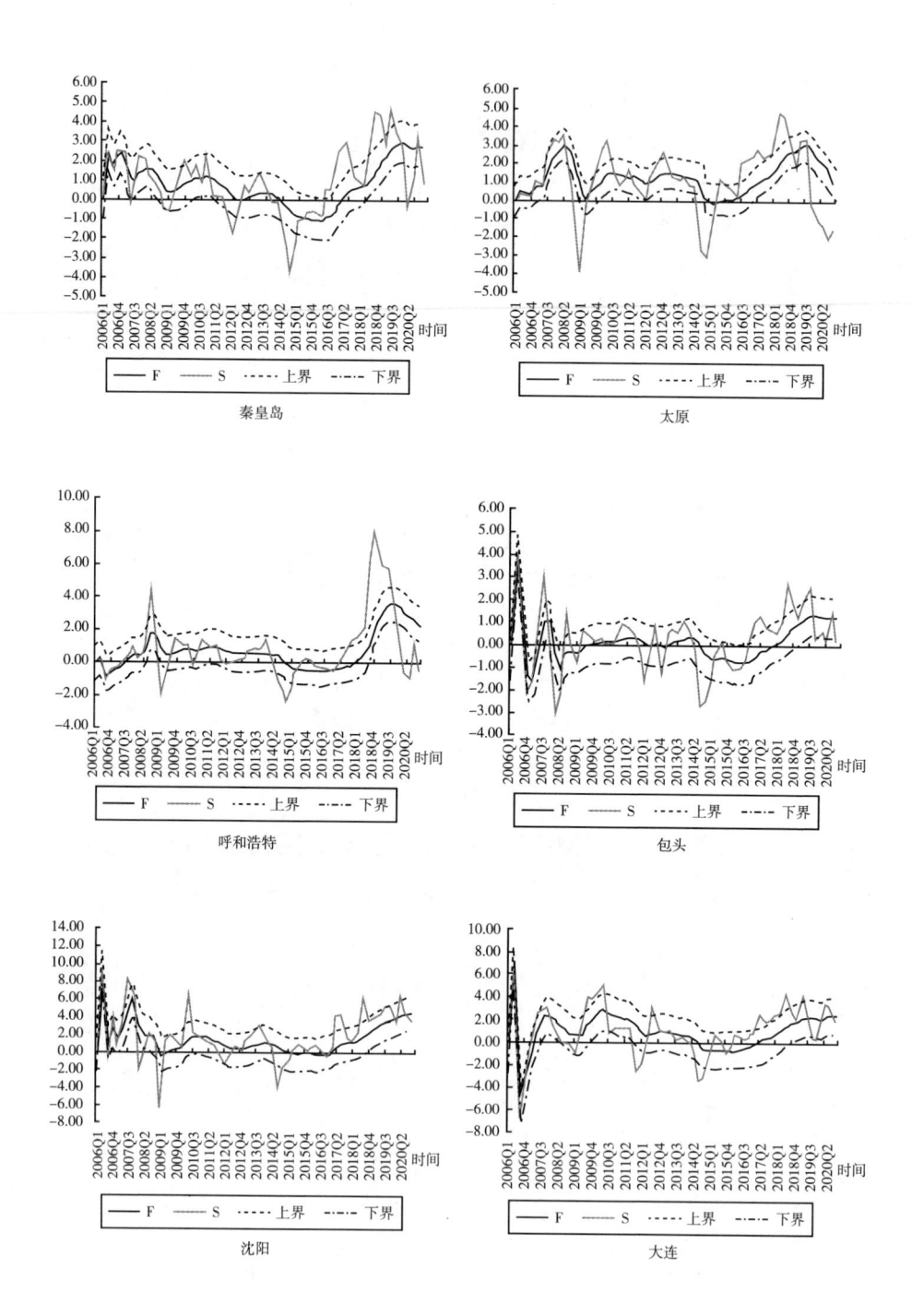

太原

呼和浩特

包头

沈阳

大连

附录 313

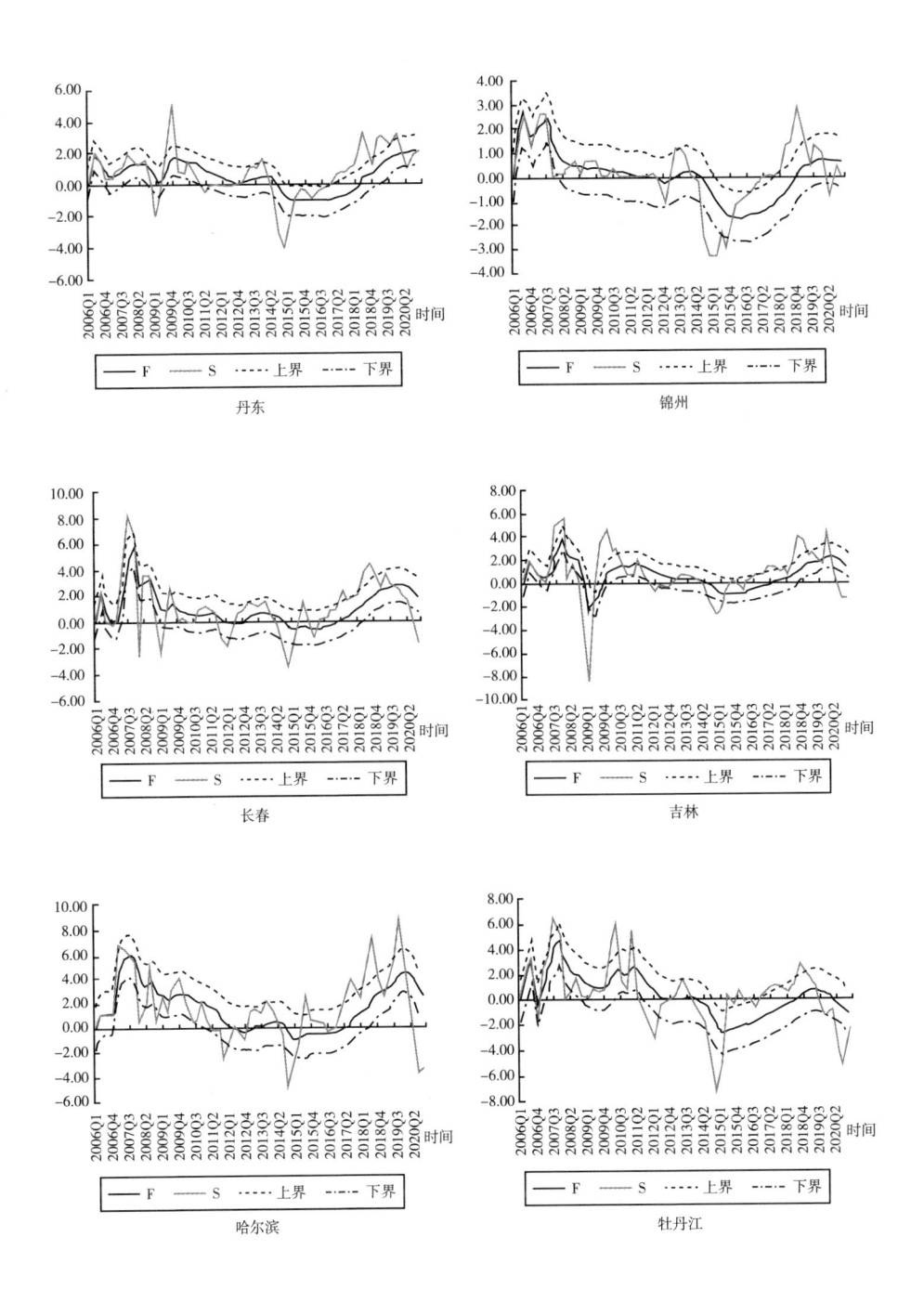

丹东

锦州

长春

吉林

哈尔滨

牡丹江

无锡

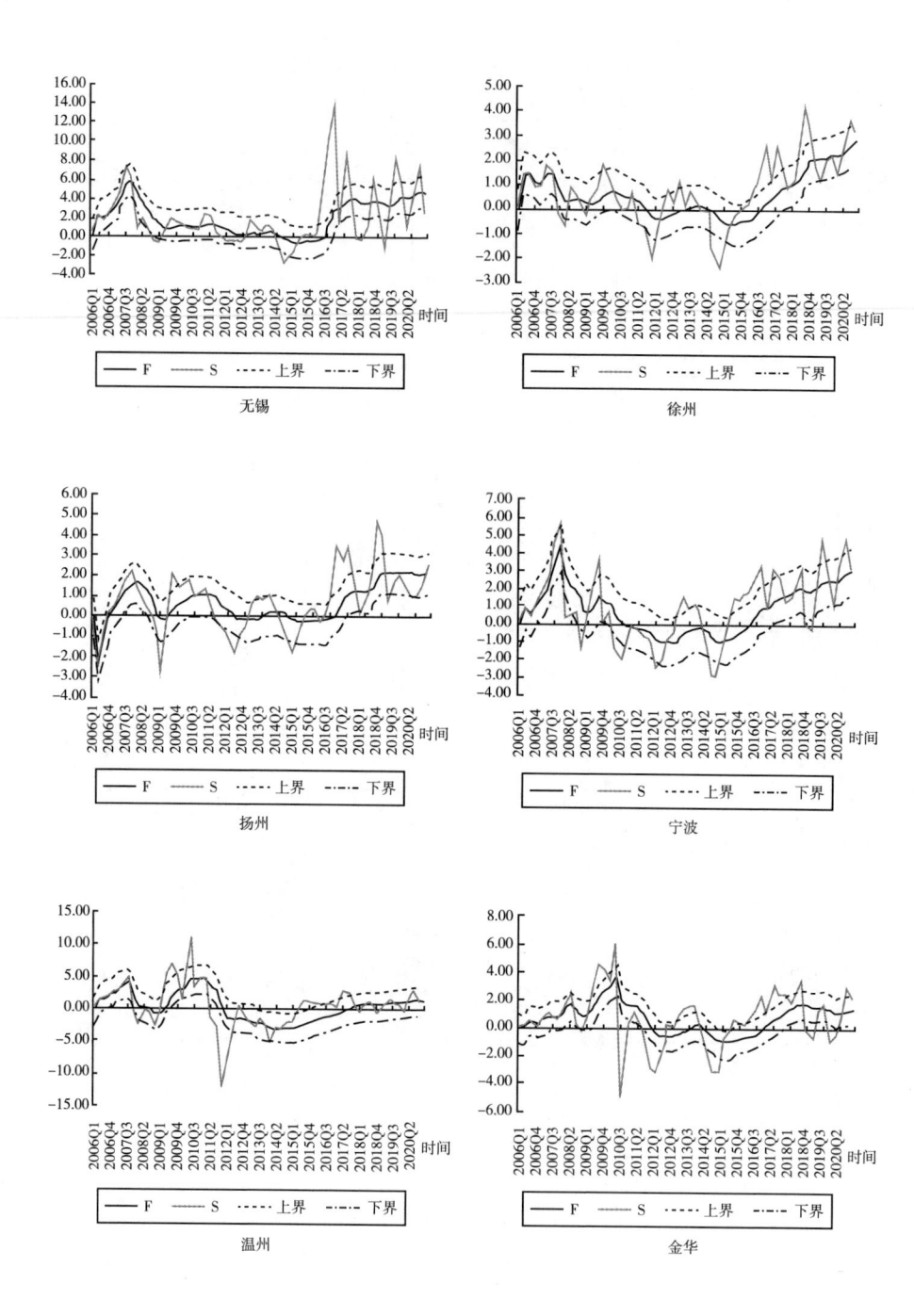

徐州

扬州

宁波

温州

金华

附录　315

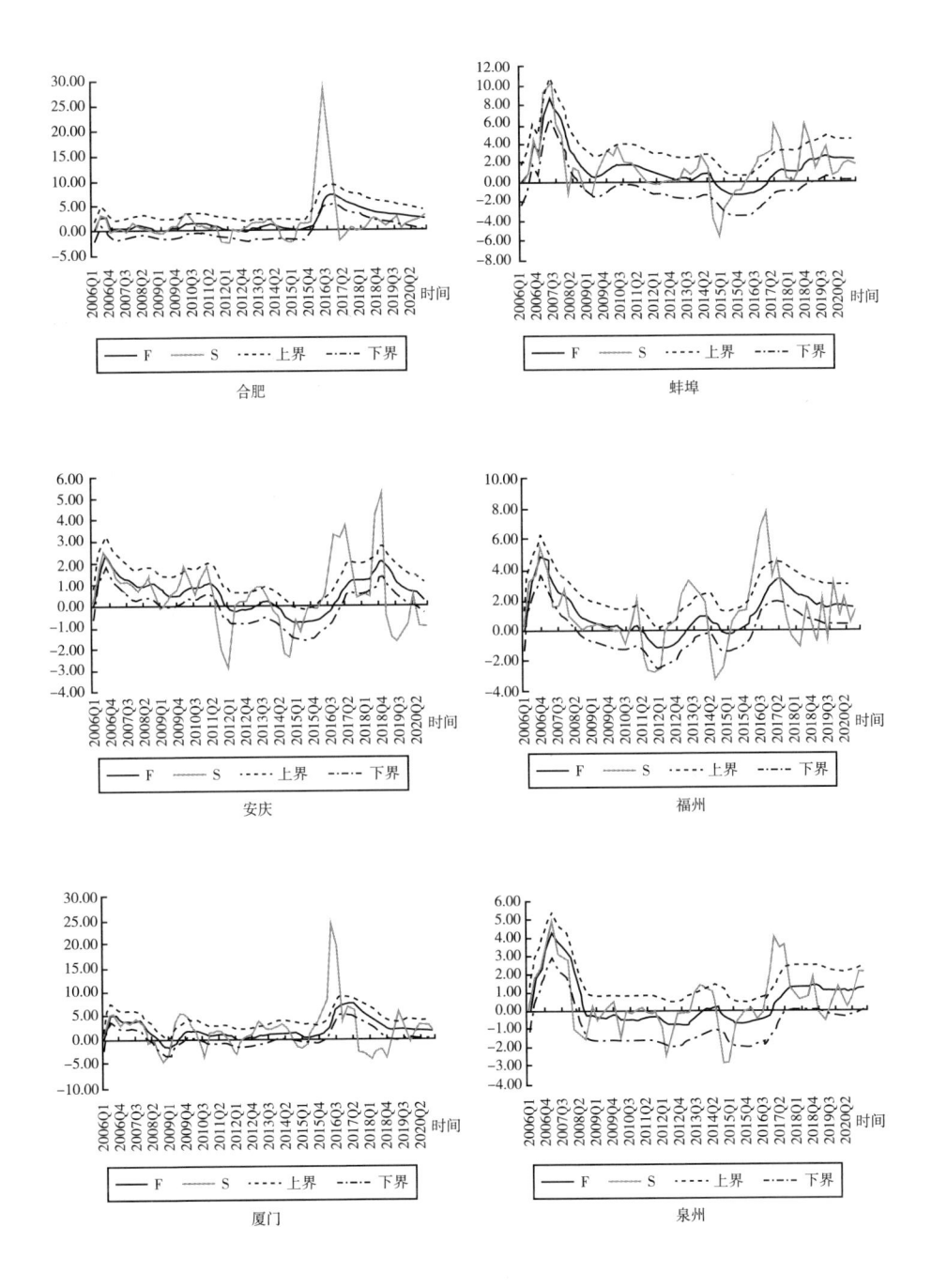

合肥

蚌埠

安庆

福州

厦门

泉州

南昌

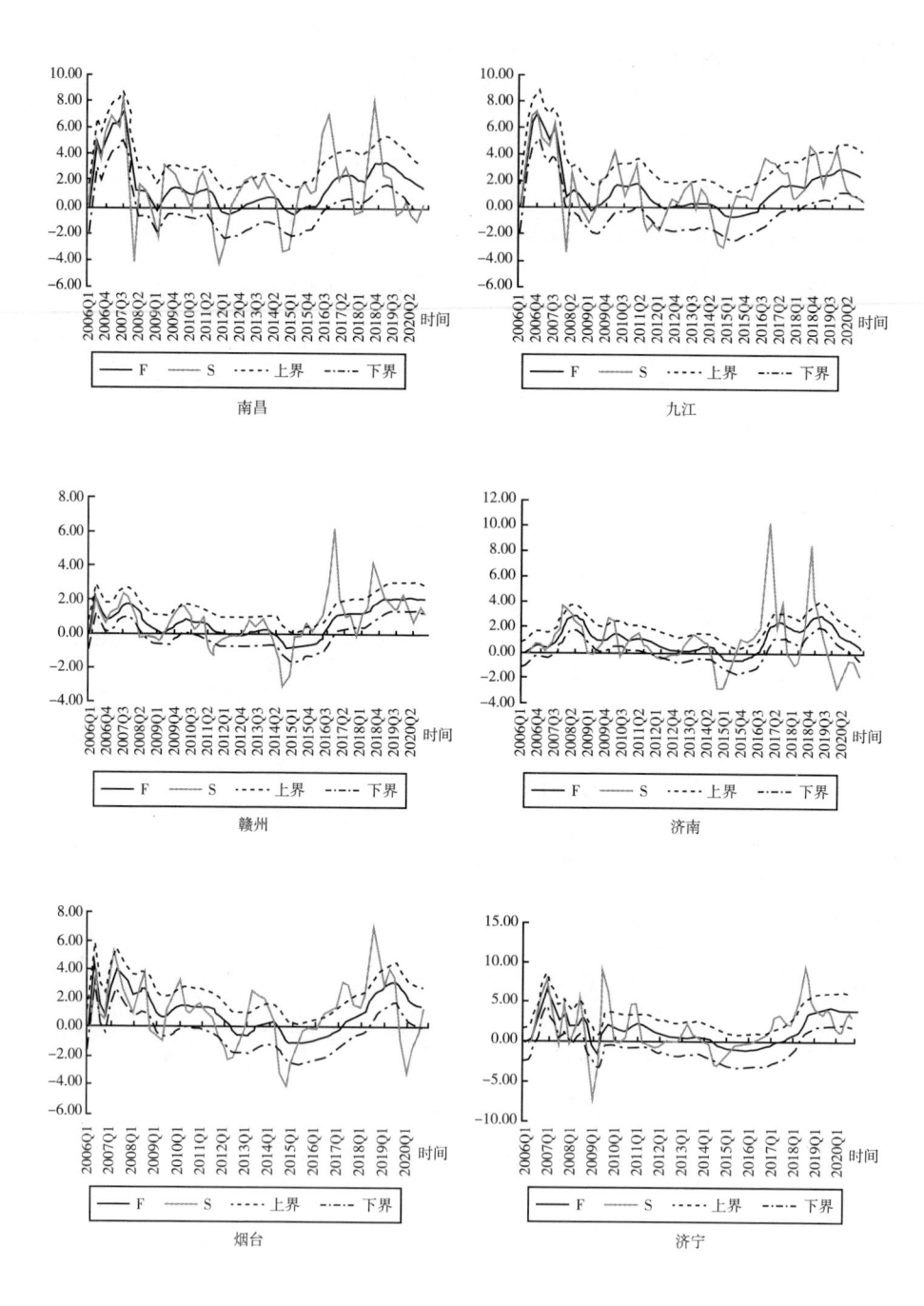

九江

赣州

济南

烟台

济宁

附录　　317

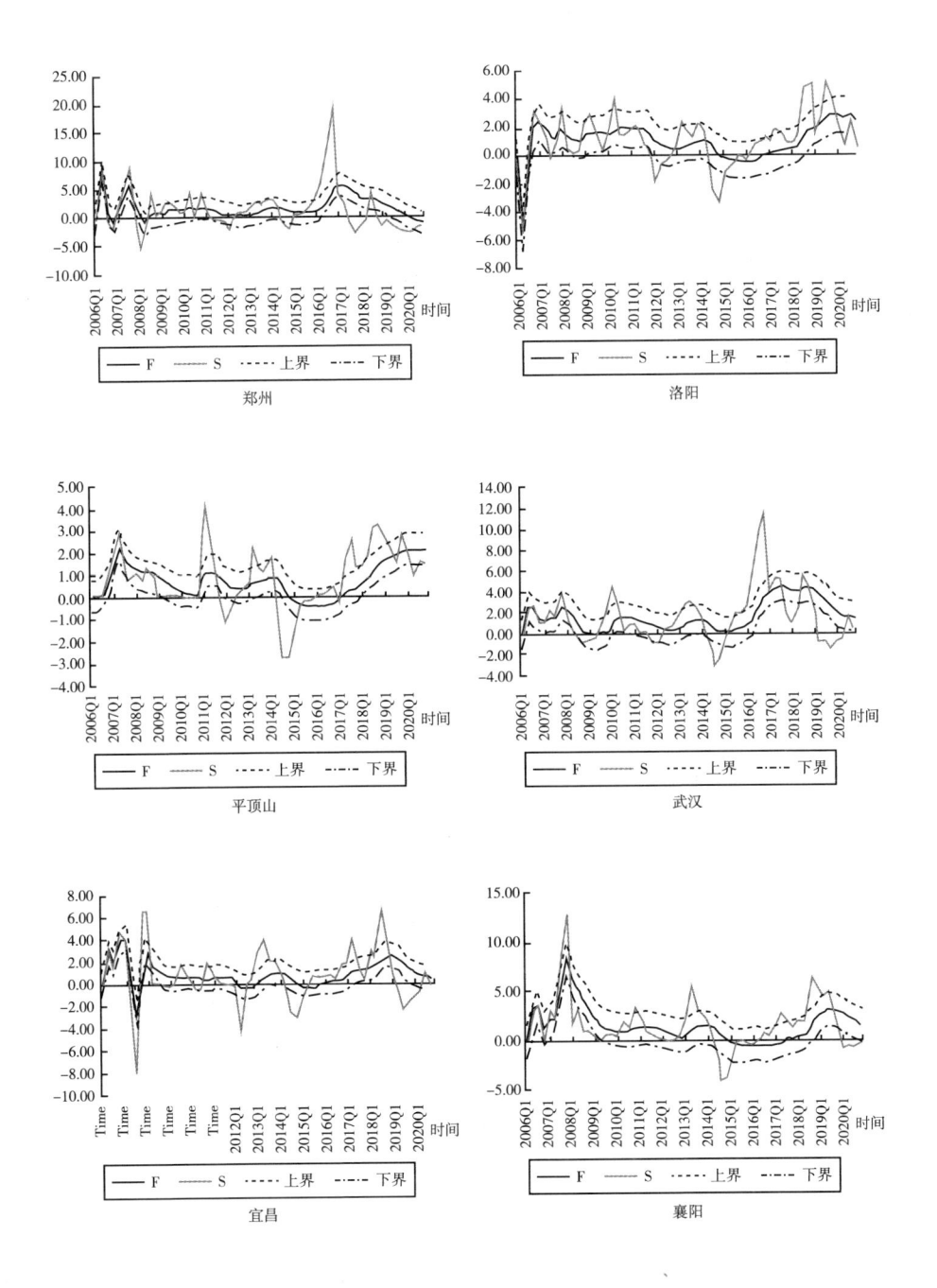

郑州

洛阳

平顶山

武汉

宜昌

襄阳

长沙

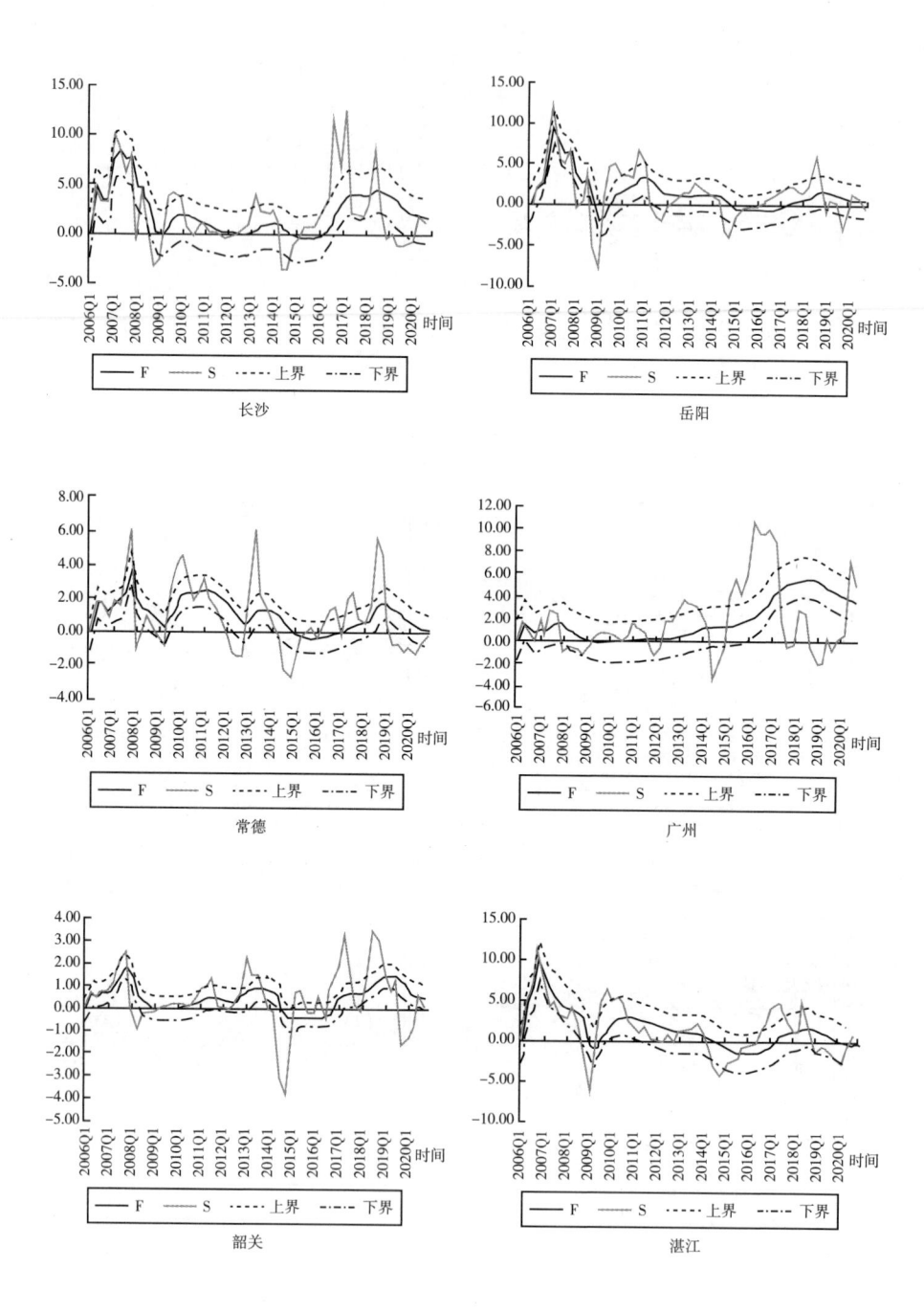

岳阳

常德

广州

韶关

湛江

附录   319

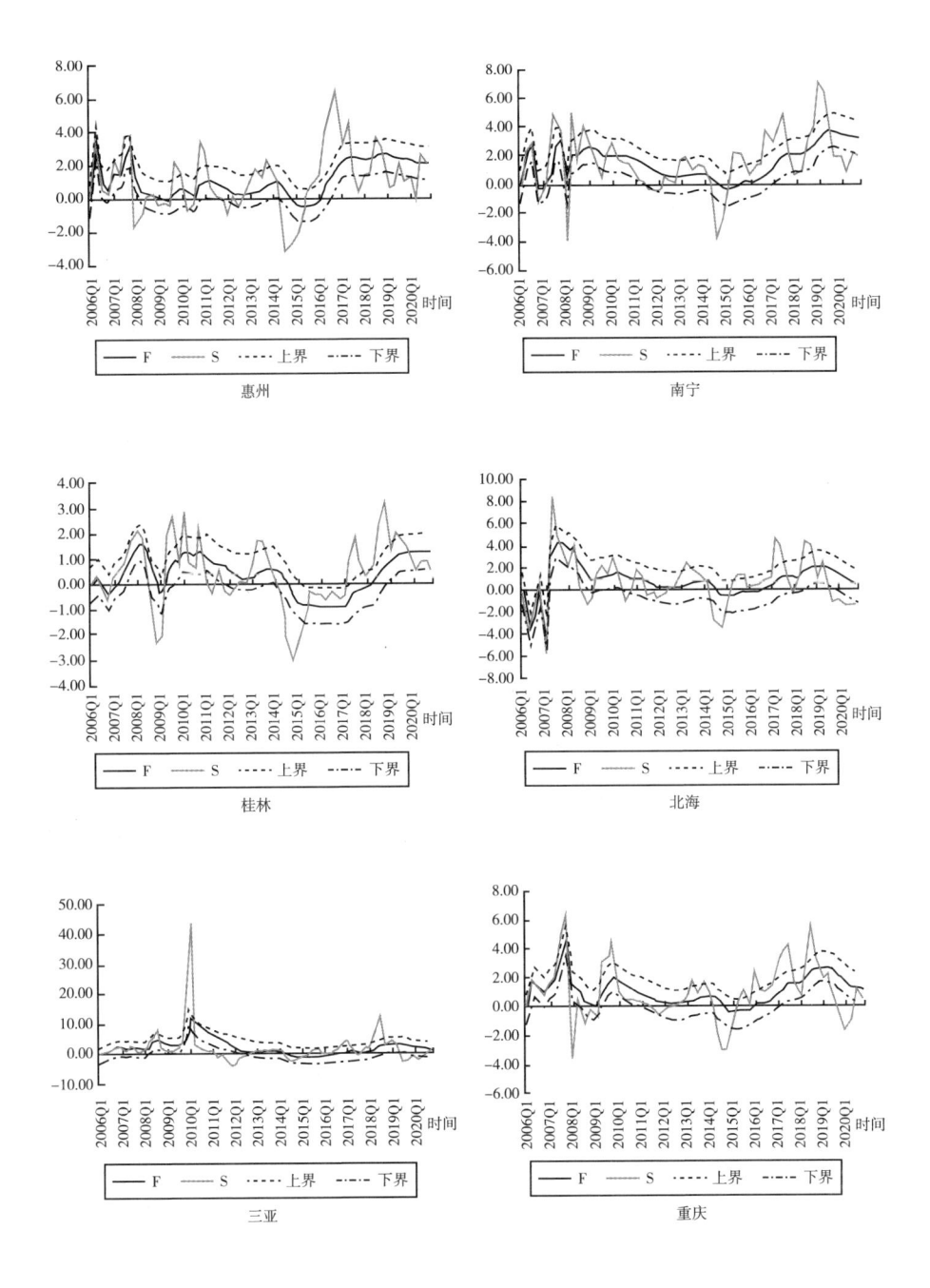

惠州

南宁

桂林

北海

三亚

重庆

成都

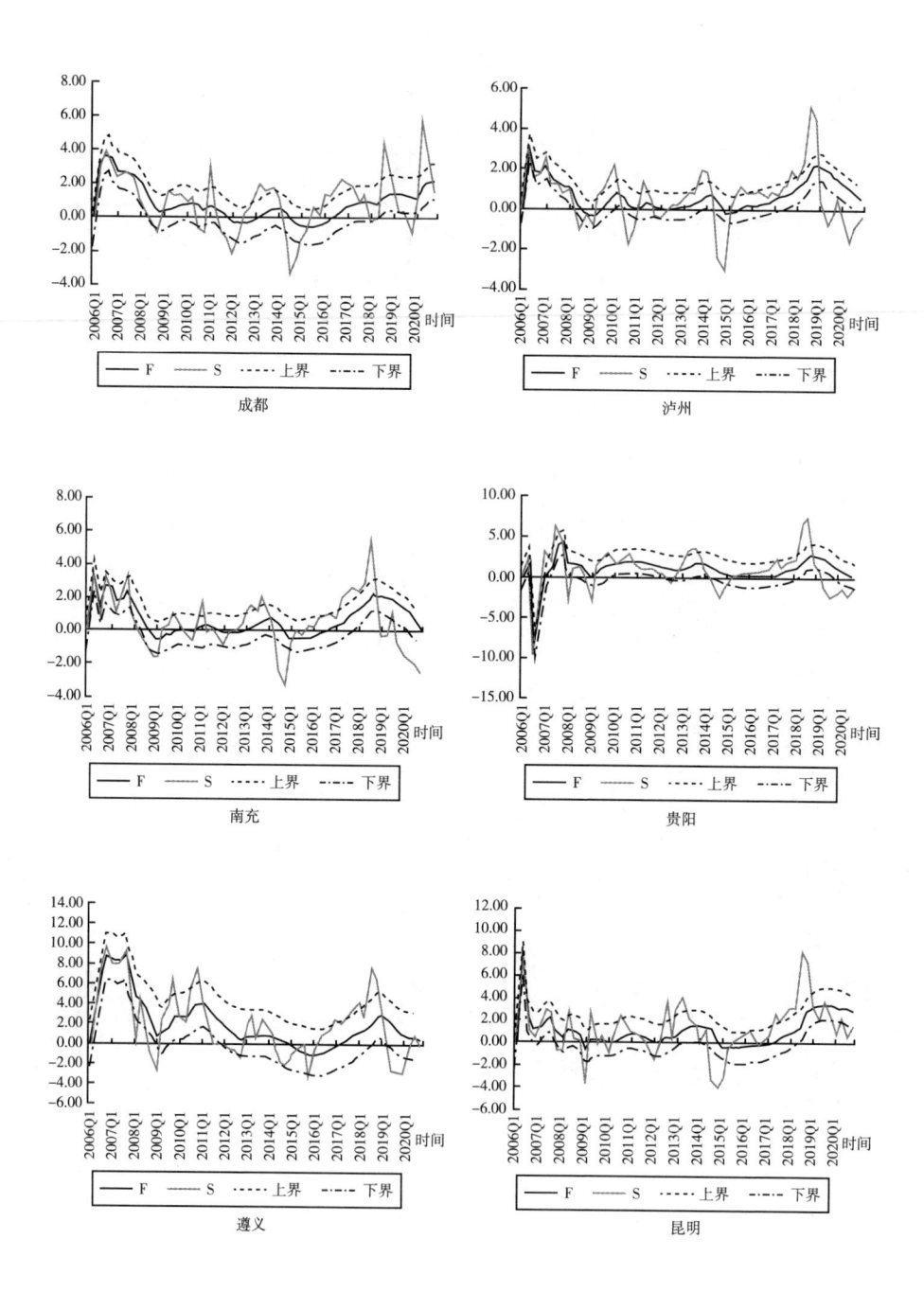

泸州

南充

贵阳

遵义

昆明

大理

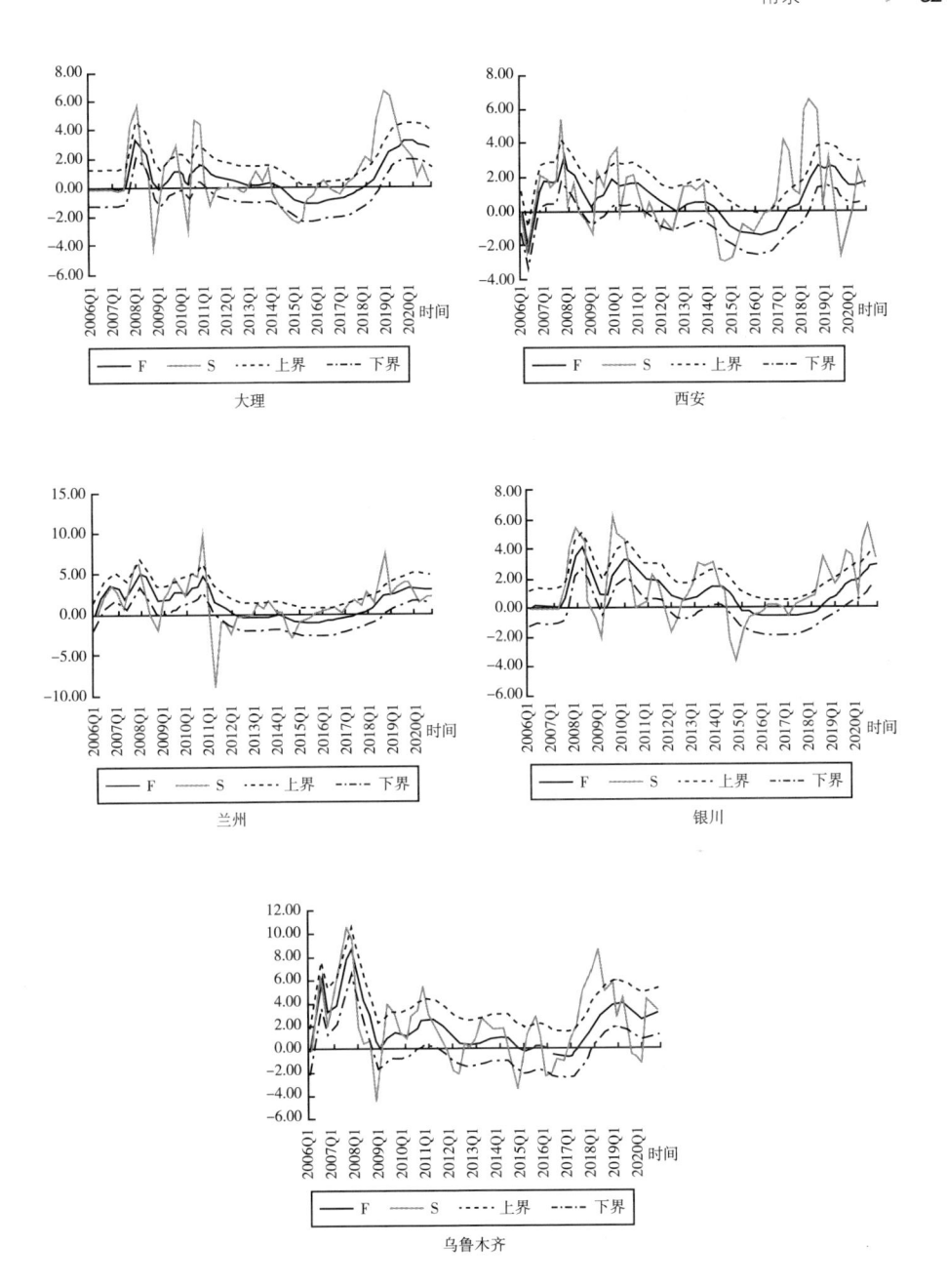

西安

兰州

银川

乌鲁木齐

附录 B 住房调控政策梳理及强度计算详细方案

一、核心调控政策工具的作用机制

基于对 22 个热点城市的住房市场调控政策的详细梳理和分解，结合文献分析，本书归纳总结了当前常用的 12 项核心调控政策工具，用于计算城市的住房调控政策强度，如表 B-1 所示。

表 B-1   调控工具作用机制

核心政策工具类目	政策细节内容	政策细节内容的相关政策界定	作用机制及效果	主要影响对象
1. 限购	落户难度	落户条件，包括放松和收紧落户条件、人才落户等	落户难度提高则抑制房价/房租，落户难度放宽则刺激房价/房租	房价
	落户后获取户籍购房资格难度	落户后多久可购房限制性政策		
	户籍购房资格	针对户籍居民的限购政策	增加购房难度，抑制投机、投资性需求，稳定房价；抑制房价	
	非户籍购房资格	针对非户籍居民的限购政策		
	限购区域	实施限购政策的行政区域		
	限购升级	具有创新性的限购措施，针对某一特殊群体的限购措施，例如对法拍房进行限购、家庭离异后的限购、父母投靠子女限购等	更为精确的限购措施，增加购房难度，抑制投机、投资性需求，稳定房价；抑制房价	

续表

核心政策工具类目	政策细节内容	政策细节内容的相关政策界定	作用机制及效果	主要影响对象
2. 限售	一般住宅限售	实行限售政策的行政区、限售住宅套数、是否分家庭住宅普通和非普通住宅）、限售年限	增加住房转卖难度；对房价影响依具体情况而定。注：(1) 全国大部分城市的住宅有限售年限；(2) 非本地个人购买的新购新建商品住宅需要获得产证后才能转售	房价
	限竞新房（限价、人才房等）限售	出台限竞新房限售政策及对限售年限进行调整	作用微弱，基本不会抑制房价	
3. 契税	契税	调整契税征收条件或税率	增加契税抑制需求，抑制房价。注：契税是住房交易时对买方征收的交易税，全国税率基本统一，但个别城市对存在契税征收优惠的差异，故单列具体条目	
4. 增值税工具	增值税（前营业税）免征期限	调整增值税（前营业税）免征期限	提高免征期限，增加交易成本；对房价影响依具体情况而定。注：2016年5月1日前为营业税，后改为增值税	
5. 差别化信贷（商业贷款和公积金）	差别化首付比例	商业贷款或公积金贷款买房时的首付比例要求，适用比例由家庭已有住房套数区分	其调整方向（收紧或者放松）任往较为统一；放松则刺激房价，收紧则抑制房价	
	差别化信贷利率	商业贷款或公积金贷款买房时的贷款利率要求，适用比例由家庭已有住房套数区分		
	月度偿付率（月供/收入比）	商业贷款或公积金贷款买房时的月供同收入比之间的要求		

续表

核心政策工具类别	政策细节内容	政策细节内容的相关政策界定	作用机制及效果	主要影响对象
5. 差别化信贷（商贷&公积金）	最大贷款年限	调整商业贷款或公积金贷款买房时要求的最大贷款年限	其调整方向（收紧或者放松）往往较为统一；放松则刺激房价，收紧则抑制房价	房价
	最大贷款额度	调整公积金贷款买房要求的最大贷款额度		
	拓展公积金其他用途	公积金支付房租、支付小区加装电梯费用等其他用途	作用微弱，不计强度	
6. 新房限价	限房价	相关部门对地区房价涨幅程度进行了明确要求和限制或者在土地出让时设置该地块新建商品房销售价格上限	(1) 降低房价（替代效应，可以冻结更多参与摇号家庭的资金，减少二手房需求）；(2) 抬高房价（收入效应，吸引额外投资客进入市场并挤出原有刚需家庭）；单纯限制新房价格，可能会刺激二手房价上涨	房价
	限房价目限价新房销售向无房家庭倾斜（比例）	设置部分或完全限价新房向无房家庭优先供应	对限价政策的降价作用的加强（削弱收入效应）；抑制房价	
	无房家庭认定	可优先购买或摇号限号新房的无房家庭的认定标准	越严格，精确的无房家庭认定，无房家庭倾斜的政策效果越好，抑制房价	
	备案价格管理	新建商品房销售价格向有关部门报备，接受监督和指导	影响房价力度较弱，但有利于抑制房价	
7. 规范住宅开发行为	设置住宅项目开工、竣工时限	设置住宅项目开工和竣工时限，保障住宅项目按时完工上市	限制开发商囤地，增加土地供应向住房供应转化的及时性；抑制房价	房价

续表

核心政策工具类目	政策细节内容	政策细节内容的相关政策界定	作用机制及效果	主要影响对象
7. 规范住宅开发行为	加快开发商闲置土地清理	督促开发商闲置土地的政策，土地闲置超过一定时限，可对开发商采取处罚措施	限制开发商囤地，增加土地供应向住房供应转化的及时性；抑制房价	房价
	调整商品住宅预售许可条件	开发商申请预售许可的条件	影响视具体内容决定；严格的预售许可条件，将减缓新建商品房供应速度，放松的预售许可条件将加快新建商品房供应速度，刺激房价；宽松的预售许可条件将加快新建商品房供应速度，抑制房价	
	销售进度管理（规范捂盘惜售等）	相关部门针对房地产商销售环节的管理监督政策	限制开发商囤房，增加土地供应向住房供应转化的及时性；抑制房价	
	规定企业自持住房的最长租赁期限的上限	规定企业自持住房的最长租赁期限的有关政策	限制"销售"自持住房，刺激房价，作用微弱	
	预售资金监管	有关于对开发商预售资金监管的政策	对房价影响可忽略，主要用于规范房地产市场运行	
8. 产权保障房供应	共有产权房供应计划	共有产权房供应计划安排	增加市场上半产权的保障房供应，抑制房价	房价
	安居型商品房供应计划	安居型商品房供应计划安排，包括经济适用房和人才安居房等全产权保障房	增加市场上全产权的保障房供应，抑制房价	
	鼓励多渠道筹集产权保障房	拓宽筹集渠道，例如购买、配建等多元化方式	鼓励通过新建、配建等多元化的方式来增加产权保障房供应，抑制房价	
9. 二手房限价	二手房限价	建立二手住房成交参考价格发布机制	抑制房价	

续表

核心政策工具类目	政策细节内容	政策细节内容的相关政策界定	作用机制及效果	主要影响对象
10. 土拍管理	限房价、竞地价/限地价、竞(更低)房价	限制房价上限，竞更高地价或限制地价上限，竞更低房价	控制新房价格和地价，不降低新房供应；抑制地价、房价。 注：限地价多以设定溢价率上限的方式执行	地价
	双限：限房价、限地价、竞配建/自持/人才房	限制房价和地价上限，在房价和地价达到顶点时，开始竞争配建或自持比例/面积	控制新房价格和地价，但竞配建和自持会降低新房供应，比上一个的抑制房价措施效果减弱；表面上抑制地价(实际没有降低住宅楼面地价)，能够抑制房价 注：限地价多以设定溢价率上限的方式执行	
	限地价、竞配建/自持/人才房	限制地价上限，地达到上限时，转为竞配建或自持的比例/面积	不限制房价，但大大降低新建商品房供应，激房价，表面上抑制地价，实际没有降低住宅楼面地价 注：限地价多以设定溢价率上限的方式执行	
	其他土拍规则	包括竞高品质方案，套内"70/90"户型要求，摇号/抽签、一次报价，限参拍、禁马甲公司，保证金最低比例	对已有土拍管理的规则补充，土拍更为合理，对地价影响较弱	

续表

核心政策工具类目	政策细节内容	政策细节内容的相关政策界定	作用机制及效果	主要影响对象
11. 保障性租赁住房供应	廉租、公租房供应计划	廉租、公租房供应计划安排	针对低收入人群；增加供应，抑制房租	房租
	鼓励政策性租赁住房供应政策	将商业、商务办公等非住宅存量用房改建租赁住房	开发商自持、蓝领公寓，改建非住宅存量用房等，比廉租、公租房在品质设计上的灵活性更大，可提供质量更优、价格更廉价的房子，抑制房租	
	鼓励多渠道筹集保障性租赁住房	拓宽筹集渠道，例如购买、改建等多元化方式渠道	鼓励通过新建、改建、配建等多元化方式来增加保障性租赁住房供应，抑制房租	
	住房租赁资金监管	对专项用于住房租赁市场的住房租赁资金开展监管的有关政策	对房租影响可忽略，主要用于规范租赁市场发展	
	住房租赁合同网签备案	对住房租赁合同进行网签备案	对房租影响可忽略，主要用于规范租赁住房发展	
12. 规范发展住房租赁市场	开展住房租赁市场试点	在城市内开展住房租赁市场试点	大量增加租赁住房供应，抑制房租	房租
	出租房税收优惠	居民或企业出租住房符合相关要求的可减税或免税	鼓励出租住房，增加租赁住房供应，抑制房租	
	设定租赁住房供应计划	设定租赁住房供应计划安排	增加租赁住房供应，抑制房租	

二、核心调控政策工具的强度界定

表 B-2 核心调控工具强度界定（前5项调控工具+人才引进）

强度	限购	限售	差别化信贷	增值税	契税	人才引进
●●●●	颁布了创新性以及高强度的限购政策	—	认房又认贷，无贷款情况下首套房最低首付比例45%以上/二套房首付比例80%以上	—	—	—
●●●	实施了高强度或创新性的限购政策	—	认房又认贷，无贷款情况下首套房最低首付比例35%~40%/二套房首付比例60%~70%	—	—	—
●●	对户籍居民和非户籍居民在购房资格上进行限制	—	在●的基础上开展认房又认贷	—	—	—
●	对户籍居民和非户籍居民在购房数量上进行限制	所有商品住宅限售4年及以上	无认房又认贷，首套房最低首付比例30%~40%，二套房最低比例40%~50%	个人需要持有商品房5年及以上转让才能免征增值税	提高契税税率	—
○	颁布取消限购或对居民购房数量限购力度较弱	二手房或新房限售3年及以下或限宽新房限售5年及以上	首套房最低首付比例30%，二套房首付比例40%	个人需要持有商品房2/3年及以上转让才能免征增值税	颁布相关契税优惠条件或降低契税税率	实施了人才安居相关的政策

续表

强度	限购	限售	差别化信贷	增值税	契税	人才引进
○○	—	二手房或新房限售2年及以下	—	—	—	放宽人才落户门槛
○○○	—	—	—	—	—	全面放开人才落户门槛
—	无相关政策	无相关政策	无相关政策	按国家税收规定	按国家税收规定	无相关政策

表 B-3　核心调控工具强度界定（后7项调控工具）

强度	新房限价	土拍管理	规范住宅开发行为	产权保障供应	保障性租赁房供应	二手房限价	规范发展住房租赁市场
●●●	—	在●●基础上增加3项及以上更为严格的土拍规则	—	—	—	—	—
●●●	在●的基础上：更严格、精确认定或更高比例向无房家庭倾斜（比例）	在●●基础上增加2项更为严格的土拍规则	使用了4项降低房价的政策细节内容	—	—	—	—
●●	限房价且限新房销售向无房家庭倾斜（比例）	单纯限房价竞地价/限地价（更低）房价或限房价、限地价	使用了2～3项低房价的政策细节内容	—	颁布了有明确目标的保障性租赁住房供应政策/通过多渠道方式来供应保障性租赁房	—	实施出租住房税收优惠并开展住房租赁市场试点

续表

强度	新房限价	土拍管理	规范住宅开发行为	产权保障供应	保障性租赁房供应	二手房限价	规范发展住房租赁市场
●	限房价或备案价格管理	限房价、限地价、竞配建/自持人才房	使用了1项降低房价的政策细节内容	有相关的产权保障房供应政策	有相关的保障性租赁房供应政策	建立二手住房成交参考价格发布机制	有开展住房租赁市场试点或实施出租住房税收优惠
○	—	限地价、竞配建/自持人才房或在集中供地的情况下无严格的土拍规则	实施严格的商品住宅预售许可条件	—	—	—	—
○○	—	—	取消预售	—	—	—	—
○○○	—	—	—	—	—	—	—
—	无相关政策	无相关政策	无相关政策	无相关政策	无相关政策	无相关政策	无相关政策

注：（1）●表示本项核心调控政策工具的实施情况和特点，依照各项核心调控政策工具的实施情况和特点，将强度分为2～6个等级。
（2）●表示房市场过热抑制住房市场过热这一工具的使用力度；●个数越多表示该城市在该工具的使用上抑制住房市场过热的力度越大；○表示调整政策工具预防住房市场过冷，○个数越多表示该城市在该工具的使用上预防住房市场过冷的力度越大；○表示该城市没有使用该工具或该工具按国家统一标准实施。
（3）限售限竞限新房政策包含限价新房、人才住房、无房家庭与人才优先认购的商品住房等具备优先性购买权利的商品住房。
（4）限购。鉴于大多数城市落户政策与居民购房资格往往相关联（落户即可购房），因此在划分强度时将落户相关政策纳入到对居民的限购影响中进行综合考虑。
① 购房数量上的限制主要指：本地户籍限购2套，非本地户籍限购2套及以下，低于该标准则视为是较弱的限购政策。
② 购房资格上的限制主要指：本地户籍/非本地户籍需要连续缴纳24个月及以下年限的社保/个人所得税才具有购房落户资格。

③高强度的限购政策主要指：a.非本地户籍要连续缴纳36个月及以上的社保/个人所得税后方具有购房/落户资格；b.居民落户后仍需缴纳一定年限（如至少24个月）的社保/个人所得税后方具有购房资格。

④创新性的限购政策主要指：a.进行限购方式上的创新，如需在首套房拿证后若干年后方能有资格购买第二套房；b.限购主体上的创新，如颁布父母投靠子女离异户限购，夫妻离异后购房套数限定，法拍房限购等创新性的新规定。

(5) 差别化信贷

①由于商贷与公积金贷款调节力度任何一致，因此在差别化信贷工具中，通过综合考虑公积金和商贷的首付比例来划分该项政策工具的绝对强度（两者相同情况下贷款取其较高的首付比例均为判断标准），并且首付比例均出现首付比例不一致贷模式调控不一致情况时，优先考虑首套商品房的首付比例。

②考虑到首付比例的提高对居民购房需求的影响更大，因此若出现首付比例和认房认贷模式调控不一致情况时，优先考虑首套商品房的首付比例变化。

(6) 新房限价

①单一的限房价工具主要指：限制新建商品住房价格涨幅，例如，新建普通住房价格与2010年相比稳中有降，新建商品住房价格指数同比涨幅低于城镇居民人均可支配收入实际增长幅度。

②限房价且限住房价销售的新房价倾向无房家庭倾斜（比例）。政策主要指：a.对无房家庭标准进行认定：申请人具有本市户籍，申请家庭在该购房范围内或提及无房倾斜比例达到50%及以上。若保证金最低比例≥20%，可提高一个强度。

③更严格、精确的无房家庭认定指：积分摇号或全强度●的基础上，添加其他条件，例如，在我市限购范围内无自有住房记录，在购房范围内无自有住房记录，离异单身满x年目本市限购范围内无自有住房记录等条件。

④更高比例向无房家庭倾斜：比例不低于50%。

(7) 土拍管理

①严格的土拍规则主要指：竞高品质方案、70/90限制、摇号/抽签、一次报价、限参拍、禁马甲公司、保证金最低比例≥20%、可降低一个强度。

②当原定强度达到●●及以上时，若保证金最低比例达到●及以下，当原定强度低一个强度。

③该工具中可降低房价的政策细节内容有4类：设置住宅项目开工、竣工时限；加快开发闲置土地清理；销售进度管理（规范捂盘惜售）；规定企业自持住房的最长租赁期限的上限。

④严格的商品住宅预售许可条件：规划地上x（x≥7）层及以上的需完成主体建筑封顶工程，规划地上x+1层及以上的完成规划地上建筑层数主体结构工程的1/2以上且不少于x层。

⑤严格的商品住宅预售许可条件具有较强拾高房价的作用，在确定规范整体强度时，○可抵消一个●。

(8) 产权保障房

①存在产权保障房供应相关政策，强度则为●，不存在，则无强度。

②各城市基本每年都有相应供应计划或政策，在出台停止产权保障供应的政策之前，默认强度为●。

(9) 保障性租赁房供应。

①存在保障性租赁房供应相关政策，强度则为●，不存在，则无强度。

②各城市基本每年都有相应供应计划或政策，在出台停止保障性租赁房供应的政策之前，默认强度为●。

(10) 规范发展住房租赁市场。

①出租住房税收优惠，增加租赁住房供应，抑制房租；各地政策大体相同，强度只通过"有"或"无"判断。

②开展住房租赁市场试点；大量增加租赁住房供应，抑制房租；强度只通过"有"或"无"判断。

(11) 人才引进。

①人才引进不属于调控工具，但是工具箱相关的政策主要次为人才倾斜：为引进人才进行配套配售、发放人才购房/租赁补贴，给予人才住房公积金贷款利提取优惠，房源优先向高层次人才供应，摇号规则向高层次人才倾斜等。

②实施与人才安居相关的政策主要指：为引进人才进行配套配售、发放人才购房/租赁补贴，给予人才住房公积金贷款利提取优惠，房源优先向高层次人才供应，摇号规则向高层次人才倾斜等。

③放宽人才落户门槛主要指：实行人才积分落户政策人才缴纳一定年限社保可落户/人才居住一定年限后可落户存在一定门槛的落户政策。

④全面放开落户门槛主要指：在一定年龄限制以内（35或40岁以内），凡是具有研究生、本科、专科学历，或具备一定专业技术职称的人才均可直接在该城市办理落户，或在当地缴纳一定年限社保后即可直接落户。

三、核心调控政策工具的强度指数构建

采用等级赋值法，为每个核心政策调控工具的强度等级赋予相应的分值，某调控工具使用时抑制住房市场过热或预防住房市场过冷的强度越强，其相应的分值越高，见表 B-4。

表 B-4　　　　　　核心调控政策工具强度等级分数赋值表

工具划分	政策强度等级	得分
抑制过热的政策工具	●●●●	3
	●●●	2.5
	●●	2
	●	1
无政策工具	—	0
预防过冷的政策工具	○	1
	○○	2
	○○○	2.5

根据核心调控政策工具的影响作用将其分为抑制市场过热类与预防市场过冷类，并进一步细分，根据核心调控政策工具对其作用对象的一般影响力进行排序，设定核心调控政策工具强度权重，通过强度权重的差异体现不同工具作用的有效性和重要性，见表 B-5。"／"表示在实际使用中，该调控工具对房价/地价/房租未起到抑制住房市场过热或预防住房市场过冷的作用。

抑制市场过热强度指数由该城市各项抑制市场过热的政策调控工具的强度结合各工具对住房市场的影响系数加总获得。其表达式如下：

$$R_{c,y} = \sum_a k_a \cdot G_{a,c,y} \quad (B-1)$$

其中，R 表示抑制市场过热强度指数；c 表示城市；y 表示年份；$R_{c,y}$ 表示 c 城市在 y 年末的抑制市场过热强度指数；a 表示抑制市场过热的核心政策调控工具，k 表示工具的强度权重；k_a 表示抑制市场过热的核心调控工具 a 的强度权重；G 为核心调控政策工具的强度等级分值，$G_{a,c,y}$ 表示城市 c 在 y 年末时，核心政策调控工具 a 所达到的强度等级分值。预防市场过冷强度指数 $T_{c,y}$ 的计算思路同上，在此不重复赘述。

综上所述，核心调控政策工具强度指数的表达式如下：

$$S_{c,y} = R_{c,y} - T_{c,y} = \sum_a k_a \cdot G_{a,c,y} - \sum_b k_b \cdot G_{b,c,y} \qquad (B-2)$$

其中，S 表示核心调控政策工具强度指数；c 表示城市；y 表示年份；$S_{c,y}$ 表示 c 城市在 y 年末的核心调控政策工具强度指数。$S_{c,y}$ 大于 0，则表示城市 c 在 y 年末时对住房市场的调控以抑制住房市场过热为主，数值越大，代表城市在政策调控方面对抑制住房市场过热的作用越强，但并不能代表该城市抑制住房市场过热的效果；反之则相反。

表 B-5　　　　　　　　核心调控政策工具强度权重

主要影响对象	调控工具	抑制住房市场过热赋值权重	预防住房市场过冷赋值权重
房价	限购	1	1
	差别化信贷	0.8	0.8
	限售	0.3	0.3
	二手房限价	0.5	—
	新房限价	0.5	0.5
	规范住宅开发行为	0.1	0.1
	增值税	0.3	0.3
	契税	0.3	0.3
	产权保障房供应	0.2	—
地价	土拍管理	0.8	0.8
房租	规范发展住房租赁市场	0.1	—
	保障性租赁房供应	0.1	—
房价	人才引进	—	0.8

注：人才引进不属于调控工具，但是工具箱外需要考虑的重要因素，其强度指数可看需单独计算，不纳入核心调控政策工具指数。

参 考 文 献

[1] 毕玉国,郭峰. 货币政策公告、预期超调与股票市场波动——基于事件分析法的实证研究 [J]. 福建论坛（人文社会科学版）,2014 (3): 40-44.

[2] 蔡继明,程世勇. 地价双向垄断与土地资源配置扭曲 [J]. 经济学动态,2010 (11): 75-80.

[3] 常伟. 农产品价格异常波动的机理分析与对策探讨 [J]. 价格理论与实践,2011 (3): 23-24.

[4] 陈宝玉,李峰. 要素市场价格扭曲影响消费需求结构的实证分析 [J]. 商业经济研究,2020 (13): 42-44.

[5] 陈灿煌. 我国农产品价格指数短期预测——基于时间序列分解的分析 [J]. 价格理论与实践,2011 (7): 55-56.

[6] 陈创练,戴明晓. 货币政策、杠杆周期与房地产市场价格波动 [J]. 经济研究,2018 (53): 52-67.

[7] 陈林. 基于投机理论的苏南房地产泡沫实证研究 [J]. 中国市场,2013 (40): 36-37.

[8] 陈斯冰,赵国杰,牟玲玲. 天津市房地产投机度测量研究 [J]. 北京理工大学学报（社会科学版）,2009 (11): 58-61.

[9] 陈玺任. 我国房价与银行信贷的相互影响路径研究 [J]. 上海商业,2021 (1): 50-53.

[10] 陈小庆. 上市公司重大信息披露与股价异常波动问题研究 [D]. 南宁: 广西大学,2016.

[11] 陈昕,陆晓琴. 论中国房地产市场调控中的政府干预失灵 [J]. 南方金融,2011 (8): 34-37.

[12] Duda M,郑思齐. 利率和收入差距如何左右住房支付能力? [J]. 城市开发,2006 (10): 53-55.

[13] 戴其文,姚意旗,张晓奇. 环境对城市房价影响研究述评与展望 [J]. 资源科学,2019 (41): 627-642.

[14] 党艺，余建辉，张文忠．环境类邻避设施对北京市住宅价格影响研究——以大型垃圾处理设施为例［J］．地理研究，2020（39）：1769-1781．

[15] 邓长荣．我国住宅价格影响因素与波动性特征［D］．成都：电子科技大学，2010．

[16] 杜凤霞．住宅市场均衡及价格波动风险研究［D］．天津：河北工业大学，2014．

[17] 段佳君．房价与人均可支配收入的关系研究——以西安市为例［J］．中国市场，2020（23）：4-10．

[18] 方意．货币政策与房地产价格冲击下的银行风险承担分析［J］．世界经济，2015（38）：73-98．

[19] 冯皓，陆铭．通过买房而择校：教育影响房价的经验证据与政策含义［J］．世界经济，2010（33）：89-104．

[20] 高波，王先柱．中国房地产市场货币政策传导机制的有效性分析：2000—2007［J］．财贸经济，2009（3）：129-135．

[21] 高波，王文莉，李祥．预期、收入差距与中国城市房价租金"剪刀差"之谜［J］．经济研究，2013（48）：100-112，126．

[22] 高虹．城市人口规模与劳动力收入［J］．世界经济，2014（37）：145-164．

[23] 官汝凯．分税制改革、土地财政和房价水平［J］．世界经济文汇，2012（4）：90-104．

[24] 顾海峰，张元姣．货币政策与房地产价格调控：理论与中国经验［J］．经济研究，2014（49）：29-43．

[25] 郭建华．股价异常波动及波动集聚性——基于近似熵-小波变换的实证研究［J］．金融理论探索，2016（3）：39-45．

[26] 郭娟娟，冼国明，田朔．房价上涨是否促进中国制造业企业OFDI［J］．世界经济，2020（43）：126-150．

[27] 哈巍，吴红斌，余韧哲．学区房溢价新探——基于北京市城六区重复截面数据的实证分析［J］．教育与经济，2015（5）：3-10．

[28] 韩冬梅，屠梅曾，曹坤．房地产价格泡沫与货币政策调控［J］．中国软科学，2007（6）：9-16，49．

[29] 韩璇，赵波．"奢侈"的蓝天——房价中的优质空气溢价估计及其异质性［J］．经济学（季刊），2021（21）：755-774．

[30] 韩艳红, 尹上岗, 李在军. 长三角县域房价空间分异格局及其影响因素分析 [J]. 人文地理, 2018 (33): 87-95.

[31] 何柏彬. 投资者情绪对我国股票价格波动的影响研究 [D]. 杭州: 浙江大学, 2021.

[32] 何金财. 城市轨道交通对沿线住房价格的影响研究——基于重庆一手房交易数据的实证分析 [J]. 重庆工商大学学报 (社会科学版), 2020: 1-17.

[33] 何兴强, 费怀玉. 户籍与家庭住房模式选择 [J]. 经济学 (季刊), 2018 (17): 527-548.

[34] 胡婉旸, 郑思齐, 王锐. 学区房的溢价究竟有多大: 利用"租买不同权"和配对回归的实证估计 [J]. 经济学 (季刊), 2014 (13): 1195-1214.

[35] 华胜亚. 我国房价受市场作用与政策干预的影响——基于PVAR模型的实证研究 [J]. 管理现代化, 2018 (38): 78-81.

[36] 黄文. 房地产价格波动: 投资效应、财富效应与通货膨胀效应 [J]. 河海大学学报 (哲学社会科学版), 2017 (19): 49-54, 87.

[37] 贾俊雪, 秦聪, 张静. 财政政策、货币政策与资产价格稳定 [J]. 世界经济, 2014 (37): 3-26.

[38] 姜沛言. 房地产价格波动与系统性风险: 开发企业渠道的实证研究 [D]. 北京: 清华大学, 2015.

[39] 康艺之, 方伟, 林伟君. 我国重要农产品价格异常波动情报预警分析 [J]. 广东农业科学, 2014 (41): 200-203.

[40] 况伟大. 房产税、地价与房价 [J]. 中国软科学, 2012 (4): 25-37.

[41] 况伟大. 利率对房价的影响 [J]. 世界经济, 2010 (33): 134-145.

[42] 况伟大. 土地用途、外部性与土地税 [J]. 中国土地, 2005 (10): 22-23, 26.

[43] 雷雅怡. 兼并收购事件对股票市场异动影响的实证研究 [D]. 成都: 西南财经大学, 2014.

[44] 李超, 连增. 学区房问题的国际比较与文献述评 [J]. 城市与环境研究, 2020 (2): 96-112.

[45] 李成, 李一帆, 于海东, 李文乐. 城市人口、货币政策与房地产价格: 内在机理与实证检验 [J]. 当代经济科学, 2020 (42): 108-119.

[46] 李健, 邓瑛. 推动房价上涨的货币因素研究——基于美国、日本、中国泡沫积聚时期的实证比较分析 [J]. 金融研究, 2011 (6): 18-32.

[47] 李伦一, 张翔. 中国房地产市场价格泡沫与空间传染效应 [J]. 金融研究, 2019 (12): 169-186.

[48] 李佩珈, 梁婧. 基于宏观审慎视角的房地产风险预警研究 [J]. 金融监管研究, 2018 (9): 32-49.

[49] 李森, 孔振焕, 李聪慧. 土地财政影响房价的作用机理及实证检验 [J]. 山东财经大学学报, 2020 (32): 26-35.

[50] 李天祥, 苗建军. 房价上涨对国民经济影响的理论分析——基于房地产财富效应传导机制视角 [J]. 软科学, 2011 (25): 57-61, 71.

[51] 梁军辉, 林坚, 吴佳雨. 北京市公共服务设施配置对住房价格的影响 [J]. 城市发展研究, 2016 (23): 82-87, 124.

[52] 刘爱国. 中国房地产市场和股票市场价格波动机制探究 [J]. 营销界, 2021 (20): 30-31.

[53] 刘澄, 张志鹏, 郭靖. 房地产投机行为的实证分析 [J]. 金融发展研究, 2010 (8): 22-24.

[54] 刘春花. 住房供给弹性、城市行政等级与中国城市人口增长 [J]. 蚌埠学院学报, 2019 (8): 55-63.

[55] 刘洪, 钱佳蓉. 房地产经济周期波动影响因素研究 [J]. 现代经济信息, 2017 (20): 10-11.

[56] 刘骏, 赵魁, 张平. 基于小波分析的中国房地产泡沫测算 [J]. 统计与决策, 2020 (36): 113-116.

[57] 刘志东, 杨竞一. 基于非参数日内跳跃检验和高频数据的公司信息披露对股市价格波动影响研究 [J]. 中国管理科学, 2016 (24): 22-34.

[58] 吕江林. 我国城市住房市场泡沫水平的度量 [J]. 经济研究, 2010 (45): 28-41.

[59] 吕炜, 刘晨晖, 陈长石. 游资变化、财政投资与房地产投机 [J]. 经济学动态, 2014 (1): 63-72.

[60] 罗冬晖, 杨保建, 秦开大. 关于我国农产品价格波动研究的述评 [J]. 经济问题探索, 2015 (8): 185-190.

[61] 马宏阳，赵霞. 中国小宗农产品价格波动特征的实证分析——以大蒜为例 [J]. 农业技术经济，2021（6）：33-48.

[62] 毛丰付，罗刚飞，潘加顺. 优质教育资源对杭州学区房价格影响研究 [J]. 城市与环境研究，2014（1）：53-64.

[63] 蒙彦宏，贾士军. 广州市小学质量特征对学区房价格的影响研究 [J]. 工程管理学报，2014（28）：133-137.

[64] 潘伟，杜刚. 我国政府干预住房分配问题研究 [J]. 统计与管理，2020（35）：4-8.

[65] 庞如超. 城市住宅价格波动中的投机行为：理论与实证研究 [J]. 沧州师范学院学报，2021（37）：102-107.

[66] 彭俊华，许桂华. 房价异常波动是否演变为系统性金融风险？[J]. 投资研究，2020（39）：96-109.

[67] 乔彬，沈烁华. 环境规制调控房价的路径与作用机制 [J]. 华东经济管理，2021（35）：97-105.

[68] 任伟，王亚晓. 人口因素对我国商品住宅价格的影响研究 [J]. 华北理工大学学报（社会科学版），2021（21）：36-45.

[69] 沈体雁，于瀚辰，周麟. 北京市二手住宅价格影响机制——基于多尺度地理加权回归模型（MGWR）的研究 [J]. 经济地理，2020（40）：75-83.

[70] 宋勃. 房地产价格波动与政府的干预政策 [J]. 价格月刊，2010（11）：20-26.

[71] 宋大强，皮建才. 要素价格扭曲的经济效应：一个文献综述 [J]. 经济社会体制比较，2020（3）：171-181.

[72] 宋光辉，刘广. 价格波动、市场效率与分形理论——对于股市"免费午餐"的讨论 [J]. 财会月刊，2013（10）：6-8.

[73] 宋靖. 基于灾变灰预测理论的农产品价格异常波动预警模型及其应用 [J]. 天津农业科学，2015（21）：54-57.

[74] 宋伟轩，马雨竹，李晓丽. 南京城市住宅小区房价增长模式与效应 [J]. 地理学报，2018（73）：1880-1895.

[75] 孙小琰，沈悦，赵建军. 投资者行为、正反馈交易与房地产价格异常波动 [J]. 预测，2007（5）：59-63.

[76] 庹永贵，蒲勇健，程方楠. 预期、房价冲击与中国经济波动——基于贝叶斯估计的 DSGE 模型分析 [J]. 系统工程，2018（36）：83-90.

[77] 王辉龙, 王先柱. 房价、房租与居民的买租选择: 理论分析与实证检验 [J]. 现代经济探讨, 2011 (6): 25-29.

[78] 王洁, 张继良. 住房空置率对房价的影响——基于35个重点城市的面板数据 [J]. 资源科学, 2020 (42): 1135-1147.

[79] 王劲峰等. 空间数据分析教程 [M]. 北京: 科学出版社, 2019.

[80] 王来福, 郭峰. 货币政策对房地产价格的动态影响研究——基于VAR模型的实证 [J]. 财经问题研究, 2007 (11): 15-19.

[81] 王庆芳. 我国房地产价格、经济增长与信贷扩张研究——基于房地产双重资产属性的分析 [J]. 现代财经 (天津财经大学学报), 2015 (35): 32-44.

[82] 王少剑, 王洋, 蔺雪芹, 张虹鸥. 中国县域住宅价格的空间差异特征与影响机制 [J]. 地理学报, 2016 (71): 1329-1342.

[83] 王松涛, 刘洪玉, 李真. 韩国住房市场中的政府干预 [J]. 城市问题, 2009 (3): 82-89.

[84] 王晓明. 银行信贷与资产价格的顺周期关系研究 [J]. 金融研究, 2010 (3): 45-55.

[85] 王莹, 秦耕, 童丹. 资产价格波动与金融危机 [J]. 重庆交通大学学报 (社会科学版), 2010 (10): 57-59.

[86] 王永超, 王光宇, 董丽晶. 教育资本化背景下学区房溢价水平和价格空间集聚特征研究——以沈阳市中心城区为例 [J]. 人口与发展, 2020 (26): 108-117.

[87] 韦晶磊. 房地产投机理论与实证分析 [J]. 科协论坛 (下半月), 2013 (2): 139-141.

[88] 温海珍, 张凌, 彭鲁凤. 杭州市住宅价格空间分异: 基于特征价格的两维度分析 [J]. 中国土地科学, 2010 (24): 51-56.

[89] 温思凯. 中国股票市场波动成因研究 [D]. 成都: 西南财经大学, 2010.

[90] 吴传清, 邓明亮. 土地财政、房价预期与长江经济带房地产泡沫指数 [J]. 华东经济管理, 2019 (33): 5-13, 12.

[91] 伍文中, 周阿立. 房价波动成因: 需求刚性还是土地财政? [J]. 山东社会科学, 2021 (3): 126-132.

[92] 武康平, 胡谍. 房地产市场与货币政策传导机制 [J]. 中国软科

学，2010（11）：32-43.

［93］夏刚，梁川江. 中国住房市场与政府干预［C］. 智能信息技术应用学会会议论文集，2015：219-223.

［94］肖颖. 房地产价格对商业银行贷款损失拨备的影响——基于长三角地区商业银行的实证研究［J］. 时代金融，2021（7）：82-84.

［95］辛枚颖. 信贷政策对商品房价格区域差异影响研究［D］. 武汉：华中师范大学，2019.

［96］徐淑一，殷明明，陈平. 央行货币政策工具调控房地产价格的可行性［J］. 国际金融研究，2015（2）：35-44.

［97］徐妍，沈悦. 货币政策立场、房地产异质性与房地产信贷政策调控效果［J］. 广东财经大学学报，2015（30）：19-29.

［98］徐源，王丽英，罗旭. 我国房地产市场政府干预的模式及其有效性分析［J］. 现代财经（天津财经大学学报），2010（30）：47-51.

［99］许家云，张巍. 房价、要素市场扭曲与工业结构升级［J］. 财贸研究，2020（31）：10-26.

［100］许巧雅. 并购商誉对上市公司股价崩盘风险影响的研究［D］. 哈尔滨：哈尔滨工程大学，2020.

［101］许汀汀，白加菲，李爱美. 基于GIS技术的房价监测系统设计与实现［J］. 信息系统工程，2016（5）：79-81，83.

［102］严金海，丰雷. 土地供应管制、住房供给弹性与房价周期波动［J］. 中国土地科学，2019（33）：16-24.

［103］杨宏宇. 我国房地产投机及其治理的"公地悲剧"视角解释［J］. 商业经济研究，2015（10）：114-116.

［104］杨永春，谭一洺，黄幸，刘定惠. 基于文化价值观的中国城市居民住房选择——以成都市为例［J］. 地理学报，2012（67）：841-852.

［105］野口悠纪雄. 泡沫经济学［M］. 生活·读书·新知三联书店，2005.

［106］易成栋，任建宇，高璇. 房价、住房不平等与居民幸福感——基于中国综合社会调查2005、2015年数据的实证研究［J］. 中央财经大学学报，2020（6）：105-117.

［107］易青，林源，马骥. 小宗农产品价格异常波动及其原因分析——以北京市大葱价格走势为例［J］. 价格理论与实践，2012（7）：63-64.

[108] 虞华,陈光亚,程鑫. 2011 年中国物价走势分析及判断 [J]. 广东经济, 2011 (2): 42-45.

[109] 虞晓芬,童春燕,金春立. 房地产市场非理性运势形成机理及其破难建制研究 [J]. 中国房地产, 2011 (10): 3-10.

[110] 虞晓芬,王瑜炜. 房产价格的高峰与低谷: 决定因素与其寓意 [J]. 华东经济管理, 2018 (32): 103-109.

[111] 袁博,刘园. 中国房地产价格波动的宏观经济要素研究——基于可变参数状态空间模型的动态研究 [J]. 中央财经大学学报, 2014 (4): 97-103.

[112] 袁东,何秋谷,赵波. 房价变动的影响因素研究: 一个文献综述 [J]. 经济与管理研究, 2016 (37): 77-85.

[113] 曾燕妮,唐文佳,张浩. 人口结构变化、外资进入与房价——基于全球视角的分 [J]. 国际经贸探索, 2021 (37): 34-49.

[114] 湛东升,吴倩倩,余建辉. 中国资源型城市房价时空变化与影响因素分析 [J]. 自然资源学报, 2020 (35): 2888-2900.

[115] 张迟盼. 我国投资者情绪对股票价值溢价的影响研究 [D]. 青岛: 中国海洋大学, 2015.

[116] 张传勇. 房价与收入分配的内生性及其互动关系 [J]. 统计研究, 2014 (31): 63-69.

[117] 张国庆,张万祥. 融资融券、信息传递对科创板股价波动的实证研究 [J]. 金融理论与实践, 2021 (8): 88-99.

[118] 张明,刘瑶. 现代货币理论: 现状、实践、争议与未来 [J]. 学术研究, 2020 (9): 84-91, 177, 172.

[119] 张明,刘瑶. 中国城市房地产价格走势与波动的驱动因素探析——来自全国 31 个省份与 70 个大中城市的经验证据 [J]. 南京社会科学, 2021 (6): 26-38.

[120] 张少尧,宋雪茜,邓伟. 空间功能视角下的公共服务对房价的影响——以成都市为例 [J]. 地理科学进展, 2017 (36): 995-1005.

[121] 张双长,李稻葵. "二次房改"的财政基础分析——基于土地财政与房地产价格关系的视角 [J]. 财政研究, 2010 (7): 5-11.

[122] 张蔚. 货币政策与财政政策的房地产调控效果比较研究 [D]. 湘潭: 湘潭大学, 2014.

[123] 张夕琨, 缪小林. 我国房地产价格与居民可支配收入关系的实证分析 [J]. 昆明理工大学学报（理工版）, 2007 (3): 104-107, 112.

[124] 张涌. 房价、泡沫与政府干预 [J]. 中国房地产, 2003 (3): 24-26.

[125] 赵雪雁, 陈欢欢, 马艳艳. 2000~2015 年中国农村能源贫困的时空变化与影响因素 [J]. 地理研究, 2018 (37): 1115-1126.

[126] 郑永年, 黄彦杰. 制内市场: 中国国家主导型政治经济学 [M]. 杭州: 浙江人民出版社, 2021.

[127] 周昌仕, 张丽丽, 慕永通. 基于灾变灰模型的牡蛎价格异常波动风险预警研究 [J]. 中国海洋大学学报（社会科学版）, 2017 (3): 1-4.

[128] 周京奎. 利率、汇率调整对房地产价格的影响——基于理论与经验的研究 [J]. 金融理论与实践, 2006 (12): 3-6.

[129] 周亮锦, 夏恩君. 国外房价影响因素研究综述 [J]. 技术经济, 2018, 37 (12): 111-119.

[130] 周露娟, 陈林. 南京市房地产市场投机度测量与实证研究 [J]. 中国市场, 2019 (34): 63-64.

[131] 朱琳, 陈妍羽, 伊志宏. 分析师报告负面信息披露与股价特质性波动——基于文本分析的研究 [J]. 南开管理评论, 2021: 1-16.

[132] 朱诗娥, 顾欣. 高房价是否挤压了城镇居民的消费需求? [J]. 消费经济, 2021 (37): 84-93.

[133] 邹辉文. 股市投资者行为特征及其对股票价格波动的影响评述 [J]. 福州大学学报（哲学社会科学版）, 2009 (23): 16-23.

[134] A Bpmrm. A dynamic model of demand for houses and neighborhoods [J]. Econometrica, 2011 (84): 893-942.

[135] A. F. Haughwout, D. Lee, J. Tracy, W V D Klaauw. Real estate investors, the leverage cycle, and the housing market crisis [J]. Staff Reports, 2011: 1926858.

[136] Agarwal S, Amromin G, Ben-David I, Chomsisengphet S, Evanoff D D. Learning to Cope: Voluntary Financial Education and Loan Performance during a Housing Crisis [J]. American Economic Review, 2010 (100): 495-500.

[137] Agnello L, Schuknecht L. Booms and busts in housing markets: Determinants and implications [J]. Journal of Housing Economics, 2011 (20): 1071.

[138] Aiyagari S R, Christiano L J, Eichenbaum M. The output, employment, and interest rate effects of government consumption [J]. Discussion Paper, 1992 (30): 73-86.

[139] Akerlof G A, Shiller R J. Animal Spirits: How Human Psychology Drives the Economy, and Why It Matters for Global Capitalism [J]. Eastern Economic Journal, 2009 (38): 276-278.

[140] Andersen L B, Hager D, Maberg S, Naess M B, Tungland M. The financial crisis in an operational risk management context-A review of causes and influencing factors [J]. Reliability Engineering & System Safety, 2012 (105): 3-12.

[141] Andre C, Gabauer D, Gupta R. Time-varying spillovers between housing sentiment and housing market in the United States [J]. Financ Res Lett, 2021 (42): 101925.

[142] Andrei D, Cujean J. Information percolation, momentum and reversal [J]. Journal of Financial Economics, 2017 (123): 617-645.

[143] Anundsen A K. Detecting Imbalances in House Prices: What Goes Up Must Come Down? [J]. Scandinavian Journal of Economics, 2019 (121): 1587-1619.

[144] Aoki K, Proudman J, Vlieghe G. House prices, consumption, and monetary policy: a financial accelerator approach [J]. Journal of Financial Intermediation, 2004 (13): 414-435.

[145] Baks K, Kramer C F. Global Liquidity and Asset Prices: Measurement, Implications, and Spillovers [J]. IMF Working Papers, 1999 (99): 168.

[146] Banerjee S. Learning from Prices and the Dispersion in Beliefs [J]. Review of Financial Studies, 2011 (24): 3025-3068.

[147] Banerjee. A simple model of herd behavior [J]. Quarterly Journal of Economics, 1992 (8): 797-817.

[148] Bayer P, Geissler C, Roberts J. Speculators and middlemen: The role of flippers in the housing market [Z]. NBER Working Paper Series, 2011: 16784.

[149] Bayer P J, Geissler C, Mangum K, Roberts J W. Speculators and Middlemen: The Strategy and Performance of Investors in the Housing Market [Z].

NBER Working Papers, 2011: 1754003.

[150] Bekker T, Buzina M, Tupikova O. Analysis and Forecasting of Housing Prices Considering Particulars of Vladivostok Real Estate Market [J]. IOP Conference Series: Materials Science and Engineering, 2021 (1079): 042039.

[151] Benjamin J D, Chinloy P, Jud GD. Real Estate Versus Financial Wealth in Consumption [J]. The Journal of Real Estate Finance and Economics, 2004 (29): 341-354.

[152] Bin O, Landry C E. Changes in implicit flood risk premiums: Empirical evidence from the housing market [J]. Journal of Environmental Economics and Management, 2013 (65): 361-376.

[153] Black A, Fraser P, Hoesli M. House Prices, Fundamentals and Bubbles [J]. Journal of Business Finance & Accounting, 2006 (33): 1535-1555.

[154] Black, Machin. Housing Valuations of School Performance [J]. Handbook of the Economics of Education, 2009 (3): 485-519.

[155] Bordo M D, Jeanne O. Monetary Policy and Asset Prices: Does 'Benign Neglect' Make Sense? [J]. International Finance, 2002 (5): 139-164.

[156] Borgy V, Clerc L, Renne J-P. Measuring aggregate risk: Can we robustly identify asset-price boom-bust cycles? [J]. Journal of Banking and Finance, 2014 (46): 132-150.

[157] Bramley G, Leishman C. Planning and housing supply in two-speed Britain: Modelling local market outcomes [J]. Urban Studies, 2005 (42): 2213-2244.

[158] Brissimis S N, Vlassopoulos T. The Interaction between Mortgage Financing and Housing Prices in Greece [J]. Journal of Real Estate Finance and Economics, 2009 (39): 146-164.

[159] Burnett P. Land Use Regulations and Regional Economic Development [J]. Land Economics, 2016 (92): 237-255.

[160] B. DJ, A. S, H. SL, J. WR. The Economic Consequences of Noise Traders [J]. Journal of Political Economy, 1999 (38): 1-104.

[161] Cagli E C. Explosive behavior in the prices of Bitcoin and altcoins [J]. Finance Research Letters, 2019 (29): 398-403.

[162] Campbell J Y, Lettau M, Malkiel B G, Xu Y. Have Individual Stocks

Become More Volatile? An Empirical Exploration of Idiosyncratic Risk [J]. The Journal of Finance, 2001 (56): 1-43.

[163] Caraiani P, Lazarec A V. Using Entropy to Evaluate the Impact of Monetary Policy Shocks on Financial Networks [J]. Entropy, 2021 (23): 1465.

[164] Case K E, Quigley J M, Shiller R J. Comparing Wealth Effects: The Stock Market versus the Housing Market [J]. Advances in Macroeconomics, 2005 (5): 1235.

[165] Case K E, Shiller R J. Is there a bubble in the housing market? [J]. Brookings Papers on Economic Activity, 2003 (2): 299-362.

[166] Cerutti E, Dagher J, Dell'Ariccia G. Housing finance and real-estate booms: A cross-country perspective [J]. Journal of Housing Economics, 2017 (38): 1-13.

[167] Cheng K, Yang Y. Revisiting the effects of monetary policy shocks: Evidence from SVAR with narrative sign restrictions [J]. Economics Letters, 2020 (196): 109598.

[168] Chinco AaCM. Misinformed Speculators and Mispricing in the Housing Market [J]. The Review of Financial Studies, 2016 (29): 486-522.

[169] Chiu R L H. Subsidized Housing Policy Transfer: From Liberal-interventionist Hong Kong to Marketized Socialist Shenzhen [J]. Housing Theory & Society, 2021 (38): 631-649.

[170] C. D, F. S. Asset Price Booms and Monetary Policy, Social Science Electronic Publishing [J]. Social Science Electronic Publishing, 2004 (42): 189-232.

[171] D H, A P. Synchronization of cycles [J]. Journal of Econometrics, 2006 (132): 59-79.

[172] Davis E P, Zhu H. Bank lending and commercial property cycles: Some cross-country evidence [J]. Journal of International Money and Finance, 2011 (30): 1-21.

[173] DeFusco A A, Nathanson CG, Zwick E. Speculative dynamics of prices and volume [J]. National Bureau of Economic Research, 2017: 0898-2937.

[174] Deng Y, Liu X, Wei S-J. One fundamental and two taxes: When does a Tobin tax reduce financial price volatility? [J]. Journal of Financial Economics,

2018 (130): 663-692.

［175］Dhar P, Ross SL. School district quality and property values: Examining differences along school district boundaries [J]. Journal of Urban Economics, 2011 (71): 18-25.

［176］Donovan GH, Butry DT. Trees in the city: Valuing street trees in Portland, Oregon [J]. Landscape and Urban Planning, 2010 (94): 77-83.

［177］Duncan M. The Impact of Transit-oriented Development on Housing Prices in San Diego, CA [J]. Urban Studies, 2011 (48): 101-127.

［178］E CK, M QJ, J SR. Home-buyers, Housing and the Macroeconomy [Z]. RBA Annual Conference Volume (Discontinued) Reserve Bank of Australia, 2003.

［179］Edward G, L G, Joseph. The Impact of Zoning on Housing Affordability [J]. SSRN Electronic Journal, 2002: 302388.

［180］Englund P, Hwang M, Quigley JM. Hedging Housing Risk [J]. The Journal of Real Estate Finance and Economics, 2002 (24): 167-200.

［181］Evans-Cowley J S, Lawhon L L. The effects of impact fees on the price of housing and land: A literature review [J]. Journal of Planning Literature, 2003 (17): 351-359.

［182］E. BS. Do Better Schools Matter? Parental Valuation of Elementary Education [J]. Quarterly Journal of Economics, 1999 (114): 577-599.

［183］F LS, D PR. The Present-Value Relation: Tests Based on Implied Variance Bounds [J]. Econometrica, 1981 (49): 555-574.

［184］Feldstein, Martin. Underestimating the Real Growth of GDP, Personal Income, and Productivity [J]. The Journal of Economic Perspectives, 2017 (31): 145-164.

［185］Flavin M, Yamashita T. Owner-Occupied Housing and the Composition of the Household Portfolio [J]. The American Economic Review, 2002 (92): 345-362.

［186］Fortura P, Kushner J. Canadian inter-city house price differentials [J]. Real Estate Economics, 1986 (14): 525-536.

［187］Fu Y, Qian W. Speculators and price overreaction in the housing market [J]. Real Estate Economics, 2014 (42): 977-1007.

[188] Fu, Yuming, Qian, Wenlan, Yeung, Bernard. Speculative Investors and Transactions Tax: Evidence fromthe Housing Market [J]. Management science: Journal of the Institute of Management Sciences, 2016 (62): 2268.

[189] G C, R D. The Differential Regional Effects of Monetary Policy: Evidence from the U. S. States [J]. Journal of Regional Science, 1999 (39): 339 – 358.

[190] Gabriel S A, Shack-Marquez J, Wascher W L. Does migration arbitrage regional labor market differentials? [J]. Regional Science And Urban Economics, 1993 (23): 211 – 233.

[191] Gibbons S, Machin S, Silva O. Valuing school quality using boundary discontinuities [J]. Journal of Urban Economics, 2013 (75): 15 – 28.

[192] Glaeser E L, Gyourko J E. The Impact of Zoning on Housing Affordability [J]. SSRN Electronic Journal, 2002 (9): 302388.

[193] Glaeser E L, Gyourko J, Saiz A. Housing supply and housing bubbles [J]. Journal of Urban Economics, 2008 (64): 198 – 217.

[194] Green R K, Malpezzi S, Mayo S K. Metropolitan-specific estimates of the price elasticity of supply of housing, and their sources [J]. American Economic Review, 2005 (95): 334 – 339.

[195] Greenstone M, Gallagher J. Does Hazardous Waste Matter? Evidence from the Housing Market and the Superfund Program [J]. The Quarterly Journal of Economics, 2008 (123): 951 – 1003.

[196] Grossman J S. The Determinants of the Variability of Stock Market Prices [J]. American Economic Review, 1981 (71): 564.

[197] Gyourko J, Krimmel J. The impact of local residential land use restrictions on land values across and within single family housing markets [J]. Journal of Urban Economics, 2021 (126): 103374.

[198] G. B, C. B. Programmed Selection of Cyclical Turning Points [Z]. NBER Chapters, 1971.

[199] H SJ, W WM. Business cycle fluctuations in us macroeconomic time series [J]. Handbook of Macroeconomics, 1999 (99): 3 – 64.

[200] Ha SK. Housing markets and government intervention in East Asian countries [J]. International Journal of Urban Sciences, 2013 (17): 32 – 45.

[201] Haberler G, Salerno J T. Prosperity and Depression: A Theoretical Analysis of Cyclical Movements (1st ed.) [M]. London: Routledge, 2011.

[202] Hamilton JD. Why You Should Never Use the Hodrick – Prescott Filter [J]. Review of Economics and Statistics, 2018 (100): 706.

[203] Han B, Yang L. Social Networks, Information Acquisition, and Asset Prices [J]. Management Science, 2013 (59): 1444 – 1457.

[204] Hansen GD, Prescott EC. Capacity constraints, asymmetries, and the business cycle [J]. Review of Economic Dynamics, 2005 (8): 850 – 865.

[205] Haughwout, Donghoon, Tracy, Klaauw. Real estate investors, the leverage cycle, and the housing market crisis [J]. Federal Reserve Bank of New York Staff Reports, 2011: 1926858.

[206] He Z, Manela A. Information Acquisition in Rumor-Based Bank Runs [J]. Journal of Finance, 2016 (71): 1113 – 1158.

[207] Hess D B, Almeida T M. Impact of proximity to light rail rapid transit on station – area property values in Buffalo, New York [J]. Urban Studies, 2007 (44): 1041 – 1068.

[208] Hilber CAL, Vermeulen W. The Impact of Supply Constraints on House Prices in England [J]. Economic Journal, 2016 (126): 358 – 405.

[209] Hopkins E A. The influence of public transportation on housing values [J]. International Journal of Sustainable Development & World Ecology, 2017 (25): 206 – 215.

[210] Huang H, Tang Y. Residential land use regulation and the US housing price cycle between 2000 and 2009 [J]. Journal of Urban Economics, 2011 (71): 93 – 99.

[211] Huang Z, Chen R, Xu D, Zhou W. Spatial and hedonic analysis of housing prices in Shanghai [J]. Habitat International, 2017 (67): 69 – 78.

[212] Hui E, Wang Z. Price anomalies and effectiveness of macro control policies: Evidence from Chinese housing markets [J]. Land Use Policy, 2014 (39): 96 – 109.

[213] Humphrey C. Real estate speculation: volatile social forms at a global frontier of capital [J]. Economy and Society, 2020 (49): 116 – 140.

[214] Iacoviello M, Minetti R. The credit channel of monetary policy: Evi-

dence from the housing market [J]. Journal of Macroeconomics, 2008 (30): 69 – 96.

[215] Iacoviello, Matteo. Financial Business Cycles [J]. Review of Economic Dynamics, 2015 (18): 140 – 163.

[216] Ihlanfeldt KR. The effect of land use regulation on housing and land prices [J]. Journal of Urban Economics, 2007 (61): 420 – 435.

[217] J. Gyurko, A. A. Summers. Residential land use regulation in the Philadelphia MSA [J]. Zell/Lurie Real Estate Center, 2006.

[218] J. Gyurko, P. Linneman, M. S. Wachter. Analyzing the relationships among race, wealth, and home ownership in America [J]. Social Science Electronic Publishing, 1993 (8): 1 – 89.

[219] Jackson K K. Regulation, land constraints, and California's boom and bust [J]. Regional Science and Urban Economics, 2018 (68): 130 – 147.

[220] Jean T. Asset Bubbles and Overlapping Generations [J]. Econometrica, 1985 (53): 1071 – 1100.

[221] Jiang Y, Wang Y. Price dynamics of China's housing market and government intervention [J]. Applied Economics, 2020 (53): 1 – 13.

[222] Jr. REL. Understanding business cycle [Z]. Carnegie-Rochester Conference Series on Public Policy, 1977.

[223] Kenny G. Asymmetric adjustment costs and the dynamics of housing supply [J]. Economic Modelling, 2003 (20): 1097 – 1111.

[224] Knight, J., Li, S., Wan, H. Y. Why has China's Inequality of Household Wealth Risen Rapidly in the Twenty-First Century? [J]. Review of Income and Wealth, 2021: 12507.

[225] Kok N, Monkkonen P, Quigley JM. Land use regulations and the value of land and housing: An intra – metropolitan analysis [J]. Journal of Urban Economics, 2014 (81): 136 – 148.

[226] Kosfeld M. Rumours and markets [J]. Journal of Mathematical Economics, 2005 (41): 646 – 664.

[227] Kristoffer J. Regulation, land constraints, and California's boom and bust [J]. Regional Science and Urban Economics, 2016 (68): 130 – 147.

[228] Kydland F, Prescott E. Time to Build and Aggregate Fluctuations

[J]. Econometrica, 1982 (50): 1345-1370.

[229] Li H, Chen P, Grant R. Built environment, special economic zone, and housing prices in Shenzhen, China [J]. Applied Geography, 2021 (129): 102429.

[230] Liu H-H, Chen S-H. Nonlinear relationships and volatility spillovers among house prices, interest rates and stock market prices [J]. International Journal of Strategic Property Management, 2016 (20): 371-383.

[231] Malpezzi, Wachter. Tales from the real side: the implications of urban research for real estate finance in developing and transition economies [Z]. Wisconsin-Madison CULER Working Papers, 2000: 01-02.

[232] Mankiw N G, Weil DN. The baby boom, the baby bust, and the housing market [J]. Reg Sci Urban Econ, 1989 (19): 235-258.

[233] Mathur S. The Myth of "Free" Public Education: Impact of School Quality on House Prices in the Fremont Unified School District, California [J]. Journal of Planning Education and Research, 2017 (37): 176-194.

[234] Mussa A, Nwaogu UG, Pozo S. Immigration and housing: A spatial econometric analysis [J]. Journal of Housing Economics, 2017 (35): 13-25.

[235] Määttänen N, Terviö M. Income Distribution and Housing Prices: An Assignment Model Approach [J]. Journal of Economic Theory, 2011 (151): 381-410.

[236] M. BD, Diane H. Demand for environmental quality: a spatial hedonic analysis [J]. Regional Science and Urban Economics, 2003 (35): 57-82.

[237] N B, A S, Vishny R. A Model of Investor Sentiment [J]. Journal of Financial Economics, 1998 (49): 5926.

[238] N. Sgsmdaze. The Composition of Hedonic Pricing Models [J]. Journal of Real Estate Literature, 2005 (13): 1-44.

[239] Nieuwerburgh S V, Veldkamp L. Information Acquisition and Under-Diversification [J]. The Review of Economic Studies, 2010 (77): 779-805.

[240] Notarpietro A, Siviero S. Optimal Monetary Policy Rules and House Prices: The Role of Financial Frictions [J]. Journal of Money Credit and Banking, 2015 (47): 383-410.

[241] Ooi J T L, Sirmans C F, Turnbull G K. Government Supply of Land in

a Dual Market [J]. Real Estate Economics, 2011 (39): 167-184.

[242] Paciorek A. Supply constraints and housing market dynamics [J]. Journal of Urban Economics, 2013 (77): 11-26.

[243] Panduro T E, Veie K L. Classification and valuation of urban green spaces-A hedonic houseprice valuation [J]. Landscape and Urban Planning, 2013 (120): 119-128.

[244] Patrick B, Kyle M, W. RJ. Speculative Fever: Investor Contagion in the Housing Bubble [J]. American Economic Review, 2021 (111): 2740483.

[245] Peng L, Xiong W. Investor attention, overconfidence and category learning [J]. Journal of Financial Economics, 2005 (80): 563-602.

[246] Philippe B. How Long Do Housing Cycles Last? A Duration Analysis for 19 OECD Countries [Z]. IMF Working Papers, 2011 (11): 213-230.

[247] Piazzesi M, Schneider M, Tuzel S. Housing, Consumption, and Asset Pricing [J]. Journal of Financial Economics, 2007 (83): 531-569.

[248] Pigou A. The Economics of Welfare [M]. UK: Macmillan and co. ltd. , 1920.

[249] Ping Z, Lin S, Chuanyong Z. Understanding the role of homeownership in wealth inequality: Evidence from urban China (1995-2018) [J]. China Economic Review, 2021 (2): 101657.

[250] R. IK. The efect of land use regulation on housing and land prices [J]. Journal of Urban Economics, 2007 (61): 420-435.

[251] R. S. How wall street learned to look the other way [J]. New York Times, 2005.

[252] Ramey V A. Macroeconomic Shocks and Their Propagation [J]. Handbook of Macroeconomics, 2016 (2): 21978.

[253] Rantala V. How Do Investment Ideas Spread through Social Interaction? Evidence from a Ponzi Scheme [J]. Journal of Finance, 2019 (74): 2349-2389.

[254] Reichert U. POLYSTYRENE (PS) [J]. Kunststoffe-German Plastics, 1990 (80): 1092-1096.

[255] Roback J. Wages, Rents, and the Quality of Life [J]. Journal of Political Economy, 1982 (90): 1257-1278.

[256] Rosen S. Hedonic prices and implicit markets: product differentiation

in pure competition [J]. Journal of Political Economy, 1974 (82): 34 - 55.

[257] Rui W, Hang L. Real estate prices and bank risk - taking in Japan [J]. Journal of the Asia Pacific Economy, 2020 (26): 1 - 24.

[258] S. G, W P. Output Gaps and Inflation in Mainland China [Z]. Working Papers, 2005.

[259] S. GSM. Valuing school quality, better transport, and lower crime: evidence from house prices [J]. Oxford Review of Economic Policy, 2008 (24): 99 - 119.

[260] Schmidt D. Stock Market Rumors and Credibility [J]. Review of Financial Studies, 2020 (33): 3804 - 3853.

[261] Sheard N. Vacation homes and regional economic development [J]. Regional Studies, 2019 (53): 1696 - 1709.

[262] Stein J C. Prices and Trading Volume in the Housing Market: A Model with Down-Payment Effects [J]. The Quarterly Journal of Economics, 1995 (110): 379 - 406.

[263] Sun L, Ford J L, Dickinson DG. Bank loans and the effects of monetary policy in China: VAR/VECM approach [J]. China Economic Review, 2010 (21): 65 - 97.

[264] S. Y. Phang, K Kim. Singapore's Housing Policies: 1960 - 2013 [Z]. KDI School and World Bank Institute, 2013.

[265] SY Phang. The Singapore model of housing and the welfare state [D]. Singapore: Singapore Management University, 2007.

[266] T. H, M. T. "When Bubbles Burst", in Word Economy Outlook Chapter II [M]. Washington, DC: International Monetary Fund, 2003.

[267] T. OM, J. WH. Structural Breaks and Regional Disparities in the Transmission of Monetary Policy [J]. SSRN Electronic Journal, 2004: 927240

[268] Tobler WR. A computer movie simulating urban growth in the Detroit region [J]. Economic Geography, 1970 (46): 234 - 240.

[269] Tversky A, Kahneman D. Judgment under Uncertainty: Heuristics and Biases [J]. Science, 1974 (185): 4157.

[270] Votsis A. Planning for green infrastructure: The spatial effects of parks, forests, and fields on Helsinki's apartment prices [J]. Ecological Econom-

ics, 2017 (132): 279 - 289.

[271] V. BCE, W. L P. Asset prices, financial and monetary stability: exploring the nexus [J]. SSRN Electronic Journal, 2002: 846305

[272] Walsh P, Griffiths C, Guignet D, Klemick H. Modeling the Property Price Impact of Water Quality in 14 Chesapeake Bay Counties [J]. Ecological Economics, 2017 (135): 103 - 113.

[273] Wang J, Xia, B. , Qiao, H. Time varying impact of housing price fluctuations on banking financial risk [J]. Managerial and Decision Economics, 2021: 3393.

[274] Wen H, Xiao Y, Hui ECM. Quantile effect of educational facilities on housing price: Do homebuyers of higher - priced housing pay more for educational resources? [J]. Cities, 2019 (90): 100 - 112.

[275] Wheaton W. Real Estate Cycles, Some Fundamentals [J]. Real Estate Economics, 1999 (27): 209 - 230.

[276] Wu Y, Li Y. Impact of government intervention in the housing market: evidencefrom the housing purchase restriction policy in China [J]. Applied Economics, 2018 (50): 691 - 705.

[277] Wyman, David, Worzala, Elaine, Seldin, Maury. Hidden complexity in housing markets: a case for alternative models and techniques [J]. International Journal of Housing Markets and Analysis, 2013 (6): 383 - 404.

[278] Yan S, Ge X J, Wu Q. Government intervention in land market and its impacts on land supply and new housing supply: Evidence from major Chinese markets [J]. Habitat International, 2014 (44): 517 - 527.

[279] Yuan F, Wu J, Wei Y D, Wang L. Policy change, amenity, and spatiotemporal dynamics of housing prices in Nanjing, China [J]. Land Use Policy, 2018 (75): 225 - 236.

[280] Zhang H, Chen J, Wang Z. Spatial heterogeneity in spillover effect of air pollution on housing prices: Evidence from China [J]. Cities, 2021 (113): 103145.